罪犯处遇论

耿光明　著

中国市场出版社
China Market Press

图书在版编目（CIP）数据

罪犯处遇论/耿光明著. —北京：中国市场出版社，2009. 7

ISBN 978－7－5092－0564－8

Ⅰ. 罪… Ⅱ. 耿… Ⅲ. 犯罪学－研究 Ⅳ. D917

中国版本图书馆 CIP 数据核字(2009)第 089883 号

书　　名：罪犯处遇论
著　　者：耿光明
责任编辑：白　琼
出版发行：中国市场出版社
地　　址：北京市西城区月坛北小街 2 号院 3 号楼（100837）
电　　话：编辑部（010）68032104　读者服务部（010）68022950
　　　　　发行部（010）68021338　68020340　68053489
　　　　　　　　　　　68024335　68033577　68033539
经　　销：新华书店
印　　刷：河北省高碑店市鑫宏源印刷包装有限责任公司
规　　格：880×1230 毫米　1/32　10. 5 印张　260 千字
版　　本：2009 年 5 月第 1 版
印　　次：2009 年 5 月第 1 次印刷
书　　号：ISBN 978－7－5092－0564－8
定　　价：28. 00 元

目　录

第一章

犯罪立法模式的社会选择

我国目前的厉而不严的刑法结构和国际上普遍采取的严而不厉的结构差异，体现了不同的人性认识和理论侧重，在中国厉而不严的刑法结构下，“定性＋定量”的犯罪立法模式不仅在刑事立法中大行其道，而且在对检察和审判工作起指导作用的司法解释，也对刑事立法中的定性式犯罪进行修正，作出具体量化，缩小犯罪圈，这导致对违反法律规范行为的法律处罚分为行政处罚和刑罚的二元化制裁措施。中国社会面临着社会转型所带来的巨大风险，刑事立法对社会个体的行为规制应当前移已经成为学界的某种程度上共识，但着眼于现有刑罚加重还是危害行为犯罪化成为安全刑法理论构建的两条不同途径。因此，有必要对我国现行犯罪立法模式进行归纳，剖析其存在的社会基础和弊端，并对建立立法定性犯罪模式所需要的条件进行对比分析，这对中国的刑事法治建设方面是大有裨益的。

一、我国现行犯罪立法模式评析

我国刑法在总则和分则对犯罪概念掺入了定量因素，这具体表现为刑法总则第 13 条，犯罪定义的但书规定，在刑法分则中许多具体犯罪构成要件中成立有一定的实际损害量或一定情节程度的要求。刑法第 13 条在规定了什么是犯罪行为后，同时又作了但书规定，我国刑法第 13 条规定：“一切危害国家主权、领土完整和安全，分裂国家、颠覆人民民主专政的政权和推翻社会主义制度，破坏社会秩序和经济秩序，侵犯国有财产或者劳动群众集体所有的财产，侵犯公民私人所有的财产，侵犯公民的人身权利、民主权利和其他权利，以及其他危害社会的行为，依照法律应当受刑罚处罚的，都是犯罪，但是情节显著轻微，危害不大的，不认为是犯罪。”其中，“情节显著轻微，危害不大”不仅对具体犯罪构成的设定有立法指导意义，而且对案件的司法审判具有深远的指导影响，我国刑法分则中构成犯罪有“严重后果”、“数额较大”、“情节恶劣或严重”定量要求因素的具体犯罪条文占2/3，没有规定数额或情节的犯罪条文虽然只占1/3，但有关司法解释仍然对部分条文进行量化，如对故意伤害行为的承担刑事责任标准规定为造成轻伤害程度以上的后果，伪造货币罪的立案标准为币值2000元以上或者200枚以上等，除了静态意义的刑法外，在刑法发生作用的动态机制中已经出现超法规的犯罪定量因素，执政党的纪律检查组织对执政党员也有超越刑法有关贪污受贿犯罪规定的成立犯罪的起点标准[1]（受贿犯罪的起点内部为3万元），甚至地方司法机关内部也有高于法律的追究刑事责任标准的标准。在区分一般违法行为和犯罪行为以“严重后果”、“数额较大”、“情节恶劣或严重”为准备刑事立法规定的影响下，有学者将犯罪构成要件归纳为罪体、罪责和罪量三个要件，犯罪构成理论将罪量作为犯罪构成要件之一：“罪量是指在具备犯罪本体要件的前提下，表明行为对法益侵害程度的数量要件，因此，罪量主要一个数量要件，它和罪体、罪责不是并列的，在具有罪体、罪责基础上，对某些犯罪才需要考虑。”[2]罪量包括数额和情节，危害结果虽然没有纳入罪量的外延，但也反映出定量决定犯罪的特征。

刑法理论界将我国犯罪立法特征概括为“定性+定量”模式，不同学者对其毁誉参半，褒贬不一。持赞誉态度的学者认为犯罪概念的定量因素是我国刑法的独创，“定性+定量”的犯罪立法模式

[1] 揭秘温州鹿城区委书记杨湘洪法国考察后未归始末［OL］.［2008-10-24］. 中国高中生网 http://www.gzs.cn.

[2] 陈兴良. 口授刑法学［M］. 北京：中国人民大学出版社，2007：235.

存在三方面的正面效应：适应刑罚、劳动教养和治安处罚三级制裁体系；减少犯罪数和发挥最佳刑事司法效能[1]；我国情节犯的设置体现了惩办与宽大相结合的刑事政策，“情节犯的特点之一就是刑法规范中情节严重和情节恶劣内涵的模糊性。而这种模糊性并不完全是立法者被动选择的结果，恰恰相反，在某些情况下，正是基于特定历史阶段的刑事政策的考虑，立法者主动地、积极选择并利用刑法的模糊性以实现其立法目标。情节犯的模糊性是无法避免的，书不尽言，言不尽意，乃是人类社会的普遍存在并且无法解决的问题”[2]；“我国刑法分则中的定量因素具有刑法规范制度上的契合性与刑法理论语境中的适应性”[3]。另外持否定态度的学者将该模式评价为在理论上缺乏科学根据，在实践中有弊无利。其具体理由是，“犯罪概念中定量因素是法制不够完善的体现……我国刑法中犯罪概念定量因素是行政参与司法的表现……我国犯罪概念中定量因素不是创新而是滞后”[4]，“通过立法将犯罪概念中定性因素和定量因素明确起来，事实上是不可能的，刑法分则的罪状设计，主要考虑不放纵犯罪，司法活动才考虑不枉。由于立法上目标设定超越立法能力，在立法上就考虑不枉（以定量因素来决定案件性质），造成了刑法运作机制的不畅，在刑法规范的定量因素，不能由官方知识来垄断规范的内涵，经验判断才是起决定性的因素”[5]。中国台湾学者林山田对刑法第 13 条但书规定指导司法提出质疑：“依情节显著轻微，危害不大的犯罪除外规定罪与非罪的区别标准，并非质之不同，只是量之不同而已，刑事量差规定，作为区分罪与非罪的标准，亦因欠缺客观之认定标准，而司法依此等容易形成主观擅断之做法，致严重破坏罪刑法定原则，特别是在分则上规定有为数不少之构成要件，系依程度上的量差作为构成要素

---

[1] 储槐植．我国刑法中犯罪概念的定量因素［J］．法学研究，1988（2）．储槐植，汪永乐．［J］再论我国刑法中犯罪概念定量因素．法学研究，2000（2）．

[2] 李翔．刑事政策视野中的情节犯研究［J］．中国刑事法杂志，2005（6）．

[3] 刘树德．宪政纬度的刑法思考［M］．北京：法律出版社，2002：116．

[4] 李居全．也论我国刑法中犯罪概念的定量因素［J］．法律科学，2001（3）．

[5] 宗建文．刑法机制研究［M］．北京：中国方正出版社，2000：66－67．

者，更使刑法丧失其确定安定性，了无保障功能可言，即使在总则设有犯罪定义之规定，但其规定亦无法弥补此等违背构成要件明确性原则所形成之弊端。因此，虽依中国法的规定，固能达到微罪非罪的结果，但其规定破坏刑法保障功能之嫌则千百倍于解决微罪之功能，如此因小失大之立法例，自不适宜模仿。”对“定性+定量”模式持赞成态度的部分学者也逐步认识到其存在着一些弊端，即导致刑法理论和学理解释的困惑和尴尬、最高司法机关解释膨胀和地方司法机关自由裁量权的萎缩以及刑事法网粗疏。笔者认为，法律制度的优劣不能依据对自然事物的所谓科学标准来衡量，而需要依据社会个体的价值需求这一标准进行评判，欲对其“定性+定量”的犯罪立法模式进行评判并作出取舍，有必要对其产生和存在的内外环境进行剖析，以利于全面认识和评估。

二、我国采取“定性+定量”犯罪立法模式的成因剖析

我国采取“定性+定量”的犯罪立法模式并不是自古有之，而是在新中国成立后才形成的。笔者认为其形成的具体因素可以从以下几个方面进行分析：

（一）“定性+定量”犯罪立法模式的理论基点

中国传统文化以儒家为主，道法合流，历来强调统治者对民众实行仁政、“德主刑辅”的治国方法，强调礼治的道德规范对社会个体的调控，“法不责众”“先教后诛”和“慎刑少杀”始终是对君主统治正当性的最高价值评判。新中国确立了马克思主义为治理国家的指导思想，其对刑事立法方法论的影响至为深远。辩证唯物主义质量互变原理认为，事物的数量发展到一定程度，就会出现质的变化。犯罪具有一定的自身质和量规定性，犯罪的社会危害程度是质量互变原理的具体要求，在刑法理论上，“定性+定量”的犯罪立法模式体现了结果无价值论和客观主义的思想。同时，“定性+定量”的犯罪立法模式是国家权力内部分配博弈妥协的产物。我国现行国家权力在法律层面上的分配原则是，立法权高于行政权和司法权，行政权和司法权向立法权负责并汇报工作，司法权独立

于行政机关。然而，在现实的政治生活中，崇立法、强行政、弱司法已经成为众所周知的国家权力分配格局。在具有中国特色的“政法机关”语境中，公安机关、人民检察院和人民法院形成了互相配合、互相支持和互相制约的关系，并在作为根本大法的《宪法》中予以确认。公安机关负责人担任执政党对政法机关主管部门负责人的情况居多，在政治生活中拥有较大的话语权，其部门利益较能得到法律形式的保护。我国公安机关在新中国成立后一直拥有强大的地位，不像人民检察院和人民法院经历过一段时期削弱甚至被取消的曲折而悲惨的历程。公安机关曾经拥有户口管理权、治安管理处罚权、收容审查权、刑事侦查权以及所有刑罚执行权。1979 年通过的《刑法》规定的犯罪概念的定量因素，只不过是对我国公安机关所拥有，而其他国家警察机关所没有的司法权的现实妥协。伴随着我国法制建设逐步完善，经历了近二十年的实践和人权保障观念的影响和渗透，公安机关的庞大职权才逐步得以分解，部分职能移交到司法部和其他政法机关。如有期徒刑、无期徒刑和死刑缓期两年的执行权移交司法部，收容教养制度被降低的批准逮捕标准所取代。而公安机关的治安管理处罚权以及劳动教养决定权却始终在犯罪定量化机制下没有丝毫的改变，其他行政机关也以此为依托，以提高行政管理效率为由创设、扩大行政处罚权。国家为纠正行政处罚的混乱，而立法机关最终出台了具有中国特色的行政处罚法。全国人民代表大会常委会与行政机关存在着千丝万缕的联系，立法机关制定的法律反映了国家机关尤其是行政机关的话语信息比较强大。在劳动教养决定权归属人民法院（目前该权力虽然名为劳动教养委员会但实际由公安机关行使）、辩护人在场权、建立侦查和羁押分开机制的看守所归属司法部等有利法治发展的改革中，因涉及削减和制衡公安机关职权，立法酝酿时间都是比较长，至今无法出台，而巩固、扩大公安机关职权与现行刑法冲突多处的《治安管理法》却出台相当迅捷，这也从另一个方面说明了我国刑事立法的国家机关部门利益博弈的妥协性及行政机关中存在话语权的强势性。在这种立法运行机制下，“定性＋定量”的犯罪立法模式不是刑法中的创新，而很大程度上是国家政法机关在权力分配中博弈的结果。

（二）“定性＋定量”的犯罪立法模式存在的文化基础

法治信仰脆弱的心理是由于司法权威在社会生活的影响微小所致。中国社会目前正处在风险度逐步增强的结构转型时期，我国刑事犯罪的“定性＋定量”模式具有一定的社会文化基础，某种程度上折射出中国历代社会存在的官本位的价值取向和思维惯性。中国漫长的几千年集权管理机制形成了立法、司法和行政集于同一机构的金字塔式权力运行机制，国家主权归于君主而非人民，社会成员依附于国家成为其附属物和被管理的对象，没有丝毫的自主权。国家在解决社会纠纷机制中形成重礼轻法的人治特色，国家地方官员行政权和司法权集于一身，国家对其忠君爱民的道德要求高于解决纠纷的司法判案专业素养，因此封建社会没有形成独立于行政权力之外的稳定的法律专业群体。由于受法律虚无主义的影响，新中国成立30年没有刑事法典对犯罪和刑罚的规制，甚至出现砸烂政法机关的疯狂法制浩劫，致使中华民族文化中本已经脆弱的法治心理又遭受进一步的挫折和打击。1979年制定第一部刑法典时，司法机关正处于重建和恢复阶段，其角色被定位于倾向惩罚和打击犯罪。但人权保障不足的专政机关，其人员大多来源于文化素质不高和法律知识匮乏的军队转业干部，在20世纪90年代制定的法官法和检察官法中，法官和检察官任职的学历条件规定为获得并不局限法律专业的大专学历文凭，到2001年修订《法官法》和《检察官法》时，法官和检察官任职的学历条件规定为获得并不局限法律专业的本科学历文凭，并且要通过全国统一的司法考试才能获得司法人员执业资格。由此可见，在1979年和1979年的刑法制定和修订的时期，司法人员与其他国家机关具有政治同质性和专业差别细微性，这就使司法权没有拥有深厚专业知识和强烈服从法律的适用主体，刑事诉讼法重侦查、轻审判的设计，也没有赋予当事人拥有足够权利和保证运作公正的程序规则以及法官独立的保障机制，这就使得司法权在重视实体结果正义和忽视过程正义的中国文化氛围中，根本不能形成足够的权威，社会民众的“权大于法”等损害司法权威的消极信念得以巩固和强化。由于执政党与司法机关处于领导与被领导关系，其对涉及党政人员的社会危害行为超前司法的违纪处置机制使其处理决定在现实生活中已经成为司法机关不追究刑事责任的借口，可能造成实施了犯罪行为仅得到违纪认定而逃脱刑事制裁的机会，这些长期形成的痼疾也极大地损害了司法机构的权威和民众的法治信念。国民在“齐家、治国、平天下”的儒家文化影响下，社会生活行为准则具有“谋略优于规则”的价值判断，这使得社会个体行为具有一定的不可预测性。如果采取只“定性而不定量”的模式，我国在没有类似大陆法系犯罪成立三要件中具有出罪机制的违法阻却和期待可能性理论支撑的出罪机制下，法律专业素养较低的司法工作人员拘囿于具有中国特色的“法律规定为犯罪必须定罪处罚”所谓积极罪刑法定原则，而机械僵化地司法，对社会个体行为动辄定罪量刑，这就使犯罪圈扩大，刑罚惩罚的对象数量会大为增长，甚至超出国家所具备的刑罚打击限度的能力。司法工作人员出于为减少刑罚打击面或出于不能归责的考虑，而对表面违犯法律规定但不具有实质违法性或期待可能性的行为不予定罪，这可能使推崇执法如山的社会民众产生“违法司法”的误解和不满。而采取“定性＋定量”的犯罪立法模式，通过将较轻社会危害性结果的行为排除在犯罪圈之外，理论上概括出与犯罪并列的一般违法行为的概念，由行政机关给予行为者无刑之名有类似刑罚性质的痛苦的行政处罚，则既可以使刑罚打击的犯罪圈缩小，消除阻碍行为人进行正常社会生活的罪犯标签化因素，昭示符合国际潮流的刑法的谦抑精神和人道主义理念，又可以消除可能引起民众产生“违法司法”的疑虑和误解，同时使行为人受到惩罚和警戒教育。

（三）“定性＋定量”的犯罪立法模式存在的社会环境条件

几千年中国社会的自足自给的自然经济状态使社会个体的行为能力处于狭小的常规活动模式，以儒家文化为主的中国传统文化所奉行“圣人之性、中人之性和小人之性”的人性等级论，为国家权力行使者蒙上圣人的面纱，为其权力和能力无限扩张提供正当性的理论基础，而对社会个体则贴以中人和小人标签，并为削弱压制社会个体权益和能力的制度设计进行辩护，以至于中国社会形成了重国家、次社会和轻个人的价值取向格局。中国的立法者对国家和犯罪人的能力设定不是在同一个平台之上，国家在道德正当性和控制能力被假定为最高无限理性和至高善性：中国传统文化只有强调"德治"和"仁政"来消弭和控制国家权力行使者的残民以逞之心，而无实际制衡国家权力的切实主张。国家、社会和个人呈现出控制—服从的单向线形传递态势。这适合于自足自给缺乏竞争机制的传统社会，传统社会中，国家主导的利益分配机制对人的个性张扬起到足够的激励和鞭策作用，中国主流社会意识对国家的认识，正如波普尔所言，"国家本身不可能有任何错误，只要它是强大的；国家有权对它的公民使用暴力，如果这会扩大它的实力的话"[1]，而社会行为个体的主体地位则被以国家权威和社会利益所泯灭，而沦为国家和社会控制下的附属物和驯服物，个人的生活方式被统一在法律规制的封闭的轨道里，个体行为对社会的破坏力和影响力没有被认为达到国家无法控制的程度。为最大限度地惩罚和威慑犯罪，中国的奴隶社会和封建社会采取的是"法网密于凝脂、刑罚残酷严厉"的又严又厉刑法结构类型，出礼入刑的立法指导思想使违反礼制的行为都纳入刑罚威胁的犯罪圈，国家刑罚权发动起因，不仅针对社会个体的行为，而且还缘起于有违礼制和道德的思想。国家对犯罪人用刑过度甚至株连无辜的现象，在极权社会里不会遇到太多的道德责难，国家凌驾于社会个体之上的超职权主义犯罪控制模式，被绝大多数民众所接受和青睐。新中国成立后实施的计划经济体制和高度集权的政治体制使社会个体的行为活动范围和空间进一步压缩，帝国主义封锁下的国际环境阻碍了社会个体在全球范围的交流活动。在日常生活和经济往来中，社会个体进出国家

[1] 〔英〕卡尔·波普尔．开放社会及其敌人［M］．杜汝楫，戴雅民，译．山西高校联合出版社，1992：113．

边境摆脱国家控制的权利和能力并不多，与国家权力相比，社会个体无论是经济实力、政治和道德影响力等方面对社会生活的影响都是无法比拟的。因此，中国宪法对国体定位于人民民主专政，将社会民众区分为政治意义的广大人民群众和小部分的敌人。宪法第28条规定："国家维护社会秩序，镇压叛国和其他危害国家安全的犯罪活动，制裁危害社会治安、破坏社会主义经济和其他犯罪的活动，惩办和改造犯罪分子。"这使得刑事立法也带有一定的犯罪人具有敌人化和报复主义的情绪色彩。我国刑法是"惩办与宽大相结合"刑事政策的产物，刑法的目的和任务具有一致性，即前者的表述为惩罚犯罪和保护人民，后者规定为同一切犯罪行为作斗争。刑法目的与刑罚目的同一性成为学界通说，刑罚的目的是预防犯罪，其面对的对象是犯罪人和不稳定的潜在犯罪人，而"广大公民不但不是犯罪预防的对象……绝大多数公民之所以遵纪守法，不是因为害怕受刑之，而是我国刑法代表和维护的是他们的利益和安全。因为人民为维护自己的利益，不仅不去实施犯罪，而且还会自觉地抵制犯罪，因此，根本没有必要而且也不应把广大守法公民作为新刑罚威慑的对象。"[1]　刑法的这种政治性定位使刑法更多地作为裁判规范而非评价规范的面目出现，国家及其代表的绝大多数国民对犯罪的认识能力和行为能力在理论方面被假定具有无限理性、至高善性、超强能力和绝对权威，国家对社会危害行为的查证和对违法者的控制能力被推定为强大到无以复加的地步，任何违法行为都会被国家查证而大白于天下。"法网恢恢，疏而不漏"是民众企盼和自我认识的真实心理写照。国家对具有社会危害性的行为处置政策是从社会控制的节奏和维护国家权威的角度考虑，而社会个体基于其行为能力的极度弱小，其评估认知只能处于无法与国家社会控制能力博弈和抗衡的地步，被动接受国家绝对处置的地位。"定性＋定量"的犯罪立法模式也是建立在国家官员具有对社会危害行为具有精确的辨认能力和完全的控制能力的逻辑之上。法律制

[1]　高铭暄，马克昌. 刑法学［M］. 北京：北京大学出版社，2005：243.

度安排没有给予违反规范行为的社会个体与国家进行对话和正当博弈的充足的场域和空间，这集中体现于刑事诉讼过程中超职能主义的结构中辩护权的偏弱设计、刑事执行过程中赦免制度运作政治化和虚置化，以及具有中国特色的罪犯改造制度中政治思想教育的强制化等设计。

（四）国外刑事和行政罚立法为“定性＋定量”的犯罪立法模式提供了借鉴根据

我国刑法理论深受前苏联刑法理论的影响，犯罪概念的定量因素在俄罗斯联邦刑法也有所体现。该法典的犯罪一般概念规定没有我国犯罪概念的但书规定，但在刑法分则具体犯罪构成中有定量因素，如非法经营罪、非法从事银行活动罪、非法取得贷款罪等都有条注明规定具体数额的“数额较大”“数额巨大”的犯罪构成要件。美国新泽西州《刑事审判法典》也有“盗窃200元以下属于错误，不是犯罪”的规定，但和犯罪一样都规定在《刑事审判法典》，并都受刑罚处罚[1]，这样的立法也具有犯罪概念的定量因素特征。伴随着国家职能扩张，各国行政法也出现了行政犯。行政犯最初指刑法中的违警犯，后来发展成包括秩序违反犯。德国行政法学界颇有影响的刑事犯本质无异说，该说否认行政犯与刑事犯之间存在质的不同，若两者存在差异，也只是在行为、违法性与责任大小轻重标准上具有量的差异。除民事责任及公务员的行政责任外的一般人的不法行为均是不法类型，只是一种比刑事犯具有较轻损害性与危险性的不法行为，或是在行为方式上欠缺，如刑事犯是高度可责难性的不法行为，行政犯与违警犯在事实上只是一种轻微犯罪，与刑事犯只是程度的不同。此理论对行政法制定具有重要的影响。奥地利1925年制定了《行政罚法》，使行政机关拥有对行政犯进行行政罚的立法例，行政法学者W. antoniolli教授认为，行政“处罚”是行政“处置”的一种，而涵盖行政处罚之内容，则应包

[1] 储槐植. 刑事一体化与关系刑法论［M］. 北京：北京大学出版社，1997：270.

括：（1）行政罚 Verwaltungsstrase——行政机关对于行政逾越行为之非难；（2）秩序罚 Ordnungsstrafe——行政机关对于妨害公务之人或者对于以粗暴行为蔑视行政机关尊严的人，或者对于以书面文字侮辱行政机关或人员的人的处罚；（3）放肆罚 mutoillens-strafe——行政机关对于公然要挟行政机关的一定之行为，或者为拖延案件进行而为不真实的陈述之人的处罚；（4）执行罚 Iwang-sstrafe——行政机关对于非可替代义务之心理强制之方法。奥地利《行政程序法施行法》第 8 条对行政逾越行为进行了界定，包括以下行为：一是重大妨害社会治安行为，包括扰乱秩序、败坏良俗与超常噪音；二是狂暴行为，包括狂暴举动、酗酒罪；三是假冒代理。《行政罚法》规定了警告、自由罚、没收、罚锾、易科罚的行政处罚种类。

三、在目前社会环境下"定性＋定量"犯罪立法模式的弊端

德、日刑法理论通说认为：现代刑法有行为规制、秩序维护和自由保障三大基本机能。法律具有行为指向的作用，即行为规制机能，刑法也不例外。刑法的行为规制机能，是指刑法具有明确对犯罪行为的规范评价，从而对人们的行为进行规范、制约的作用。我国刑法理论将这三大机能概括为规范机能、保护机能和保障机能，并对其处于不同的层面进行剖析：其中行为规制机能是本体意义上的刑法机能，而保护机能和保障机能则是刑法价值论意义上的机能。陈兴良教授则将刑法机能概括为规范机能和社会机能。规范机能又分化出评价机能和裁判机能，社会机能则包括保护机能和保障机能[1]。刑法的机能是依靠刑法结构、刑法适用、刑罚执行和刑法功能四要素及其相互关系形成的刑法机制来实现的。刑法的规范机能和社会机能所产生的机制的不同，主要表现在两者与刑法结构和刑法运作的关系上。规范机能直接蕴涵在刑法结构中，刑法运作只是促使规范机能现实转化的一项条件，而非其产生的基础。刑法

[1]　陈兴良．本体刑法学［M］．北京：商务印书馆，2001：40.

 结构和刑法运作却都具有同等重要的意义，即它们都是社会机能产生的基础[1]。我国目前的社会观念和经济文化政治生活条件发生了巨大的变化，并引起了社会观念的不断变革和更新，“定性+定量”的犯罪立法模式使危害社会行为的法律机能日益削弱，其弊端与缺陷愈来愈显而易见。

1. “定性+定量”的犯罪立法模式毒化了良好的民族精神，不适应风险社会要求

国家法律对违反规范的犯罪行为发出明确而强烈的谴责和否定评价。贝克提出风险社会理论认为：在风险社会里，不明的和无法预料的后果成为历史和社会的主宰力量。社会学意义的风险逐步摆脱了自然意义的灾难、威胁或危险的风险内涵，已经与人的行为与决策意义紧密联系。“风险是个传统终结和自然终结的概念。风险概念表明人创造了一种文明，以便使自己的决定将会造成的不可预见的后果具备可预见性，从而控制不可控制的事情”，这就使风险带有社会风险的意蕴和含义。正向工业社会转型和迈进的中国正在进入风险的时代，这主要是由于工业社会自身系统制造的危险而决定的。在经济结构相对封闭的农业社会，中国社会没有刑事法治的传统，国家对社会的管理采取临时议事、类推等缺乏规则性的长官意志型治理方式，社会个体的行为由以儒家文化为主的道德标准进行正向性调节和控制，形成了崇尚正直和急公好义民风的礼仪之邦，而社会个体对刑法的认识却经常性地停留在杀头或坐牢的惩罚等表面层次，因此缺乏认识规范的能动性和信赖规范的天然性。中国现在社会处于经济、政治和文化结构从传统的封闭向现代的开放的转变过程，社会个体的生活处于全面竞争的机制之中，其面临前所未有的利益诱惑和刺激，而中国传统社会抑制人的物质欲望和现实利益的儒家传统价值观念对社会个体的行为影响日渐式微，传统的价值观念和道德评判的基础发生了动摇，而对个体行为准则起重大影响的博爱、自由、平等等理念对中国社会也没有产生足够的影

[1] 周少华. 刑法机能的发生机制 [J]. 法商研究，2005 (2)：66-67.

响，建设法治国家同时也是一个对国家的社会控制能力削弱和制衡的过程。社会个体的自治领域逐步摆脱国家的强有力控制并获得一定的道德正当性，社会生活方式、经济发展和社会控制对外在物质力量的依赖到了史无前例的程度，而社会个体控制物质力量的空前强大和市场机制流行性使其行为对社会的潜在危害巨大也是前所未有的，社会个体单一犯罪行为造成的人员伤亡或财产损失在传统社会是无法想象的。中国社会的风险色彩比现代国家更为浓厚，中国社会目前伤亡数十人的过失性责任事故比比皆是，每年因交通事故死亡的人数超过 10 万[1]，伪劣产品的生产和销售肆虐于社会生活各个领域，盗窃、诈骗、贪污、受贿等贪利性行为的部分非罪化法律评价扭曲了社会个体的道德正义感，因此有关部分暴力性行为的非罪化评价滋长了社会个体漠视他人生命和健康、有违道德怜悯感的暴戾倾向，这不仅使本国社会民众的生活安全受到威胁，而且使境外社会对中国内地产品甚至中国民众产生严重的不信任感[2]。这种结局的产生与危害行为犯罪化缩减的“定性＋定量”犯罪立法模式存在着直接联系。社会中几乎所有的人都认同这样的观念：人的利益和需要具有一定的社会性，任何人的利益和需要及其满足都与他人及其活动紧密相连。时时刻刻存在的犯罪对整个社会机体构成一种持续的威胁，人之所以犯罪不是绝对的意志自由所决定的，与个体的内在需要、人格等因素不存在必然性联系，任何犯罪在特定情境中都会存在偶然性的特点。因为任何个体行为都是由动机发动的，而人类满足为平息动机，满足需要或者抑制需要的方式不可能是唯一的，而是可以选择的，而采取何种行为则更多地依赖个体心理加工和取舍的中介作用。而国家对某种行为犯罪定位的评价信息和强烈反应对个体需要调整、人格结构、认知结构的形成起到关键作用。正如德国刑法学者耶赛克所言，“在某种意义上是我

---

［1］　中国的世界第一——每年交通事故死亡人数：太平洋汽车网［2005－4－8］http：//www. pcauto. com. cn/news/yjpl/medium/0504/247346. html.

［2］　三鹿奶粉三聚睛胺事件导致 50 多个国家和地区抵制中国奶制品，中国被许多国家列为留学生出国必须签证的三类国家。

们文化最忠实反映并能够表现着我们国家占主导地位的精神状态"[1]。刑法应当通过抑制社会个体的某些自然癖好，禁锢和控制社会个体的部分不良天性，维护反映人的良好天性的关系，以确保社会个体的相互让步并为公共目的而牺牲的合作基础。因此，刑法应当就什么是违反规范的犯罪行为发出明确而清晰的信息，以便社会个体对其行为性质有清晰的认识，并作出行为的抉择。而"定性+定量"的犯罪立法模式则使作为其他法的保障法地位的刑法里存在着大量"后果严重""情节严重""数额较大"的决定犯罪成立的罪量要素，社会个体从刑法典的条文出发，从根本上不能理解其真实明确的意思，无法明确盗窃、诈骗等行为罪与非罪的界限。虽然司法解释对罪量要件进行了进一步的明确规定，但刑法条文不同具体犯罪构成中同样的"数额较大"规定，却在司法解释中有不同的程度的幅度，而非明确地规定，同一犯罪的"数额较大"成立条件在不同地区司法机关的规范性文件规定又有所不同。现行刑法机制通过最高司法机关甚至地方司法机关解释来确定具体的数额，这就使得同一行为在不同地区的司法机关会作出不同的罪与非罪评价，则由于司法解释的效力追溯至法规本身生效之时，这就使得在法规生效后司法解释颁布前的行为都要受到刑法制裁，这直接涉及罪刑法定原则所要求的明确性和禁止事后法。司法解释的宣传和掌握机制的封闭性也增加了公众了解的难度，即使社会个体对罪量要件有明确的理解，但"定性+定量"的犯罪立法模式却违背了人对其行为的选择容易控制而对行为所达到的精确量度是难以把握的行为控制机理，不利于社会个体规范意识的形成。

2. "定性+定量"的犯罪立法模式使社会危害行为的法律结构出现裂痕和断层

目前，人的理性有限性已经成为理论的共识，我国人大代表的非直选性和非职业化及其不同法律案的列入大会议程的审议机制，使得其与议会制相比更凸显出有限理性的本质，"定性+定量"的

[1] 李海东. 刑法原理入门（犯罪论基础）[M]. 北京：法律出版社，1998：16.

犯罪立法模式通过将某一危害行为按社会危害程度分为违法行为和犯罪行为，需要国家通过行政和刑事两次不同时空的立法完成对该行为的完整评价，国家的同一立法者在不同时空的认识和评价会出现不协调现象和断层局面，行政处罚立法主体与刑事立法主体因利益和价值取向不同而出现冲突发出不同的评价信息。例如刑法与治安管理处罚法存在多处对同一行为作出相抵触的罪与非罪规定。《治安管理处罚法》对“冒充国家机关工作人员或者以其他虚假身份招摇撞骗的，处 5 日以上 10 日以下拘留，可以并处 500 元以下罚款；情节较轻的，处 5 日以下拘留或者 500 以下罚款。冒充军警人员招摇撞骗的，从重处罚”。冒充国家工作人员的招摇撞骗的行为规定与构成犯罪的刑法第 279 条“冒充国家机关工作人员招摇撞骗的，处 3 年以下有期徒刑、拘役、管制或者剥夺政治权利；情节严重的，处 3 年以上 10 年以下有期徒刑。冒充人民警察招摇撞骗的，依照前款的规定从重处罚”的罪状部分在文字上没有任何的差别，这两部法律在伪造国家机关公文印章、引诱、容留、介绍他人卖淫，组织淫秽表演等方面也有类似的罪与非罪相互冲突的信息传递弊病。这导致国家机关对同一性质的行为作出了不同法律性质的罪与非罪处理，司法实践中已经出现同一地方法院对被告李某以容留妇女卖淫罪判处 5 年有期徒刑，而公安机关对被告姜某的容留妇女卖淫行为则处以 15 日拘留的失调现象[1]。我国立法法虽然对有抵触的法律制定了全国人大常委会裁决机制，自立法法生效至今已有数年，而没有裁决任何一项法律冲突案，而现实生活中法律或法规打架的事件却层出不穷，这说明其实际运行处于虚置状态，刑法的行为规制机能大大削弱。“定性 + 定量”的犯罪立法模式使犯罪未完成形态的法律控制机制对情节犯或结果犯的犯罪行为失去了评价和控制的机能。虽然有其他法律可以认定一般违法行为，虽然对违法行为的行政处罚种类的严厉程度并不亚于适用于犯罪的个别刑罚种类，但我国行政处罚因为机制上的缺陷和道德责难轻微难

---

［1］ 刘仁文. 调整我国刑法结构的一点思考［J］. 法学研究，2008（3）：152.

以引起社会个体的重视。某些危害社会的行为，在行政处罚的违法范围与刑法规定犯罪行为中存在不衔接的现象，刑法规定犯罪行为管辖的世界通行原则不仅有行为而且结果只要有一项发生在中华人民共和国领域内，我国均有权管辖，这是属地管辖原则。除此之外还有属人管辖、保护管辖以及普遍管辖。而行政处罚的管辖只规定了违法行为发生地的县级人民政府具有行政处罚权的行政机关管辖的属地原则，这不仅使依据刑法规定对行为管辖的属地原则大大缩小，而且缺失属人管辖、保护管辖以及普遍管辖基本原则。对大量的在境外进行的具有伦理道德责难性的一般违法行为进行调整，国外或境外虽然也有与刑罚并列的行政罚制裁机制，但这与我国行政处罚的含义和适用对象大为不同。日本行政法学者的行政罚多被理解为秩序罚与行政刑罚，“是指根据统治权作为一种制裁措施，对行政上的义务违法者处以刑法中有刑名规定的刑罚或罚款”[1]。其针对的对象主要是违反行政义务的行为者，即行政犯因行为人未遵守行政法规，而未履行其行政义务形成不法，系为“国家行政法律下的产物。为行政目的所给予的制裁，本身并无伦理性及道德性之可非难性存在”[2]，对于行政罚适用的行为与适用刑罚的犯罪行为存在有无违反伦理道德规范的质的差别，不像我国的法律体系中，行政处罚针对的行为包括大量违反伦理道德的规范，诸如盗窃、诈骗等自然犯罪行为，其行为人在境外根本不会产生遵守境内行政法律的义务，也就无须用对在境外犯罪行为进行规制的属人管辖原则、保护管辖原则和普遍管辖原则的机制进行规制。这就导致中华人民共和国领域外的危害行为没有像犯罪那样可以通过承认外国判决和国际司法协助的机制进行规制；中国出境入境管理法律制度对不批准出境的情形规定根本没有涉嫌一般违法行为。中国出境入境管理法规定的不批准出境的情形限于下列五种：刑事案件的被

---

［1］〔日〕室井力．日本现代行政法［M］，吴微，译．北京：中国政法大学出版社，1995：168．

［2］行政罚与刑罚之比较：转载国考数位男女．http：//tw．myblog．yahoo．com/elynnshi/article？mid＝－2&next＝53&l＝a&fid＝10

告人和公安机关或者人民检察院或者人民法院认定的犯罪嫌疑人、人民法院通知有未了结民事案件不能离境的、被判处刑罚正在服刑的、正在被劳动教养的、国务院有关主管机关认为出境后将对国家安全造成重大损失的。因此削弱和限制了国家机关对一般违法行为人的控制和处罚能力；刑法规定对犯罪行为有预备、未遂和中止的未完成犯罪形态调整，而行政处罚法却只规定类似中止的未完成形态，而没有违法行为的预备和未遂的处罚。我国对犯罪行为的处理必须经过公开的审理程序才能定罪，而该过程其实也是向社会公开其行为事实的过程，而行政处罚的处理不必以公开审理程序而运作，即使受过行政处罚，但其所遭受的公众对其否定性评价都不如犯罪标签化那样严厉。我国法律对构成犯罪的行为故意不追究刑事责任的通过设立徇私枉法罪予以规制，但对于应当行政处罚的违法行为而故意不追究其责任的却没有规定为犯罪行为。

3．“定性＋定量”的犯罪立法模式很大程度上损害了对危害行为法律控制的社会机能

目前以法治理念为主导的社会主流意识观念使国家意识和行为的道德正当性受到一定程度的挑战，国家的行动能力也受到很大程度的限制。法治社会强调对社会个体的人权保障，国家权力和社会个体权利的源流关系发生了根本的颠覆性变化。按照社会契约论的基本观点，国家权力来源于公民自然权利的授予和让渡，国家的目的是为了“人民的和平、安全和公共福利”。为防止国家权力对社会个体的权益侵害，国家权力必须经过法律授权才能取得正当性已经成为现代法治国家的基本原则。刑法的现实运行需要通过刑事诉讼法设定的运行机制。出于对国家权利对公民权利非法侵犯的忧虑和戒备，世界上绝大多数国家和地区采取了当事人主义的诉讼结构，在此诉讼模式下，国家为查明犯罪事实的调查取证能力受到很大程度的限制，证据的非法排除法则的确立以及排除合理怀疑的定罪证明标准，使承担举证责任的检察官在追究犯罪时面临更大程度的困境。刑法的现实运行所受到的阻碍也受到一定的负面影响，而中国司法权在现实中形成了独特的地方化特征。虽然中国宪法确立

了检察机关、审判机关独立于行政机关的制度，但地方领导机制，特别是人事权和财政权的控制以及个别案件的协调机制使司法机关的独立办案保障机制破坏严重。地方组织和地方政府官员基于个人升迁的动机，存在着对发展经济地方的本能维护，偏重有利地方经济部门利益，而对国家和社会造成整体的隐性伤害没有引起足够的关注。一个人社会经济地位越高，社会关系规模越大或者势力越强，关系网络的疏通能力越强，对环境危害作出抗争的可能性越高。中国社会居民的权利保护在现实中存在着差别格局，国家对公民利益的保护也存在着差别格局。社会经济地位高和社会关系强的个人的利益比社会地位低的人更能受到国家的保护。单位的领导人与地方官员存在着千丝万缕的个人情感和利益往来，部分个体因经济关系、私人关系等因素对地方政府的影响日益重大，其犯罪行为受到行政官员的庇护的可能性大为增强，而社会个体的行为能力在法治社会则呈现大幅度的增长。法治国家与国际社会的连接和开放程度都出现前所未有的地步，社会个体在国家主权之外空间的行为和活动能力受国家限制的力度越来越弱。社会成员结构中非本国居民的个体比例也不断增大。跨国和跨地区的犯罪行为已经成为危害各国利益的顽症和痼疾。而国家对这部分危害行为进行追究，需要通过其他国家和地区的司法协助及相关司法机制来解决。但司法协助机制的设立又受制于不同国家和地区的政治、文化和经济因素的影响。国际犯罪控制协调能力和把社会个体牢牢控制于国家之下的单一国家行动能力是不可同日而语的，犯罪行为受到行政官员的庇护可能性大为增加。犯罪构成定量因素增加了对违犯法律规范行为进行司法裁判的难度，因为社会行为个体为追求利益或实现自己的欲望，而多次采取不达到犯罪定量的危害社会行为。犯罪者的行为在证据上，首先一般表现为只受行政处罚的一般违法行为，行政机关没有取得追究犯罪获取证据所必需的限制嫌疑人人身权利和必要的刑事强制措施的权力，存在着基于自身能力并不能对其行为全部查处的情况，行政机关先于司法机关介入，一方面，会造成证据湮灭和犯罪人逃跑、串供等妨害诉讼进行的情况；另一方面，司法机关如将行政机关调查的证据直接用于诉讼阶段，则会遭到来自辩护方的合法性质疑[1]，如重新调查，则造成人力、物力的浪费。如果行政机关工作人员徇私舞弊，会巧妙地将一项犯罪行为分解为几项数额达不到犯罪要求的违法行为，从而使其逃避刑事制裁。虽然刑法为避免为预防这种情况的发生设立了拒不移交刑事案件罪，但犯罪概念的定量因素的“情节严重”等不确定词语留下了模糊的空间，很难对涉嫌拒不移交刑事案件罪进行归责。目前对拒不移交刑事案件罪的查处比较少而相关危害行为在社会的负面影响没有明显减轻即是实证。犯罪概念的定量因素使负有证明责任的司法人员对一些案件的处理在运用犯罪构成理论时面临困境：有些行为者只主观上具有违法而非犯罪的故意，而行为客观结果却超出了法律的界限达到犯罪所规定的程度，例如北京某民工偷吃天价葡萄的案件。如果按照一些学者提出的犯罪的客观超出要素观点，对行为人定罪处罚，则难免会有陷入客观归罪窠臼的危险。国际上为解决犯罪人的跨国犯罪和外逃的控制问题，建立了引渡等国家司法机制，但国际普遍实行的非量化定性的犯罪的模式，不存在对应当行政处罚的一般违法行为的国际协助制度，因此我国对于在境外应受行政处罚的社会危害行为人没有合法的途径，无法追究责任。

4．“定性＋定量”的犯罪立法模式使危害行为法律制裁体系出现紊乱和失衡的现象

危害行为可划分为违法行为和犯罪行为。其二元化类型为法律后果行政处罚和刑罚的二元化制裁奠定了前提。违法行为和犯罪行为的区分标准是是否达到严重的社会危害性，国家对具有社会危害性但未达到严重程度的一般违法行为的非难反应应当比达到严重社会危害性的反应轻。在公法层面，对一般违法行为规定了行政处罚的法律制裁措施，对犯罪行为则由犯罪人承担刑罚责任。在两种制裁措施的适用方面，出于人权保障的考虑，对剥夺社会个体权益较

[1]　刑事诉讼法对证据取得合法性有主体合法性，即司法人员为取得证据的合法主体。

为严厉的刑罚适用，规定了较为严格的诉讼程序以保证其适用的慎重，这在理论上是没有争议的。但行政处罚的种类除限制自由的处罚按法律规定外，其他的行政处罚种类的创设和适用权赋予行政机关或其他具有行政管理职责的组织。由于权力本身的扩张性，行政处罚对社会个体权利的剥夺不断地向刑罚领域侵蚀，其与刑罚对社会个体权益的剥夺存在着重叠的区域，尤其行政色彩浓厚的劳动教养，如对公民自由的剥夺长达三年，教养期间根据其表现还可以延长一年，这使得因犯罪行为可能受到的管制、拘役以及被判处三年以下有期徒刑的刑罚的惩罚都黯然失色；如行政处罚的罚款与作为刑罚的罚金在数额方面没有任何实质的差别，对有违法行为的单位停业整顿和吊销执照，而有犯罪行为的单位只能受到罚金刑罚的法律规定显得何等处置无力。就单位而言，涉及企业生存的停业整顿和吊销执照的处罚，无论怎样讲都比其仅仅丧失财产的罚金要严厉得多。刑罚与行政处罚的轻重倒置以至于出现部分公民因违法行为宁愿受到犯罪处理而不愿受到违法行为的行政处理的奇怪现象，这也是国家对社会危害性行为的轻重作出有不公正的判断而产生后果。

四、“只定性不定量”犯罪立法模式的可行性分析

目前世界绝大多数国家在立法上采取的是“只定性而不定量”的模式，即立法者规定某个行为是否应当规定为犯罪，只以行为的性质作为参照标准，数量因素不包含在犯罪构成要件中。正如储槐植教授如言：“19 世纪世界上出现的现代意义的刑法，但除我国刑法以外，刑法典的各类具体犯罪仍然建立在‘犯罪即恶性’，‘犯罪是反社会行为’这样的定性分析的观念之上。”[1] 芬兰刑法第 28 章对盗窃、侵占和非法使用的犯罪规定，“凡盗用他人所有的动产的，盗窃罪论处”，“如果评定盗窃行为是轻微的，则犯人以轻微盗窃罪论处”。对侵占和非法使用的犯罪采取了类似的规定。该刑

---

[1] 储槐植. 刑事一体化与关系刑法论 [M]. 北京：中国政法大学出版社，1997：274.

法在破坏公共经济、抢劫和敲诈等其他犯罪中也没有定量的规定。1976 年联邦德国刑法典第 242 条也对盗窃罪规定："意图自己之不法所有，窃取他人动产者。"第 243 条规定可以依据犯罪人身份、犯罪手段和场所、物品性质等具体情况加重盗窃处罚。在英美法系，1962 年美国的模范刑法典规定：盗窃 50 美元以下属于微罪。英国法律对盗窃行为的区分只有轻罪和重罪的区别，不影响犯罪的成立。其刑法规定的犯罪行为，其中包括我国绝大多数被行政机关予以行政处罚或劳动教养的一般违法行为，而且，还有我国刑法和行政法都没有规定的暴行：胁迫、泄露他人秘密、侵夺不动产、伪造文书等行为。"立法只定性而不定量"的模式对社会个体的规范意识的提高和国家控制犯罪能力的增强均具有积极的意义，值得借鉴和引进，但学界对刑法是否全数采用"立法只定性而不定量的模式"，没有形成共识。有学者认为："立法定性、司法定量，本是西方法制文化影响下的西方刑事法制的特点，将其完全移植于我国刑事法制，由于缺乏深层次法文化的支持，未见得能行得通和行之有效。"[1] 另有学者认为："除刑法分则第三章中某些破坏社会主义市场经济的犯罪外，其他犯罪都应该采取'只定性而不定量'的模式。"[2] 笔者认为这值得商榷，中国传统文化对犯罪定性的立法并不排斥。在新中国成立前，中国社会对行为犯罪化也是采取非定量化的立法技术。中国封建社会为维护其皇权统治，形成了"民刑不分以刑为主"具有诸法合体特征的中华法系，没有犯罪实质概念的法律规定，只是确定刑罚调整的危害行为范围，刑罚惩罚的行为不仅包括严重危害统治的行为，而且民事行为也受到刑罚制裁措施的调整，排除刑罚连带主义的因素，以行为性质成为成立犯罪条件作为刑罚惩罚起点的犯罪形式概念来考量，其犯罪圈也比现行刑事立法的犯罪圈要大得多。唐律疏议的条文也达到 400 多条。封建社会的刑法治理社会机制令人诟病的是犯罪圈涉及思想领域和

---

［1］ 许发民．刑法的社会学分析［M］．北京：法律出版社，2003：137．

［2］ 储槐植，汪永乐．再论我国刑法中犯罪概念的定量因素［J］．法学研究，2000（2）．

刑罚残酷。况且我国刑法中部分条文本已经存在立法定性而不定量的犯罪模式，引进立法定性而不定量的犯罪模式，在我国并不存在传统文化精神的排斥问题。“定性+定量”的犯罪立法模式可参照其他国家立法例，仅保留在狭小的行政犯罪领域，而非在刑法分则中大量破坏社会主义市场经济秩序和侵犯人身权、财产权的犯罪。因为该领域犯罪行为存在着违反基本伦理规范的性质，与刑法分则其他犯罪存在着特别和一般的竞合关系或者只是主体不同、行为相同，而且其造成后果是相当严重的。但在我国刑法全面采取“立法定性而不定量”的犯罪模式也应当思考面临的困难。首先是庞大的行政权力部门是否在法治国建设中能够具有宽阔的胸怀，放弃绝大多数具有丰厚利益的行政处罚权力，立法机关在行政权和司法权的分配博弈中是否具有抵制行政权过度扩张的坚强的心态和足够的能力。其次是现有刑事法理论对立法定性犯罪模式运行的瓶颈和制约作用。我国的犯罪构成是犯罪客体、犯罪客观方面、犯罪主体和犯罪主观方面四要件的平面填充结构，没有为司法机关的出罪提供理论上的充分支撑。我国的赦免制度在内容上没有大赦和复权制度，在30年内处于没有激活的僵死状态，时效制度缺乏通行的行刑时效。如果贸然实行“立法只定性而不定量”的模式，司法官员机械和僵硬执法则短期内有可能产生刑罚打击面过宽和超出社会承受的问题。因此需从以下几个方面进行刑法运作机制的完善，来减少和缓和立法转型对社会的冲击和震荡。

（一）明确刑罚法规内容正当原则，规制犯罪立法行为

现代国家立法机构因其由民意代表产生和立法行为均基于民主机制产生而由此获得了行为的正当性。英美法系的国家因盛行判例法，通过正当程序保障基本人权，对将何种行为应规定为犯罪放在社会自由与个体自由的平衡去考量，“任何人的行为，只有涉及他人的那部分才须对社会负责，在仅涉及他本人的那部分时，他的独立性是至上的”[1]。因此，规制为犯罪的行为必须具有社会危害性，

[1]〔英〕约翰·密尔．论自由［M］．北京：商务印书馆，1995：10.

成为刑事立法的实质限制。在国家权威至上的大陆法系国度里，立法者的行为甚至虚幻为具有无限理性的超人，其制定的法律的权威性不容司法官员和行政机关的质疑和否定。刑法上的罪刑法定原则最初的着眼点是限制司法权实现人权保障的机能，但在美国正当法律程序的影响下，罪刑法定原则也被要求从实质方面保障人权，即超越形式的法律主义要求。而实现刑罚法规内容正当的要求，刑罚法规内容正当对犯罪立法的要求，首先是禁止不当罚的行为，一方面要求不得违反人权保障规定处罚行为，或者说不得将符合宪法规定的权利行为规定为犯罪；另一方面要求不得处罚不值得处罚的行为，或者说不得处罚轻微危害行为以及缺乏处罚的必要条件的行为。我国应当在宪法或法律上明确规定刑罚法规内容正当原则的具体要求，并通过司法机制对刑事立法行为进行违宪审查，防止犯罪立法权力的过度扩张。

（二）建立一定的出罪机制

“立法只定性而不定量的模式”与“定性+定量”的犯罪立法模式相比，具有法网严密和扩大犯罪圈的特点，这就需要一定的出罪机制使刑罚的实际制裁控制在社会能够认可和承受的限度。大陆法系刑法理论通过违法性、有责性和期待可能性对符合法律规定的构成要件的行为设置过滤网，英美法系通过正当程序和合法辩护理由以实现保障人权。笔者认为，在“立法只定性而不定量的模式”中，需要从以下几个方面考虑出罪机制：一方面，取消具有中国特色的积极罪刑法定原则。我国刑法中犯罪但书规定具有一定的出罪机能，这既体现在刑法分则上将达不到具体法定数额、情节和后果的行为排除在犯罪之外，又赋予司法人员根据案件具体事实将属于情节显著轻微的行为认定为无罪的权力，但我国社会基于司法机关运行机制的浓重地方化色彩和司法人员素质低下可能产生放纵问题，与之怀有很强的戒心和忧虑心理，因此在刑法规定的罪刑法定原则具有独一无二的中国特色，即“法律规定为犯罪，应当定罪处罚；法律没有规定为犯罪，不得定罪处罚”。该原则前半部分被我国学者称为积极的罪刑法定原则，体现了保护社会和打击犯罪的价值和追求。西方国家的刑法只有后半部分的“法律没有规定为犯罪，不得定罪处罚”的规定，而没有前半部分的所谓积极的罪刑法定原则的规定。因此，罪刑法定原则并不排除司法上的出罪机制。大陆法系在刑法设立了健全的赦免和时效制度，在刑法运作机制上设置了检察官不起诉机制和法官的暂缓宣判机制予以出罪。笔者认为，所谓积极的罪刑法定原则，不仅具有强烈的限制出罪机能，而且与世界上通行的不起诉制度和暂缓宣判制度等司法出罪机制格格不入。一方面，如果引入“立法只定性而不定量”的模式，必须废除所谓积极罪刑法定原则的部分，为司法出罪机制扫除法律上的障碍；另一方面，则考虑在犯罪构成中设计行为后除罪性的构成要件。通行的犯罪构成理论认为，犯罪人一旦符合犯罪构成要件，犯罪即告成立，即使行为人做出其他对社会有利的行为，也不能出罪而只能作为如何运用刑罚处置的问题，这其实是国家权威至上的价值使然。人是有限理性的动物，在特定情境下难免会有违反规范的行为，应当赋予其改正错误的机会，行为人在实施了违犯刑法的行为后，能够对其危害行为产生的影响或后果进行清除，不仅应当有从轻、减轻或者免除处罚的犯罪中止制度设计，而且在犯罪构成理论上应当有除罪的功能设计，即笔者所提出的除罪性构成要件。其实，在我国的有关刑事立法和司法解释中有所体现，例如刑法第 241 条对收买妇女、儿童罪的规定：“收买被拐卖的妇女、儿童的，处 3 年以下有期徒刑、拘役或者管制。”该条第六款规定：“收买被拐卖的妇女、儿童，按照被买妇女的意愿，不阻碍其返回原居住地的，对被买儿童没有虐待行为，不阻碍对其进行解救的，可以不追究刑事责任。”根据该条规定，构成犯罪的客观方面是实施了收买被拐卖的妇女、儿童的行为，即构成犯罪，但成立犯罪后如有第六款规定行为，赋予了司法机关包括不予定罪在内的不追究刑事责任的权力，第六款规定行为实际上是犯罪构成的出罪要件。2000 年 11 月 10 日最高人民法院颁布的《关于审理交通肇事刑事案件具体应用法律若干问题的解释》也有类似规定。该解释第二条第一款中，对构成交通肇事罪的定罪处罚标准中第三项规定，交通肇事“造成公共财产或者他人财产直接损失，负事故全部或者主要责任，无能力赔偿数额在30万元以上的，负主要责任”。这就意味着交通肇事者的事后有能力赔偿行为可以成为不按照犯罪处理的要件。我国刑法学界对妇女先被强奸后通奸的情况采取的处理也是不按犯罪处理。笔者认为，应当适度扩大构成要件中出罪要件的犯罪范围。

（三）强化司法权威

要强化司法权威，首先就必须厘清执政党纪检组织与司法机关的关系。目前我国的刑法运作机制中，执政党纪检组织对涉嫌犯罪的违纪党员查处存在着优先于司法机关查处犯罪的关系。这种先纪检后司法的机制也存在着放纵犯罪缺陷和不利于保障人权的缺陷，一方面，执政党地方纪检组织甚至存在着在本地区有效的高于刑法规定的职务犯罪成立条件，这就使得按照刑法规定构成犯罪的部分职务犯罪行为得不到法律追究。地方司法机关基于与地方执政党组织的被领导与领导关系的考量，将执政党地方纪检组织对构成犯罪处理但只作出违纪处理的案件，借口纪检组织已经处理而不主动启动刑事诉讼程序。由于我国刑法只有针对行政机关、司法机关工作人员设置了拒不移交刑事案件罪和徇私枉法罪，纪检组织工作人员即使不移交也不存在承担刑事责任的问题，其责任心会大打折扣。另一方面，执政党纪检组织虽然有所谓的对违纪党员“双规”的规定，但没有像司法机关为保证公正和效率有严密的程序规定和刑事强制措施及其他强制性措施的权力，先行对实际上构成犯罪进行所谓的违纪调查，会惊动犯罪人而产生逃跑、自杀和串供等妨害追究刑事责任的情况。虽然执政党有所谓的对违纪党员“双规”的规定，同样发挥限制人身自由的功能，由于没有法律的授权处于遭受合法性质疑的尴尬境地。在对违纪党员“双规”过程中，被“双规”人员其人身自由实际上处于被限制或剥夺的状态，却得不到律师的帮助，一旦出现人身伤亡情况又没有相应的法律途径予以救济。鉴于司法机关对案件事实的调查结果和是否构成犯罪的结论可以直接作为执政党纪检组织违纪处理具有充分的法理正当性，而执政党纪检组织违纪处理而不能直接作为司法机关定案依据，因此有必要建立司法优先于党纪处理的机制以消除上述弊端。另外，培育司法过程的公开、公正和程序正义的精神和理念。除了人民法院受理的自诉案件，我国司法机关的运行机制存在着司法机关垄断定罪量刑权的情况，而相关诉讼参与人就定罪量刑问题缺乏决定权，刑事和解制度在我国存在的空间很小，其影响甚微。扩展刑事和解领域对消除当事人对判决的歧义具有重要的影响。因此，需要赋予相关当事人对轻罪的定罪量刑的处分权，增强法院判决的正义合意性。

(四) 调整目前的厉而不严的罪犯制裁构造

储槐植教授曾提出我国刑法结构具有厉而不严的特征，笔者认为我国的罪犯制裁构造也存在着厉而不严的特征。我国罪犯制裁结构只有刑罚，没有国际上通行的针对犯罪人的保安处分制度。在包括刑种配置、量刑和行刑的刑罚构造中，我国刑种只有五种主刑、三种附加刑和针对外国人的驱逐出境。这与国外或境外刑法中动辄十数种刑罚相比，显得太少，而且对犯罪人剥夺生命的死刑配置涉及的犯罪相当广泛，不仅涉及人身权利的罪行，而且还有对国家安全、公共安全、经济秩序、公务廉洁和社会管理秩序等法益侵害的犯罪。犯罪人权益剥夺和行为限制没有全面覆盖公民的全部社会利益：一是没有具有惩罚性的社区劳动，二是剥夺政治权利内容广泛，且捆绑性处罚而缺乏对一定行为或者营业权利的禁止，造成资格刑适用的范围比较狭窄。我国罪犯制裁运行比较确定化，而失之灵活性。我国司法机关在具体适用刑法的过程，罚金刑与短期自由刑的刑罚易科制度的缺失是财产刑单独适用少和执行难的重要原因。重刑主义倾向造成犯罪人的缓刑率和假释率在世界上处于比较低的水平，劳动教养等具有保安处分性质措施的行政化，使其游离于罪犯制裁体系之外。因此，有必要建立具有严密宽缓特征的保安处分和刑罚二元一体的罪犯制裁体制。

第二章

罪犯处遇的理论蕴涵

“没有刑罚就没有犯罪”，这句古老谚语鞭辟入里地表明了刑罚范畴成为罪犯处置理论的支柱地位。近代刑法学理论高举理性、人道和博爱的旗帜，提出了刑罚人道的基本原则。刑罚地位如此之显赫，以至于刑法理论将刑罚学如此定位，“在刑法中，第一把交椅无疑义地应属于刑罚，在刑罚中表现了刑法的灵魂和思想”[1]，罪犯处遇的概念在刑事学科中处于不起眼的地位，它往往在刑罚范畴的羽翼之下喘息。然而，“刑法对犯罪现象，法学家对犯罪现象的研究以及所谓解决办法的专有权”这一刑法术语正在逐渐丧失，刑事政策、社会防卫、罪犯处遇等范畴的涌现对传统的犯罪和刑罚的一体化产生不断冲击和消解。北京大学储怀植教授在德国刑法学家李斯特的全体刑法学的理论基础上，进一步提出了刑事一体化的思想，而罪犯处遇范畴孕育于对刑罚观念的反思，诞生于刑事实证学派的社会防卫理论，成熟于行刑为中心的社会实践。因此考察罪犯制裁理论的发展，对健全我国的罪犯处遇范畴及理论体系具有重要意义。

一、刑罚与罪犯制裁理论的历史嬗变

总览罪犯制裁理论和制度的变迁历史过程，可以勾勒出唯刑处罚、非刑防卫、刑和非刑一体化的三个主要阶段。

---

[1] 邱兴隆. 刑罚学［M］. 北京：群众出版社，1988.

罪犯处遇的唯刑处罚阶段是比较漫长的。奴隶制和封建制社会的刑罚显现出神道而任意的特点，统治阶级为维护其专制统治，将犯罪描绘成违反神意的行为，而包括刑罚在内的君权则被认为来源于神意，而君主则顺应神意而行天罚，替天行道。虽然这个时期不乏有识之士提出了“刑罚世轻世重”“德主刑辅”等有价值的思想，但掩盖不了君主在君权神授的招牌下，君主意志假借天意而使刑罚滥觞的残酷事实，刑及无辜的刑罚团体主义制度堂而皇之地招摇过市。君主为了最大限度地发挥恐吓、威慑功能，实现以刑去刑的统治目标，极力渲染刑罚的残酷，这主要表现为滥用死刑、广施体刑和轻罪重罚。刑事古典学派将犯罪人抽象成毫无差别的具有意志自由的理性人，将人实施犯罪的原因归结为人的理性和意志自由，从人类根深蒂固的“善有善报，恶有恶报”报复情感出发而确定了报应刑主义的刑法理论。其思考和关注的重心是犯罪行为而非犯罪人，犯罪人因其犯罪行为所承担的只是刑罚惩罚的后果。其代表人物贝卡利亚在其成名作《论犯罪与刑罚》中，首先提出了以下问题：“对于犯罪应当适用什么样的刑罚呢？死刑对于维护社会的秩序和安全来说，是真实有益和必要的吗？他们能实现法律所提出的宗旨吗？什么是预防犯罪的最好方法呢？同样的刑罚在什么时候都是同样有利的吗？他们对习俗有什么样的影响呢？”[1] 然后以《刑法的起源、惩罚权》开篇立言，提出了罪刑均衡、刑罚人道等思想理念。素有“刑法学之父”美名的费尔巴哈，在《对实定刑法原理与基本概念的反省》一文中，也是以市民刑罚的概念奠基其刑法理论大厦的。19 世纪的英国著名刑法史学家詹姆斯·史蒂芬认为：“报复情感之于刑法与性欲之于婚姻具有同样重要的关系，对罪犯处以刑罚是普遍冲动的合法发泄方式。”[2] 康德在解释其道义报应的理论时认为，犯罪是具有自由意志的人实施的违反理性的绝对命令，刑罚是针对犯罪人因实施犯罪而引起的道义责任

---

[1] 〔意〕切萨雷·贝卡利亚. 论犯罪与刑罚［M］. 黄风，译. 北京：中国大百科全书出版社，1993：8.

[2] 〔英〕sanford，Kadish，Encyclopedia of Crime and Justice，Thee Free press. p518.

所施加的公正的惩罚和报应，是理性的当然要求。黑格尔则从法律报应立论：犯罪否定了作为绝对的定在的法，刑罚则是对犯罪对法的否定的否定，刑罚的本质在于对犯罪的否定与扬弃，通过否定的否定，法才能显示其有效性，正义才能得以恢复。宾丁则认为，犯罪是对以刑罚法规所维护的规范的违反，刑罚则是国家基于要求犯罪人服从规范的权力，而对其否定规范的犯罪行为的否定。无论是康德的道义报应主义，还是黑格尔的法律报应主义和宾丁的规范违反主义，都确认了如下的基本原理：犯罪是一种恶害，刑罚只不过是社会对这种恶害的反应方式。就刑罚的目的而言，是通过刑罚对犯罪人所带来的痛苦来实现社会公正，这仍是刑罚立足的根基。即"法院的惩罚绝对不能仅仅作为促进另一种善的手段，不论对犯罪人还是普通民众都是如此，惩罚在任何时候下，必须是因为一个人已经犯了罪行，才加刑于他"。刑罚制裁的限度在于犯罪造成的恶害。虽然贝卡利亚提出了预防犯罪人和潜在犯罪人犯罪的双面预防论，即刑罚的目的在防止犯罪人或者其他人重新犯罪。边沁也从功利的角度提出了刑罚的主要目的是一般性预防，但这种预防犯罪是一种消极的预防，是通过立法威慑、司法威慑和行刑威慑，实现刑罚的物理强制和心理强制作用。由此可见，刑事古典学派的刑法制度构建主要遵循以下原则：刑罚的确定性和不可避免性、废除死刑、反对不定期刑、禁止习惯法和重法溯及既往。在刑罚制度设计方面也只是对刑种的取舍、刑罚执行的人道性进行思考和规制。刑罚与犯罪行为的相对称，刑罚对犯罪的预防，也只是以强调刑罚威吓作用为主的预防手段。但是以处罚犯人作为一种犯罪的预防手段，可谓是一种消极性、否定性的预防作用。因此，对犯罪人事实处遇而言，只有与犯罪相对应的刑罚范畴，没有罪犯处遇的概念。

处遇概念缘起于刑事实证学派的勃兴、立足于犯罪行为，建构刑罚处罚的古典刑事学派理论面临因社会转型引起的犯罪高峰问题显得无能为力。19 世纪末 20 世纪初，实证主义的哲学研究方法在自然学科中大显神威，达尔文生物进化论正是实证主义研究所结出的累累硕果，并为自然科学的研究成果向社会学科渗透奠定了基础，以犯罪人为关注焦点的刑事实证学派应运而生。意大利监狱医生龙勃罗梭在解剖数百具监狱犯人尸体的基础上，摆脱了将犯罪人抽象成毫无差别的具有意志自由的理性人的思维范式，提出了天生犯罪人的论断。天生犯罪人的犯罪是由返祖基因决定的，呈原始人和低等动物的特征表现，其具有与常人不同的生理特征："毛发稀少，缺乏力量，体重轻，头骨容量小，前额后缩，额窦发育发展明显，经常出现中前额骨缝和沃姆氏骨，早熟性骨结（特别在前额）颞弓凸起，骨缝简单，颅骨较厚，下颌骨和颧骨凸起，眼眶歪斜，皮肤颜色教暗，长着把柄状耳朵或者大耳，具有两种性别的特点，不明显、不易矫正，对痛苦麻木不仁，在道德上完全麻木，性格懒散，缺乏任何内疚感，没有任何远见，有时表现得很勇敢。"[1]316 晚年的龙勃罗梭引入堕落的概念，将后天的地理和社会因素纳入犯罪原因的体系，将犯罪人依据生理标准划分成天生犯罪人、癫痫病人、机会犯和偶犯四类。其弟子菲利对刑事古典学派的自由意志论进行了颠覆性的批判，在犯罪原因方面提出了自然、个人和社会三位一体原因说。李斯特则将犯罪原因归结为社会因素和个人因素的二元论。刑事实证学坚持行为决定论的犯罪原因说，就对犯罪人的处遇重心从惩罚的立足点转移到社会防卫。龙勃罗梭认为，在犯罪和刑罚之间找到道德关系是不可能的，对犯罪人适用刑罚不是根据罪犯的归责性，也不是对犯罪人进行公正的惩罚，而是进行社会防卫。"惩罚权应当以自然必要性和自我防卫权为基础"[1]321，"如果不是依据防卫的权利，人们有什么权利对精神病人、对被怀疑患有传染病的人进行隔离呢？恰恰是以事实为基础，以防卫为必要性的刑罚理论才使自己较少地陷入矛盾之中"[1]322，因此，对表露出人身危险性甚至没有实施犯罪行为的天生犯罪人实行流放或死刑，对生理异常的犯人实施阉割，都是社会防卫所必需的。菲利将防治犯罪与防治疾病相类比，尖锐地批评了刑事古典学派的刑事司

---

[1] 〔意〕切萨雷·龙勃罗梭. 犯罪人论［M］. 黄风，译. 北京：中国法制出版社，2000.

法制度，“在社会生活中，刑罚与犯罪的关系和医药与疾病的关系一样，他们忘记了罪犯的人格，而仅把犯罪行为抽象的法律现象进行处理，这与旧医学不顾病人的人格，仅把疾病作为抽象的病理现象进行治疗一样”[1]3。由于决定具体犯罪行为产生的自然、个人和社会因素都截然不同，那对犯罪人就像对待病人一样先进行诊断，然后进行分类。对不同的犯罪人不同的犯罪原因，实施不同的治疗方案和措施，菲利指出了刑罚在预防犯罪方面的缺陷和弱点："刑罚应当对罪犯具有改造作用的原则，但是，这仅仅是一个次要原则，也可以说是惩罚的间接目标。"[2] “人类学、心理学和犯罪统计学的研究资料证实：在任何刑罚制度下，无论是最严厉的，还是最宽容的方法，总是有一定数量的罪犯，由于其生理和道德的退化，改恶从善几乎是不可能的，或者说是暂时的。”[1]4他对当时的刑罚适用如此评价："迄今为止，对罪犯所处的刑罚，尽管其既不能保护，也不能补偿诚实者，但能够成功地使作恶者更加腐败和堕落。"[3]菲利强烈否定国家具有惩罚罪犯的刑罚权，他坚信科学真理的成就将刑事司法变成一种自然功能，因此保护社会免受犯罪疾病的侵害，铲除所有今天尚存的复仇、憎恶和惩罚等未开化的遗痕。萨瑟兰也指出了刑罚的七大弊端：

（1）刑罚往往使受惩罚的个人处于孤立的状态，使他成为社会的顽敌，而他的影响有可能扩展到其他人；

（2）刑罚使犯罪人产生谨慎，从而在再犯罪时想方设法逃避制裁；

（3）刑罚导致其他不良态度，使犯罪人丧失自尊心；

（4）刑罚有时给犯罪人以地位，即使人钦佩罪犯的冒险精神；

（5）改造应当是构造人格的过程，但刑罚却不能给犯罪人提

[1] 〔意〕恩里科·菲利．犯罪社会学［M］．郭建安，译．北京：中国人民公安大学出版社，1990.

[2] 〔意〕恩里科·菲利．实证派犯罪学［M］．北京：中国政法大学出版社，1987：47.

[3] 〔意〕恩里科·菲利．实证派犯罪学［M］．北京：中国政法大学出版社，1987：21.

供构造人格的素材；

（6）刑罚通常阻碍塑造人格的努力；

（7）刑罚已不再像从前一样具有恢复犯罪所破坏的社会均衡感的作用。

为了预防和减少犯罪，弥补刑罚在防卫社会方面的不足，菲利提出了刑罚替代物的概念，“就社会的宏观环境而言，即在各种立法、政治、经济、行政和刑罚中，从最大机构到最小的单位，社会体制将会得到调整，从而使人类行为并不总是无益地被镇压所威慑从而被不知不觉地导向非犯罪的轨道上去，为在最小限度导致暴力滋扰和违法机会的条件下发挥个人能力和满足个人需要留下充分的余地”[1]，这样罪犯处遇制度设计中引入了人身危险性的概念，改变了唯刑构造，提倡保安处分、刑罚个别化、不定期刑等针对犯罪人人身危险性的制度设计。1921 年，菲利提出了以保安处分代替刑罚、以人身危险性代替责任的意大利刑法草案。而李斯特则是刑事实证学派集大成者，他认为消除犯罪的原因的最好的途径是改良社会政策，提出“最好的社会政策就是最好的刑事政策”。对犯罪人而言，处罚的对象不是犯罪，而是行为人，刑罚的目的不是为了报应犯罪，而是教育罪犯、预防犯罪和防卫社会的一种措施，它应当具有目的性和必要性。因此应当根据犯罪人的人身危险性采取不定期刑、扩大解释、缓刑、假释、保安处分、强制劳动等刑外处置手段。刑事实证学派的理论具有漠视人权的价值取向，在司法实践中成为了德国和意大利的法西斯政权滥杀无辜、粗暴践踏人权暴行的遮羞布。第二次世界大战后，人们普遍关注对个人的保护和对人的尊严的尊重，并已成为当时的历史主流。1961 年，国际社会防卫协会第一任会长菲利普·格拉马蒂卡提出了刑罚取消论。格拉马蒂卡在其著作《社会防卫原理》中，以保障人权，改善个人和使个人回归社会为逻辑起点，构筑了以反社会性范畴为核心，以反社会指标及其程度为准绳，以社会防卫处分体系为措施治疗反社会者

---

[1] 邱兴隆. 刑罚学［M］. 北京：群众出版社，1988：46.

的崭新理论学说。该学说抛弃了传统刑法的犯罪、刑事责任和刑罚的概念，甚至罪犯的法律属性也被具有社会学意义的反社会者所替代，这种学说被有些学者评价为社会防卫的过激思想。马克·安塞尔确立了人道主义刑事政策为中心的新社会防卫理论，其主要内容如下：犯罪首先是犯罪者的人格的表现，犯罪者的人格应当确定为犯罪概念研究的逻辑起点。对各种人格不正常的犯罪人，首先应当考虑的是教育而不是刑罚，刑罚不是唯一的，甚至也不是主要的对付犯罪的工具。罪犯具有复归社会的义务，能够将罪犯教育改造成为新人，复归社会是最高的人道主义。因此，马克·安塞尔反对报应刑论，主张建立以“复归社会”权利为中心的刑事制裁体系，并以行为的种类和行为的个人需要为标准设立整合的制裁制度的选择措施，把法律秩序的维护与受判决人在社会中地位的再安排视为刑法的目标。新社会防卫论在20世纪中叶对刑法理论和各国的司法实践均产生了深远的影响。

在刑事实证学派的社会防卫理论中，最授人以柄的缺陷是存在着侵犯人权的危险，特别是在第一次世界大战后为法西斯政权借用，成为实施专制统治、破坏罪刑法定原则、摧残人权的工具。其在理论体系的构建方面也存在着以下弊端：一是方法论的缺陷，即并非所有的有关犯罪的问题都可通过实证方法解决，实证方法把有限的观察所得推广到无限的犯罪与刑罚问题；二是以犯罪原因论和与犯罪防治论为主体的体系，使犯罪论变成罪犯病理学，刑罚论沦为犯罪防治论。因此，第二次世界大战以后，折中行为责任和行为人责任的并合刑法理论开始形成，该理论由毕克迈耶首创，由麦兹格和包克尔曼发展，日本学者团藤重光大力推广。该理论以相对自由意志论为前提，提出行为人的主体人格及其表现的行为才是责任的基础，该理论将报应刑和目的刑都作为刑罚存在的目的。刑罚既是一种报应，同时具有预防犯罪的目的，“并合主义之刑法，由于责任与危险性同受重视，因之客观主义和主观主义颇能互相协调，共同用于处遇犯人而无矛盾之处”[1]，而大冢仁在团藤重光的人格责任论的影响下，构建了人格刑法学，对责任论、犯罪论、行为论、刑罚论进行了新的阐述和界说。人格刑法学认为，犯罪人既不是古典刑事学派所抽象的具有完全自由意志，能够完全按照自己的理性控制自己行为的理性人，也不是刑事实证学派在环境和遗传影响下必然走向犯罪的经验人，而是不管是否受到环境和遗传因素的影响，在一定限度内能够自主决定身体行为的相对意志自由的人。[2]因此，人格刑法学谴责的是具有相对意志自由的人的行为和隐藏在行为背后的犯罪人格，“责任第一位的是行为责任，应着眼于作为行为人的人格主体的现实化的行为，在行为的背后，还受着人的素质和环境的制约，并存在着经过行为人主体的努力而形成的人格，对行为人这一过程中所表现的人格态度也可以加以谴责，因此，我们把它叫做第二位形成人格的责任。第一位的责任与第二位的责任，在现实生活中是不可分割的，应当二者合为一体称作人格责任”[3]。成立犯罪的行为应当是行为人主体的人格现实化的身体动静，绝对强制下的身体行为和单纯条件反射排除在刑法理论的视野之外，构成要件符合性、违法性和有责性这三个要件是成立犯罪的条件；而在罪犯处遇体系中，具有对积极预防犯罪作用的保安处分与侧重对犯罪报应的刑罚分立。苏联1961年《苏俄刑法典》也受此观点影响，在刑罚之外又规定了医疗性和教育性的强制方法。

刑罚是国家主体性的惩罚性制裁措施，对非国家主体性的社会力量对罪犯处置措施用刑罚概念无法涵盖，尤其是保安处分制度、缓刑制度和假释制度的出现，更使其无法给予合理的解说。对保安处分而言，它与刑罚的区别最为明显。18世纪末，德国刑法学者克莱因提出了保安处分的思想，其著作《保安处分的理论》首次

---

[1] 蔡墩铭．现代刑法思潮与刑事立法［M］．台北：汉林出版社，1996：37．

[2]〔日〕福田平，大冢仁．日本刑法总论讲义［M］．沈阳：辽宁人民出版社，1986：4．

[3]〔日〕森本益之，等．刑事政策学［M］．北京：中国人民公安大学出版社，2004：134．

将刑罚与保安处分加以区分，主张保安处分的对象是以人身危险性为依据，具有不定期性。在他的建议下，1794 年普鲁士地方法中出现了保安处分的法条。德国刑法学者毕克迈耶比较系统地阐述过两者的不同：刑罚是对事实以及体现于事实的责任的报应，以有责任的犯罪事实为基础，刑罚的首要使命是对不正行为的报应，其恶害的分量应当根据犯罪人的人格及事实而论定，所以刑罚是对犯罪的反制，它应当对事实及体现于事实的责任保持一定的比例，刑罚对已然之罪惩罚的目的在于镇压犯罪，而不是预防犯罪；而保安处分的目的在于预防犯罪，它是针对有社会危险性的人，为防止未来发生的侵害而预先实施的。尽管有时针对已经实施的罪行实施以保安处分，但并不是要惩罚已经实施的罪行，而是针对犯罪人社会危险性而实施的，保安处分与犯罪行为没有因果关系。在刑罚与保安处分的关系上存在着二元论和一元论的争论，刑罚与保安处分二元论主要有以下几个论点：

（1）刑罚与保安处分的法律属性根本不同，刑罚是刑罚上的法律后果，保安处分是行政法上的预防和制裁措施，前者是司法处分，后者属行政处分，两者具有质的区别。只因为两者在保护社会公共生活中都有积极的作用，刑事制裁体系才承认保安处分的一定地位，才将两者统一于刑罚典。

（2）刑罚与保安处分的目的不同，刑罚的目的在于报应，通过将刑罚施加于犯罪人使之感到痛苦恢复平衡社会正义，虽然刑罚的痛苦也可以使犯罪人感到刑罚之痛苦超过犯罪之利，进而打消再次犯罪的意念，从而起到预防犯罪的作用，但这是一种消极的、被动的预防；而保安处分则以保卫社会安全为主旨，目的不在报应，而在于防止犯罪危险，即事前防卫，是重在消除犯罪人人身危险性的积极的、特别的个别预防。

（3）刑罚与保安处分所依赖的原则不同。罪刑法定、罪刑均衡、主客观相统一是刑罚运用的基础，排斥重罪轻罚、轻罪重罚和无罪加罚的做法，而保安处分的运用，与犯罪事实的关联性不强，甚至不以犯罪事实的存在为前提。根据人身危险性的大小以及变化情况自由裁量执行处分的时间长短，不定期是其运用的原则。

（4）刑罚与保安处分的适用对象不同，刑罚的适用依托于刑事责任原则，只适用于具有刑事责任能力，既达到刑事责任年龄、精神健全的行为主体，其适用的前提是行为符合犯罪构成，同时以行为的违法性、有责任性为必要条件，刑罚的各种方法都具有痛苦、贬低、压抑的惩罚性因素，因此，无责任能力、限制责任能力人、低龄人、初犯少年不能依赖刑罚，他们是保安处分重点适用的对象。保安处分的各种措施立足于治疗、教育、改善，不具有痛苦的成分，被处分人的利益是保安处分的出发点之一。刑罚与保安处分的二元论遭到以菲利、李斯特、牧业英一等保安处分一元论者的反对和攻击。保安处分一元论的观点更为激进，甚至要取消刑罚的独立地位，以保安处分取而代之，但刑罚与保安处分的二元论在法治国的历史背景下仍然是刑事法治的主流思潮。

处遇概念是从 treatment、traitment，Behangdlang 等词翻译而来的，treatment 、traitment 的词源是拉丁语的 trahere，它含有吸入、吸引、处理、治疗、对待等意思，其中处理和对待与处遇的意思最为接近。日本学者森下忠在其著作里曾对犯罪者处遇的演变作了简略的介绍，而犯罪者处遇概念的演进历史可以说肇始于刑事实证学派，丰富和发展于刑罚个别化运动和行刑改革运动。刑罚个别化运动，始从于 1832 年法国以减轻刑罚为目标的刑法修改，新古典刑事学派加尔逊热心推崇选择刑制，要求赋予法官自由裁量的权限。萨累伊的《刑罚个别化》更将刑罚个别化分为三个阶段：法律上的个别化、判决上的个别化和行政上的个别化。行刑改革运动是在 19 世纪中叶鲁加、培斯奥等行刑学派推动的，他们通过对单纯强调报应的自由刑的反思，首次提出了受刑人处遇的概念（traitment du condamne），20 世纪进行的第二次行刑改革运动，推出了累进处遇、集团疗法等一系列的近代化的处遇方法。犯罪人处遇诞生之初受 19 世纪末矫正医疗模式的重大影响，作为医学、心理学上的“医疗”同义词来使用，对刑罚带有强烈的排斥情绪。犯罪者处遇的概念被世界各国广泛运用是在第二次世界大战以后，犯罪者处遇的出现与联合国关于犯罪对策的工作开展分不开。1948 年联合国的事务总局下设的社会防卫部就着手研究预防犯罪和犯罪者处遇的刑事政策，并在 1951 年继承成立于 1872 年的国际刑法及监狱委员会的工作，把从前的“刑法及监狱”一词改为“预防犯罪及犯罪者处遇”。罪犯处遇登上国际舞台的标志是 1955 年在日内瓦召开的联合国第一次关于预防犯罪及犯罪者处遇大会，该会议自此每隔五年召开一次，对犯罪者处遇的观念传播起了极大的推进作用。该会议由于罪犯处遇范畴在形成过程中的缘故而没有对其予以界定，但伴随着矫正思想高潮（1945—1975 年）的退却，处遇罪犯标准也发生了显著变化。法国有关文献强调，追究罪犯的道义责任，促使其觉悟，是犯罪人重返社会所必需的。因此“以罪犯的改造自新以及重返社会为目标的对应对象需要的处置”的犯罪人处遇概念在国际上固定下来。

对犯罪者处遇的理解和使用是多种意义的。日本学者森下忠认为，当时在日本未曾见过对犯罪者处遇下过定义的文献，在日本国外的文献所下的定义也不统一。有的学者说，犯罪者处遇是为了使犯罪者早日重返社会，防止他们重新犯罪而采取的社会学、刑事教育、医疗以及心理学等方面各种措施的总和；又有学者认为，犯罪者处遇是以预防犯罪者重新犯罪和使其重新返回社会为目的，矫正犯罪者品行而采取的个别措施。森下忠认为：“这些定义不是过宽，就是过窄，而且含糊其辞，以至于联合国有关机关也没有下过定义，这可能是因为犯罪者处遇的观念还处于形成过程中。因此，犯罪者处遇最先从矫正设施内受刑者处遇萌芽，伴随着人们对犯罪人人格的重视，逐渐扩展到司法领域的裁决阶段。”日本的平野龙一教授 1963 年出版了《犯罪者处遇诸问题》一书，将犯罪者处遇主要从司法处遇角度使用，他提倡在刑法修改时，将犯罪法典与处遇法典分别设立，而犯罪者处遇的范围要比矫正处遇的内容更宽泛些，它包括司法处遇、矫正处遇和保护处遇。司法处遇是指在审判阶段对犯罪者在刑罚、保安处分、保护处分采取何种刑事制裁的选择和决定。森下忠认为，它需要考虑的问题是：“（1）附加缓期执行的刑罚比处以实际执行的刑罚,哪个更有利于重返社会?(2)对于限制能力的犯罪者，代替刑罚处以保安处分比处减轻的自由刑刑罚是否更合适?(3)对于少年犯罪者处保安处分是否更好?(4)对于惯犯，应选择处以不定期刑还是保安处分?(5)对于短期自由刑的受刑者是否应当判处半拘禁和半自由，或者其他处分?

矫正处遇则是裁判后的处遇，是将裁判确定下来的东西予以接受，并加以实现的措施。在20世纪后，因为犯罪者不等于病人，犯罪者本人也不愿意被当作病人对待，医疗模式的思想受到了种种批判，由于这些批判，使traitment从治疗的含义发展到处遇的意义，刑罚个别化的原则也发展到了处遇个别化。伴随着缓刑、假释的司法适用，犯罪者处遇的外延也涵盖了犯罪人在社会当中的保护性处遇，即保护观察[1]。20世纪60年代中期，美国掀起了正当程序的法律革命浪潮，公民程序性权利的价值逐步被人们所重视。正如美国大法官W·道格拉斯指出:“权利法案主要是程序性条款，这样做决不是无关紧要的，正是程序决定了法治与恣意的区别。”[2]法院也改变对监狱的矫正措施采取不干预主义态度，积极介入监狱行刑事务，通过一系列的判例凸显出罪犯程序性权利的保障和明晰监狱矫正权力与罪犯实体权利的规则。例如1974年普发库尼尔诉马丁内斯案涉及囚犯通信制度，麦克唐纳诉布拉斯加州案涉及监狱纪律处罚程序，1976年埃斯特尔诉甘布尔拿案涉及监狱医疗制度[3]。在其他国家里，罪犯程序性权利甚至直接主宰着国家能否采取某些具体处遇措施，如对罪犯的矫正方案必须经过受刑罪犯的同意才能实施。在德国，征得受刑的性犯罪累犯同意，国家可以对其进行化学阉割。罪犯程序性权利在国际上也逐步得到认同。《保护所有遭受任何拘留或监禁的人的原则》、《世界人权宣言》、《公民权利和政治权利公约》等国际公约都确立了建立囚犯

---

[1] 〔日〕森下忠. 犯罪者处遇［M］. 白绿铉，译. 北京：中国纺织出版社，1994：17.

[2] 陈瑞华. 看得见的正义［M］. 北京：中国法制出版社，2000：4.

[3] 王志亮. 美国囚犯权利的历史发展［J］. 中国监狱学刊，1999（5）：64.

申诉的复审和对行刑机构的司法审查机制。犯罪人的提起复议和诉讼权利的制度化保障对制裁执行行为的司法审查，使罪犯的司法处遇内涵完成从单纯的实体性处分发展成为实体与程序兼顾的使命转换。由此可见，犯罪人处遇范畴在其发展的历史中，冲破了传统的刑罚论和刑事法制格局，建造成司法处遇、矫正处遇、社会内处遇和程序性权利保障为一体的立体全景式的构造。

二、我国学界对罪犯处遇理论研究的现状

新中国成立后，基于以刑为主的法律制裁文化源远流长，泛刑论的工具主义盛行于学界和罪犯制裁实务领域，理性的目标定位与实现机制的错位和扭曲使泛刑论大行其道，我国刑法理论在建立社会主义法治国家的历史背景下，倾向对客观主义的刑事古典学派理论的推崇，虽然监狱内处遇在立法中设置了体现主观主义刑法理论的罪犯改造目标，但监狱内处遇的运作机制却带有客观主义刑法的痕迹。主观主义刑法理论所倡导的个别化并没有体现，犯罪人分类标准并不精细，行刑成本的投入还相当有限。从本质而言，我国的罪犯制裁体系折射出的是威慑主义的色彩，矫正和改造被视为刑罚本身的因素而存在，保安处分的制度设计中在行政制度中有其实，在刑法领域无其名，罪刑关系成为构筑刑事法领域不可逾越的红线。有学者甚至提出保安刑、矫正刑的概念[1]，罪犯处遇的概念没有多少可以存在的空间，始终在刑罚的光环下苟延残喘。我国有些学者使用了罪犯处遇范畴，但是只不过是犯罪者处遇的不同语词称谓。对罪犯处遇范畴的定位沿用了森下忠的定义，即对犯罪人处遇的阐述从狭义的角度将它定位于为使罪犯回归社会，防止他们重新犯罪而采取的各种措施的总和。从广义的角度，意指罪犯的一般地位和待遇。又有些学者认为，处遇政策作为刑事政策的组成部分，有广义和狭义之分，狭义的处遇政策是指监狱的结构及其运行机制。我国监狱学界关于罪犯处遇的运用仅限于狱政管理的具体制

[1] 陈兴良．刑法哲学［M］．修订3版．北京：中国政法大学出版社，2004．

度——分级处遇制的狭小范围。有些学者在评价刑罚取消论时认为："刑罚取消论的实质是否定人的自由意志，无论其影响如何，其基础理论都是荒谬的。同时，刑罚取消论所谓的以矫治方法取代刑罚，并不是真正要取消刑罚，而是以另一个更具有吸引力的概念取代刑罚这一概念，在矫治方法与刑罚之间，并无实质性的差异，据此，所谓取消只不过是换汤不换药的文字游戏而已。"[1]据此以刑罚为上位观念作为研究逻辑起点的罪犯处遇理论对具体制度产生了重大而深远的影响，自由刑执行中罪犯的改造活动形成了具有中国特色的强制性的政治思想教育，保安处分在罪犯处遇领域缺失，受刑罪犯对刑罚执行行为没有提起诉讼的权利，导致其诉冤机制的弱化，这些都使中国的罪犯权利保障与国际上通行做法存在一定的差距。

笔者认为，罪犯处遇的范畴与刑罚范畴不能同日而语，有其存在的必要。因为刑罚范畴在现实面前存在局限性。首先，在罪犯所承受的权益影响里，以国家为主体的惩罚性影响虽然是基础性和主干性的，但对罪犯的救助性待遇的设置已经是人道主义政策的要求。处遇范畴一词表达的温和色彩比凸显惩罚色彩的行刑范畴更能引导和过滤国民的偏激和冲动情绪。其次，实现社会防卫机能的罪犯制裁措施不仅仅是刑罚，而且具有矫正、教育和预防的机能的保安处分不应当被忽视，而行刑范畴字面含义已经无法令人信服地对其进行表达。再次，罪犯的缓刑处遇在刑罚范畴中无法得到确切的解释，缓刑是一种刑罚制度，但刑罚范畴却不能解释罪犯在缓刑期间的权利受到限制状态的属性。这种状态是有条件的不执行刑罚，因此是没有进入刑罚惩罚的状态，不是刑罚法定的内在内容。缓刑虽然被列入刑罚制度，因罪犯在缓刑期间所受到的自由限制，却不是任何刑罚种类的法定内容，在理论上对罪犯缓刑的执行又不属于自由刑的刑罚执行。另外，自由刑执行过程中，监狱工作性质的界定依据《监狱法》规定，是刑罚执行或刑事执行。在罪犯的自由

---

[1] 邱兴隆. 刑罚学 [M]. 北京：群众出版社，1988：46.

刑执行过程中，刑罚的概念已经无法解释改造或者矫正措施的属性，罪犯劳动和罪犯教育等改造活动被笼罩在刑罚的阴影下而凸显出强制性的色彩，但罪犯劳动、罪犯教育由于不具有惩罚性，很难把其纳入刑罚的内容。我国刑法和监狱法规定，罪犯应当接受监狱进行的思想、政治、文化技术教育，如果将刑罚执行机关的这些行为定位于刑罚执行，那么很难在法理上作出合理的解释。因为在法治国中，法律控制的是人的行为，而不能控制人的思想，否则，有侵犯人权、违背公正之嫌疑。况且，国际上许多国家监狱中，罪犯劳动和罪犯教育是建立在罪犯自愿的基础上，监狱执行自由刑与罪犯劳动、罪犯教育的强制性没有必然的联系，罪犯在不同服刑阶段的待遇差别也不是刑罚的法定性和平等性所能够解释的。最后，刑罚范畴对国家和罪犯的关系的思考是演绎性、思辨性和静态的分析，缺乏程序性的思维视角。我国目前罪犯处遇构造的扁平结构和罪犯权利救济制度的缺失，都与此研究视角很有关系。罪犯被定罪以后的量刑过程以及刑满释放后的处置和待遇都无法涵盖进刑罚应有之义。因此，处遇范畴与刑罚范畴相比，可避免上述弊端，有其积极的价值和意义。罪犯处遇与犯罪人处遇也有所不同，如森下忠将审判前检察官的起诉犹豫制度纳入犯罪者处遇进行论述没有太大的问题，但它不能纳入罪犯处遇。按照现代刑事诉讼的无罪推定原则，未经法院判决，任何人都不得被假定为有罪的人。因此，罪犯处遇范畴具有独特的价值。

三、罪犯处遇范畴的应然定位

范畴是人类在认识客体的过程中形成的基本概念，是人类在一定历史阶段理论思维发展水平的指示器，也是各门学科走向成熟的标志。鉴于我国学界对罪犯处遇范畴的界定较少，“困难始于界说，如若我们认真地想一想，就知道界说含有束缚和拘束的作用，界说一方面指使它的使用者，另一方面显现出使用者的取向。界说埋藏在它的使用者的观念与他的理论化的工作之中”[1]。笔者认为，应从字面意义对罪犯处遇范畴进行界定：罪犯处遇，是指被判定有罪的人的处置活动以及应享受的待遇。罪犯处遇范畴在与其他相关范畴的关系具有以下逻辑性。

（1）罪犯处遇范畴的逻辑起点是罪犯，而不是犯罪人。罪犯和犯罪人在很长时间内被混同使用，罪犯的定位是被司法机关通过法定程序贴上具有犯罪标签的社会成员。因此，对其是否具有犯罪行为或人身危险性首先突出的是程序性认定，具有程序与实体并重的思维范式。而犯罪人范畴的确立，折射出实体至上的思维惯性，其立足点和价值在于认识犯罪规律，实现预防犯罪的社会防卫机能。传统的罪犯处遇思维惯性是刑法模式，即“犯罪—刑事责任—刑罚—罪犯”的线形传递，而罪犯处遇是刑罚的上位概念，这在某种程度上形成了独特的研究视角：

犯罪 — 罪犯 — 处遇 ↗ 强制性的制裁（刑罚和保安处分）
犯罪 — 罪犯 — 处遇 → 救助性处遇
犯罪 — 罪犯 — 处遇 ↘ 人权保障（实体性权利和程序性权利）

（2）罪犯处遇在利益平衡和评价方面是中性的，是对罪犯在社会角色中的状态研究，它既有使罪犯产生痛苦的受刑状态，也有为兼顾罪犯和社会利益的非刑罚措施，还有专注罪犯利益的权利保障问题。这不像刑罚范畴那样以惩罚犯罪人为己任，虽然人道性的理念自我束缚，但不过是惩罚性、痛苦性的量的控制，而刑罚实现预防犯罪主要是通过剥夺和威吓。教育刑论忽视了刑和教的天然鸿沟，只能是一相情愿的幻想。

（3）罪犯处遇的考察是动态、过程性的。刑罚在量刑方面着重于追求国家对罪与刑的合目的性的均衡，因此，沉迷于精巧细致的量刑方法设计，但无法考究犯罪人、社会（包括被害人）和国家主体互动性的关系，关于刑事权力性质的思考长期被“刑罚等同于司法”的思维模式束缚。刑罚概念的视野也有一定的局限性，

[1] 〔美〕尤劳. 政治行为论［M］. 台北：商务印书馆，1978：95.

对罪犯所受的处罚和待遇不能进行说明，国家与犯罪人之间的惩罚与被惩罚的扁平结构的刑罚思维没有开阔的视野。例如，从时间维度分析，缓刑处遇和出狱人保护措施的属性都无法在刑罚理论得到比较清晰的解说，而用处遇词语可以清晰地概括和说明这种状态。出狱人保护的问题也是刑罚所不能解决的，犯人刑满释放后即意味着刑事法律关系的终结。从空间维度纬考察，刑罚无法解释保安处分的性质，即使在罪犯的自由刑处遇中，虽然我国罪犯的改造手段具有强制性，却不能将强制性解释为惩罚性。不具有惩罚性的事物是不属于刑罚范畴的，而罪犯处遇范畴则可以从罪犯被定罪以后，直至在刑满释放后的处置和待遇进行鸟瞰，探索定罪量刑合一程序是否具有合理性，刑罚与其他社会防卫方法的关系，公共权力与罪犯人权之间的冲突与救济，刑后职业限制的属性评价等问题。

（4）罪犯处遇的内涵是国家对罪犯的处置和罪犯基于文明社会应当享受和给予的权利和利益。刑罚和保安处分则具有严重的公共利益倾向。虽然有人道主义的刑事政策束缚和节制，但贬损罪犯独立人格的倾向非常明显，在因刑罚运作产生的刑事法律关系中，“主体只有国家和罪犯双方，而且其主要特征是主体双方地位的不平等性”[1]。这是因为孤立的个人作为罪犯是受到国家最严厉的否定性评价者，是接受刑事制裁的主体，而强大的国家则是刑罚权的主体。而罪犯处遇的范畴价值则以公共利益和个人利益的平等性为基调，罪犯的蕴涵不仅仅是基于公共利益的秩序追求，只予以惩罚和给予矫正或改造，而是以适应合乎大多数人意愿的生活方式。在罪犯处遇法律关系中，除了以实现惩罚和预防犯罪为使命的具有不平等特征的刑事法律关系，还有以保障人权为己任的权利救济法律关系。

（5）罪犯处遇的法治研究视角是公法一体化[2]。公法一体化是对行政法学学者建立统一公法学设想的概括。袁曙宏认为，传统

[1] 张小虎. 刑事法律关系的构造与价值［M］. 北京：中国方正出版社，1999.
[2] 袁曙宏. 论建立统一公法学［J］. 中国法学，2003（5）.

的宪法学、行政法学和刑事法学、立法学、国际公法等部门法学研究分割和分散，不适应公法的发展需要，应当建立介于法学与部门法学之间的中观层次的统一公法学。统一公法学以公共权力为元概念，以公共权力与公民权利、自由与秩序、公平与效率和公益与私益为核心范畴，以法治、公法、公法主体、公法关系、公法行为、公共治理、公共服务和公法责任等为主要基本范畴。储怀植教授所提出的刑事一体化的思想，要求刑法的研究视野扩展到犯罪学、刑事诉讼法以及行刑学等领域，这对刑事法学的研究大有裨益。笔者认为，目前的罪犯制裁理论仅仅停留于刑事一体化仍嫌不足，如采取公法一体化的视角，可以拓宽研究视野，有助于行政法学理论成果与刑事法学理论的对接。由于刑法学理论将刑法视为司法法，而非行政法，司法法具有安定性，而行政法具有合目的性，这对于刑法规范本身是没有多少疑问的，但在我国学界却存在着将规范刑法等同于刑事法的思维倾向，推断出刑事执行权力是司法权的结论，并对我国的法律制度产生了深远的影响，刑法第 96 条将监管工作人员规定为司法工作人员。这造成了刑事执行权的运行既没有司法权运行的独立性、被动性、公开性、决策民主性的特征，也没有像行政权那样赋予当事人提起诉讼权利使其受到司法审查的制约。根据行政法中的行政与司法分野的理论，我们不难得出对罪犯的刑事执行权力具有主动性、公益优先性等行政权运行机制的特征，还从应然的角度引入行政法学的相对人概念、“均衡论”所主张权利和权力关系的制度安排、公共服务、行政契约、行政复议和行政诉讼等理论成果，构建罪犯处置的申请复议和诉讼制度，从而改变罪犯改造的强制性机制，以改进和丰富我国的罪犯处遇理论和制度。

第三章

人性假设与罪犯成因的多维视角

罪犯是处遇承受的主体，对罪犯形成过程的主观性认识决定了罪犯善恶观的设定，而对犯罪概念的理解则是解决罪犯处遇的逻辑起点。犯罪行为是人的行为，研究人，必须以人性理论为基础，所谓人性，是指人区别于其他事物的质的规定性，“一切科学对于人性总是或多或少有些关系，任何科学不论似乎与人性离得多远，它们总是会通过这样或者那样的途径回到人性”[1]，社会制度的建立也离不开人性假设，“任何严肃的政治和道德哲学，当然也包括任何严肃的社会研究都必须从理解人性开始；尽管社会及其制度塑造人，但是人的本性限制了我们生活的社会”[2]。在刑事法领域，制定法律和界定犯罪的立法者是人，实施犯罪行为者和标志罪犯标签的法官同样是人，实施处遇的执法者及救助者和承受处遇的罪犯也是人，人的本性问题是刑事理论学派必须思考并予以回答的问题。刑事古典学派与刑事实证学派的对立源自于各自对犯罪人的人性认识的不同。犯罪是人实施的，刑罚是科于人的，因此，人性的理解决定了刑法学的性质[3]。对犯罪的善恶评判和行为人的入罪过程剖析也无法摆脱人性问题的缠绕。纵观各国罪犯处遇立法和司法机制，或多或少地折射出人性论的思想光芒，对罪犯处遇的正义性、科学性考问必须探讨社会、国家和犯罪人的人性假设。

---

[1] 〔英〕戴维·休谟. 人性论（上册）［M］. 北京：商务印书馆，1980：6－7.
[2] 冯为国. 行刑社会化研究［M］. 北京：北京大学出版社，2003：59.
[3] 〔日〕大冢仁. 犯罪论的基本问题［M］. 北京：中国政法大学出版社. 1993：2.

一、社会、国家和犯罪人的人性假设是同一的，还是分裂的

对罪犯成因的不同认识则决定了罪犯处遇政策的发展走向，而对该问题的认识因社会物质生活条件、历史文化思维定式、国际价值观念等诸多因素的冲突和制约，罪犯成因虽然与犯罪原因存在着天然的血缘关系，但是两者又不能混为一谈。人性假设的科学论点是以矫正和改造罪犯为己任的刑事执行法学正确立论的基础，“在法律体系的背后支撑着它的道义法则总是随着宗教的发展而不断改善，宗教对法律的贡献比所有法规都要大”[1]。西方法治国家建构的基石——新教和中国传统文化的主流思想儒学对此问题的不同解答，构筑了不同模式的罪犯处遇架构。

1．西方文化的人性悖论

对现代宪政国家的人性理解不能不追溯其社会赖以存在的文化基础，考察西方哲学人性理论发展的历史长河，可以厘定理性人与经验人从论战到合流的脉络。

理性人即理性主义的人性观，开始于古希腊的哲学家。苏格拉底提出“认识你自己”的时代召唤，并进一步提出“美德即知识”这一著名命题，昭示出哲学家思考的触角从本体宇宙转向于人的自身。苏格拉底认为：知识来自理性，认识事物必须确定概念。柏拉图提出了人的灵魂分为情欲、意志和理性的人性三分论，这三部分在灵魂中的位阶结构是理性最高，意志次之，情欲最低。“自从我们的西方基督教社会在1200年以前从教会的母体里呱呱坠地以来，我们的祖先和我们自己都一直是受它养育之恩”[2]98，“基督教的病毒或者仙丹已经进入我们西方人的血液——说不定它就是不可缺少的血液的别名”[2]98-99。作为西方现代文明的蛹体，基督教对理性人的命题从人神关系的角度继续阐释，新教的人性哲学主要在

---

［1］〔美〕约翰·梅西赞恩．法律的故事［M］．孙运申，译．北京：中国盲文出版社，2002：423．

［2］〔英〕阿诺德·汤因比．历史研究［M］．曹未风，译．上海：上海人民出版社，1959．

以下几个方面审视。“第一，意，即人之所以为人的主体性意志，新教注重人性之善恶，人相对于上帝而具有的神性与罪恶；第二，情，即伦理特性，耶稣的两条诫命：你要尽心、尽性、尽力爱你的神和要爱人如己；第三，知，即理性能力，人是理性的也是经验的，人的理性能力是至上的，也是有限的。”[1]可见，新教的人性哲学具有二维性、平等性和超验性的特征。新教对人性作出了悖论性假设：人的尊荣与人的凄惨。其逻辑起点是从神出发，人神对峙中折射人的本性。新教的人性哲学在人与神、现实与超然的两种角度体现，“人是怎样的虚幻啊！是怎样的奇特、怎样的混乱、怎样的一个矛盾主体、怎样的一个奇观啊！既是万物的判官，又是地上的蠢材；既是真理的处所，又是不确定与矛盾的渊薮；既是宇宙的光荣，又是世界的垃圾。”[2]因此，按照广义的基督教的观点，人是按照神的形象创造，每个人的天性中都有神性，这种神性赋予了人固有的尊荣、权利、幸福与慈爱，人人都是上帝的创造物，都只受上帝的奴役。现代宪政的圭臬文件《独立宣言》有关天赋人权理论即从此人性观中孕育而生；由于人的始祖亚当和夏娃违背上帝的命令而偷吃禁果，犯下必须救赎的罪孽，因此，人在获取与生俱来的神性的同时，具有根深蒂固的罪恶和难以遏止的堕落因子，“世人都犯了罪，亏缺了神的荣耀”，“在罪恶面前，人人平等”。因此，人是可神可魔的“居间性动物”，可神是有限度的，人可以得救，但绝不可能像神一样完美无缺，而人的罪恶和堕落趋势则是无限的，随时可能发生的。人的知性也构成了人性中的另外一种悖论，理性与非理性、有限与无限，人是有理性的，但有一定限度。但在上帝面前，人却是无知的、无理性的动物，人是有限的，却为无限的上帝所创造。人的自然天赋、感觉和理性能力、身体和生命都是有限的，但人从本质和根源上又是归于无限。20 世纪 60 年代

[1] 包万超. 儒教与新教：百年宪政建设的本土情绪与文化对抗［J］. 北大法律评论，1998（2）.

[2] 〔法〕布莱兹·帕斯卡尔. 思想录［M］. 何兆武，译. 北京：商务印书馆，1995：196.

形成的公共选择学派则深入发展了基督教的政府理论，从方法上的个人主义、经济人假设和作为交易的政治三种视角来理解政府：政府并非是超越于个人之上的抽象实体，它是由一部分与其他人行为动机没有差别的官僚和政客组成。他们关心自身权力的最大化和寻求预算的最大化，是典型的经济人。因此，在以基督教为文化底蕴的欧美国家，在公共权力与个人权利的关系架构方面的设计重点是人权保障和有限权力。有限权力意味着公共权力在某些自治领域无权作出决定，公共权力像普通社会个体一样守法和负责任，公共权力存在着分权和制衡机制。

基督教从人性本源的角度形成的原罪论，对人类认识犯罪现象产生了巨大的影响。此前，人民将犯罪看作一般的侵权和损害行为，对罪的理解停留在严重犯法和实际恶性的层次上。而基督教的原罪论则从人性本恶的命题揭露犯罪的本质。基督教认为，上帝在创造人和万物，就和人形成了一种以上帝的意志为主要内容的契约：不得偷吃伊甸园里使人能辨别善恶的智慧禁果，人类始祖亚当和夏娃偷吃禁果即违反了人与神之间的神圣契约，因此，犯罪便成了以违背上帝意志为本质解释的恶。它既破坏了人与神之间的关系，也破坏了人与人之间的关系，它使人类的秩序和安宁荡然无存，这种犯罪的本质认识奠定了近代犯罪本质观的基础。近代犯罪本质观认为，犯罪是对社会契约的违反，这和基督教神学犯罪观在逻辑上是一致的。基督教将犯罪视为不仅仅是对个体的侵犯，而且是对社会整体意识的侵犯。因此，处置罪犯不仅仅是维护个体的权利，而且是社会得以存在和发展的需要。基督教对教徒实践和行动的赎罪意识也成为罪犯处置制度的理论根基，“尽管人类对上帝犯下了弥天大错，但是通过与罪相当的唯一可能的牺牲，上帝便可以正当地合乎法律地对处罚予以赦免”[1]。“不认识罪恶的人就不能

[1] 〔美〕哈罗德·J. 伯尔曼. 法律与革命［M］. 贺卫方，译. 北京：中国大百科全书出版社，1993：219－220.

真正认识人的爱”[1]，对于那些没有原罪概念赎罪意识的罪犯，挽救他们摆脱罪恶的方法就是惩罚。因为惩罚给罪犯带来的痛苦，可以被看做悔罪，上帝会将现实中的刑罚之苦予以折算，能够减刑彼岸带来的痛苦。指示他悔罪，适当的刑罚是以爱纠错，是帮助他们认识罪恶以及对罪恶忏悔，最终获得拯救。1703 年 ，教皇在罗马建立的圣·米歇尔教养院的大门上印有折射赎罪论思想的题词：“对邪恶的人仅仅通过惩罚限制是不够的，同时通过矫正措施使其醒悟。”

基督教人性论的神意性伴随着理性主义的攻击逐渐消减，经验人的人性论是西方哲学家对人性问题提出的与理性人针锋相对的人性假设，虽然其影响不如理性人假设对西方文化影响得那么深远，但也有不可低估的作用。古希腊的哲学家伊壁鸠鲁认为：事物是在人的意识之外，不依赖人的意识而存在，感觉是唯一可靠的认识源泉，认识事物固然需要理性，但理性本身还要依赖感觉。如果没有感觉 ，也就没有了认识。真理的标准，认识中的错误不在于感觉和知觉，而在于判断。近代的英国哲学家培根是经院主义哲学的代表，他重视经验而轻视理性。他认为人的知识就是对自然界客观规律的认识，而知识来自感性经验，科学的体系应当建立在实践的基础上，在认识方法方面，他提出了与理性人的演绎法截然不同的归纳法。而休谟则进一步怀疑和贬低理性，“知识所以产生，并不是由先验的推论得来的，完全是因为我们根据经验，看到某些特殊的物象是恒常的互相结合在一块的”[2]。法国哲学家孔德的实证主义观点对理性主义进一步挑战，他提出了“观察优于想象”的论断：一切科学都必然是被观察到的事实基础上发展而来的，在观察与实验中是人们探究一切事物和现象的根本手段，人们的认识只能就现象而论现象，不能超出这个限度去作其他的精细的评价。试图探寻

[1] 〔日〕西田几多郎. 善的研究［M］. 何 倩，译. 北 京：商 务 印 书 馆，1965：157.

[2] 〔英〕戴维·休谟. 人类理解研究［M］. 关兴运，译. 北京：商务印书馆，1967：145.

存在的本质、所有事物的起源与目的，这不仅是空想的而且是无用的，甚至危及一切科学的基础。

2．中国文化中的人性透视

中国传统文化的主流思想儒学在人性的看法上不同于新教，具有一维性、等级性和现实性。一维性是指从“人”出发理解人的自身，缺乏人与神的永远对峙，认为人具有善良美好的天性，而不愿意面对人的罪恶、无知和堕落，这典型体现了自负的人类中心主义情节。“在儒教看来，人的本质与气质，在伦理上看是善的，人与人之间以及事物与事物之间，尽管程度有别，但原则上都具有相同的本性，都具有能达到无限完美的能力，都能充分地实践道德准则。儒教对人的要求除了渴望摆脱没有教养的野蛮之外，没有确定超验的伦理，没有救赎意识”[1]。儒学人性观的等级性，是指人在善恶方面有等级差别的配置，少数人被假定为拥有至圣至善，没有作恶可能性的圣人之性，而其他人则被看做需要教化的中人之性或小人的斗屑之性；儒学人性的现实性是指注重入世轻视出世，“未知生，安知死”、“鬼神存而不论”等警世言语，均表示出缺乏人生终极关怀的宗教情结。在公共权力与个人权利之间的关系方面显现出以下几种特征：个人的独立性主体地位被抹杀，只是公共权力的附属物，公共权力可以深入到社会生活以及个人生活的所有角落，掌握公权力的人为体现至善人性的圣贤，有超凡的德行来驾驭政权，其隐含的寓意是绝大多数社会成员个体是需要教化的和引导的贱民和阿斗。至圣至善的掌握公共权力者具有掌握自然和社会发展的规律，并可以创造出完美无缺的社会形态。为创造完美无缺的社会形态必然要求社会的政治和思想的一元化趋势，奉行人治的治理国家理念，通过自身的道德培养和自律，形成完美的人格来净化掌权者的异化。制定法律的着重点是维护社会秩序，而不是个人的权利和自由，公共权力的运行在法律之上。儒学的人性至善论观点

[1]〔美〕马克思·韦伯．儒教与道教［M］．洪天富，译．南京：江苏人民出版社，1995：256.

使其关注公共权力的归属，而轻视公共权力的运行。重实体轻程序，必然成为其立法的价值选择，强调权力的集中和自由运用，公共权力没有实质性的分权制衡机制，公共权力的运行呈现金字塔式的结构。以权利庇护神面目出现的独立司法审查机制无法存在，法律成为驭民和驯民的工具。以惩罚为己任的刑法、皇帝监督百官和官吏控制百姓的官僚特权法必然久盛不衰，而彰显权利价值的市民法和程序法不可避免地停滞不前，甚至萎缩，因而形成源远流长的"诸法合体、以刑为主"结构的中华法系。儒教对统治者提出"德主刑辅"、"仁政"等治理国家的理念和思想，对待可以教化的良民和难养的小人采取了截然不同的措施。前者被要求施以仁政，在对待罪犯的处置思想上，犯罪是出礼入刑，具有绝对的恶之道德评价的行为。罪犯被定位于难养的小人，丧失了权利主体的资格，只是刑罚惩罚的客体，处置罪犯的目的是充分发挥惩罚机能，达到维护国家统治的极致效果，在封建法律中，重刑主义和株连无辜的团体主义甚嚣尘上。20 世纪初，伴随着资产阶级革命的兴起和封建帝制的终结，科学、民主的理念对社会的思想影响逐渐加强，但始终没有剔除整体主义的人性观的基本内核：人性问题至善和人性等级论。孙中山在他的民权主义后期，抛弃了提倡自由、平等、天赋人权的个人主义的人性观，推崇带有整体主义的人性观，在国家和个人的关系构建重新思考，又回到了儒家人性的起点，"个人不可太自由，而国家要得到完全的自由"[1]。在对待民众的如何行使民主权利问题上，提出了训政论："一般民众还不晓得做主人的地位，我们只好用些强迫手段，迫他来做主人，教他练习练习"[2]，"宪政欲图实行，当由先知先觉者之负责"，"中国人民今日初进共和之治，当由先知先觉之革命政府以教之"[3]，而先知先觉的革命

[1] 邵德门．孙中山政治学说研究［M］．长春：东北师范大学出版社，1992：55．

[2] 杜钢建．孙中山的人权思想［OL］．2001－02－13 http：//zhidao．baidu．com/question/26216093．html．

[3] 孙中山选集．http：//www．jxpxmggov．com/Article_ Show．asp？ArticleID＝42，2006－08－02．

政府只能由国民党全国人民大会和中央执行委员会承担，“于建国治国的过程中，本党始终以政权的保姆自任”。[1]马克思主义与中国革命实践相结合诞生了指导中华人民共和国建设实践的毛泽东思想、马列主义。毛泽东思想在人性的主张方面具有契合性：人性具有至善、等级性和现实性，并对人的理性能力深信不疑。儒教认为，人能知天命，而马列主义、毛泽东思想则认为，人能够把握人类历史发展的普遍规律，并且指出未来完美社会的构造和蓝图。儒教将人性具有的至善品质归于少数的圣贤，而马列主义、毛泽东思想则将至善的品质赋予了社会底层的体力劳动者——无产阶级和劳动人民。马克思在《共产党宣言》中将无产阶级称为革命意志最坚定的阶级，“失去的只是锁链，得到的是整个世界”。毛泽东则吟出“六亿神州尽尧舜”，“英雄遍地下夕烟”的豪情诗篇。儒教在灵魂世界和现实社会的关注中，强调现实社会的优先，马列主义、毛泽东思想的唯物主义和无神论则将各类的宗教崇拜神扫除出神圣大殿。马列主义、毛泽东思想将强制改造人性、重塑新人作为建设新社会的任务。“无产阶级和革命人民改造世界的斗争，包括实现以下任务：改造客观世界，也改造自己的主观世界——改造自己的认识能力，改造主观世界同客观世界的关系。”[2]296“所谓被改造的客观世界，其中包括了一切反对改造的人民，他们的被改造，需要通过强迫的阶段，然后才能进入自觉的阶段。”[2]273因此，马列主义、毛泽东思想的人性理论孕育出具有中国特色的罪犯改造制度。

3. 法治国家建设的人性定位

人性假设的定位是与主体选择息息相关的价值问题，而不是一个客观真实发现的真理标准。无论是西方的人性恶文化，还是中国的人性善文化，都是由特定社会建构中最有影响力的践行者的认识能力所决定，基于不同认识能力而选择的社会形态不存在低级和高

[1] 孙中山选集. http://www. jxpxmggov. com/Article_ Show. asp? ArticleID = 42, 2006-08-02.

[2] 毛泽东. 毛泽东选集：第1卷. [M]. 北京：人民出版社，1991.

级差别，只存在对其社会民众共同认识的适应程度。鉴于法治国家已经成为中国的世纪战略选择，中国传统文化没有孕育法治国家的基因，其人性的定位应当吸取西方文化的人性假设之人性恶、人性平等的基本基调，具体归结为自利性、理性有限性和平等性。

人的自利性是指人的行为本性是为满足主体自身的各种需要。传统文化中，法家认为趋利避害是人的本性，“夫凡人之情，见利莫能不就，见害莫有不避”。对待人的自利性不能用简单地归结于善或恶的方法作道德判断，应该用一种中性的无涉价值的方法论。心理学家马斯洛指出，人类具有若干始终不变的、遗传的本能的需要，这些需要不仅是生理的，更重要的是心理的、社会的。它们是人类的内在本质，人类的不同层次需要，由低到高排成一个系统：生理需要，即对食物、水、氧气等基本生存的需要；安全需要，即对秩序、安定和生活中的确定性的需要；归属和爱的需要，即追求与他人建立友情和在自己的团体内有一定位置；尊重需要，包括自尊和来自他人尊重的需要；自我实现的需要，即希望自己潜能得到充分发挥。这几种需要中，满足低级需要的冲动最为强烈，高层次的需要的满足比低层次的需要满足需要更多的条件。每个人的需要在满足了某个层次中的有代表性的需要后，他才可以追求高一层次的需要。在人性问题上，人为满足不同层次需求的行为和动向不能用高雅和低级趣味进行简单归类 ，这些都是人在社会生活中的客观需要。

人的理性有限性，是指人对自身和客观世界的认识能力和控制能力是相对的，有限度的。有哲人说，“哲学史在极大程度上是人类几种气质冲突的历史”，这并不为过。理性主义者信仰抽象的和永久的原则，而经验主义者偏爱各种原始事实，但任何人都不能完全离开事实或者完全离开原则而生活一小时。所以，两者的区别在于是侧重哪一方面。美国哲学家西蒙认为，人的理性来源于社会生活，是受到社会生活的限制，理性作为评价某个行为的价值体系，它在选择可供选择令人满意的备选方案时，可以分为客观理性和主观理性。客观理性是表示在指定情形能使一定的价值最大化，主观理性是相对于决策者的主观知识而言，实际行为决定客观理性。按照理性的要求，行为主体应具备关于每种抉择后果的完备知识和预见。而事实上，对后果的了解总是零碎的，由于后果产生于未来，在给他们赋予价值时就必须凭想象来弥补其所缺少的体验，因而，对价值的预想不可能是完整的。按照理性的要求，人们只能想得到全部可能行为方案中极少的几个，理性受以下几方面限制：

（1）知识的不完备性。一个人对自己行为的条件的了解，从来都只是零碎的，至于使他得以对当前情况的了解去推想未来的行为规律和法则，他也是所知甚微。

（2）困难的预见。

（3）可能行为的范围[1]。

人性平等性，是指所有人的本性是平等的，绝大多数人和少数人或个体不存在人性的本质差异。“平等乃是一种具有多种不同含义的多性概念，它所指的对象可以是政治参与权利、收入分配，也可以是不得势的弱势群体的社会地位和法律地位。其具体范围涉及法律待遇的平等、机会的平等以及人类基本需要的平等”[2]。人的价值本身，并不标志什么属性。在赋予每一个人以人的价值时，并没有将什么属性归于他，只是表明对每一个人里面的人性的一种尊重的态度。首先，平等意味着相同性的概念。其次，平等的要求是公正。社会个体的自利性不会因知识的多寡而发生本质的改变。作为代表公共意志的国家，也是由个人组成的结合体，也摆脱不了人性本质的束缚，和社会个体在本质上毫无二致，两者的人性是同一的。我国几千年的人性等级论的余孽急需用人性平等性理念清除。

国家权力行使者和其他社会成员的人性在自利性和有限理性中具有平等性，这就要求包括立法权、行政权和司法权等对犯罪的社会控制机制必须遵循自利性、有限理性和平等性的理论前提原则才能折射法治社会的价值取向。

---

[1] 〔美〕西蒙. 管理行为［M］. 北京：北京经济学院出版社，1988：79－81.

[2] 〔美〕博登海默. 法理学、法哲学及其方法［M］. 北京：华夏出版社，1987：280.

二、行为犯罪立法化的评判

某种行为被立法机关以法律的形式宣布为犯罪，该行为就被代表公共意志的国家贴上道德之恶的标签。社会公众对犯罪道德恶的评判程度决定了将厌恶、愤怒之情感迁怒于行为主体——罪犯身上的程度，因此，人性的假设必须对犯罪行为作出适当的善恶评判。人的行为就自然属性而言，并没有善恶的属性，犯罪善恶的属性只是参与社会的主体的价值评判，人性的有限理性确立了犯罪的恶性评判是相对的命题。

1．具体行为犯罪化不是人类普遍道德善恶论的产物

作为社会个体的人，内部时时存在着经验的生物性和超经验的道德性的对抗，有限的可满足人欲望的社会资源与人类个体和组织的无限欲望之间的矛盾，决定了冲突成为每一种社会都必须面对的永恒状态。犯罪既是社会个体之间、社会个体与社会组织之间最严重和最激烈的社会冲突形式，也是一种与人类社会共存的社会存在。犯罪是立法者头脑意志的产物，立法者依据自己的价值取向和评判标准统一将其中的部分行为界定为犯罪，其具有标签意义和作用。极权国家的君主集立法、司法、行政三种权力于一身，以维护私产为目的，将侵犯或者威胁其统治利益或秩序的社会个体的行为或者思想标签为犯罪，借以上天或者神的名义使犯罪蒙上丑恶的面纱，为其滥施酷刑的罪犯处遇寻找借口和掩饰，此时的犯罪界定本质上是少数人对多数人的暴政。在人民主权的法治国度里，犯罪的概念逐步剥离出绝对的神意色彩，彰显出理性和功利的思考。贝卡利亚认为，衡量犯罪的真正标尺是犯罪的社会危害，而将罪孽的轻重程度作为衡量犯罪的标尺是很荒谬的。“罪孽的轻重取决于叵测的内心程度，除了借助启迪之外，凡胎俗人是不可能了解它的”[1]。边沁认为：“根据功利主义原理，犯罪是指一切基于可以产生或者

---

[1] 〔意〕切萨雷·贝卡利亚. 论犯罪与刑罚［M］. 北京：中国大百科全书出版社，1993：68.

可能产生某种罪恶的理由而人们认为应当禁止的行为。”[1]意大利犯罪学家加罗法洛就犯罪分为自然犯罪的概念，自然犯罪是指侵犯人类正直感和怜悯感这两种基本道德情感的行为[2]。资产阶级在推翻封建君主的任意出入人罪的极权机制，形式上确立了少数服从多数的立法程序。罪刑法定原则的确立使行为犯罪标签化，必须经过这种民主的表决程序，这也只能使犯罪让大多数人产生罪恶感，仍无法使犯罪罪恶感成为全体社会成员的道德共识。而且立法者也是一个个具体的人组成，而每个人的理性认识能力和意志能力是有有限的，在宏观方面受制于其社会存在的物质生活条件，而微观方面则与他们每个个体所处的阶层、家庭、受教育背景和人生阅历息息相关。生效的法律不过是社会各阶层的立法代表多方博弈、妥协的结果和产物，具体行为犯罪化的本质也是多数人对少数人强力统治。为了防止多数人对少数人强力统治蜕变为多数人对少数人的暴政，罪刑法定原则的内涵不仅停留在具体行为犯罪化必须通过法律的形式，而且还发展确定了刑罚法规实体正当原则。19 世纪英国自由主义哲学家密尔提出了国家立法机关干预个人行为的正当的必要的界限，“人类之所以有理有权可以个别地或者集体地对其中任何分子的自由进行干涉，唯一的目的只是自我防卫，对于文明群体的任何成员，所以能够用另一种权力以反其意志而不失其当，唯一的目的只是要防止对他人的侵害。若说为了那人自己的好处，不论是精神上或者物质上的好处，都不成其为充足的理由，任何人的行为，只有涉及他人的那部分才须对社会负责，在仅涉及本人自己的那部分，对于他自己的身和心，个人乃是最高的主权者”[3]。英美学者针对其刑法广泛存在的伦理化倾向，提出了刑法干预的公共危害标准，强调要求刑罚制裁的行为不仅对个人而且对社会具有侵害性，以实现刑法为保护个人和保护社会的利益的目的。帕克教授要

---

[1] 〔英〕吉米·边沁. 立法理论——刑法典原理［M］. 北京：中国人民公安大学出版社，1993：1.

[2] 〔意〕加洛法罗. 犯罪学［M］. 北京：中国大百科全书出版社，1996：49－50.

[3] 〔英〕密尔. 自由论［M］. 程崇华，译. 北京：商务印书馆，1982：10.

求犯罪化的行为必须符合六项准则：社会大多数人认为，该行为具有明显的社会危害而且不可容忍；对该行为科处刑罚符合刑罚的目的，遏止该行为不会牵连并压制社会欢迎的行为；能够对该行为进行公正的无差别的处理；通过刑事程序予以取缔该行为，不会额外加重诉讼负担；没有刑罚以外的适当方法可以替代[1]。

虽然法学家提出具体行为犯罪化的衡量标准理论相当精巧和细致，尤其是加罗伐洛所提到的法定犯罪类型，但能否为立法者所采纳仍是未知数。例如，对卖淫嫖娼行为，我国的法律被认定为不合法，虽然没有规定为犯罪，但按照世界各国的通行的立法定性和司法定量模式，和我国法律对之所做的处遇，已经是虽无犯罪之名，却有犯罪之实，但对其合法化的呼声在理论界逐步加强。

2．犯罪的存在对社会而言是必然的，是相对的

犯罪行为的社会属性既然是立法者的妥协意识的产物，也必然伴随着立法者妥协意志的变化而变化，社会物质社会条件时时刻刻对社会参与者的观念进行潜移默化的影响和约束。立法选举的法定任期也使具体的民意代表只有一定时期的稳定性，法学家提出精巧细致的理论并不能彻底消除行使立法权的社会个体或民意代表基于自身利益考虑的功利选择。立法者对具体行为的犯罪化的意志也处于不稳定状态，同一国家不同时期有关犯罪的法律内容也是不断更新的，其具体表现为犯罪化和非犯罪化两种不同的抉择，这在我国1997年刑法典对1979年刑法典的修改有比较明显的体现。例如投机倒把罪的非犯罪化，就反映出不同经济体制下对行为规范的不同要求，计划经济体制下形成的平均主义观念对私人开办工厂、长途贩运等行为贴上犯罪的标签，纳入了刑事制裁的范围；而市场经济的体制则弘扬和鼓励个体对经济参与的积极性和正当竞争的精神，自然将前述行为排除在犯罪之外。意大利犯罪学家菲利提出了犯罪饱和法则：犯罪是由人类学因素、自然因素和社会因素相互作用而成的社会现象，即每一种社会都有其应有的犯罪，这些犯罪的产生

[1]　陈兴良．刑法的价值构造［M］．北京：中国人民大学出版社，1998：394．

是由于自然及社会条件引起的，其质和量与每一个社会集体的发展相适应，“犯罪数量也有年终平衡，其增多与减少比国民经济更有规律性”[1]。

3. 犯罪对社会的发展具有一定的正功能

马克思对犯罪在社会存在的积极功能进行考察：“首先，罪犯不仅生产罪行，而且还生产刑法，因而生产讲授刑法的教授，以及这个教授用来把自己的讲课作为商品投到一般商品市场去的必不可少的讲授提纲。其次，罪犯生产全体警察、侦探、法官、刽子手、陪审官等等。罪犯生产印象，有时是道德上有教育的印象，有时是悲惨的印象，看情况而定；而且在唤起公众的道德感和审美感这个意义上也提供了一定服务。犯罪在掠夺财产手段的不断翻新，从而也使保护财产的手段日益更新，这就像罢工推动了机器的发明一样，促进了生产。”“罪犯打破了资产阶级生活的单调和日常生活的太平景况，这样，他就防止了资产阶级社会的停滞，造成了令人不安的竞争和动荡，而没有这些东西，连竞争的刺激也会减弱。因此，也就推动了生产力的发展。”[2]社会的发展必须变革现有稳定的法律规范，而犯罪作为违反法律规范的最严重的行为，对社会的发展存在一定的张力，犯罪具有净化社会机体、促进社会新陈代谢的机能，“社会从宏观上说，也有新陈代谢，社会一定也隐藏着腐朽的东西，发展为犯罪加以清除，就会使社会正气发扬，惩恶的作用就是扬善”。“犯罪犹如粪便、汗水，本身是脏污的，但它被排除、被处治，社会得以树立正气，促进社会发展。对人而言，生命活动的青春期代谢最旺盛；对社会而言，情形也类似：社会变动和发展最快的时期，犯罪也最多；社会停滞则会减少犯罪。青年占人口多数的社会的犯罪率高于老龄社会；老龄社会的犯罪率将伴随着社会发展的停滞”[3]。因此，一定的犯罪率是由一种社会特定的经

[1] 〔意〕菲利. 实证派犯罪学［M］. 北京：中国政法大学出版社，1987：43.

[2] 马克思，恩格斯. 马克思恩格斯全集［M］. 北京：人民出版社，1972：415－416.

[3] 储槐植. 刑事一体化与关系刑法论［M］. 北京：北京大学出版社，1997：91.

济、文化和政治因素构成的结构所决定，其上升和下降的幅度是有限度的。

我国许多人为20世纪50年代的低犯罪率津津乐道，而对80年代开始的不断攀升的犯罪率而愤愤不平。其实，20世纪50年代的低犯罪率与当时特定的超稳定的社会结构相适应，80年代不断攀升的犯罪率是社会结构转型必然付出的代价和阵痛。为片面追求犯罪率的下降而采取的措施，必然同时反作用于社会的各个方面，从而引起社会结构的相应调整，如民众社会自由度下降、经济发展的减速运行等等。因此，犯罪率的绝对降低，并不是社会发展、和谐的唯一标志，是以牺牲社会经济繁荣、社会成员的自由和文明的进步为代价的，是社会停滞不前、失去前进的标志。正如法国社会学家迪尔凯姆所言："当犯罪率下降到明显低于一般发展水平时，那不但不是一件值得庆贺的事情，而且可以肯定的是，与这种表面的进步同时出现的是某种社会紊乱。"[1]犯罪通过不断地对社会主体规范进行冲击，个别或少数社会成员会从处罚罪犯个案对该犯罪行为的社会属性以及引起该罪的社会政策方面的印证进行思考和反思。当注重反思和思考为大多数社会成员所接受和认可的时候，即可以修改相应的社会政策，使社会运行机制得以自身的完善和发展，甚至会将该犯罪行为通过立法程序非犯罪化。为防范犯罪，维护社会秩序的公共力量也始终保持着最低限度的警戒心和紧张度，从而避免国家或者公共服务因为没有犯罪而出现过久的松懈和废弛，失去相应的反应能力和活动能力，在非犯罪的秩序破坏事件发生时手足无措。迪尔凯姆认为，社会不能强迫全体社会成员一致服从社会指令，否则社会就会抑制个人对社会的贡献。社会需要保持一定的灵活性，要适应社会变革，就必然会出现违反社会规范的现象。犯罪对道德意识和合法行为具有激励和促进的作用。就自然犯罪而言，社会的发展过程是各种不同的社会个体意识和行为不断碰

[1] 〔法〕E·迪尔凯姆. 社会学方法的准则［M］. 狄玉明，译. 北京：商务印书馆，1985：89－90.

撞、妥协和协作的过程，犯罪行为是突破了人类社会最低限度的公共道德标准，社会在与犯罪行为进行较量时，亲身体验了犯罪对公共道德的蔑视和摧残，才会使社会个体成员的公共道德最低标准意识也得到巩固和强化。通过对犯罪行为的审判和处罚的剧场效应，增强辨别和区分是非的能力，社会个体的守法行为价值得以证伪。迪尔凯姆对此有精辟的论述："道德意识的向前发展，是个体独创精神的体现和结果，要是意欲超越时代精神的出现，就必须使个人的独创精神得以实现。这也意味着对犯罪的独创精神能够容忍，两者相互依存，缺一不可。不仅如此，犯罪本身还为对于道德意识的进化起着有益的作用。它不仅要求为必要的改革开辟广阔的道路，而且在某些情况下，它还为必要的改革直接作了准备。哪里有犯罪，哪里的集体情感就处于形成新的形式所必要的可塑形态，不仅如此，犯罪有时还为预先决定集体应当采取什么样的形式作出过贡献。"[1]

阿尔伯特·科恩则分析了犯罪和越轨的几个积极作用：

(1) 犯罪还具有澄清和界定社会规范的功能，立法方面制定的社会规范是用言辞表达出来的，虽然有简洁明确的立法技术要求，它毕竟存在着相当的抽象性和一定的模糊性，许多社会规范在没有被破坏之前，人们并没有对他刻意研究，对该规范的破坏的犯罪行为才能使主流群体引起警觉，并对它进行澄清。(2) 越轨能增进群体的团结，对越轨的敌意态度可以促进共同体内的所有成员在感情上团结起来对付破坏行为，以保护他们中的社会成员免受越轨行为后果的影响，或者帮助其学会遵从社会规范。(3) 越轨能带来社会所需要的变迁，通过越轨导致社会变迁是不遵从越轨者的目标，有时某些越轨者的行为结果导致其他群体成员意识到某些规则不好或者与其他更重要的规则相冲突，当这种认识确立并获得共同体成员共识后，这条规则就会被改变。(4) 越轨使人们更愿意

---

[1] 〔法〕E·迪尔凯姆. 社会学方法的准则［M］. 北京：商务印书馆，1995：88.

遵从。这一功能只发生在越轨行为不成功的和遭受惩罚的时候，当人人都遵从规则时，遵从规则就不再是美德，但是，一旦越轨者受到惩罚，那些没有犯规的人就获得了报酬[1]。

三、犯罪人的社会属性

以刑事古典学派理论为指导制定的西方国家近代刑法只有犯罪的概念，没有犯罪人的概念。“犯罪人”范畴的诞生，是刑事实证学派对现实社会罪犯的考察而归纳出来的。犯罪学的创立起源于犯罪人的研究，犯罪社会学产生之后，则改变了刑事古典学派的犯罪和刑罚的理论格局，形成了犯罪、犯罪人和最适合于社会的自卫手段的思维蓝图。该理论观点对各国刑法典有一定的影响，例如意大利刑法典中专门设立了“犯罪人和犯罪被害人”的章节，与犯罪章节并列。犯罪人的概念有犯罪学意义和刑法学意义的差别，刑法学意义的犯罪人只能是实施了犯罪行为的人，而犯罪学意义的犯罪人，既包括刑法规范意义的犯罪人，也包括具有某种特别素质而有可能犯罪的人，还包括其行为在刑法没有规定为犯罪，但应当犯罪化或者加以防卫处分的人。因此，罪犯概念的确立以刑法意义的犯罪人范畴为前提和基础，犯罪人的社会属性是确定罪犯处遇政策的理论基石。犯罪人概念虽然众说纷纭，但基本上可以分为三类，“一是法规范角度的犯罪人概念，这是从法规范的角度定位，将犯罪人定义为实施法律规定为犯罪行为的人；二是超法规角度的犯罪人概念，这是从社会意义对犯罪人进行界定，例如美国学者认为犯罪人是违反行为规范，危害社会的人；三是新犯罪人说，该说运用危险性人格的理论成果，提出犯罪人是实施了刑法规定的犯罪行为，而且具有犯罪危险性人格的人”[2]。犯罪人的具体外延，包括具体的犯罪人，即个体犯罪人；同类的犯罪人，即不同类别和类型的犯罪人；一般的犯罪人，即概括的犯罪人。概括的犯罪人概念是

[1] 梁根林．刑事政策：立场与范畴［M］．北京：法律出版社，2004：222.
[2] 张文．人格刑法导论［M］．北京：法律出版社，2005：4.

沟通规范刑法学和事实犯罪学的桥梁，犯罪人的社会属性应着眼于一般犯罪人的社会属性。一般而言，犯罪人具有人身的危险性和行为的社会危害性双重社会属性。

（一）犯罪人的犯罪行为具有法定社会危害性

犯罪人之所以称为犯罪人，就是实施了法律规定的犯罪行为，法治国家确立了“法无明文规定不为罪，法无明文规定不为罚”的罪刑法定原则，使犯罪行为摆脱了与道德观念的罪孽混为一体的状态。许多国家的刑法对犯罪的定义采取形式上的规定，如1810年法国的刑法典规定：“法律以违警刑处罚的，称为违警罪；法律以惩治刑处罚的称为轻罪；法律以身体刑处罚的称为重罪。”其他国家的刑法也从规范的角度进行定义，如“犯罪是触犯刑法规范的行为”，“犯罪是违反刑法应当受刑罚惩罚的行为”，“犯罪是受到刑法禁止的行为”，“犯罪是符合构成要件的违法且有责的行为”，等等。这些定义只是指出犯罪的法律特征，而没有揭露出其内在的本质，因此被称为犯罪的形式定义[1]。

（二）犯罪人具有人身危险性

学界对犯罪人的人身危险性的概念有不同的理解，一般理解为犯罪人再次犯罪的可能性，“什么是人身危险性？一般来讲，就是犯罪人再次实施犯罪行为的可能性（即再犯可能性），它所表现的是犯罪人主观上的反社会人格”。“所谓人身危险性，指的是犯罪人的存在对社会构成的危险，即其再次犯罪的可能性”[2]。也有学者认为，人身危险性并非再犯可能性的同一语，除再犯可能性以外，人身危险性还包括初犯可能，从这种意义讲，人身危险性是初犯可能性和再犯可能性的统一[3]。刑事实证学派提出的人身危险性是与人类学因素息息相关，犯罪人的人身危险性使罪犯的处置从犯罪行为向犯罪人转变。社会学派的赞成者普林斯指出：“这样一来，我们便把以前没有弄清的一个概念，即犯罪人的社会危险状态

[1] 何秉松．刑法教科书［M］．北京：中国法制出版社出版，1997：133.
[2] 曲新久．刑法的精神与范畴［M］．北京：中国政法大学出版社，2000：195.
[3] 梁根林．刑事政策：立场与范畴［M］．北京：法律出版社，2004：222.

的概念，提到了首要的地位，用危险状态代替了被禁止的一定行为的专有概念。”[1]犯罪人的人身危险性，由犯罪人的生物性和不合社会生活性所决定。

1．犯罪人的生物性

龙勃罗梭除了天生犯罪人的概念之外，在晚年还承认有癫痫患者、道德性精神错乱者、机遇性犯罪者和犯罪狂。可见刑事实证学派的理论认为犯罪人具有生物性的特征。德国学者施奈德将龙勃罗梭的天生犯罪人论概括为以下几个方面：

（1）犯罪人与非犯罪人在体格和心理等方面存在着异常的区别；（2）犯罪人是一种变种、退化的人类学类型；（3）犯罪人是一种返祖现象，是蜕变成低级原始人类型，犯罪人的体格和心理倒退到人类种系的发生的过去时代，是“现代野人”；（4）犯罪行为具有遗传性，它从犯罪天赋中产生。[2]龙勃罗梭就犯罪人的体格特征具有典型的异常性，与体格特征相应的还有犯罪人的个性特征“减弱的接触感和疼痛感、性冲动过早、懒惰、没有良心谴责、不坚定、酷爱虚荣、聚赌成癖、酗酒、粗暴、情欲不专注、迷信以及关系到其本人的特别敏感性”[3]。施奈德对此作出了评判：天生犯罪人论对社会起一种开脱罪责的作用，犯罪是一种与社会无关的现象，同时为社会镇压犯罪提供了理论基础。将犯罪视为生物现象，在一定意义上否定了道义责任，可以得出精神病人不受传统刑法理论束缚而可以处罚的结论。虽然天生犯罪人论遭到了质疑和批判，但犯罪人的生物性仍然是许多学者关注的话题。

2．犯罪人的行为具有不合社会生活性

刑事实证学派基于犯罪人生物异样性的视角考虑，犯罪人的行为不再视为是其绝对的自由意志的选择，从而不具有绝对的道德谴

[1]〔苏〕A. H. 特拉伊宁. 犯罪构成的一般学说［M］. 北京：中国人民大学出版社，1958：22－23.

[2] 陈兴良. 刑法的价值构造［M］. 北京：中国人民大学出版社，1998：82.

[3]〔意〕切萨雷·龙勃罗梭. 犯罪人论［M］. 黄风，译. 北京：中国法制出版社，2000：316.

责性，龙勃罗梭至将癫痫病人、精神病人单独列为犯罪人的种类。他认为：凡生而为恶者的体质上机能上的特异及作恶的状态，无不在真正犯罪人身上体现。疯狂的犯罪人，本有隐晦之癫痫症，这种狂暴的疾患，造成心灵上的混乱，情绪易受冲动，淫暴成性。其他患神经混乱病、酗酒狂、放火狂、偷窃狂的人，以及间歇性疯狂者，无不具有癫痫人的特质，因此，癫痫乃一切犯罪的中心点[1]。人格刑法倡导者大冢仁将犯罪进一步理解为，“应当以作相对自由主体的行为人人格的表现的行为为核心来理解犯罪”。犯罪人是犯罪行为与犯罪危险性人格的统一体，犯罪危险性人格是指基于生理、社会及内心体验等因素的影响下所形成的犯罪人，内在的、相对稳定的、趋向犯罪独特身心组织。这一身心组织在需要、动机、兴趣态度、价值观念、思维方式、情感表达方式、行为方式、道德感以及生理方面严重偏离正常人，其本质是蔑视社会规范的反社会性。犯罪危险性人格决定了犯罪人对正常合法的社会生活具有不适应性。犯罪危险性人格是否存在，我国学界对此有不同的观点。否定犯罪危险性人格在现实社会中存在的学者认为：“触犯了刑律的人就是犯罪人，他们在人格上与正常人并无明显不同。有人说，你、我、他都是同样的人，总统和罪犯的本质并无不同，任何优秀人物都存在着犯罪倾向。”[2]经过多年的犯罪学实证研究，被监禁的囚犯的人格障碍者比一般人中的人格障碍者比例要高。国外有学者报告，30% ~60% 犯人有人格障碍，在英国 64% 左右的囚犯被鉴定为有一种以上人格障碍。在未犯罪的人群中，有人格障碍的为 10% ~20%，比犯罪人人群低得多。我国也有学者认为，罪犯中有反社会人格障碍的不低于 20%[3]。根据《国际精神疾病分类诊断手册》第 10 版的规定，人格障碍有 10 种类型，其中可以以犯罪危险性人格定位的类型主要有：

---

［1］〔意〕切萨雷·龙勃罗梭. 犯罪人论［M］. 黄风，译. 北京：中国法制出版社，2000：87.
［2］陈士涵. 人格改造论（上卷）［M］. 上海：学林出版社，2001：145.
［3］张文，等. 人格刑法导论［M］. 北京：法律出版社，2005：12.

（1）偏执性人格障碍。这是一种人格障碍，具体表现为对他人的广泛猜疑和不信任。这类人为人相当的自负和自信，固执和心胸狭隘，极端敏感和多疑，经常处于高度的警惕和防卫状态。他们不能容忍和理解他人的拒绝、伤害和侮辱，在激烈的情绪支配下可能实施犯罪行为。

（2）分裂性人格障碍。分裂性人格障碍的具体表现是观念、外貌和行为奇特，人际关系存在明显缺陷，情感冷漠。分裂性人格障碍者没有与他人交往的激情和动力，对他人的批评和赞誉没有愤怒和欣喜的情感反映，没有朋友和家庭伴侣，处于孤独的社会状态。

（3）反社会性人格。这类人格也称为悖德型人格，是一种以不负责任和违背社会公德的行为模式为主要特征，其具体表现为容易被激怒，攻击性较强。该类型犯罪危险性人格表现为缺乏道德自我机制，在做出普通人认为是不光彩和感到羞耻的行为没有任何情感反应。

（4）边缘型人格障碍。这类犯罪危险性人格包括暴发型、情感型和冲动型三种人格障碍，边缘型人格障碍的主要特征是自我意向、人际关系、情绪的极端不不稳定，有明显而且持久的自我同一性障碍。对于自我表象、性别定向、长远目标或职业选择、价值观、结交朋友的类型常常处于迷惑和混乱，人际关系不稳定而且强烈，变换于过于理想化和过于贬低的两极之间。

（5）表演型人格障碍，也称为癔病型人格障碍或戏剧型人格障碍。该类型人格障碍的核心特征是过分情绪化和寻求他人注意。

（三）犯罪人具有消除或者补偿犯罪所造成的损害后果或者危险的能力

所谓能力，就是指顺利完成某一活动所必需的主客观条件，社会个体的能力来源于其对身体、物质和其他社会个体的控制和影响，犯罪人能力具有对犯罪所造成损害的补偿性，是指犯罪人对其犯罪行为给社会造成的损害或者将来的危险，可以以其能力进行弥补犯罪行为的损害或者消除将来的危险，犯罪行为给社会造成的损失，既有物质损失，也有精神上的创伤，犯罪行为带来的危险不是指犯罪形态中危险犯中的危险，而是通过犯罪行为征表出的再次犯罪的可能性。罪犯的财产能力、自由能力、生命能力和对其他社会个体影响能力都可以对犯罪损害进行补偿，其途径有通过国家对罪犯能力的剥夺和罪犯的积极行为回补，就前者而言，国家通过对犯罪人的能力处置，可以给予被害人以及社会公众因犯罪行为所遭受的精神创伤和物质损失进行修复，从而完成犯罪否定秩序、罪犯处遇否定罪犯的否定之否定的社会运动轨迹。对犯罪人的生命、身体、财产和社会活动能力的剥夺或限制成为极权国家对罪犯处置的通行选择方式，封建社会为极力发挥罪犯处治的威吓效应，不仅存在专门的羞辱刑，就罪犯人格进行处置，使犯罪人失去做人的尊严，而且还有与罪犯身份有关的职位也折算进刑罚的官当制度，官当制度即允许官员可以用自己的官职抵折所犯罪行为刑期。如唐律规定，官犯私罪，五品以上者，一官当徒两年；九品以上者，一官当徒一年。若犯公罪，则可多算一年，即五品以上者，一官当徒三年；九品以上者，一官当徒两年。如果以官当流，原则上是三流同比徒四年，及流刑三等，官当时皆比作徒四年[1]。在奉行正义为社会绝对价值的国度内，犯罪被视为绝对道德之恶，用以补偿犯罪损害的犯罪人权益处置权力专属于国家，对犯罪人权益对犯罪损害或危险的消除性仅仅停留于惩罚的效能认识层次，主要通过对罪犯的权益剥夺进行惩罚，大多以满足因犯罪产生惊恐所造成的精神损害补偿，这是拘囿于国家的绝对权威和强大以及犯罪人个体的绝对弱小和下位的传统视角所作出的选择，但在法治国家的罪犯处置中，基于人道的价值追求，并不是所有的罪犯能力都可以用来补偿犯罪所造成的损害，犯罪人的人格不具有作补偿犯罪损害的法定性质，不能为了补偿犯罪损害，而对罪犯进行人格侮辱；犯罪人的身体也不再是国家强制补偿犯罪损害的客体，例如禁止残害肢体的肉刑。

[1] 张晋藩. 中国法制史 [M]. 北京：中国政法大学出版社，2002：161.

当国家走下无所不能的利维坛神坛，还原为有一群带有受制于各种条件的经济人人性弱点的个体组成的集合体，犯罪人通过自己的能力主动消除犯罪危害后果逐步具有现实可能性，国家的控制犯罪行为能力因人道、国界等因素的限制而有所减弱，如罪犯的生命能力在世界上三分之二的国家内是不能剥夺的，当事人主义在诉讼机制的影响增强使国家采取非法手段的能力受到限制。而犯罪人的能力却因此有相对的增长，现代的发达交通和出入国界的便捷使其行为速度大为提高，在短暂的时间内可以脱离自己犯罪的司法区，从而逃离该司法区的刑事制裁，其犯罪所得赃物也流失国外无法追回。科学技术的发展也使其身体器官产生有利于社会的价值，器官移植对患致命疾病的社会个体无疑是一根救命稻草，而人体器官来源的稀缺使罪犯的器官捐献具有价值性，法治国家却不能强制处置犯罪人的身体器官，因此，即使是弱小的犯罪人个体也具有一定的能力与国家进行博弈；在刑罚执行过程中，犯罪人既可以选择与行刑机关的配合并接受教化，消除其他社会成员对其再犯罪危险的疑虑，也可以通过自己的特殊技能为社会创造价值，实践中已经出现多起服刑的犯罪人获得发明专利的实例[1]。而犯罪人不仅表现为弱小个体，而且还可以演变成实力强大的社会组织，某些组织实施犯罪活动的能力不见得比个别国家的人力或者物力差多少，在一定社会阶层或族群中具有巨大号召力的犯罪人，已经具有政客的狡猾、商人的精明和军人的果断，能够号召并控制其追随者在将来不采取犯罪行为的能力，例如分裂势力、恐怖组织或犯罪集团的领袖等；罪犯利用其身体器官的处置也可以消解社会公众对其再犯罪危险的忧虑，但身体器官状况的处置一方面要遵循罪犯自愿性原则，同时也有一定的限制，例如有的国家在征得罪犯同意的情况下，以换取刑期的代价对其进行化学阉割，但禁止利用罪犯的身体进行医学实验。综上所述，应当存在定罪和制裁适用以及执行中的法律制度层面架设鼓励犯罪人用其能力来消除犯罪损害或危险平台。我国

[1] 《狱内犯人获发明专利》：http：//www. sina. com. cn 2003.

刑法在某些具体犯罪构成的设计中一定程度体现了犯罪人消除犯罪损害或危险性的能力，例如交通肇事罪、偷税罪和阻碍解救被拐卖人员罪等，刑法确立了自首和立功制度，将自首行为和立功行为规定为减轻处罚的法定情节，也是考虑了罪犯消减犯罪损害或危险的因素，但在利用犯罪人能力消除犯罪损害或危险的机制，国家通常采取强制的手段在法律限度内处置，在犯罪人个案的制裁适用领域，是否允许犯罪人自愿利用非法定剥夺的能力与国家进行协商和博弈，面临着公正与效益的两难困境。

四、社会防卫行动的恶害性和成本性

作为对犯罪的社会防卫行为，它包括刑事惩罚和预防戒护，对维护社会秩序是必不可少的，但其对社会损害的恶害性也是不可忽视的。边沁对刑罚之恶害性和成本性有相当的认识，提出刑罚之恶害性和犯罪的恶害性在功能方面的不同：“司法者或违法者所造成的同样之恶叫构成一个刑罚或犯罪。恶的性质是相同的，但其效果极其不同，罪行制造惊恐，刑罚重建安全；罪行是所有人的敌人，刑罚是公共的保护者；为某人获利之罪行制造着普遍的恶，使某人遭受痛苦的刑罚产生一般的善。中止刑罚，世界将变成抢劫者的舞台，社会就会分裂。重建刑罚，激情就会趋于平静，秩序就会恢复，每个人的弱点就被保护公共的力量多制约。”[1]正如一名法学家所言，刑罚是一把双刃剑，用之得当，社会和个人同受其利；用之不当，社会和个人同受其害。刑法谦抑原则的确立，即建立在刑罚的恶害性和成本性的认识的基础上，但刑罚的恶性不可忽视，“下列之恶是每个刑罚都具有的：第一，强制之恶，它根据受禁止事物有权享用的快乐程度向案犯适用或多或少的痛苦；第二，刑罚所产生之苦，当刑罚被实际执行时皆如此；第三，恐惧之恶，那些已经违反法律或者害怕随之而来的指控者必然遭受痛苦；第四，虚

[1] 〔英〕吉米·边沁．立法理论——刑法典原理［M］．北京：中国人民公安大学出版社，1993：67．

假控告之恶，人们的普遍憎恨经常使指控或责难的嫌疑犯及被告人处于一种可怕的形式；第五，衍化之恶，发生在受到法律制裁者之父母或者朋友身上”[1]67。刑罚既然有如此多的恶害性，为保证其最大限度地实现社会公众的幸福，防止偏离其运行的目标，就有必要在质和量上予以规制，刑罚在性质上不能残酷，“通过确认一种不受欢迎的刑罚从而激起人民大众内心的痛苦感，这本身就是一种恶，它不仅使有罪者受到惩罚，而且使那些最无辜及心灵脆弱者因感情受到伤害、意见受到践踏以及目睹野蛮残暴的场面而承受真实的惩罚……通过对大众情感这种漠视，立法者等于在不知不觉中处于和大众对立的地位。他将失去大众赞同的情况下，执法过程中可能不会得到自觉的帮助”[1]67。“立法者如果希望鼓励一个民族具有人性，那么他自己应当首先树立榜样，残酷的法律会通过恐惧、模仿或者培养复仇等使人变得残酷。温和的法律能使一个民族的生活方式具有人性；政府的精神会在公民中间得到重视”[1]150。据此，边沁认为滥用、无效、过分以及昂贵的刑罚为不应当适用的刑罚。

刑罚成本的考量是立法者决定必须进行刑法干预的因素。国家投入的刑罚资源是有限的，刑罚与其他法律制裁手段相比，成本是相当昂贵的。刑罚的成本由直接成本、机会成本和间接成本组成。刑罚的直接成本是指维持刑事司法制度和刑事执行制度的运转成本，主要表现为抓获罪犯的警察、指控犯罪的检察官、主持审判的司法官、为被告人辩护的律师以及将判决付诸实施的执行官员正常工作必须支付的成本。刑罚的机会成本是指用于制止犯罪的刑罚成本如用于其他部门所产生的效益，刑罚的间接成本，是指刑罚在适用过程中对社会所产生的增加罪犯与社会的对立等，破坏社会秩序正常发展的负效果。刑罚的直接成本高低程度，决定了其机会成本和间接成本的高低。着眼于罪犯人身危险性的矫正、医疗等措施的

[1]〔英〕吉米·边沁．立法理论——刑法典原理［M］．北京：中国人民公安大学出版社，1993．

成本也是昂贵的。心理、教育以及社会工作人员的配备均需要一定的成本。例如，美国一犯人要求监狱安排其变性手术或者器官移植手术，其费用高达数百万美元。

五、罪犯成因的立体透视

了解罪犯成因的组成结构和构成因素，必先科学界定罪犯范畴的外延和内涵，对此监狱学界普遍采取了实体先行程序附后的思维模式，“罪犯是实施了犯罪行为，并被人民法院依法判决的受刑人”[1]，“罪犯是实施了犯罪行为的犯罪分子”[2]，这种实体优于程序的思维模式，将实施了犯罪行为作为罪犯的基本特征涵盖了绝大多数罪犯的外延和特征，突出了人民法院定罪权威，并服务于程序工具主义价值追求。当深入思考罪犯成因就会暴露出前述罪犯定义的不足和缺陷；罪犯既然是犯罪行为的实施者，那么虽然被法院定罪，但实际上并没有实施犯罪的部分罪犯就无法包容进罪犯的外延。因为法官也并非全知全能的圣贤，其作出的有罪判决受制于各种因素的影响，对事实认定和适用法律不可能百分之百的正确，否则刑事诉讼法就不可能设置具有纠错机制的审判监督程序了。法治国家要求社会防卫和人权保障并重的价值，并追求必然强化程序的独立价值，故意突出程序的思维模式界定罪犯的范畴更为妥当。即将实施犯罪行为的认定停留在法院判决的层面上，即罪犯只是法院判决确定实施了犯罪行为，而非事实上绝对实施了犯罪行为。这种程序前置的思维模式，会淡化将实施了犯罪行为视为罪犯实体行为特征的绝对化思维惯性，并消除由此产生藐视罪犯申诉权利的消极影响，还可进一步对罪犯认罪服法进行冷静科学的理性评判。对罪犯成因也应从程序和实体两个层面进行解读，在实体层面犯罪原因的分析，须借助犯罪学的研究成果，而对程序的理性认识则须依赖于诉讼法程序理论。完整地考察罪犯成因，首先从司法权终局性的

---

[1] 夏宗素．监狱学基础理论［M］．北京：法律出版社，1998：134.
[2] 王泰．监狱学概论［M］．北京：中国政法大学出版社，1996：78.

特征假定有罪判决不容怀疑，以此为前提分析犯罪原因。然后再从现实的角度，分析罪犯标签化程序，基于人性的缺陷必然产生的瑕疵，并由此导致行为标签为犯罪结果的非绝对客观化和道德责难非完全化，从而不同层次全方位理解罪犯的形成过程。

（一）相对意志自由论是犯罪原因理论的出发点

鸟瞰犯罪原因理论的历史发展，可以看出其经历了从重个体因素轻社会因素的单一因素论，到两者兼顾的综合因素论的转变，对个体行为的道德责难程度也经历了从绝对自由意志论到行为决定论，再至相对意志论的否定之否定的辩证运动过程。个体意志自由对个体行为的主导和控制作用被诸多思想家所认识，并形成绝对意志自由论，它成为犯罪行为个体纯道德责难的伦理基础，古希腊柏拉图认为："一个人的品行具有善和较恶两部分，如果一个人对其恶性放松控制，其兽性就会活跃。"[1] 奥古斯丁则从神学的角度分析意志自由，"坏的意志是坏的行为的原因，而坏的意志并没有什么事物是它的动因，唯有那没有使其他意志所恶化，而本身就是恶的意志，才是第一个恶的意志"[2]。18 世纪中叶西方社会形而上学的方法论、机械论的自然观和个人本位的价值观为庞大而缜密的理性主义论提供了培育和生长的人文背景。康德和黑格尔从先验的角度陈述了犯罪人行为的意志选择自由，"一个人能够按照自己的表达去行为的能力本身包含着人的理性选择，这种理性选择能力便构成了表达"[3]，"人是理性的动物，犯人也是意志自由而实施的犯罪行为"[4]。而贝卡利亚和费尔巴哈则从感觉功利角度阐明了犯罪人的人性基础："人类具有趋利避害的本能，刑法不可能改变这种本性，而只能利用这种本性，因势利导阻止犯罪发生。促使我们追求安乐的力量类似重心力，这种力量的结果就是各种各样的人类

[1] 陈兴良．刑法的人性基础［M］．北京：中国方正出版社，1996：177.

[2] 张深．中世纪上帝的文化中世纪基督教教会史［M］．杭州：浙江人民出版社，1997：24.

[3] 〔德〕康德．法的形而上学原理权利的科学［M］．北京：商务印书馆，1991：5.

[4] 〔德〕黑格尔．法哲学原理［M］．北京：商务印书馆，1961：103.

行为的混合，如果他们互相冲突、互相侵犯，那么称之为政治约束的刑罚就出来阻止恶果的发生，但它并不能消灭冲突的原因，因为它是人类不可分割的感觉。"[1]费尔巴哈的心理强制学说更鲜明地体现了犯罪人的趋利避害的本性，"罪犯是受了潜在于违法行为的快乐的诱惑与不能得到快乐时所潜在的痛苦的压迫"[2]。19世纪末，绝对意志自由论虽然受到行为决定论的冲击和排斥，仍在刑事学科领域保持盛久不衰的魅力并影响和控制着罪犯处遇政策的建构和发展。

20世纪初实证主义方法论、进化论的自然观和社会本位的价值观相互交融的历史背景促进了行为决定论的犯罪原因观的勃兴，并对占垄断地位的自由意志论提出挑战。在此以前，环境等非意志因素对犯罪行为的影响就被朴素的唯物主义思想家所认识。亚里士多德就曾将贫困情欲和放恣列为犯罪原因，"有些犯罪是由于缺乏衣食；人们在温饱之余，或为情欲所困扰去寻欢作乐而触犯了刑法；为追求无穷的权威，恣意纵乐而犯罪"[3]。中国古代思想家管仲提出的"仓廪实而知礼节，衣食足而知荣辱"论断和"饥寒起盗心"的命题与亚氏的上述认识异曲同工。直至龙勃罗梭用解剖刀剖开维来拉的头骨，提出"犯罪乃受基因遗传决定"的论断，才使非意志因素决定论从蒙昧走向科学，并打破了绝对意志自由的神话。其弟子菲利进而提出的个人生理、自然和社会三原因说，克服了单一生物学因素决定论的局限，"犯罪人之所以犯罪并非出于自愿，一个人要想成为罪犯就必须永久地或暂时地置于这样一种物质和精神状态，并生活在从内部和外部促使他走向犯罪的那种因果关系链条"[4]。冯·李斯特批评了菲利的三原因说，认为自然因素是社会因素的一种，"菲利对于犯罪发生的说明，曾认为与气候寒

---

[1] 〔意〕贝卡利亚. 论犯罪与刑罚［M］. 北京：中国大百科全书出版社，1993：68.

[2] 邱兴隆，许章润. 刑罚学［M］. 北京：群众出版社，1988：40.

[3] 〔古希腊〕亚里士多德. 尼各马科伦理学［M］. 北京：中国社会科学出版社，1990：41.

[4] 〔意〕菲利. 实证派犯罪学［M］. 北京：中国政法大学出版社，1988：9.

暖确实有关系，冬季财产犯罪确实多于夏季，但这种犯罪是由于天寒地冻，无衣不暖，无火不温，不得不求衣及燃料之供给，或因职业减少，唯有从事盗窃，以救其所需，归根到底还是经济和社会的原因决定的”[1]。李斯特将自然因素纳入社会因素，形成了至今仍为犯罪原因主流观点的个体因素和社会因素相结合，而社会因素最终起决定作用的二原因说。根据现代犯罪学原理将犯罪的个体因素归结为生物因素。生物因素包括生理因素和病理因素。生理因素是人类正常的生命机能活动，而病理因素是人类异常的生命机能活动。犯罪的生理因素，主要揭示人类正常的生理现象所决定的本能行为对犯罪对犯罪的印象。德国慕尼黑内科医生汉内斯·朗格对13对男性单卵双胞胎和17对男性双卵双胞胎进行尝试性对比研究，发现13对被判刑的男性单卵双胞胎中，两兄弟均被判刑的有10对；被判刑的17对男性双卵双胞胎中，两兄弟均被判刑的只有2对，得出遗传因素在犯罪行为产生过程中起着决定性的作用。病理现象对犯罪的影响是犯罪学研究的重点，犯罪人与普通人同样具有生理现象，但没有犯罪的人毕竟占绝大多数。现行犯罪原因理论所提出的“染色体变异论”、“性荷尔蒙分泌失调”等观点，是对基因遗传论犯罪生物因素的进一步发展。犯罪的社会原因比较复杂，它既有宏观方面的经济、政治和文化等因素，也有家庭、学校和社区等微观社会因素。“社会失范论”等命题和论断，虽然具体深化了社会和个体因素的表现，并对各因素在系统所处地位和作用予以分析，但对犯罪原因的范围探讨迄今没有超出菲利和冯·李斯特的认识广度。

无论是意志自由论，还是行为决定论，对犯罪原因的认识都存在一定的偏颇。意志自由论从抽象的理性人的假设，过分强调了犯罪行为个体的选择自由和对其行为负责的道德伦理义务，而忽略了环境对个体行为的影响和制约。而行为决定论则明显带有机械决定论的倾向，片面注重环境对行为个体的制约影响，甚至将其提升至

[1]　马克昌．近代西方刑法学说史略［M］．北京：中国检察出版社，1996：185.

决定作用，从根本上忽略了犯罪个体的主体地位，将其行为完全视为被动地接受环境影响的产物，故基于两派折中形成的相对意志自由论成为犯罪原因通说。该说认为，意志自由包括选择客观环境的自由或规避客观规律必然性的自由和面对多种困难的选择作出最后决定的自由，任何人不具备选择客观环境的自由或规避客观规律必然性的意志自由，而一般人则具有面对多种困难的选择作出最后决定的自由。如果否定后者，则不能解释在同等外部条件下有人犯罪而另一些人不犯罪的社会现象。但相对意志自由论内部在个人责任和社会环境影响因社会结构导致社会关系不平等程度、文化思维定式等因素的差异则有所侧重。一般而言，个体在社会结构中享有的权利、经济、道德等社会资源平等化程度越高，社会宽容精神底蕴越丰厚，侧重社会环境影响的犯罪原因观则占主导地位；反之，则侧重个人责任的犯罪原因观备受青睐。

（二）人类有限理性决定了刑事立法和刑事司法的相对不确定性

文艺复兴以后，在大陆法系以笛卡尔为代表的以科学主义为特征的理性主义开始勃兴，并形成了关注知识的普遍性和追求绝对精确性为特征的绝对主义认识论。绝对主义认识论否认真理是一个认识过程，认为人们具有一下子穷尽绝对真理的能力。拉普纳斯认为："只要知道了宇宙各质量瞬间构形与速度，一个头脑精细的人就可以算出整个过去与未来的历史。"[1]绝对主义认识论将立法者推崇为具有完美的道德责难能力，并能够制定穷尽未来一切社会关系的法典，从而将标签化为犯罪的某些行为完全道德责难化。刑事古典学派精研立法技术，热衷成文刑罚典，推崇绝对罪刑法定原则，这是绝对主义哲学的产物："人的刑法是痛苦和欢乐，好的立法是要是我们能运用数学公式来计算人身善恶的话，把人引向欢乐和痛苦的一种艺术。"[2]刑事古典学派虽然否认法官的刑事法律解释能力，但法官依据三段论的逻辑推理所作出的有罪判决仍被赋予

---

[1] 王雨田．控制论、信息论、系统科学与哲学［M］．北京：中国人民大学出版社：27．

[2] 陈兴良．刑法的人性基础［M］．北京：中国方正出版社，1996：67．

终极的权威，使法官的犯罪标签化的具体行为能力高度神化，使其所作出的有罪判决具有无上的权威。中国传统文化中将人性划分为“圣人、中人、斗屑”的三性等级论，“内圣外王”赋予了国家权力行使者完美的道德情操，这更将公共权力行使者的抽象行为标签化，为犯罪的立法和犯罪标签化具体行为的司法能力推置于无以复加的圣人地步。漫长的极权社会使错误有罪判决的纠错机制相当脆弱，名存实亡。新中国成立后，传统文化的惯性和前苏联立法模式的影响，由于刑事诉讼法所确立的实事求是证据制度强烈地折射出绝对主义方法论的特色。

随着社会的发展和科学的进步，奠基于经验主义哲学的怀疑主义认识论渗透于罪犯标签化领域。怀疑主义认识论对人类的认识能力持谨慎的怀疑态度，“人心中存在着四种根深蒂固的幻觉和偏见，即所谓假象：把人所有的本性加之于自然界形成主观主义的种族假象，观察事物时受个人性格、爱好、环境等影响的洞穴假象，人类正常交往使用虚构的或含糊不清的词语概念造成的市场假象，由于盲目崇拜造成错误的剧场假象，这四种假象使人类的认识能力受到极度的限制”[1]。辩证唯物主义哲学也吸收了相对主义哲学的合理成分，认为人类认识客观世界的能力也是绝对性和相对性的辩证统一。恩格斯认为，“人类思维所达到认识论意义上的至上性是只有通过人类生活的无限延续才能完全实现，至于说到每个人的思维所达到认识论意义上的至上性，它是根本谈不上的。而且，根据目前为止的一切经验来看，这些认识所包含的需要改善的因素，无例外地总比不需要改善的或正确的因素多得多”[2]。

在这个处于历史变革的时期，相对主义哲学和现实主义法理学为我们提供了新的审视视角，对饱含绝对主义认识论，即所谓实事求是的具体行为标签化——有罪判决客观事实确定性，进行冷静反思和理性评判，确定何种行为为犯罪，是社会各阶层势力通过立法

[1] 左卫民，周长军. 刑事诉讼的理念 [M]. 北京：法律出版社，1999：132.

[2] 马克思，恩格斯. 马克思恩格斯选集：第3卷 [M]. 北京：人民出版社，1972：125.

程序妥协和斗争的结果，作为自然人的立法者的认识判断能力也是绝对性和相对性的辩证统一。犯罪的概念应当走出完全道德谴责性的阴影，吸收相对性的因素，从而对犯罪的道德责难不能完全化。现实主义法理学代表人物兰克认为，法官判决的确定性是一个“基本法律神话”和“儿童恋父情结”的残余，由于司法判决是受法官的情绪、知觉的预感、偏见、脾气以及其他非理性因素的影响，法官常常严重地破坏先例制度。因此，那些法律规则看似可以提供的一致性和稳定性，在实践中往往变成了虚幻和空想[1]。哥伦比亚大学依据1973—1995年美国的5700个死刑案例的研究成果，发布的研究报告称，被判死刑的囚犯中75%在重审中获得减刑，7%被判无罪，仅有18%再度被判处死刑，其中有部分后来获得减刑。全美执行死刑最多的州——弗吉尼亚州、德克萨斯州和佛罗里达州误判率分别是18%、52%和73%[2]。我国的罪犯标签化过程（刑事诉讼过程）中，不仅照样有下列世界各国刑事诉讼程序存在的妨害法官发现案件真相的因素，“作伪证者、受人指使的证人、有偏见的证人。在陈述所举证的事实时发生误解的证人，或在回忆起观察时发生误解的证人，有证人死亡或失踪、物证灭失或被毁的情形，有为非作歹或愚蠢的律师，有愚蠢的、带偏见的和心不在焉的陪审官，也有对证词抱怨有偏见或愚蠢固执或漫不经心的初审法官”[3]，而且还有具有鲜明特色制约法官独立的诸如审和判分离的审判委员会、法官任职的非精英化和偏重控制犯罪，忽视人权保障的诉讼权力配置。这都使罪犯标签化的法律事实与客观事实存在着差距。由于统计资料的缺乏，死刑误判率的存在不得而知。诉讼法学界针对诉讼证据证明标准的认识，从客观真实趋于法律真实的取向，也说明了罪犯标签化仅是囿于司法资源的有限性而作出的法律确定性的选择，而在与客观事实是否一致方面则只有相对确

[1] 朱德生，等. 西方认识论史纲［M］. 南京：江苏人民出版社，1983：121－122.
[2] 袁征. 处死维克多热争议冷思考［N］. 中国青年报，2001－06－14.
[3] 〔美〕博登海默. 法理学、法哲学及其方法［M］. 邓正来，等. 译. 北京：华夏出版社，1987：153.

定性。司法判决的不确定性主要来源于“法律适用的不确定性、事实认定的不确定性、司法人员个性的不确定性和其他社会因素的不确定性”[1]。因此各国刑事诉讼法在设置审判监督程序时，一方面遵循“一事不再理”或“免受双重危险”的原则，禁止对生效的司法判决提出不利于罪犯的再审程序，以维护司法判决法律确定性；另一方面赋予了罪犯和检察机关对生效的司法判决提起有利于罪犯的再审程序予以衡平法律确定性和事实客观性的矛盾。

［4］ 丁一升．论司法判决的不确定性［J］．现代法学，1999（2）：51－53．

第四章

罪犯处遇的结构和价值构造

一、罪犯处遇的结构

所谓结构，是指系统内各要素相互联系的稳定形式和相互作用的基本方式。根据系统论的观点，一切事物都是作为系统而存在，系统是一切事物的根本属性。结构揭示系统中诸构成要素的相互关系，其内涵包括组成系统的诸要素的相互之间的一定比例关系、排列顺序和组合形式。罪犯处遇的结构是指在罪犯处遇过程中各基本要素之间相互联系、相互作用表现出的稳定性和一致性，反映组成罪犯处遇系统的各种处遇措施在其中的地位和作用。罪犯处遇结构与罪犯体系是不同的，它不仅重视排列顺序，而且重视比例关系。在罪犯处遇系统中，组成该系统要素相同的情况下，如果比例关系不同，结构也不同，则使该系统的功能也必然发生变化。罪犯处遇结构的优化，可以使罪犯处遇资源总量投入适中，诸要素之间比例关系协调和组合的最佳化，为实现罪犯处遇最佳效益创造一个的最佳环境。

（一）根据实施罪犯处遇措施的主体，可以将罪犯处遇分为国家性的处遇措施和社会性的处遇措施

国家与社会的关系在漫长的历史长河中，体现了不同的社会主流认识。在原始社会，私有制、家庭和阶级等社会实体已经出现，但没有国家独立的实体存在，“部落、氏族及其制度都是神圣不可侵犯的，都是自然所赋予的最高权力，个人在思想感情和行动上始

终是无条件服从的"[1]，部落、氏族及酋长等社会组织和个体利用其影响力解决内部与外部的事务。伴随着社会关系的日益复杂，原始社会原先调整社会关系的没有强制力约束的道德，在缓解社会冲突和调整社会关系中愈来愈不适应。这就需要比个体独立、强大的第三者来控制社会冲突和调整社会关系，国家的出现和存在也就有正当根据和理由。国家出现初期力量比较弱小，社会仍存在很大的自主管理空间，但到极权国家出现，对社会自主权力的空间不断侵吞和蚕食，社会主体的自我调整和管理功能萎缩，逐渐成为国家的附庸物而失去了独立性，国家与社会的关系呈现出国家一元化的形态。与封建君主一元化的社会结构相适应的政体必然是专制政体，该政体的基本原则是恐怖、专横和暴力。残暴刑罚和惩罚主义控制整个罪犯处遇领域。直到法国大革命前，欧洲大陆的刑法制度被描述为，"刑法是不平等，它们不是根据犯罪的性质而是根据犯罪人的地位或等级如何发生变化；刑罚的执行方式也是残酷和野蛮的，刑罚体系的基础是死刑和滥用的肢体刑；犯罪没有确切的定义；个人没有丝毫的安全保障不足以避免国家在镇压犯罪时的过失行动，最后，愚昧、偏见和感情上的狂暴制造着臆想中的犯罪；刑法的适用范围扩展到了调整社会关系之外，甚至超越了对意识的统治"[2]。

我国自封建社会的皇权国家建立以来，皇权至上的等级制度和社会主流的家国一体的儒家伦理观念必然形成国家利益本位的价值目标，国家对社会个体生活的干预范围和程度达到了无以复加的程度，个人以及社会的私人自治没有存在的空间。新中国成立后，大一统的传统思维惯性和马克思主义一元化政治理论默契地合流，使政治国家一元化的社会结构更加稳固，市民社会没有形成和发育的土壤和条件。"1949 年以后，中国的社会整合是通过排斥、压抑、克服民间力量的形成，以国家为轴心的一元的整合，民间力量及民

[1]　马克思，恩格斯．马克思恩格斯选集：第 1 卷［M］．北京：人民出版社，1965：218．

[2]　〔德〕冯·巴尔．欧洲刑法史［M］．英译本，波士顿：北京：标准出版社，1916：315．

间的各种诉求是处于一种被压抑的状态。国家一直试图把任何的社会、民间的力量纳入到自身的统一支配之中"[1]。国家和社会一元化的结构形成的极权国家类型，与之相适应的刑罚权的发动基本不受限制。

伴随着市场经济的发展和壮大，由于市场经济只服从市场规律这一看不见的手，而具有不受国家或政治控制的本能冲动，"市场经济是天生的平等派"，市民社会才逐渐从政治国家的桎梏下解脱出来。政治国家和市民社会的二元分化为民主制度的建立提供了土壤和条件，"一个多元的且独立于国家之外的自治组织的市民社会是民主不可或缺的的条件，无论是谁提倡国家和市民的统合都将危及民主的革命，没有社会制约的国家权力总是危险的"[2]。基于个人权利本位的价值取向，近代法治国家的建立使国家与社会的关系进入一个新的阶段，即政治国家和市民社会的二元建构。在这种建构下，作为社会个体的人也具有两种属性：作为受国家统治和管理的公民和享有民主及私人自治自由的市民身份，政治国家是在市民社会的基础上建立起来，其存在的正当性是保障和服务市民社会免受侵害。除此以外，政治国家的权力本身不具有独立的价值，政治国家和市民社会的二元关系与国家初步形成时期与社会共存的二元形态是有所不同的，在国家初步形成时期，国家与社会的关系是社会主导国家辅助，两者在不同的事务领域有自己的绝对权威和处置自主权。如教会或者宗族对违规者的处理都有与国家一样的剥夺自由甚至生命的处罚权，两者的管理领域划分只是横向的切开，而政治国家和市民社会的二元关系是对前者否定之否定的发展和完善，无论在管理事务，还是在运行机制方面都存在着本质的差异。政治国家和市民社会对社会个体均有影响、支配和操纵的能力，这两种不同主体行使的能力，可以称之为国家权力和社会权力。有中国台

---

[1] 李金. 从国家与民间力量的关系看中国的社会整合问题［J］. 观察，2000(3).

[2] 〔英〕J. C. 亚历山. 国家与市民社会——一种社会理论的研究途径［M］. 北京：中央编译出版社，1999：120.

湾学者将国家权力称为政治力，把社会经济组织的控制力称为经济力，把社会运动和社会组织的自主力量称为社会力，其实，经济力和社会力都是与国家权力相对应的社会权力。在政治国家和市民社会的二元化的社会结构中，国家权力和社会权力虽然同源、同质和同值，但两者存在着不同的行使主体和运行机制。国家权力的行使主体是法律明确规定成立的国家机关，而社会力量的行使主体既可以是比较固定的社会组织，也可以是社会群体，这个群体可以分属不同的社会阶层、种族、宗教团体，也可以是流动的或者超越具体族群的团体。在运行机制方面，国家权力的行使指向是自上而下的，被其影响、控制或者支配的个体是处于下位阶层，两者之间的关系是强制和服从的关系。而社会权力的运行指向是多方向的，既可以指向上位的国家权力的行使者，也可以平行指向其他的社会主体，还可以下指参加其本身的社会个体。社会权力行使者与被其影响、控制或者支配的对象之间的关系较为平等，一般遵循的是对话、协商和自愿的机理，采取组织内纪律制裁措施不能超出国家权力制裁的强度和力度。国家权力和社会权力所能影响、控制或者支配作用对象的限制是不同的。国家权力必须遵循法无授权即禁止的准则，法律规定其职责而不履行也应当承担失职的责任；而社会权力的行使因为遵循自主性和自愿性的机制，只要法律不禁止就可以运行。

政治国家和市民社会的二元分化的社会结构中，国家权力和社会权力存在的关系是互动的：一方面，社会权力对国家权力具有积极的建设性影响，促进国家权力对社会事务的管理，这主要表现在国家权力不能及的公益领域发挥作用，有利于使社会管理的效能增大；次要表现在通过分割国家权力、参与国家权力以及监督国家权力，保证国家权力正当有效地运行。另一方面，由于社会权力的行使主体者根植于社会群体的部分组织，并不代表公共利益的整体利益，为了本群体的意志和利益，具有优势资源掌控力的社会组织可能影响国家权力，作出有利于本身但损害其他弱势社会组织正当利益的决定。可见，社会权力也可能存在误导、诱使国家权力偏离公正的负功能。因此，法治国家对社会权力要积极利用，同时还要加强引导。

在政治国家和市民社会相分离的二元社会结构中，刑罚权的使用不再具有无限性而是有限的，非犯罪化的刑事政策使刑法对个人的干预范围缩小。1957 年英国的“同性恋与卖淫委员会”发表的沃尔芬登报告指出，刑法干预个人自由的目的和范围是，“维护公共秩序和公共尊严，保护公民免受非法侵害，为公民特别是那些易受伤害的公民提供足够的保护，防止他们堕落和腐化。超出实现上述目的的必要之外干预公民的私生活或者试图强制推行任何的生活方式，并不是刑法的任务所在。客观上必然存在着一个不受法律干预的纯粹个人道德或不道德的领域”[1]。该报告不仅对英国的非犯罪化运动有重大的影响，而且对世界上其他国家和地区的非犯罪化有直接的影响。1962 年美国制定的《模范刑法典》明确规定，当其行为不损害他人时，任何人都可以反对国家干预个人事务。根据该原则，将卖淫、同性恋以及通奸行为非犯罪化。各国对非犯罪化政策在司法方面提出了建立青少年犯罪的审前处理和转处等刑事制度，1966 年 12 月德国和瑞士 14 名刑法教授起草了《刑法典草案》，其目的在于：消除刑法的道德化，以行为的破坏社会秩序的危害程度为确定犯罪性质；消除刑法的形而上学，实现罪犯的再社会化；实现刑法的宽容化；实现刑法的人道主义精神。

1980 年欧洲委员会推出了对各成员国立法有重大影响的《非犯罪化报告》,该报告确定了非犯罪化的基本原则以及非犯罪化的各种替代措施和选择。欧洲各成员国在该报告的指导下,非犯罪化引导取得长足的进步,卖淫、堕胎、同性恋、流浪和酗酒等被刑法制裁的条款从刑法中剔除出去,荷兰甚至就安乐死的行为予以合法化。

非犯罪化的刑事政策有广义和狭义两个层面的理解，狭义的非犯罪化仅指犯罪行为完全合法化，对其不仅不予以刑罚惩罚，而且也不进行行政处罚。广义的非犯罪化还包括将原来科处刑罚的犯罪行为合法化，但改以行政处罚的行政不法行为。欧洲委员会的

[1] 梁根林. 刑事政策：立场与范畴［M］. 北京：法律出版社，2004：222.

《非犯罪化报告》将非犯罪化区分为法律上的非犯罪化和事实上的非犯罪化。法律上的非犯罪划分为三种：（1）类法律上的非犯罪化，即原犯罪行为完全被合法化，而且道德评价也具有正当化；（2）类法律上的非犯罪化，是指非犯罪化的行为在法律和社会上没有被认可，但国家基于宽容的态度而对其不再制裁；（3）类法律上的非犯罪化，即国家对非犯罪化的行为没有改变保留必要的处罚权力，但有不作反应的选择。

事实上的非犯罪化直接涉及罪犯处遇领域，它是指尽管刑罚制度的震慑能力没有发生变化，但刑事司法制度对特定行为逐渐减少反应活动的现象，法律上的非犯罪化主要表现为避免进入刑事司法系统和在刑事司法启动后中断刑事司法程序。

避免进入刑事司法系统有：避免举报犯罪嫌疑人、为嫌疑人提供帮助或者庇护及拒绝登记犯罪嫌疑人在案或者不处理嫌疑人。避免举报犯罪嫌疑人的具体制度，有赋予社会组织对有犯罪行为的社会成员行使纪律惩戒、容忍低限度的类似商场之类的社会组织或者私人司法以及强化被害人与被告人的沟通和调解。为嫌疑人提供帮助或者庇护之具体的实践做法是社会组织庇护政治犯，后来扩展到执法机关认为非法的其他活动的庇护。例如，比利时设立了官方承认的和资助的青少年危机处理中心，对有家庭冲突、滥用毒品等问题以及犯罪行为的青少年，就具有为其寻求避免被官方起诉的非刑罚或者非司法化的选择性替代方案的职责。拒绝登记犯罪嫌疑人在案或者不处理嫌疑人的具体途径是允许特定犯罪，没有被害人告发就不启动追诉程序或者不启动程序即将犯罪嫌疑人释放。

中断刑事司法程序，实现事实上的非犯罪化的途径主要有：避免审讯、避免羁押、避免定罪或量刑以及避免监禁。避免定罪或量刑以及避免监禁是直接关涉罪犯处遇，避免定罪的主要做法是，法官建议被害人进行非正式解决，或者法庭直接撤销案件，就案件转交调解机构处理。定罪后避免量刑的主要做法是，确立延期量刑制度。英国和法国均赋予法官在被告人被定罪后承诺履行特定义务可以延期决定的职权；避免监禁的途径是避免实际服刑。对于生效的刑事判决，罪犯一般都要服刑，但由于监禁设施不足，使得一些受刑较轻的犯人转处。荷兰的候刑名单制度，即给予被监禁的罪犯在服刑期间被宽恕的机会。比利时的法律允许被判处四个月以下监禁的判决不被执行。在德国，毒品犯罪的罪犯或者罪犯在服刑过程中可以接受监狱外的治疗而向检察官申请中止刑期，在私人机构进行治疗的时间都可计入刑期。

目前，由于国家财政上的困难，无力建设大量的监狱关押日益增长的罪犯，非公有的私人监狱也渗入国家垄断的剥夺自由的刑罚职能。20 世纪，禁绝私人对监狱生产的参与规定被打破，私人企业可以采取监狱工业扩大核定项目和私营监狱项目两种形式介入到监狱生产领域。监狱工业扩大核定项目的确立是以 1979 年美国国会制定的《司法制度改进法》为开端的，该项目矫正机关经有关司法部门核定批准后，各州允许私人企业使用犯人劳动力，同时允许罪犯劳动产品在美国各州流通。其目的在于以合资、合作、租赁等方式在矫正工业中引入包括社区和公益单位在内的私人部门参与，向罪犯提供接近私人部门的就业机会和现实工作环境，并支付给罪犯当地同类工作的主流水平工资，用以对受害人进行补偿和赡养家庭。私营监狱是私人经政府授权或者与政府签订有关合同，接管和经营现有的公立监狱设施，或者新建产权完全归私人所有的监狱设施。由政府授权经营的监狱类型，目前全世界有 184 所私人监狱，容纳约 13 万犯人。根据美国矫正工业协会的统计，由于监狱工业扩大核定项目和私营监狱项目的开展，整个 20 世纪 90 年代美国罪犯的就业人数增长了 200%[1]。人道主义政策对罪犯处遇进一步的要求，不仅体现消极的非刑罚化的宽容精神，而且要求对回归社会时出现巨大障碍的出狱人群体经常积极地救助。罪犯出狱以后，旨在对其保护和帮助的出狱人保护制度在各国也逐步建立起来。出狱人保护事业也称为更生保护事业，其发源于美国费城的出

---

[1] 崔学东，何航．美国矫正工业的私人参与制度分析［J］．中国监狱学刊，2004（2）．

狱人保护会、出狱人保护的机构既有国家出资建设，也有私人等社会组织出资建设并运作，国家不再是罪犯处遇措施的垄断者而是积极的主导者。以国家剥夺自由的自由刑的执行不再是绝对封闭的，对罪犯进行教育和心理矫治等工作由心理学家、宗教工作者以及社会志愿者等社会力量进入监狱承担。

综上所述，国家行使的罪犯处遇措施具有无需罪犯同意和认可的强制性特征，体现国家具有的建构性特征，而社会力量进行的罪犯处遇措施一般通过与协商机制，在各方社会力量认可的基础上进行，折射出社会自发性的特点。

（二）根据罪犯处遇的阶段划分，可以划分为罪犯的司法处遇、罪犯的制裁执行处遇以及罪犯的制裁后处遇

罪犯的司法处遇，是指罪犯与有争议的当事人解决权益争端机制中所享有的待遇和处置，这具体体现在制裁措施适用和制裁变更，以及与制裁执行机关执行待遇处置方面的争议解决措施。这主要表现在罪犯的程序性权利和对部分制裁结果的协商权方面。世界各国不同法系罪犯对制裁适用过程中的处遇措施有不同的模式。大陆法系的制裁适用程序和定罪程序是不分的，意大利刑事诉讼法典第525条第一款规定“判决在法庭审理后立即作出”，第333条规定“如果查明被告人犯有被控告的罪行，法官宣告处罚判决，适用刑罚和保安处分”，第544条规定“在评议结束后，庭长制作并且签署判决书的决定部分”。英美法系国家的刑事诉讼中有专门的量刑程序，量刑程序与定罪程序是不能混为一体的，必须明确分开。在以定罪为核心的庭审过程中不存在量刑建议的问题，检察官有关量刑建议的活动只能发生在量刑程序，英美国家关于量刑建议的做法是：陪审团定罪以后，法庭择日就各种酌定因素举行量刑听证，控辩双方都要参加，检察官作为控方自然拥有量刑建议权，在量刑听证程序中，检察官很可能强调被告先前的犯罪记录、对受害人和受害人家庭的伤害，以及威慑其他潜在的罪犯的需要，在检察官和辩方在对自认为合适的刑罚量刑发表意见之后，法官作出量刑的最后决定。在制裁变更方面的司法处遇，是指在制裁执行过程罪

对犯制裁种类、量度或执行方式与相关执行机关发生争议时的处遇措施，这主要体现于减刑、假释制度中罪犯的处置与待遇。制裁执行机关关于执行待遇处置方面的司法处遇，体现在执行制裁机关在执行法院判决的具体措施与罪犯发生争议的处置措施。大陆法系国家法律在罪犯与执行机关进行的执行活动发生争议时，规定了向执行机关的主管或者监督机关提出建议、申请和控告，1996 年 12 月制定的《俄罗斯联邦刑事执行法》第 15 条规定："被判刑人可以就与其权利和合法权益受到侵害有关的问题提出建议、申请和控告，被判处拘役、军纪营管束、剥夺自由、死刑的人向监督刑罚执行机构和机关活动的机关提出的请求，不得进行检查并应在两日内（节假日除外）按归属关系呈送，收到被判刑人建议、申请和控告的机关和公职人员，应当在俄罗斯联邦立法规定的期限内对它们进行审议，并将作出的决定通知被判刑人。"可见，大陆法系国家对罪犯与执行机关的争议解决不具有裁判性质而具有监督行政的特色。英美法系国家 20 世纪 60 年代以前，也认为行刑是执行机关内部的事务，法院不予介入和干涉。在正当程序理念的指导下，司法机关才确认了罪犯对执行机关的执行措施享有请求审判权，即对执行机关的执行措施或提供的待遇不服的，可以提起诉讼，由中立的法院进行裁决。

罪犯的制裁执行处遇，是指在执行各种制裁措施中给予罪犯的处置和待遇措施，具体包括如下内容：自由刑执行过程中为罪犯提供的监禁环境的条件，罪犯劳动的报酬、保护及培训等措施，罪犯教育的内容以及监狱管理的分级处遇等；死刑立即执行过程中罪犯享有的刑前会见近亲属的权利以及受刑方式、遗体处理等处遇措施；其他非监禁刑执行过程中罪犯应当获得的待遇或者处置；强制治疗等保安处分措施执行的处置措施。

罪犯的制裁后处遇，是指罪犯被制裁完毕后的处遇措施，其具体包括制裁消灭制度和出狱人保护等问题。制裁消灭在罪犯处遇方面的体现主要是制裁执行时效制度，出狱人保护制度主要着眼于设施内处遇的罪犯在重返社会后的保障、帮助和救济问题。

二、罪犯处遇的价值

人们对价值的追求，使社会学科变得更为理性和成熟。“在法律史的各个经典时期，无论在古代和近代世界中，对价值准则的论证、批判或合乎逻辑的运用，都曾是法学家们的主要活动”[1]。近年来，价值论在法学各分支学科的引入不仅使其理论增光添彩，而且还推动各部门法律制度发生不同程度的变革和完善。研究罪犯处遇这个基本范畴及其价值选择，不仅能丰富监狱学理论，而且对其走出注释学的藩篱具有重要意义。

（一）罪犯处遇的价值理念剖析

价值范畴是一个容易产生歧义的词语，对价值概念的考查不能不从词源的角度切入。汉语“价值”一词，与英语中的 value、法语中的 valeur、德语中的 wert 相当，语言中的价值一词来源于梵文 wal，拉丁文 vallo、vale，在梵文中 vale 的意思是“用堤围住，加固、保护”，这些词源上的意义，后来又引申为“尊敬、敬仰”和“喜爱、珍爱”的意思，这个词派生的形容词是“优秀的、可敬的”意思[2]。

价值范畴的变化也经历了具体学科向哲学学科的历史嬗变，伦理学是价值哲学的起源地，对善、智慧、美德等问题的思考始终是伦理学的主旋律。苏格拉底伦理学的主要命题是美德，即知识，美德即是善。柏拉图进一步提出：每一种技术都有自己的善，在这一切善的上面，还有一个最高的善、绝对的善，即善的理念，而善的理念则高于一切真理和知识，智慧、勇敢、节制和公正四个目标就是善的理念。亚里士多德则将柏拉图具有神秘主义的善从天国拉回世俗世界，认为善是一切事物追求的目的，一切具体的现代和职业活动，都是在追求和实现着某种善，普遍的善和特别的善紧密联系在一起，没有特别个别的善，也就不存在普遍的绝对的善。英国哲

---

［1］〔美〕庞德．通过法律的社会控制、法律控制的任务［M］．北京：商务印书馆，1984：55.

［2］陈兴良．刑法的价值构造［M］．北京：中国人民大学出版社，1998：2.

学家休谟对前述的理性主义伦理学提出质疑，他认为理性本身不是道德的源头，理性的作用在于发现真和伪。在道德学的推论中，人们所用的命题联系词不"是"与"不是"，而是"应该"与"不应该"的关系。事物的规律与道德律是两个本质有别的领域，辨认事实的是与非、真与假是理性的对象，发现善与恶则是道德感的作用。事实和价值的二元论凸显出价值的重要性，英国伦理学家摩尔把伦理学分为三类：一是研究"什么是善"的伦理学本质问题，即元伦理学；二是研究哪些事物就其本身是善的伦理学理论的问题；三是研究如何达到善的行为的伦理实践学，这为价值脱离伦理学，为价值哲学的建立奠定了基础。19 世纪，德国哲学家文德尔班创立了价值哲学，就价值作为哲学唯一的研究对象。他认为价值既不是物理的事实，也不是心理的现实，他的基本属性不是存在着，而是意味着有意义。这种价值论虽然有一定的合理性，但明显带有唯心主义色彩。马克思主义提出"主体—需要—效用—价值"说，"价值这个普遍的概念是从人们对待满足他们需要的外在物的关系中产生的。"[1]因此，价值的定义可以这样界定：客体的存在、属性及其变化同主体的结构、需要和能力是否相符合、相一致或者相接近的性质，如果这种性质是肯定的，那么客体对主体有价值；如果是否定的，则意味着客体对主体的无价值或者负价值。罪犯处遇价值是指在国家与罪犯处遇的关系中所体现出来的罪犯处遇对国家的积极意义或有用性。它具有双重属性：一方面体现了国家对罪犯处遇合乎规律性的需要，另一方面又体现罪犯处遇所具备的可以满足国家需要的功能和属性。从功能角度透视，罪犯处遇不但反映出对正义、秩序和人道三条理想价值的刻意追求，而且还折射出惩罚、矫正、转化犯罪思想及经济补偿四维现实价值理念的光彩。

（二）现实价值理念

1．惩罚价值

它主要是指罪犯处遇所具有的满足社会通过限制、剥夺罪犯生

---

[1] 马克思，恩格斯．马克思恩格斯全集：第 19 卷［M］．北京：人民出版社，1965：406.

命、人身自由、财产权利及从业资格，使其在精神上、肉体上感到痛苦，从而达到报应犯罪或者威慑的需要。《辞海》将“惩”字解释为戒止，把“罚”解释为处分犯罪和犯规的人。《新牛津英语词典》对惩罚所作出的解释是“作为报应而对违法行为施加的刑罚”。《牛津法律大辞典》则认为，“惩罚”指享有合法惩罚权的人使他人遭受某种痛苦、折磨、损失或者物质损害。为什么人们对惩罚罪犯的命题有不同的解读，“对于惩罚，我们的态度已经发生了变化，这种态度的变化要求我们不能把惩罚看做是侵害行为的不证自明的恰当反应，我们最好把惩罚看成是必要却可悲的社会控制形式”[1]。惩罚罪犯，可以在三个方面进行考察，第一，可以保障社会共同体的安全，使社会成员之间的信任关系维系下去；第二，对被害人而言，可以使其因所遭受犯罪行为而产生的激愤、憎恨等情感得以宣泄，从而安抚其所遭受的精神创伤；第三，对罪犯而言，可以使罪犯起到警戒和教育的作用，促使其反思自己的犯罪行为，从而改过自新。

2. 矫正或者改造价值

它主要是指罪犯处遇能够满足对罪犯的犯罪思想、行为恶习和不良心理所具备的扶正或纠正作用的需求。矫正的概念在西方国家的行刑制度中出现频率较高，其英文单词为“correction”或“take out mistakes from”，汉语的含义是“改正、修正、修改”，指日常生活、学习、技术操作中用词不当，拼错音、写错字等技术性和一般行为上的失误的改正，英文单词“correction”也包含惩罚的意蕴，英文中还有“Rehabilitation”，该单词在汉语中的意思是矫正和复归。我们自由刑的行刑处遇中影响力比较大的是改造范畴，而矫正或者复归的用语不多。近年来在西方行刑理论的影响下，在罪犯的社区处遇中才出现社区矫正理论和实践试点，行刑法律制度上还没有出现矫正或者复归的法律用语。改造一词在我国汉语中的意思是改变旧的，建立新的，使适应新的形势的需要。它有三个不同层

[1] 王立峰. 惩罚的哲理 [M]. 北京：清华大学出版社，2006：109.

次的含义：一是具有特定的目的性，即特定主体的有目的的活动；二是一种更新活动，追求改造对象的除旧布新的效应；三是一种扬弃，而不是一种完全否定、抛弃改造对象的活动，是一种发展。改造一词用于罪犯，是指我国监狱依法实施的变罪犯为新人——守法公民的活动。在国外“改造”一词同英语“reform”一词的意思大体接近。前苏联和东欧国家也曾有改造与再教育的概念，这与我国的罪犯改造形同实异，两者的内涵有重大差异。前苏联和东欧国家的改造一般有劳动词语的前置，统称劳动改造，其劳动改造的概念与刑罚是画等号的，改造范畴孕育于惩罚。而我国的罪犯改造着眼于罪犯的思想、心理和行为的更新，而不是对罪犯产生痛苦的考虑。矫正和改造是基于东西方文化以及对马克思主义的容融程度的差异而产生的不同理念，两者的侧重点是不同的罪犯改造侧重于罪犯的思想意识形态的影响和更新，改造突出的特色是转化犯罪思想，亦即通过罪犯的某些强制性处遇措施，摧毁罪犯的犯罪思想并对其重构守法的思想。这是罪犯矫正所忽视的，矫正关注的是尊重罪犯主体自愿性，促使其行为模式和心理定势的改变。

3. 补偿价值

即通过罪犯处遇获取物质或者其他形式的收入，补偿犯罪对被害人和社会带来的危害。

（三）理想价值理念

1. 正义

也称为公正、公平。“正义是社会制度的首要价值，正像真理是思想体系的首要价值一样。……某些法律的制度，不管它们如何有效率和有条理，只要它们不正义，就必须加以改造或废除”[1]。人类具有追求对等性的天生本能，而这种对等性恰恰是正义的最原始、最朴素的形式，古今中外思想家对“什么是正义”这个问题的解答众说纷纭，莫衷一是。这正如博登海默所言：“正义具有普洛透斯似的脸，变化无常，随时呈现不同形状，并具有极不相同的

[1] 〔美〕约翰·罗尔斯. 正义论［M］. 北京：中国社会科学出版社，1988.

面貌。”因此，正义需要从不同的角度进行解读，可以划分为非比较性正义和比较性正义两大类型。

非比较性正义，是指将正义归属于人或某种事物的品质或者属性。正义最早出现在毕达哥斯拉的哲学中，被作为形而上的宇宙原则提出。毕达哥斯拉认为，世界是由数组成，数产生相互转化形成万物的水火土气四种元素，正义就是数和元素的比例、平衡与和谐中存在正义是数的属性。苏格拉底就正义作为伦理学的基本原则，将正义定位于每个人做与其地位和身份相配的事情，它和节制都是美德的内容。柏拉图将正义的观念从伦理学发展到政治学领域，在社会的各个组成部分的和谐这都存在正义。正义是先于善的最高层次的的品质，国家和个人都应当中有美德，个人低于国家，则正义应当先从国家自身上表现，其次才能在个人身上表现。无论是毕达哥斯拉、苏格拉底，还是柏拉图，都将正义没有放在两个以上的个人要求比较并加以寻求平衡，这是属于非比较性正义。

比较性正义，则是在两个以上的个人或者事物之间比较并加以寻求平衡。亚里士多德对柏拉图的正义理论进一步发展，正义的内容被赋予多种含义和理解。亚里士多德首先非比较性地使用正义，将正义归属于善的道德品行，这是普遍的正义；其次就平等与正义联系，提出了特殊正义的概念，正义要求按照均衡平等原则将世界上的事物公平地分给全体社会成员，相等的东西给相等的人，不相等的东西给不相等的人。平等有两类：第一类是数量平等，第二类是比值平等。特殊正义也可以分为分配的正义和矫正的正义两种类型。分配的正义是指不同身份的人按等比例办事，即不同品德的人在社会享有不同的权利，可见，分配的正义包含着几何的比例，以德行的比例为其标准；矫正的正义包含着算术比例关系，利得和损失的均等，即按等差比例分配的正义。由分配的正义和矫正的正义所组成的特殊正义论是一种比较性的正义，具有解决人与人之间的利益冲突、寻求平衡的作用。罪犯处遇现实价值理念分别体现了这两种正义的要求。惩罚价值是个人的正义，亦即平均正义，而矫正、改造和经济补偿价值则体现了社会正义，即分配正义。两种正义的不同比值追求体现了罪犯处遇观的阶级性、时代性和民族性。

目前，正义的理解也有实体正义和程序正义。纯粹法学派代表人物凯尔森将正义归结为合法性："正义就是指合法性。将一个一般规则适用于按其内容应该适用的一切场合，那便是正义的。把它适用于这一场合而不适用于另一场合，那便是非正义的。这里所说的非正义的与一般规则本身价值是无关的。在合法性的意义上，正义具有与实在秩序内容无关而与其适用却有关的特性。"[1]凯尔森就实体正义的标准仅停留在适用法律的公正性方面，对法律本身则不进行正义性的评价。哈特虽然坚持实体正义，但也对程序正义有所关注，"'听双方之词''不允许任何人担任自己的法官'之类的程序规则也被认为是正义的要求，它们日常被归入自然正义的原则，之所以如此，乃是因为它们是公正性和客观性的保障，目的在于确保法律适用于所有的人，且适用法律本身指明的有关方面有相似性的人们"[2]。

2．秩序

秩序是一定物质的、精神的生产方式和生活方式的社会固定形式，它意味着某种社会关系的稳定性、行为的规则性和人身、财产的安全性。社会可以从两种角度来理解。从广义而言，社会是在特定的时间和空间范围内，在一定的物质生产活动基础上的人类共同体，狭义的社会是指一个国家加以控制和维系的组织。人们在社会中的活动需要遵从一定的规则来保障自己和他人的安全，保证社会参与者的利益最大化，这些构筑的行为规则就是秩序。秩序在自然界和人类社会都有所体现。自然界中的秩序被称之为自然秩序，体现在社会中的秩序是社会秩序。"与法律永远相伴随的基本价值是社会秩序，社会秩序要靠一整套普遍性的法律规则来建立，而法律规则又需要整个社会系统地、正式地使用其力量加以维持"[3]。社

[1]〔美〕凯尔森．法与国家的一般理论［M］．沈宗灵，译．北京：中国大百科全书出版社，1996：14.

[2]〔美〕哈特．法律的概念［M］．北京：中国大百科全书出版社，1996：158.

[3]〔英〕彼德·斯坦，约翰·香德．西方社会的法律价值［M］．北京：中国人民公安大学出版社，1990：38.

会秩序与自然秩序存在最大的区别，即前者是人的目的性和社会性等因素所决定的有意识的活动的结果，后者是没有人的意志的自然形成过程。人们遵从社会所认可和接受的社会规则是因为秩序有满足人的需要的基本价值。根据有关的心理学知识，可以得出上述结论，因为作为社会成员个体的人，有按照自己形成的习惯进行活动的行为倾向，这就要求有足够的规则可以来满足这种基本需要。不稳定和动荡的社会生活状态将造成人的心理的焦虑、恐惧和不安全的感觉。人的社会性决定了个体的人因个性差异形成的个别意志有所舍弃，能够进行协调一致，这是人和自然界其他事物的本质区别。“人只有依赖社会，才能弥补他的缺陷，才可以和其他动物势均力敌，甚至对其他动物取得优势”[1]。人的社会性决定了任何社会个体都处于与其他社会个体相互作用、相互联系的状态，与世隔绝的例外个体成为单纯的自然现象。人类历史的发展进程揭示了基本的规律：即使最崇尚自由的社会里，自由也必须让位于保障最基本安全的社会秩序。罪犯处遇正是通过对罪犯的惩罚、救助和矫正，预防其重新犯罪，并确保和维护国家所确定的社会秩序。

3. 自由

自由是一般法律规范所追求的三大价值之一，这是毋庸置疑的，通过处遇罪犯使守法的社会成员的自由得以保障。但这某种程度上与秩序价值有相通一致之处。罪犯处遇领域是否也对罪犯本身存在自由价值的蕴涵在学界存在着争议。“只有法律规定的权利罪犯才能享有”的义务本位命题，在目前在刑事执行学界和实务领域还具有相当的影响力，甚至得出接受惩罚即罪犯的权利本位的结论[2]。正如孟德斯鸠所言：“没有一个词比自由有更多的含义，并在人们意识中留下更多不同的印象了。”[3]因此，必须厘清自由价值的真谛才能探讨其在罪犯处遇领域的定位。自由的基本理解应当是有权行动，但这并不意味着不受限制，因此哈耶克认为自由的定

[1] 〔英〕休谟. 人性论：上册［M］. 北京：商务印书馆，1980：525.
[2] 姜良纲. 惩罚的本质［J］. 中国监狱学刊，2001（5）.
[3] 〔法〕孟德斯鸠. 论法的精神. 上册［M］. 北京：商务印书馆，1961：153.

义与强制是不可分，“对自由的定义取决于强制概念的定义，而且只有在对强制亦作出同样严格的定义，我们才能对自由作出精确确定”。“所谓强制，意指一个人的环境或情境为他人所控制，以至于为了避免所谓的更大的危害，他被迫不能按照自己的一贯的计划行事，而只能服务于强制者的目的”。他进一步阐述：“当一个人被迫采取现代以服务于另一个人的意志，亦即实现他人的目的而不是自己的目的时，便构成强制。”[1]孟德斯鸠将自由区分为哲学上的自由和政治自由。“哲学上的自由，是指能够行事自己的意志，政治上的自由就是要有安全。这种安全从来没有比在公的或者私的控告时受到的威胁更大了”。康德将自由区分为道德上的自由和法律上的自由。因此，应当从三个方面界定自由：（1）自由是没有外在障碍的状态，是外在束缚的不存在；（2）自由是在自由意志控制下的行动自由，而且必须为内在自由和外在自由构成自由的统一整体；（3）自由的障碍是受到了他人和国家、社会组织的强制。自由价值在某种程度上暗含着人道主义的诉求，人道的基本要求是出于良知而采取善良和仁爱的行为。人道是一个不断发展变化的历史范畴，不同的社会时期有不同的人道理念。我国罪犯处遇没有规定，进行任何残酷的和侮辱人格的刑罚，合理组织罪犯进行大规模劳动，这都闪烁着社会主义人道主义的光辉，法治国家的人道赋予罪犯一定程度自由的价值蕴涵。

综上所述，惩罚、矫正和改造、补偿是罪犯处遇现实价值范畴的三大支柱，正义、秩序和自由是罪犯处遇理想价值追求的三条主线。现实价值与理想价值理念是个别与一般的关系，理想价值理念寓于现实价值理念之中，而现实价值的实现则依赖理想价值理念的指导。惩罚、矫正和改造、经济补偿价值是正义、秩序和人道理想价值理念在罪犯处遇领域内由抽象上升到具体的体现和反映。

---

[1] 〔美〕弗里德利希·冯·哈耶克．自由秩序原理：上册［M］．邓正来，译．北京：生活·读书·新知三联书店，1997：164．

三、罪犯处遇价值目标选择之模式

由于受特定的物质生活条件、认识能力和实践能力的影响和制约，处于不同时期和不同地域的国家不可能就上述价值等量齐观地存在和设定，国家和不同阶层社会力量的对比和博弈态势，国际因素都会影响到罪犯处遇价值体系中价值元素、价值排列和价值目标千变万化，从而在历史舞台上出现了惩罚本位、矫正本位和改造本位三种罪犯处遇模式。

惩罚本位模式将把“惩罚”这一价值元素作为唯一的、根本的价值目标尽收罪犯处遇囊中。古代国家基于赎罪论的神意报应思想和趋利避害的人性观，主张建立“行刑、重其轻者”的罪犯刑罚处遇制度。而近代该模式则吸纳了意志自由论和费尔巴哈的心理强制学说的犯罪观，创制出罪刑法定、罪刑均衡与刑罚人道三大刑罚处遇原则和惩罚性的罪犯劳动制度。惩罚本位模式认为，罪犯之所以犯罪，是受了“潜在于违法行为中的快乐”的诱惑与“不能得到快乐时所潜在的痛苦的压迫”[1]。而罪犯则是有理性的主体，具有自由意志，能够选择自己的行为方式，他应当对自己的错误选择承受惩罚性后果。因此，惩罚本位模式设计了控制犯罪程序：惩罚—恐惧—因恐惧而选择合法行为。它具有以下特点：

1. 国家和罪犯法律地位不平等

作为国家代表的监狱处于主导地位，掌握了对罪犯处遇的主动权，可以采取任何一种惩戒措施，决定是否满足罪犯的申诉请求，并负责维持和控制监管秩序。而罪犯则处于从属的地位，属于处置对象，他除了被剥夺人身自由外，其他权利也被否认。

2. 罪犯处遇手段设置单一

刑罚成为罪犯处遇手段体系的中心，由于罪犯劳动因偏重发挥惩罚功能而成为刑罚的附加，罪犯管理则极力营造和渲染恐怖、黑暗的环境氛围，最大限度地发挥惩罚效果，罪犯教育处于萌芽状

---

[1] 邱兴隆. 刑罚学［M］. 北京：群众出版社，1988：40.

态，若有若无。

矫正本位模式随着刑事实证学派的勃兴而盛行于 19 世纪末和 20 世纪中叶，以纠正、治疗罪犯的不良行为和变态心理为价值目标的罪犯处遇制度都可归入该类，该模式的理论基础是行为决定论的犯罪原因观和个人人权思想。行为决定论认为，“犯罪并非意志力的驱使，而是个人长期或暂时处于自然环境、道德条件下，内部、外部的因果链条使他们倾向于犯罪”[1]，“任何足以使人类社会不诚实、不完全满意的社会条件，都是引起犯罪的社会因素”，因此，社会和其他非个人意志因素对犯罪也负有不可推卸的责任，“根据各种人格的罪犯，则需要实施不同的处遇方案”[1]18。另外，矫正本位模式接受个人人权哲学的洗礼，强调个人的合理性、目的性，意图通过罪犯处遇的人道化，赋予罪犯更多的权利，促使其心灵升华，改恶从善。矫正本位模式具有如下特点。

（1）监狱和罪犯处于相对平等的地位，监狱的惩罚权力受到一定的限制："受刑人入狱后，应受何种待遇？具有什么权利？均应以法规明文规定为必要，不能听从狱官专断。"[2] 罪犯除丧失人身自由外，其他合法权利和自由应当尽可能得到尊重和承认。

（2）罪犯处遇手段多元化。刑罚制度日趋成为罪犯处遇的基础且发生了显著的变化，不定期刑、缓刑、假释、保安处分均动摇了定期刑制度的垄断地位，而罪犯教育、宗教教诲、心理咨询和行为指导等非刑罚措施被纳入了罪犯处遇手段体系，且日益成为该体系的中心。其中罪犯教育手段不断发展而日臻完善，罪犯劳动的惩罚性和掠夺剩余价值功能受到了严格限制。从美国国会 1929 年通过的哈沃斯—库伯法案为启端，到各州禁止监狱产品进入公开市场销售法律的通过，对罪犯劳动不断地限制，使其地位不断下降。

无论是惩罚本位模式，还是矫正本位模式的主张，虽然都丰富发展了控制、预防犯罪理论体系，但其理论上的偏颇仍明显可见。

---

[1]〔意〕菲利. 实证派犯罪学［M］. 北京：中国政法大学出版社，1987：18.
[2] 林纪东. 监狱学［M］. 台北：三民书局，1977：28.

惩罚本位模式的理论形而上学地看待、夸大人的意志自由，忽视人行为的社会制约及由此产生的社会责任，“偏重刑罚一般威慑功能的罪犯处遇无法遏制住犯罪的浪潮”[1]，而矫正本位模式则走向了另一极端，否认罪犯的个人责任。高比例的累犯率动摇了人们对矫正价值目标的追求信心。20 世纪 80 年代马丁逊的报告指出：“医学治疗、心理治疗、保护观察和职业训练等矫正措施和方法，除个别例外，并不对减少累犯率起作用。”[2] 惩罚本位模式和矫正本位模式的局限性，使得以改造为本位的中国罪犯处遇模式所取得的低比例的重新犯罪率备受世人瞩目。

四、我国罪犯处遇价值评析及重塑

（一）我国罪犯处遇价值目标呈现惩罚和改造双轨运行目标，罪犯处遇整体的价值目标是惩罚罪犯，而自由刑处遇的价值目标则是改造

惩罚、矫正或改造、补偿诸价值元素我国罪犯处遇的价值需求中也不尽相同，惩罚和改造价值的比重较大，惩罚俨然成为价值目标，矫正或者补偿价值则次之。这表现为我国宪法和刑法以及监狱法等相关规定。我国宪法第 28 条规定：“国家维护社会秩序，镇压叛国和其他反革命活动，制裁危害社会治安、破坏社会主义经济和其他犯罪活动，惩办和改造犯罪分子。”我国刑法制定的根据是：“为了惩罚犯罪，保护人民。根据宪法，结合我国的同犯罪作斗争的具体经验及实际情况，制定本法”。刑法的任务是“中华人民共和国刑法的任务是用刑罚同一切犯罪行为作斗争”，监狱法是自由刑执行的法律依据，制订依据是“为了正确执行刑罚，惩罚和改造罪犯，预防和减少犯罪，根据宪法，制定本法。”监狱工作的原则是“惩罚与和改造相结合”。可见，这是马克思主义、毛泽东思想罪犯改造观与中国传统文化的惯性浸润而形成的。惩罚价值

[1]〔意〕菲利．实证派犯罪学［M］．北京：中国政法大学出版社，1987．

[2] 何鹏．西方国家罪犯改造思想的出现、发展及危机［J］．国外法学，1987（4）：40－41．

和转化犯罪思想的改造价值的关系被有的学者表述为："惩罚是前提和基础，改造是惩罚的目的。"《国务院关于进一步加强监狱管理和劳动教养的通知》（国发〔1995〕4 号）中，明确指出了监狱工作的方针是"惩罚与和改造相结合，以改造人为宗旨"，"改造"成为我国自由刑执行处遇的价值目标。该模式在特定时期全社会崇尚体力劳动的理想氛围的历史背景下，以计划经济体制所保障、无风险机制的监企合一的国有企业为依托，对罪犯采取偏重感化、教诲教育处遇与富有特定实践意义的劳动处遇，这对当时罪犯的犯罪思想起到了直接摧毁和转化作用，其价值需求有如下表现。

（1）罪犯处遇的惩罚、矫正和经济补偿价值都服从于改造价值目标，即转化犯罪思想。诸价值以转化犯罪思想为中心，形成以同向损抑为主的关系，任何一项价值受损或增益，都会引起其他价值的损益或增益。这是我国自由刑处遇诸价值之间的主要关系，例如惩罚罪犯的价值过分贬低和削弱，则使罪犯容易产生轻视秩序和法律制裁的严肃性，直接关系到转化犯罪思想的改造目标的实现。反之，如果对罪犯的惩罚适当，则可利用罪犯对失去自由惩罚痛苦性的切身感受，来引导其认识自己犯罪行为，给社会造成的危害性和必受法律制裁的因果性，促使其认罪服法，自觉接受监狱进行的改造活动。而转化犯罪思想的改造价值实现，则有利于激发罪犯生产劳动的积极性，又推动物质生产的价值实现。改造价值是其他价值在价值结构中定位优劣、好坏的评判标准，这是转化犯罪思想的改造价值目标决定了其他价值成为获其实现的条件和基础所决定的，凡符合或者有利于转化犯罪思想价值需要满足的价值优先，凡无助或不利于的价值需求，则予以损益或者退后。例如罪犯的思想自由，根本就无法在该价值中有活动余地。因此，惩罚、矫正和经济补偿价值必须合乎转化犯罪思想的改造价值才具有存在的合理性。

（2）当罪犯处遇诸价值出现此消彼长的变异关系时，则确保转化犯罪思想的改造价值最佳实现。诸价值的此消彼长关系，是指各项价值发生了冲突和碰撞，不能保证同增共进的理想状态，则其中一项或者几项价值必须作出让步和牺牲，才能保证另外几种价值需要的增强。当然转化犯罪思想的改造价值与其他诸价值发生冲突时，其他价值取向就必须作出让步和牺牲。如果片面追求物质生产，必然损害惩罚、矫正和思想改造价值的实现，为保证惩罚和改造的价值实现，则必须适当控制物质生产补偿的过分的欲望和追求，“改造第一，生产第二”的方针就是这种价值取向的鲜明体现。

（3）在价值需求结构中，诸价值根据其需要层次排列为：改造是第一需要，物质补偿是第二需要，其后依次是惩罚和矫正。

（4）罪犯处遇手段体系中，罪犯劳动大多是体力劳动，成为处遇中心，而犯罪教育和罪犯管理则处于较弱的地位。

（二）我国罪犯自由刑处遇结构——功能透视

我国罪犯自由刑处遇的价值目标既然定位于改造，那么价值需求的满足就有赖于自由刑处遇措施。为实现有别于矫正价值的具有转化犯罪思想特色的改造价值，形成了罪犯劳动为主干，罪犯教育、罪犯管理为两翼的三大改造手段的处遇结构，其具体关系如图示：

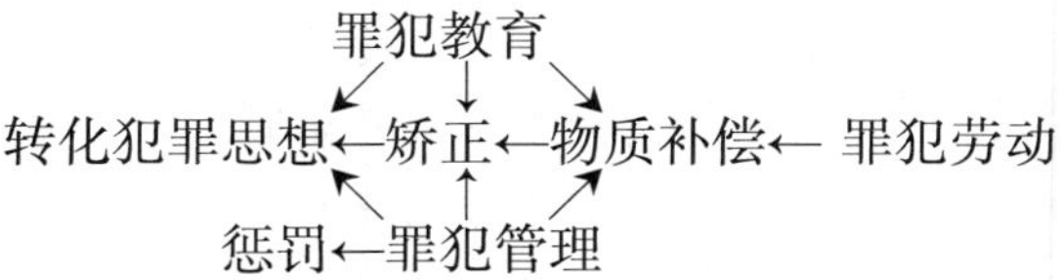

由上可见，我国的罪犯自由刑处遇的担负着实现一种或者几种价值理念的任务。首先，罪犯劳动具有能够直接满足了除惩罚外全部的价值理念实现的属性。罪犯劳动一方面具有教育的功能，可借此实现矫正、转化犯罪思想价值。“人格绝不是靠听到的和所说的语言，而是靠劳动和行动来形成的”[1]，罪犯通过劳动，培养其劳动观念，促使其养成劳动习惯，学习劳动技能，在劳动活动中形成罪犯遵守的纪律规范意识、自律要求，以及对社会劳动及个体生存

［1］　赵中立．记念爱因斯坦文集［M］．上海：上海科学技术出版社，1979：67．

价值的正确认识，从而建立罪犯以劳动为满足其欲望的主要渠道的需求结构。另一方面罪犯还可以通过劳动创造社会财富，从而补偿其犯罪行为给社会造成的物质损失。在相当长的历史时期内，“改造第一，生产第二”是监狱工作的总方针。其次，罪犯教育在自由刑处遇中的地位举足轻重。我国的罪犯教育向罪犯输送的信息内容形成了“政治思想为核心，文化教育为基础，职业教育为重点”的格局。其中，思想政治教育具有直接摧毁和转化犯罪思想的功能，职业技术教育和文化知识教育使罪犯可以获得一技之长，从而为物质补偿的价值实现奠定基础。最后，罪犯管理则是罪犯劳动和罪犯教育的依托，通过强制性的说服、教育和组织活动，间接服务于矫正和转化犯罪思想价值的实现，并具有直接实现惩罚罪犯价值的功能。国家通过罪犯管理，依法剥夺罪犯的人身自由和停止政治权利的行使，昭示国家和社会对罪犯的强烈谴责和否定，使罪犯对自己权利的丧失产生痛苦。

在我国自由刑处遇的结构——功能系统中，各处遇手段互相配合和互相制约，共同服务于罪犯处遇价值实现。首先，罪犯劳动与罪犯教育相结合，一方面利用罪犯教育的主导性，将罪犯劳动在惩罚与改造的双重自然属性引向法定目的的改造性，既通过罪犯教育的渗透，清除罪犯劳动惩罚性的劳动异化概念，充分实现罪犯劳动的改造价值。另一方面，利用罪犯教育的主导性，将罪犯劳动的客观性转化为主观性。而罪犯教育，在自然利用罪犯劳动的实践性来保证转化犯罪思想价值实现的同时，利用罪犯劳动的改造性实现罪犯教育的人才培养目标。其次，罪犯管理与罪犯劳动、罪犯教育相互联结。罪犯管理利用罪犯劳动的有可事性和罪犯教育的塑造性消除罪犯因单纯关押百无聊赖而产生的骚乱等破坏监管秩序的问题，并利用罪犯劳动、罪犯教育的内容广泛性，丰富罪犯管理的内容。而罪犯劳动和罪犯教育则利用罪犯管理的约束、惩戒作用输入强制性，利用其人道，感化为罪犯劳动和罪犯教育奠定良好的心理基础，利用罪犯管理的评价，巩固罪犯劳动和罪犯教育的成果。

（三）我国罪犯自由刑处遇的特色分析

我国罪犯罪犯自由刑处遇具有鲜明的中国特色，这具体表现在通过罪犯劳动、罪犯教育和罪犯管理的三位一体，突出对罪犯的转化犯罪思想的价值目标。这一总特征又具体表现在以下几个方面。

（1）公开声明罪犯自由刑处遇措施的阶级性，十分重视马列主义、毛泽东思想、邓小平理论、“三个代表”重要思想、科学发展观的灌输。我国宪法第一条明确规定：“中华人民共和国是工人阶级领导的、以工农联盟为基础的人民民主专政的社会主义国家。”并且在宪法的序言中明确宣示，全国各族人民将继续在中国共产领导下，在马克思列宁主义、毛泽东思想、邓小平理论和“三个代表”重要思想的引导下，坚持人民民主专政，坚持社会主义道路，不断完善社会主义的各项制度，发展社会主义民主，健全社会主义法制，自力更生，艰苦奋斗，逐步实现工业、农业、国防和科学技术的现代化，把我国建设成为高度文明、高度民主的社会主义国家。我国的罪犯自由刑处遇的刑罚执行机关，即监狱，是国家机器的重要组成部分，其对罪犯的处遇活动也不能摆脱宪法对国家建设的政治色彩定位。1964 年通过的劳改条例就规定，“我国劳改机关是人民民主专政的工具之一，是对一切反革命犯和其他刑事犯实施惩罚和改造的机关”。这同矫正本位的行刑处遇模式以公共意志、人权等表象掩盖阶级本质是不同的，我国罪犯自由刑处遇措施由于体现工人阶级和广大人民群众利益的思想性，对罪犯的犯罪意识具有相当强的批判性和重塑性。

（2）罪犯处遇手段体系中，罪犯劳动、罪犯教育和罪犯管理相互渗透，联结紧密。惩罚本位和矫正本位因体会不到劳动改造人的丰富而深刻的意蕴，基于“劳力者治于人、劳心者治人”的陈腐偏见，虽然将罪犯劳动引入罪犯处遇体系中，也只是停留在利用罪犯劳动力和折磨罪犯身心健康的下层功能层面。这是私有制占垄断地位劳动方式的文化观念所决定的，在社会主义公有制为主体的经济基础决定了按劳分配和不劳动者不得食的社会与人的生存方式下，劳动第一次实现了其将人的目的和手段统一的合理存在。转化犯罪思想的改造本位充分利用了劳动的教育功能，中国的罪犯劳动始终遵循着劳动和教育相结合的原则，这是因为："生产劳动和教育的早期结合是改造现代社会最强有力的手段之一。"[1]4 "无论是脱离生产劳动的教育和教学，还是没有同时进行教育和教学的生产劳动，都不能达到现代技术水平和科学知识现状所要求的高度。"[1]413中国罪犯教育中的政治思想教育是西方矫正本位中所没有的核心内容，它偏重思想和道德规范的强势灌输，具有明确的目的性、指向性和再教育性，对形成一定思想、道德、社会观念的模式具有更新和塑造功能。

（3）我国罪犯自由刑处遇手段中，罪犯劳动处于基础和主干的地位。尽管我国罪犯自由刑处遇手段从理论到实践整体上，强调罪犯劳动、罪犯教育和罪犯管理并重，但从罪犯处遇的价值序列结构决定了罪犯劳动的基础和主干的地位。首先，我国罪犯自由刑处遇的价值目标是培养合格的劳动者，这就离不开罪犯劳动的运用。罪犯劳动在整个自由刑处遇过程中的空间和时间上所占的主体性比重以及对罪犯身心健康和出狱后生活的重大影响都是罪犯教育和罪犯管理无法比拟的。其次，利用罪犯劳动创造社会价值以减轻国家罪犯自由刑处遇的财产负担，这是报应色彩浓厚和经济不发达社会现实的的选择。最后，罪犯劳动是罪犯管理和罪犯教育的各种目标。罪犯通过劳动这种行为方式及劳动环境的良性培育本身都具有教育和管理的属性。

（4）罪犯自由刑处遇中的国家主体——监狱官员集执法职能、生产组织者和教育工作者多种角色于一身。这是社会力量参与罪犯自由刑处遇的非专门化和罪犯改造工作人员的专门化的特点所决定的。我国的国家社会一元化的社会结构没有完全被打破，使社会力量较小且对国家权力依附性强的劣根性无法完全消除。我国偏重于社会防卫的刑事政策选择，使监狱的设置形成了远离社会的布局，在某种程度上为社会力量参与罪犯自由刑处遇过程无形中设置了重

[1] 马克思，恩格斯. 马克思恩格斯选集：第3卷［M］. 北京：人民出版社，1971.

重障碍。传统文化中官员知识和道德情操的高品位定位形成的“以吏为师”的权力运行机制惯性运作，这使监狱官员为追求转化犯罪思想的改造价值目标实现，在价值关系运动中必须集多位一体的角色，才能担负起价值实现所要求的主体载荷任务，而惩罚本位模式的监狱官员职能纯化，角色单一，只对罪犯进行管理。矫正本位模式因偏重追求社会化而造成主体角色分离。如宗教工作者也有宗教教诲的手段进行罪犯教育，劳动手段旁落在社会企业，而有关心理、生理学、社会学专家制定各类处遇矫正方案，这都对罪犯管理权进行了分割。

（四）我国自由刑处遇价值关系的反馈机制

罪犯自由刑处遇形成价值关系运动的总方向，其总趋势是指向价值目标，失去这种发展，便不成为有理性的价值关系运动。从国家方面而言，罪犯处遇手段运用随机性和多变性，主体认识能力和时间能力的局限性、承受主体——罪犯需求的波动性，决定了自由刑处遇的价值关系不可能朝着直线轨迹运行，而是沿着螺旋式轨迹运动。价值关系运动的具体过程中包含着挫折，甚至反复，这就使得自由刑处遇价值关系的运动形成一个具有反馈机制和自我调节功能的系统，罪犯自由刑处遇价值关系中的反馈和调节贯穿整个运动过程。首先，通过罪犯自由刑处遇的效果信息对设定的价值序列结构验证。如果两者的差距较大时，在确信自由刑处遇过程及其产生的效果的可信性没有问题时，罪犯处遇的国家立法主体就应当考虑自由刑处遇价值序列结构，是否与国家的实践能力和社会的发展状况相符合一致，如何适当地调整价值序列结构。其次，在罪犯处遇价值关系的具体运动过程中，监狱官员在采取具体的措施处遇罪犯时，实践效果反馈到罪犯处遇的监狱官员，在不偏离基本的价值序列结构的情况下，对自由刑处遇手段进行调整。最后，在罪犯自由刑处遇价值关系运动的终结阶段，通过价值实现的效果和价值序列结构，罪犯处遇手段的运动系统之间的比照，对整个价值关系运动过程进行评价，并对其进行调节和修正，准备下一阶段的运动。

（五）我国罪犯处遇价值的评价和修正

确立罪犯处遇价值的序列结构的标准，是罪犯处遇评价的基础和前提，而不同的国家、社会和个人的评价标准，因其价值观差异而有所不同。国外有人对我国罪犯处遇价值取向进行批评和指责，认为改造是对罪犯进行“强迫洗脑”、“不人道”的行为，这是从权利本位价值观延伸出来的评价结论。也另外有人从重新犯罪率角度，评价矫正本位，看待美国罪犯自由刑处遇制度。美国州检察长协会主席约翰·阿什克认为：“美国的监狱制度是不成功的，虽然也有成功的例子，但总的讲是不成功的，因为没有你们所说的思想改造。”[1]而公正、客观地评价罪犯处遇价值取向，应当采取重新犯罪率和社会进步程度的标准。从重新犯罪率角度考察，控制重新犯罪能力差的价值取向不值得推崇。由于惩罚本位模式因其包括重新犯罪在内的高犯罪率，被西方社会普遍认为“监狱很少或几乎没有朋友”，矫正本位模式所产生的高累犯率证明其价值取向的误导。我国重新犯罪率多年保持在6%～8%的水平，证明了罪犯处遇价值选择的合理性。从社会进步程序考察，衡量社会进步的标尺是人的自由而全面的发展。惩罚本位模式牺牲罪犯的自由和全面发展，与社会进步背道而驰。矫正本位模式虽然强调罪犯的再社会化，但由于与个人本位的社会价值取向无法对接而使罪犯的全面、自由发展成为空谈。我国罪犯处遇通过对罪犯的法制、道德教育转化其犯罪思想，通过劳动实践、文化技术教育提高其生存就业能力，从而更能促进罪犯全面并自由地发展，符合社会进步的要求。

自由刑处遇对改造价值的推崇并不能动摇我国罪犯处遇整体的惩罚罪价值目标。因为改造价值仅仅在监狱的设施内处遇彰显，而在生命刑、财产刑及资格刑中，其活动的空间很小。我国罪犯判处自由刑在罪犯构成中的主体性比例，并不能说明罪犯处遇整体价值目标的转换，也不能掩盖我国罪犯处遇的整体价值目标选择的惩罚色彩，恰恰从反面证实了出于实现惩罚的价值目标的重刑主义在司

[1] 邓又天. 劳动改造罪犯的理论与实践［M］. 北京：法律出版社，1987：11.

法审判中的影响。对惩罚的价值需求，可以进一步剖析出威慑考虑的报复和基于公正的报应两种类型。我国罪犯处遇对惩罚价值的定位总体而言体现的是出于威慑考虑的较浓报复色彩，这是社会民众偏重秩序维护的理想价值选择，以及国家和社会高度一元化的结构对犯罪异常的排异程度高所致。这主要体现在罪犯处遇措施的法律架构中单一刑罚化，没有保安处分的设置，犯罪配置的死刑条款过多，罪犯的社会内处遇机制弱化，即使是以改造为目标的罪自由刑执行处遇中，因人力和财力的匮乏，罪犯劳动和罪犯教育的强制性和无度性也被抹上报复性惩罚的色彩。公安部20世纪50年代制定的《劳动改造条例实施细则》对罪犯知识产权、恋爱、结婚、通信等权利的限制和剥夺，充满了威慑性色彩和报复性的特征。

总之，我国罪犯处遇价值需求结构在国家和社会高度一元化的社会结构中，在宏观上是先进的，在微观上存在瑕疵。伴随着市场经济的培育和发展，社会力量逐步发展和强大，依附于政治国家的离心力也在增强，国家和社会高度一元化的社会结构必然松动，形成政治国家和市民社会的二元化形态，政治国家的建设已经选择依法治国治理的方略，这意味着公民权利和自由保障的价值需求在社会中的整体得到提升。因此，罪犯处遇的价值必然伴随着社会的时代变化而作以下适当的调整。

（1）罪犯处遇总的价值需求结构应当是报应下的惩罚，控制下的预防犯罪和人权保障保障并重的双轨目标。这就要求对罪犯的制裁不能突破公正的底线。例如，在我国社会还没有足够的勇气废除死刑达到实质公平的要求时，设置死刑不能突破以命抵命的等量报应的形式公正限度，只能针对具有实施故意剥夺他人生命后果的犯罪行为的罪犯适用，对性犯罪、贪污贿赂、毒品等非造成生命死亡的犯罪废除死刑，这是对罪犯的制裁的公平所必然要求。应当将犯罪对社会造成的危害和制裁和对罪犯所造成的损害放置在同一天平上衡量，如果说除生命权以外的身体健康、财产等个人法益以及社会法益与罪犯的非生命权益衡量的公正尺度是虚拟而且不好把握，则生命权与生命权与其他权益的衡量则显而易见。在人权理念彰显的法治国家之价值需求中，生命权是至高无上的，没有其他价值可以超越。

（2）罪犯自由刑处遇价值序列结构中，首先应从以下几个方面调整价值需求结构。一是强化矫正价值。相当数量的激情犯和过失犯并不是形成犯罪思想后才犯罪的，而是在与日常生活直接相关的犯罪心理冲动下才犯罪的。二是损益报应性惩罚价值，改变转化犯罪思想的改造唯我独尊的地位，突出矫正的价值需求，而至关重要的是应当予以纠正和弱化经济补偿价值的需求，抑制罪犯处遇的国家机关为追求自身利益罪大化的物质生产冲动和欲望。而人道不应是简单的先后排列顺序关系，而应当是其他价值实现不能逾越的底线。调整后的价值需求结构排列顺序为：人权保障、转化犯罪思想、矫正、惩罚。

（六）我国罪犯处遇结构的调整

伴随着罪犯处遇价值序列的修正，那么实现罪犯处遇价值的中介——罪犯处遇结构必须进行调整，以适应社会结构的变化和最大化地实现罪犯处遇价值，应当从不同的角度来对罪犯处遇进行调整。

（1）从罪犯处遇主体角度，应当增加罪犯的社会内处遇的措施的种类和比重，即由社会力量给予罪犯具体的处置和待遇措施。在我国的刑罚种类中，只有管制体现出社会处遇的特征，由于其操作性差，已成虚化状态，应当考虑增加威慑性比较强的社区公益劳动。行刑社会化原则已经成为世界绝大多数国家和地区司法的基本准则，缓刑、假释、暂缓起诉、暂缓判决等制度都折射出社会对罪犯的影响。我国罪犯的缓刑、假释率低为世界各国比较罕见的，应当考虑增加适用缓刑和假释比例。在罪犯的处遇阶段考察，应当将罪犯的司法性处遇贯穿整个制裁执行过程，赋予罪犯或其他相对人对制裁执行的具体措施有申诉和提起诉讼的权利。

（2）增加并优化罪犯处遇手段。市场风险使先天不足的监企合一的国有企业步履维艰，人们对知识的推崇及价值多元化弱化了罪犯体力劳动的改造功能。罪犯处遇质量滑坡，集中体现在近几年重新犯罪率有所上升。罪犯处遇的价值要把握以权利、民主、法治为表征的时代脉搏，必须作以下调整：在国家执法机关组织方面，实行监企分开，罪犯劳动产品无市场风险化。强化监狱官员价值取向制约机制，通过监狱官员专业化、公务员化、责任追究制等制度保障其与国家的价值趋向最大限度地一致。调整、丰富处遇手段体系和结构，在罪犯劳动、罪犯教育、罪犯管理三大处遇手段的基础上增设融心理治疗、行为指导和宗教教诲为一体的矫正手段。另外，现在罪犯处遇手段亦应有相应调整，罪犯劳动应加大脑力劳动含量。罪犯教育突出职业化，罪犯管理淡化军事化，突出分类化。现代社会的处遇手段结构应当是罪犯劳动、罪犯教育和矫正并驾齐驱，罪犯管理服务和依附三大手段的有机整体。

第五章

罪犯处遇的政策和原则

一、罪犯处遇政策的理性选择

罪犯处遇政策的提法在有关的文献中并不多见，学界用刑事政策一词较为普遍。19 世纪初，费尔巴哈首次就刑事政策有意识地学术运用，在其 1803 年出版的刑法教科书提出刑事政策的概念（德文是 kriminalpolitik）具体定义是，“国家据以与犯罪作斗争的惩罚措施的总和”，并且认为刑事政策是刑法的辅助知识。英美刑事法学根本没有独立的刑事政策部门，而是将刑事政策的研究内容并入犯罪学中，作为广义犯罪学研究的一部分。虽然英美有刑事政策的英文译法 criminal policy 的学术使用，甚至还有联合国出版的《国际刑事政策评论》（International Review of Criminal Policy），但其所谓的刑事政策仍偏重于犯罪学的研究课题。而大陆法系国家则将犯罪学的研究范围多限于犯罪原因的研究，而将犯罪防止的对策的研究归于刑事政策的范围。[1]我国学者杨春洗认为，刑事政策是“国家或执政党依据犯罪态势，对犯罪行为和犯罪人适用刑罚和有关措施，以期有效实现惩罚和预防犯罪的方略”[2]。有学者认为，罪犯处遇政策是刑事政策的重要组成部分，将刑事政策的过程结构划分为定罪政策、刑罚政策和处遇政策。而狭义的处遇政策是指罪犯处遇，是指监狱结构和运行机制及其目的。笔者认为，罪犯处遇

[1] 梁根林. 刑事政策：立场与范畴［M］. 北京：法律出版社，2005：4.
[2] 杨春洗. 刑事政策学［M］. 北京：北京大学出版社，1994：7.

政策应当严格依据罪犯法律定义的逻辑起点，将国家和社会对罪犯所采取的所有处置措施和待遇都应包容在内，其外延应关涉量刑政策，行刑政政策和非刑罚政策。在综合处遇范畴中，对犯罪的预防方略过于宽泛，不应纳入罪犯处遇范畴。一般来说，绝对主义认识论与个体主义哲学相互融汇，奠定了近代刑法的罪刑法定、罪刑均衡、刑罚人道的唯刑主义罪犯处遇政策，而相对主义哲学社会整体主义的价值追求则孕育出漠视人权保障，推崇极端社会防卫主义思想的处分一元论、非刑化的罪犯处遇理论。在我国，基于绝对主义认识论与整体主义哲学的历史文化底蕴相融会，使我国的罪犯处遇政策带有重刑威慑和理想主义的色彩，诸如间歇性的“严打”、强制性的罪犯改造、认罪服法等。其政策无不体现出极端社会防卫主义思想和偏重安全的价值追求。适应建设法治国家的时代需要和相对主义罪犯成因理论均的要求确立“惩罚与救治相结合，社会防卫与保障人权互兼顾”的罪犯处遇方针（总政策）。一方面，罪犯应当对于基于相对的意志自由而选择的犯罪行为承担道德责难责任，即需对其实施惩罚，来实现对其道德责难，另一方面，既然犯罪是犯罪人在社会环境制约下相对意志自由选择的结果，社会对犯罪的发生也负有不可推卸的责任，而该责任不能仅仅停留在为惩罚和预防犯罪所必须付出的资源成本，而且从公平的价值衡量，还应承担对犯罪人有利的救治责任。惩罚与救治构筑的社会防卫体系对公民权利的限制和剥夺的界限应当以不能逾越公民的基本权利的保障限度。根据总政策要求，对以下具体罪犯处遇政策进行评判，并勾勒出其未来发展走向。

（一）改变间歇性的司法“严厉打击”，为持续性的“司法适当控制”

人性善的假设对犯罪本恶的伦理诠释、偏重犯罪的道德否定、纯阶级斗争犯罪原因观念和绝对主义的犯罪控制能力论，确立了迄今影响广泛的消灭犯罪之刑事政策论。“我国的刑事政策是以预防犯罪、减少犯罪和消灭犯罪为依据而制定"[1]，故是否有利于预防犯罪、减少犯罪和消灭犯罪，成为我们评价某一刑事政策或刑事政策执行是否妥当的一个重要标准。为实现这一理想化的目标，制定了不惜刑罚成本，且伴随社会治安情况波动而进行间歇性的"严厉打击"的具体刑事政策。"严厉打击"的刑事政策本来无可厚非，古今中外不乏类似的犯罪控制政策。我国古代的"刑罚世重世轻"和现代西方国家的"重重轻轻"的刑事政策，均蕴涵了伴随犯罪态势波动，而侧重对不同犯罪行为的控制。但现代法治国家对该政策的运用主要体现于立法控制目标，而非运用于以追求社会公正的价值司法过程。实践证明，司法性的严厉打击政策实现不了长治久安的犯罪控制目的，且在一定程度上损害了法治国家的公正和人权保障价值追求。犯罪消灭论拘囿于计划经济体制下的物质生活条件对社会个体的平均化资源环境，片面夸大犯罪者个体意志选择在犯罪过程中的作用，忽略了社会转型期间阶层利益分化和价值多元化所带来的巨大差异，以及外在环境对社会个体意志自由选择的影响和制约作用。故应树立犯罪的相对性观念，对犯罪的社会功能也不应全面否定谴责。犯罪作为一种社会现象，其产生是社会环境、个体生理和心理因素相互作用的结果，其存在具有一定的合理性。"犯罪是正常的，就是说社会不能强迫全体社会成员一致服从社会指令，否则社会就会抑制个人和社会的贡献。社会要保持一定的灵活性，要适应新的变革，就必然会出现违反社会规范的现象"[2]。犯罪为社会提供的一定张力使社会在罪与非罪嬗变中发展，没有犯罪，近乎真空的社会只存在于虚无缥缈的幻想之中。间歇性的司法"严厉打击"政策会给法治国家公正价值追求带来消极的影响。因特定时期严打政策不同重点，不仅会造成犯有同种罪行，法定刑期相同的罪犯处遇在严厉打击期间，与非严厉打击期间的差距过大，甚至会出现严打期间轻罪制裁比非严打期间的重罪制

[1] 马克昌. 中国刑事政策学［M］. 武汉：武汉大学出版社，1992：68.

[2] 〔美〕刘易斯·科瑟. 社会学思想名家［M］. 北京：中国社会科学出版社，1990：160.

裁严厉的奇怪情况，这会使包括犯罪者在内的社会成员对公共权力运作的个案公正性产生怀疑。另外，强化社会控制的严厉打击政策不仅会增加纳税人投入的直接成本，而且还会因社会控制运作过程强化而出现犯罪率上升。由于司法者也是有限理性的主体，严打政策的功利性动机提高了相关的职务犯罪和冤假错案的发生频率。故当我们用价值无涉的眼光审视犯罪现象时，就会发现它是一定物质生活条件所制约下，社会结构和个体因素互动的必然结果。国家有什么理由对犯罪现象痛恨到无以复加的地步呢？有什么理由对罪犯缺乏相应的宽容精神呢？控制犯罪治本的途径是变革，其中包括政治、经济和文化结构的社会环境。这诚如李斯特所言："最好的社会政策是最好的刑事政策。"在一定的社会环境没有大幅度的调整和剧烈的变革条件下，对犯罪持续性的法治使其控制在不至于酿成社会动乱的程度才是法治国家的理性选择。

（二）激活赦免制度

自 1979 年以后，我国宪法规定了赦免制度，但一直处于休眠和虚置状态，30 多年的刑事法治实践似乎忘记了它的存在。这主要归咎于对赦免制度的价值停留于政治方面。制度运作的高难度性使罪犯个体与赦免无缘。新中国成立后，刑法实施以前，实行了七次成批的特赦，均由中共中央或国务院提出。特赦是在无减刑和假释等法律制度的背景下进行的，具有减刑和假释等法律制度替代品的作用。在现行减刑和假释等法律制度正常运行的机制系下，原有特赦运行机制已经没有生存的空间。在司法实践中个案处理遇到法律规定与国家整体利益发生冲突时，则采取了损害法律制度的政治解决保全国家利益的做法。例如 1995 年吴某间谍案的处理，1995 年某月 23 日某市中级人民法院一审宣判吴某被判处有期徒刑 15 年，附加刑驱逐出境，在吴某书面保证不上诉的情况下，1995 年某月 24 日吴某被驱逐出境[1]。赦免制度在法治社会的合理运用具

[1]　该案处理有违我国刑法和刑事诉讼法的规定，15 年有期徒刑的主刑没有执行，没有发生效力的判决进入了执行程序。

 有以下价值。

首先，协调个案公正与国家或民族的整体利益的冲突，一般而言，个案司法公正与国家或民族的整体利益是一致的，因为法律在很大程度上是公共意志的体现，严格依法处理个案体现了国家或民族的整体利益，但立法与司法相比，具有滞后性的天生缺陷。司法处理涉外因素增强，少数个案纯粹按法律处理，必然与国家或民族的整体利益发生冲突，损害国家或民族的整体利益。赦免制度则调和了两者的矛盾，赦免制度不是在否定司法判决的权威下免除罪犯的罪或刑。

其次，赦免制度体现了人权保障的价值。我国政府于 1998 年 10 月签署的《公民权利和政治权利公约》第六条第四项明确规定："任何被判处死刑的人应有权要求大赦、特赦或减刑。"该项还规定："对一切判处死刑的案件均得给予大赦、特赦或减刑。"自贝卡利亚首先对死刑制度进行发难以来，关于死刑存废的争论迄今仍未停止。我国学术界主流观点认为废除死刑是未来社会发展的趋势，而在目前不应废除。学者邱兴隆曾对死刑的正当性、功利性和人道性提出强烈的质疑[1]。笔者试从罪犯成因角度论证"死刑应当废除"的逻辑命题。从实体方面看，死刑制度安身立命的基础是正义性、效益性和人道性。正如罗尔斯所言："正义是社会制度的首要价值，正如真理是思想体系的首要价值一样。一种理论，无论它多么精致和简洁，只要它不真实，就必须加以拒绝或修正；同样，某些法律或制度，不管他们如何有效率和有条理，只要他们不正义，就必须加以改造或废除。每个人都拥有一种基于正义的不可侵犯性，这种不可侵犯性即使以社会整体利益之名也不可逾越。"[2]对正义内涵的全面理解应具有多样性和时代性，从正义意味着一种对等的回报的命题考察，无论危害后果多大的犯罪，都是犯罪人个体因素（生理、心理和意志选择）和经济、政治、文化

[1] 邱兴隆. 比较刑法死刑专号［M］. 北京：中国检察出版社，2001：5－11.
[2] 〔美〕罗尔斯. 正义论［M］. 北京：中国社会科学出版社，1988.

等社会因素综合作用的结果，不完全是犯罪人意志自由选择的结果。犯罪人和社会都应对犯罪的恶害后果承担责任，不能将犯罪的伦理责难全部归咎于罪犯。社会对犯罪危害后果的承担，不仅仅是为修复犯罪所带来的损失和惩罚犯罪人的成本投入，而且还应承担对罪犯的救治。罪犯被处死就意味着完全承担了犯罪的后果，社会则完全推卸了因其自身条件也为犯罪原因一部分而产生的救治罪犯的责任，罪犯也永久性地失去了获得救治的机会。社会（国家）就缺乏处死罪犯的道义基础。死刑制度违背“各负其责”的对等回报正义原理，不具备存在的正义伦理基础。从程序层面看，司法判决的相对确定性是每个死刑判决都具有非绝对公平和非完全客观的特点，存在着错判的可能，而死刑的不可修复性使罪犯丧失救治的可能使其效益性也大打折扣，故死刑应予废除。但应当废除死刑，并不意味着具备了废除死刑制度的所有条件，在目前尚没有废除死刑的情况下，被判处死刑立即执行的罪犯所获得的救济，比不上其他被判处较轻处罚犯人的情况，需要予以关注。其他被判处较轻处罚的犯人，按照我国审判监督程序和行刑法律规定，可以获得减刑或重新审判的纠错机会，而被判处死刑立即执行的判决，在生效后七日内则付诸执行，这使得被判处死刑立即执行的罪犯没有充分的救济机会。因此，若赋予被判处死刑立即执行的罪犯在经历了所有审判程序后提起特赦审查机制，可以通过最高权力机关弥补法院审判权量刑方面人权保障的不足。

再次，有利于节省刑罚资源。我国刑法修订时，对新法施行以前，依照当时法律以及已经作出的判决，规定了继续有效，但执行旧法认为犯罪而新法不认为犯罪的判决，则有悖于刑罚的目的，对于旧法认为犯罪而新法不认为犯罪的受刑人，已经没有改造的个人预防的必要，对公众而言，也失去了一般预防的作用。而对此类人赦免既维护了司法判决的严肃性，也节省了刑罚资源，并有利于犯人复归社会。赦免制度还可以成为构架刑罚理念与刑罚能力的桥梁。司法个案的刑罚理念与法治国家的整体刑罚能力存在冲突和矛盾，诸如出现监狱人满为患问题，对该矛盾的解决，应主要通过修正法律机制和减刑假释的司法内程序解决。由于修正法律机制的运作比较迟缓和低效率，造成刑罚资源的无形浪费，减刑假释的法定条件限制则不能满足消除过剩刑罚的需要，因此赦免制度的随机性则赋予其解决过剩刑罚的强大功能。

（三）构建行刑与改造二元化的自由刑罪犯处遇体制

自由刑为中心结构的刑罚体系，是刑法现代化的结晶。在刑罚论垄断着的犯罪法律后果和理论传统格局没有被打破以前，罪犯自由刑处遇被蒙上厚厚的强制性面纱，深深地笼罩在惩罚的阴影之下，形成了以刑罚执行中心论为代表的行刑覆盖改造的一体化。伴随着保安处分等刑罚替代措施思潮的勃兴，以教育刑论为代表的，矫正改造社会措施包容行刑的一体化动摇了刑罚执行中心论的垄断地位。伴随着个别矫正主义思潮回落而来，以毕克迈耶为代表的后古典刑事学派的批评，并没有使社会措施退出罪犯处遇领域，刑罚执行国家力量和矫正改造社会力量二元化的罪犯处遇格局坚如磐石。

我国监狱学界在1994年《监狱法》颁布以前，政治国家和市民社会的高度一体化，使融刑罚执行为一体的正改造论独领风骚。刑罚执行的线形状态被狱政管理等改造概念，“蚕食”成收监、监外执行、减刑、假释和释放等几个点状的程序。1994年《监狱法》颁布以后，监狱的刑罚执行法律性质又使部分学者提出了“罪犯劳动、罪犯教育等，矫正改造活动都被看做是刑罚执行的应有内容”的主流命题[1]，从而使刑罚执行范畴极度膨胀，湮没了矫正改造的独立性。我国现行监狱制度蕴涵了一定程度的国家和社会一元化的价值需求，认罪服法政策和改造手段的强制性将本应归属社会力量的改造之主体错位成行刑的国家力量。国家和社会一元化理论，支持着国家对社会和公民个人全面专政，并成为专制社会的理论支撑，“在这里，政治国家本身就是市民的生活和意志的主要内

[1] 张绍彦. 行刑变革与刑罚实现［M］. 北京：法律出版社，2000：58.

容”[1]，国家和社会一元化理论一方面将公共事务变成特定个体或特定集团的事务，另一方面又将个人事务变成公共事务，从而无法划清公民个人与国家权力的界限，使国家权力处于无限膨胀状态，公民个人丧失了在私人领域的自主性，只能成为国家权力的对象。伴随着法治国家的价值追求在监狱学领域具体化“依法治监”主命题的确立，我们必须接受国家和社会二元化的理论要义。法治国家的理论根基是国家和社会二元分立理论：政治国家和市民社会是互相独立，“国家的本质特征是与人民大众分离的国家权力”[2]，而市民社会则是独立于国家的私人自治领域，政治国家的原则是权力，市民社会的参与原则是权利和平等，公民个人获得在私人自治领域免受国家权力干预的自主性。在被判处自由刑的罪犯处遇体系里，刑罚执行活动和矫正改造行为（仅指罪犯教育和现代意义的罪犯劳动，狱政管理因凸现行为约束功能应视为行刑活动），基于以下不同特质决定了两者的二元对立：

（1）行刑活动的基点是通过对罪犯权益的剥夺实现惩罚和预防犯罪，而矫正改造存在的功利性是通过对赋予罪犯所没有的信息和能力而达到救治罪犯和社会防卫的目的。前者和后者并非如影随形的孪生姐妹。自由刑诞生之初，其执行内容并没有赋予罪犯矫正改造功能的，耐人寻味的是，后者是在批判和否定前者的基础上孕育而生的。

（2）行刑属于政治国家的活动，其行使主体具有专门性和特定性。自由刑的专门执行职能由监狱行使（少数国家在行刑社会化和行刑经济化的思潮影响下，出现了家庭监狱和私营监狱的情况，并没有成为国际上自由刑执行的主流），自由刑执行人员的要求侧重身体素质和法律知识，体现了强力的本质特征；而对罪犯的矫正改造活动属于社会活动，其形式主体具有多元化和不特定性，

[1]　马克思，恩格斯. 马克思恩格斯全集：第1卷［M］. 北京：人民出版社，1971：284.

[2]　马克思，恩格斯. 马克思恩格斯全集：第21卷［M］. 北京：人民出版社，1971：135.

它不仅包括国家工作人员，也包括其他主流社会文化生活方式的承载者。对矫正改造工作人员要求具备心理学、社会学及相关学科的知识和能力，体现了智力活动的特征。虽然行刑机关对矫正改造工作人员具有组织和控制的作用，但前者绝对不能排斥后者的相对独立性。伴随着开放原则的确立，行刑机关对矫正改造工作人员的组织和控制会越来越弱。我国现行监狱人事制度具有一位多体和一职多能的特征，体现了国家和社会一体化的价值取向。对此应当遵循国家和社会二元理论，参照国际普遍做法，应转型为行刑监管和矫正改造工作人员分设体制。

（3）行刑的内容是明确和法定的，罪刑法定原则必然延伸出行刑内容的确定性。矫正改造的内容则具有非法律确定性的特点：矫正改造着眼于救治罪犯，它必然与罪犯的个体需要紧密联系，而罪犯个体要求矫正改造的内容具有丰富性和易变性，这是法律规范所不能承载的。

（4）行刑的效果实现机制不具有罪犯认同性，其可以依靠国家的强制力实现。行刑的社会防卫机能主要是一般预防和个别预防。伴随着罪犯进入监禁状态就意味着已经实现，以至于有的学者仅将改造功能视为刑罚的附属功能，而矫正改造的效果实现机制则具有罪犯认同性的特点，即矫正改造活动要取得预期的效果，就必须取得罪犯对其承载的知识和文化生活方式的认同。因此，应当遵循该原理，淡化现行罪犯矫正改造工作的行刑强制性色彩，强化罪犯的主体选择性和自愿性，取得矫正改造工作的最佳效果。

（四）变更认罪服法为服法维权

认罪服法是我国监狱制度的一项具体制度，体现在最高人民法院有关减刑的司法解释。其中将认罪服法视为可以减刑的必要条件和对罪犯进行强制性的认罪服法教育制度。认罪服法政策建立在以下两个命题假设基础上：法院判决认定事实和适用法律绝对正确性和罪犯具有强迫自证有罪的义务。至于第一个命题，假设不成立，理由前面已有论述，此处不再赘述。第二个命题假设富有人性等级论的传统文化意蕴颇符合普通民众心理，并以此构建了我国的刑事法律制度。但伴随着入世带来的经济一体化和政治上的协同化，人性等级论的人性假设受到了学者普遍的怀疑和挑战。我国政府于1998年10月签署的《公民权利和政治权利公约》明确规定了公民有思想信仰自由和不得强迫自证有罪的权利，为加入该公约创造条件。目前必须改造具有强迫公民自证有罪的认罪服法成为服法维权的刑事执行制度，即罪犯行使申诉权利的次数多少纯属其私人领域的范围。监狱对罪犯行使申诉的行为不再进行贬抑性评判，将罪犯主观方面是否认罪与监狱的强制性管理分离，只将罪犯在监狱内的行为表现作为对其奖惩的依据。

目前，我国监狱制度排斥罪犯对监狱的行政复议机制和诉讼机制，且把申诉权仅限于法院刑事判决裁定，这使得监狱管理行为缺乏复审机制和司法审查，处于监控无力的状态，这与法治国家人权保障的时代潮流不相适应。根据“无司法则无救济”，“无救济则无权利”的现代法治原理，应将行政复议机制和司法审查制度引入监狱制度。例如，在各监狱的主管部门（司法行政部门）设置专门机构，受理罪犯对监管改造行为提出的行政复议事宜，扩大法院行政诉讼范围，将监管改造行为纳入司法审查范围，利用行政监督和终局性司法判决，纠正监狱权力为片面追求秩序和安全，而忽视人权保障的畸形运作等现象。

（五）完善罪犯刑后救治制度

罪犯刑满释放后，由于与社会相隔离的监禁环境造成的不适应性和犯罪所承受的伦理责难带来的信任危机，使其成为弱势群体，并处于不利的社会生活地位。而该环境又很可能成为引发刑满释放人员重新犯罪的土壤。为达到最大限度遏止重新犯罪势头的社会防卫目的，世界各国普遍建立了完善的罪犯刑后救治制度。这一方面体现在对提高刑满释放人员生存技能的保护机制，另一方面建立犯罪前科消灭制度，即消灭由于犯罪的伦理责难造成对刑满释放人员潜在的消极信任危机。我国现行的罪犯刑后救治制度根植于计划经济体制，体现为刑满释放人员提供就业机会，由于此类作法，只体现具有倡导功效之政策层面，而没有上升到法律制度的规制。由于

 经济体制的整体转型和价值观念的剧烈变革，该机制已愈来愈暴露出与法治社会的不适应性，在功效方面可以说名存实亡。因此，急需从法律制度层面设计出行之有效的刑满释放人员帮助机制和犯罪前科消灭制度。至于前者应从授人以鱼的职位救济转型为授人以渔的后续职业技术培训机制。有学者已有较深入的研究[1]，笔者不再赘述。至于后者，论及者寥若晨星[2]。我国是一个同质化程度比较高的社会，人们对罪犯标签化的亚文化群体的刑满释放人员排斥力度比较强。根据有关法律规定，受过刑罚处理的人员永久性地禁止从事公务员、法律职业和教师等职业。因此，有必要借鉴外国的刑事立法经验，规定罪犯刑罚执行完毕，经一定期限后（可考虑规定为十年没有实施犯罪行为），其以前实施的犯罪行为在法律上视为不存在，从而为其从事一定的职业肃清障碍。

二、罪犯处遇的基本原则

（一）制裁法治原则

不同的人性假设构思出思路迥异的社会治理模式，人性善和人性等级论构想出“贤人治理、以德治国”的人治国家，而从人性恶和人性平等论的逻辑出发，设计出以权力制约权力的法治模式。经过数千年的论争和实践，人们已经基本形成基本的认识：法治国家是人类社会已经被证明是最不坏的社会管理模式，其基本的核心价值是限制国家权力和保障公民权利，对于中国也不例外，将建设社会主义的法治国家作为自己的建国方略。哈耶克对法治原则中最核心的内容进行了精辟的阐述，“最能清楚地将一个自由国家国家状态与一个在专制政府统治下的国家的状态区分开来的莫过于前者遵循着被称为法制的原则。撇开所有的技术细节不论，法治的意思就是指政府在一切行动中都受到事前规定并宣布的规则的约束，这种规则使得一个人可预见到当局在某一情况中会使用它的强制力，

[1] 夏宗素，翟中东．关于出狱人保护机构设置的思考［J］．中国监狱学刊，2001（5）．

[2] 房清侠．前科消灭制度研究［J］．法学研究，23（4）．

并根据对此的了解来判断自己的失误。虽然因为立法者以及那些受委托执行法律的人都是不可能不犯错误的凡人，从而这个理性永远也不能达到尽善尽美的地步。但是，法治的基本点是清楚的：即留给执掌强制权力的执行机构的行动自由，应当减少到最低限度，虽则每一条法律，通过变动人们可能用以追求其目的的手段而在一定程度上限制了个人自由，但是在法治之下，却防止了政府采取特别的行动来破坏个人的努力。在已知的竞赛规则之内，个人可以自由地追求他私人的目的和愿望，肯定不会有人有意识地利用政府权力来阻挠他的行动"[1]。因此，法治原则作为规范国家和政府行为的基本宪政原则，要求对国家和政府的行为进行全方位和全过程的规制和约束。在刑事政策方面，法治原则的核心和要求就是罪刑法定原则，即犯罪行为和刑罚都必须由法律规定，法无明文规定不为罪，也不处罚。考虑到国家和社会组织对犯罪的合理反应，直接影响到确定罪犯权利义务的措施，即社会防卫措施，既包括以道义责难为己任的刑罚措施，也包括以个别以预防为目的保安处分等非刑罚性制裁措施，根据法治国家的要求，保安处分或者其他刑法替代措施的种类、适用范围以及裁量原则都必须由法律规定。有学者将后者的措施法定要求归为罪刑法定原则基本内容的扩展。罪刑法定原则的基本内涵，除应具有"'法无明文规定不为罪'，法无明文规定不处罚"的含义以外，还应当包括法无明文规定不得处以保安处分或者其他刑法替代措施"[2]。保安处分或者其他刑法替代措施容纳入刑罚范畴已经超出其应有之意，两者直接存在着不同的运行机理。菲利将刑罚、保安处分或者其他刑法替代措施统称为制裁。因此，法治原则和罪刑法定原则的精神在罪犯处遇政策方面自然延伸，要求对罪犯的制裁都必须受到法律的约束。笔者将此概括为制裁法定原则，对罪犯的制裁法治原则也必须建立在罪刑法定原则的基础和内涵之上。罪刑法定原则有形式的罪刑法定原则和实质

---

[1] 〔英〕哈耶克. 通向奴役之路 [M]. 王明毅，等，译. 北京：中国社会科学出版社，1997：3.

[2] 曲新久. 刑法的精神与范畴 [M]. 北京：中国政法大学出版社，2000：360.

的罪刑法定原则区别，罪犯处遇的制裁法治原则必须把握和理解制裁法治原则，也可以从形式和实质两方面进行思考。

罪刑法定原则的明确性规定发端于法典至上的大陆法系，而英美法系国家由于普通法的历史影响，强调判例对法官审判的制约，同时更注重的是正当程序的构建，其基本价值是通过程序正义来实现实体正义，未经正当程序不得剥夺公民的生命、自由和财产。这与罪刑法定原则的限制国家权力和保障人权的价值取向有着异曲同工之义。正当程序原则的确立，使英美法系没有罪刑法定之形态，却有罪刑法定原则的精神和灵魂。罪刑法定原则的形式和实质的区分从大陆法系的立法史进行考察。罪刑法定原则的形式有四项要求：一是排除习惯法、判例法于刑法规范之外的法律主义，二是刑法不得溯及既往的禁止事后法主义，三是不得作不利于被告人的类推解释，四是禁止绝对不定期刑。形式的罪刑法定原则强调对司法权的制约，防止司法擅断；而实质的罪刑法定原则是指刑罚法规内容适当原则。它是近几十年对形式的罪刑法定原则的补充与完善，其出发点是对立法权的制约和规制。追求犯罪和刑罚法律内容的正当性，其具体要求是：禁止制定不明确的刑罚法规、禁止处罚不当罚的行为和禁止规定与罪行不成比例的刑罚。

罪刑法定原则的法律主义，是指对犯罪进行处罚的刑法渊源只能是国家的立法机关制定的法律，除此以外的由行政机关或其他部门创设的行政法规或者其他法律渊源均不能直接设立刑法规范。这就意味着国家刑罚权的行使、相关的法益保护、犯罪构成以及刑罚处罚不能由所谓的大多数民意的代表——行政机关来决定并适用，只能通过民主政治的方式，由最高民意代表机构（国会、议会、全国人民代表大会）来确定，从而使刑法获得宪政意义的认可的合法性，而且能够真正体现全体国民的意志，从而具有道义和功利上的正当性。法律主义成文法的形式要求，保障了国民的行为预测和自律的安全性，具有积极的意义。法律主义还排除判例和习惯法作为直接对国民定罪的刑法渊源，由于判例和习惯法既缺乏实践民主宪政的意义，也不利于国民对自己行为进行预测和自律。

罪刑法定原则的禁止事后法，即要求刑法不得溯及既往。法国的《人和公民权利的宣言》第 8 条规定：“法律只应当制定严格、明显的必需的刑罚，而且除非根据在违法行为之前制定、公布并且合法地适用法律，任何人都不受处罚。”1810 年的法国刑法典第 4 条规定：“不论违警罪、轻罪还是重罪，均不得以实施犯罪前未规定刑罚处罚之。”根据禁止事后法的要求，对法律生效前合法，现生效法律规定为犯罪的行为，不能依据现生效法律进行定罪处罚是不言而喻的，但对行为时法律认定是违法犯罪，法官裁判时，法律不再认为是犯罪或者处罚行为时较轻，能否适用事后法呢？罪刑法定原则的禁止事后法的法理是，排除有害于法的安定性并有非法侵害个人自由的危险，因此不能绝对地排斥在有利于被告人的情况下适用事后法。因此，“从旧兼从轻”已经成为刑法的适用原则。罪刑法定原则的禁止事后法之含义严格地讲，应当是禁止不利于被告人事后法。

禁止法官作出不利于被告人的类推解释，是形式罪刑法定原则的另一要求。类推制度是对法律没有明文规定的事项，根据其他类似的法律规定进行适用的制度，类推制度赋予了法官立法的权力，是立法权和司法权的混同，是对国民形成压迫者的力量，危及国民的法安全和法自由。随着人权保障观念的勃兴，绝对地排斥一切类推解释原则发生了动摇，有利于被告人的类推解释被法律许可，即允许阻却犯罪成立的事由，减轻、免除刑罚的事由可以类推，这样可以使机械、僵硬的法律规范更贴近富有人情化的国民社会生活。

绝对不定期刑是形式罪刑法定原则所不允许的。绝对不定期，是指刑罚法规规定没有量刑幅度的绝对不确定的法定刑，或者赋予法官在有罪判决中，对罪犯宣告没有上限和下限的绝对不确定的刑罚。绝对不定期刑的产生，是刑事实证学派根据犯罪人的人身危险性消除因犯罪人类型不同出现的不确定性，针对罪刑法定原则主张的绝对的确定刑罔顾犯罪人具体情况的弊端，为了保卫社会而提出的社会防卫主张。但绝对不定期刑的立法和司法实践证明，因赋予法官绝对不受限制的自由裁量权来处断国民的权益，造成司法擅断，损害法的确定性和安定性，不能实现限制国家刑罚权和人权保障的机能。根据综合绝对不定期刑和绝对确定刑的优势和缺点，世界绝大多数国家和地区的刑事立法抛弃了绝对不定期刑制度，而确定了相对确定的法定刑制度。

实质的罪刑法定原则是罪刑法定原则对实质合理性的追求，它是在形式的罪刑法定原则在发展过程中产生的新的符合时代的要求和精神，其具体体现和要求是：刑罚法规实体内容适当和刑罚法规不明确即无效。形式的罪刑法定原则要求刑罚法规的明确性，有关不明确的刑罚法规是否有法律效力的问题，大陆法系国家的刑事法官没有直接裁量法规无效的权力。美国联邦最高法院根据正当程序法律原则的实体正当精神，要求国家在制定刑法对于行为人构成犯罪以及应当受到刑罚的程度，都必须有合理的界定，刑法的定义必须符合明确原则，否则由于规范定义的不清而归于无效。日本学者提出，对明确性的判断，应当从两个方面注意："一是应该对该条文使用的语言进行全面的分析，从整体上判断该条文是否明确规定了适用的范围；二是不能脱离法律规范的作用来孤立地考查法律规定是否明确的问题。在规定罪与非罪或者加重处罚的规范，应当规定的非常明确，对于减轻处罚的规范，在明确性的要求方面可以放松。"[1] 刑罚法规实体内容适当原则是遵循保障人权的基本价值取向而自然发展起来，其具体内容包括：禁止处罚不当罚行为和禁止残酷的、不人道的刑罚。罪刑法定原则的形式要求往往被教条地理解为，只要某些行为被法律规定为犯罪并进行处罚，就没有违反罪刑法定原则的要求，这在立法至上的国家尤为明显和突出。保障人权的价值理念要求立法机关制定的法律应当是良法，而非恶法，避免陷入"多数人暴政"的泥坑，如果刑罚法规处罚了不应该处罚或者不值得处罚的行为，那么其本质上仍然被看做恶法，则构成了对人权的实质侵犯。刑罚法规实体内容适当原则，同样是从美国联邦最高法院重新对正当程序法律原则进行阐发而来，它不仅对美国

---

[1] 赵秉志. 外国刑法原理［M］. 北京：中国人民大学出版社，2005：25.

联邦和各州的刑事立法进行直接的影响，而且对欧洲大陆法系国家的刑罚法规制定产生了深远的影响。

保安处分的法定原则，是指对什么人在何种条件条件下，依据何种程序适用何种保安处分，都必须事先在成文法中予以规定。保安处分的法治化问题理论方面是有争议的。有人认为，保安处分因其灵活性而成为预防犯罪的有效措施，在严格的罪刑法定原则约束下，保安处分就很难达到其特殊预防犯罪和防卫社会的效果；有人持相反观点，认为保安处分置于严格的罪刑法定原则之下，是防止法官自由裁量权无限扩张所必需的。保安处分的法定原则是保证刑法的稳定性和确定性、保障公民基本人权的基本要求。保安处分的法定原则是否像罪刑法定原则一样，禁止事后法的适用，各国保安处分立法也不像罪刑法定原则有一致的规定。意大利宪法第 25 条第 3 款规定：“如果不属于法律规定的情形，对任何人不得适用保安处分。”其刑法典第 199 条规定：“对任何人不得适用非本法明文规定的保安处分，也不得在本法规定的情况之外适用保安处分。”这是明示处分法定原则观点的立法体例。德国刑法典虽然规定了罪刑法定原则，但对在同一刑法典的矫正与保安处分却没有明确规定处分法定原则。学者对于保安处分是否受罪刑法定原则的直接约束这个问题形成了主流观点，当保安处分和刑罚同时规定在同一部刑法典，保安处分应当受到罪刑法定原则的直接规制。但保安处分毕竟与刑罚不同，保安处分法定原则与罪刑法定原则相比，具有相对法定的特点。虽然罪刑法定原则的法律主义和禁止类推原则对保安处分有直接的约束作用，但罪刑法定原则的禁止绝对不定期刑和禁止事后法这两项派生原则不适用于保安处分。保安处分并不排斥禁止事后法主义。如意大利《刑法典》第 200 条规定：“保安处分适用裁判时的法律，如执行保安处分时法律有变更，适用执行时的法律。”保安处分也不排除不定期制度，这主要是由于保安处分的目的是消除罪犯的人身危险性，而人身危险性又不像刑罚主要针对的处于静止状态的犯罪行为，因而比较客观。人身危险性具有流动性和预测的模糊性的特征，因而需要根据其发展的过程随机而

 定。法官在作出适用保安处分判决时不定期，才符合保安处分的运作机理。因此，保安处分的法定，只能是一种相对的、灵活的、动态的法定制度。

制裁法定原则，还要求对罪犯的制裁必须“遵守法定程序”，正义不仅应当实现，而且应当以看得见的方式进行。“看得见的方式即法律程序”，这句古老的法学谚语折射出程序价值的独立性。法学意义的程序则表现为按照一定的顺序、方式和手续体现具有法律约束力的决定的相互关系，其普遍形态是按照某种标准和条件处理争讼，公平地听取各方的意见，在使当事人可以理解或被认可的情况下作出决定[1]。对法律程序的理解不能简单停留在技术性操作的低级的、表面的层次。原美国联邦最高法院大法官佛塌斯认为：“坚持那些为我国宪法所要求的程序保障，并非只具有技术性的意义，宪政主义不是一个技术问题，宪法性权利也不是一系列技术性规则、宪法性程序，而是我们文明社会的核心、良心和灵魂。这是一个人们一直为之奋斗和牺牲的基本原则，在国家将我们投入监狱或剥夺生命之前，如果自由不是指正当法律程序的权利，那它还意味着什么?”[2]道格拉斯大法官则明确指出：“正是程序决定了法治与任意或反复无常的人治之间的大部分差异，坚决地遵守法律程序，是我们赖以实现人人在法律面前平等，享有正义的主要保证。”[2]另一名大法官杰克逊则从与实体法的关系中将程序理解为：“程序的公正与合法是自由必不可少的构成要素。实体法只要能够得到公平和无偏见的适用，即使它再残酷，也是可以忍受的。人们宁愿接受一种通过我们的普通法程序加以适用的苏联实体法，也不愿意忍受我们的实体法通过苏联的诉讼程序加以实施。正当法律程序并不会使被告人成为唯一的受益者，它还使政府摆脱一些错误的最好保证。”[2]程序的价值和功能在诉讼法学界已经成为通识，而在实体法的罪犯制裁课题中的关注不够强烈，这是学科间隔阂封闭

[1] 季卫东．程序比较论［J］．比较法研究，1993（3）．
[2] 陈瑞华．看的见的正义［M］．北京：中国法制出版社，2000．

与重实体轻程序的传统思维惯性形成的痼疾。刑事一体化方法论的形成为打破规范刑法学与相关学科的隔阂作出了不懈的努力。李斯特倡导建立包括刑事政策学、犯罪学、刑法学、行刑学在内的整体刑法学，储槐植教授提出建立犯罪学—刑法学—行刑学三位一体的刑法学体系在整合犯罪现象、犯罪行为、犯罪控制和犯罪预防学科研究方面作出了杰出的贡献。但这仍然拘囿于实体方面的学科，虽受刑事一体化思想影响的期刊将有关的刑事诉讼法文章归纳进刑事法视野，但重点在定罪讼争的规则和程序。而在定罪后的罪犯处遇过程中缺乏与诉讼法理论的对接。罪犯处遇过程的程序包括：定罪后刑罚的适用阶段和刑罚执行的程序，这与定罪前程序有明显的区别。定罪前讼争程序的程序正当性体现为司法的中立性和独立性，这是防止无辜的人不受刑事追究的诉讼法任务所决定的。但在被告人的行为被裁定有罪成为罪犯后，便处在国家最大控制下，独立的量刑程序设计在当事人主义色彩比较浓厚的英美法系有所彰显。而在以职权主义为特征的大陆法系，量刑程序依附于定罪程序，两者合二为一，罪犯司法处遇的独立程序的价值和意义便被忽略了。罪犯处遇过程的程序凸显出一方垄断决定的行政性特征，其程序设计是保证刑事制裁的执行的效率性，法官或者刑罚执行官员获得正义化身后，罪犯便丧失了与之对话和博弈的主体身份。遵守法定程序是制裁法定原则最低限度的形式要求，遵循正当程序是制裁法定原则的高层次价值追求。所谓法律的正当程序是“按照法律制度中的规则和原则保护个人权利行使的诉讼程序，在各个案件中，正当程序要求政府按照公认的保护公民权利的保护条款，根据法律的允许和授权行使权力”[1]。正当程序罪犯处遇过程中，制裁适用程序和刑罚执行过程中的处遇变更程序都应当遵守法定程序。

（二）人道主义原则

人道主义是关于人的本质、使命、地位、价值和个性发展的理

[1]　简明大不列颠百科全书：第9卷［M］．北京：中国大百科全书出版社，1986：409.

论和思想。罪犯处遇政策的人道主义，要求展示其人文关怀的道德蕴涵，其核心是以人为本，理解人、关心人、尊重人。这里的人道既包括罪犯的人道，也包括被害人和守法公民的人道。其具体内容包括：人具有独立人格和法秩序的主体性，即具有认识能力和实践能力。它要求不能将人本身作为某种功利交换的工具，不能成为制裁的客体。在刑事立法方面不能设置残酷的以及蔑视人格尊严和基本人权的刑罚种类及执行方法。在对罪犯的制裁方式和量化方面的司法适用过程应当使罪犯和被害人、社会公众尽量参与，避免国家的垄断性。制裁方式的执行必须考虑罪犯的个性和尊严，鼓励社会力量和被害人对执行过程参与，在罪犯自愿的前提下进行救助。

有关刑法的人道性价值蕴涵，被学者解读为刑法的宽容性、轻缓性和道义性。罪犯处遇的人道主义政策也同样要求罪犯处遇制度具有宽容性、罪犯制裁的轻缓性和罪犯处遇的道义性。

1．罪犯处遇的宽容性

人类的思想史无非是一部为争取宽容的思想史。宽容性是指允许别人有行动和判断的自由，对不同于自己的或者传统观点的见解有耐心公正的容忍[1]。历史上，道德和罪犯处遇成为表里关系的共同体，出礼入刑、内儒外法成为中国封建社会法制的主流特征。在汉朝，甚至出现春秋决狱现象，即法律对无明文规定，或者法律虽有明文规定却碍伦理纲常的案件，则直接引用儒家经典的规则和精神进行判决，从而赋予了儒学理论高于法律的特殊地位。《盐铁论》有这样的阐述："春秋之决狱，论心定罪。志善违法者免，志恶合法者诛。"这是典型的唯动机论，造成了刑法泛化的严重后果。在欧洲，人类历史上曾经出现刑罚充当宗教，推行刽子手的令人痛心黑暗时期。异端裁判所就是宗教与刑罚相结合的怪胎。托马斯·阿奎那认为："凡犯有异端罪行的，不仅应当革除教籍，而且应当处死，从世上清除。"异端裁判所在当时不仅对生者处罚残酷，

[1] 房龙．论宽容//陈兴良．刑法的价值构造［M］．北京：中国人民大学出版社，1998：431．

而且对已经去世的死者也毫不放过。一名异端裁判所的法官曾经对89个死人判处异端罪行，没收其遗产，惩罚殃及其第三代后裔。异端裁判窒息了人类思想的进步，并抹杀了个人选择的自由。正如卡斯特里曼所言，当我思考什么是真正的异端时，只能发现一项标准，在那些和我们观点不同的人们眼里都是异端。犯罪是令人憎恶的，而罪犯则是令人同情的。贝卡利亚指出，严峻的刑罚造成了这样一种局面：罪犯大面临的恶果越大，也就越敢于规避刑罚，为了摆脱对一次罪行的刑罚，人们会犯下更多的罪行[1]。

罪犯处遇的宽容性，既包括对罪犯个体独特性的宽容，也包括对被害人主体地位的尊重。就罪犯个体的宽容而言，有制裁立法方面的宽容，也有制裁实现过程中的宽容。制裁立法方面的宽容包括政治的宽容、宗教的宽容和道德的宽容。对罪犯的政治宽容主要体现在不能惩罚和强制罪犯的思想。在刑法领域，应当取消思想犯。个体的生理、环境等因素的差异，使每个人产生对这个世界不同的观点和看法。对思想的惩罚和强制必然导致罪犯个体的精神和灵魂萎缩，直至独立人格荡然无存，甚至导致多元化的正常社会结构发生根本的转变，陷入多数人对少数人或者少数人对多数人的暴政。孟德斯鸠这样评价刑法上的思想犯：“这是大暴政，因为即使他这么想，他并没有实际行动过。法律的责任只是惩罚外部的行动。”个体自我意识和满足需要的冲动与资源控制能力的有限性，决定每个人每天都可能存在犯罪的冲动和念头。当这些犯罪的冲动和念头没有给社会造成现实而明显的危害时，每个具体执行国家权力的人没有也不可能消除自己的犯罪冲动和欲望，国家又有什么正当的理由去惩罚某种思想和强迫信奉某种思想呢？又有什么理由对罪犯不宽容呢？政治的宽容主要体现在对社会精英罪犯的宽容，那么，宗教的宽容则是将宽容的精神折射进普通罪犯处遇。罪犯处遇的宗教的宽容具体体现和要求是尊重罪犯的宗教信仰自由。任何一个社会，都存在信仰超验价值。终极目的和关于神圣事物的群体需求，

[1]　张智辉．刑法理性论［M］．北京大学出版社，2006：96．

宗教之预言和神秘的方面与法律之组织和合理的一面，正相矛盾，但它们又互相依存，互为条件[1]。伴随人权观念的发展，宗教宽容已经成为历史的必然选择。如果一国的法律认为应当容忍几种宗教的话，那么法律也必须要求这几种宗教互相容忍。一切受到压制的宗教，自己必将成为压制异教的宗教，这是一条原则。因此，对宗教应当避免进行刑罚惩罚。现代法治国家已经确立了政教分离原则，宗教信仰权利已经成为公民不可剥夺的宪法性权利，是否信仰宗教以及信仰何种宗教是个人选择的自由，对于合法公民已经没有任何问题。但对于罪犯这个特殊群体，宗教信仰权利的宪法性宣示如何得到保证，怎样转化为滋润其枯竭心灵的甘霖等问题都是罪犯处遇制度关注的焦点。世界绝大多数国家在监狱行刑过程中规定了保障罪犯宗教信仰成为的具体措施。罪犯处遇人道主义道德的宽容性，是指就道德与罪犯处遇有明确的区分，对罪犯的制裁和待遇不能成为推行道德的工具。法治社会的建立是以权利本位的价值选择，个人不再是国家和社会的附属品，而是具有与国家同等地位的法律主体，那么允许不同价值的道德观和睦相处，是法治社会的必然选择。因此，罪犯作为社会成员的一部分，只对其行为承担相应的法律责任，其道德观也不应该被强制重塑。制裁实现过程中的宽容，主要体现在制裁的量定和制裁的执行两个阶段。制裁的量定的宽容，要求法官在考虑罪犯处遇不应将惩罚性措施必然与罪犯联系在一起，而要根据案情体现刑事政策的要求。制裁的执行宽容，则要求对罪犯不能实施强制性思想教育。

我国罪犯处遇的重刑主义欠缺宽容性，具有中国特色的罪刑法定原则规定："法律规定为犯罪的，应当定罪处罚；法律没有规定为犯罪的，不得定罪处罚。"有学者将前半部分的规定称为积极的罪刑法定，而将后半部分称为消极的罪刑法定。前者体现了惩罚犯罪、保护人民的第一位的刑法任务，后者体现了限制刑罚权、保障

---

[1] 〔美〕伯尔曼. 法律与宗教［M］. 北京：生活·读书·新知三联书店，1991：65.

人权的第二价值取向。积极的罪刑法定原则与消极的罪刑法定原则的统一，运用刑罚权以惩罚犯罪、保护人民与约束刑罚权、保障人权的统一，是我国刑法所规定的罪刑法定原则全面的正确的含义，世界各国的罪刑法定原则均没有积极的罪刑法定，它克服了西方国家罪刑法定原则的片面性，是对罪刑法定原则的新发展[1]。另有学者对上述主流观点进行批驳，认为所谓的积极的罪刑法定根本不符合罪刑法定原则的机能和精神，罪刑法定原则的机能在于限制刑罚权和保障人权，“无论是原初意义的罪刑法定原则，还是历经时代变迁的现代罪刑法定原则，都是以保障人权和限制国家刑罚权为单一的价值诉求，罪刑法定原则不应该也不可能包含积极方面，法益保护、秩序维护作为刑法这一法律文本与生俱来，不言而喻的原始机能，不应该也不可能成为罪刑法定的内容和追求”[2]。笔者认为，国家控制犯罪的能力受制于一定的物质基础和人力配置等因素构成的公共投入、国家在个案中追究犯罪的意志和犯罪者处遇的方式量定是与国家利益和官员个体利益的衡量是紧密联系的，在某种程度上是公共利益、司法或执法官员以及犯罪者博弈的结果。因此，法律制度上确立了不起诉、定罪不处罚、缓刑、赦免以及外交途径解决，对主流的定罪处罚方式予以补充。国外立法甚至有暂缓起诉和大赦制度等规定，给立法机关、行政机关或者司法官较大的自由裁量权，予以衡平机械性执法和利益的冲突，在“法律规定为犯罪的，应当定罪处罚”的积极罪刑法定原则视野中，上述的不起诉、定罪不处罚、缓刑、赦免以外交途径解决都与之相违背，是违法的，根本不能有存在和发展的空间，应当予以废除。这种结论显然是荒谬和不可接受的，关键是赦免制度的存在是宪法确立的，积极罪刑法定与之并存，陷入了两难悖论：究竟是赦免制度违反积极罪刑法定违法，还是积极罪刑法定否定赦免制度违宪呢？我国的犯罪构成理论是封闭的耦合式的四要件犯罪构成模式，这种犯

[1] 何秉松. 刑法教科书 [M]. 北京：中国法制出版社，1997：63－68.
[2] 梁根林. 刑事政策：立场与范畴 [M]. 北京：法律出版社，2004：205.

罪构成体系的客体、客观方面、主体和主观方面是一种平面的一无俱无的共存关系。这是一种适应阶级专政需要而形成的只反映静态的犯罪规格，不反映动态的定罪过程的犯罪构成体系。“犯罪构成模式如果仅反映犯罪规格，而不反映定罪过程，那么只能突出刑法的一种概念，即打击犯罪和保卫社会”[1]。我国的犯罪构成理论不像大陆法系刑法理论是层层递进的构成要件符合性、违法性和有责性。三要件模式，允许期待可能性这种由法官裁量的超法规阻却事由，又不似英美法系的正当程序对定罪机制的制约畅通出罪机制。积极罪刑法定使出罪化机制只剩下正当防卫、紧急避险和情节显著轻微的犯罪概念但书规定，具有中国特色的法官错案追究制和最高人民法院垄断司法解释权。但基本不审理刑事案件的体制使这种出罪机制的作用大大减弱。罪刑法定原则的限制使国家刑罚权和保障人权的机能没有充分彰显，因此，所谓积极罪刑法定违背宽容性精神，应当予以废除。我国行刑处遇也体现了极端的社会防卫追求，死刑执行过程没有辩护人的介入，监禁机构远离城郊设置，均体现了对罪犯的排斥，有悖于人道主义的宽容精神。

罪犯处遇宽容性在被害人方面的体现，是对被害人在罪犯制裁和待遇中的诉求应当给予一定的尊重，被害人是受犯罪行为所侵害的直接利益受损者，其精神损害和物质损失的补救均需要通过对罪犯的处置和待遇来进行。重视对被害人的权利保护已经成为现代刑事政策的发展发展方向之一。被害人的权利保护的刑事政策在刑事诉讼定罪前的体现和保障已经成为诉讼法学界的热点问题，并且已经形成法律制度予以确认。但对包括制裁决定处遇和执行处遇的罪犯处遇制度中却没有引起足够的重视。这主要表现在公诉案件的被害人对罪犯的量刑没有与罪犯进行谈判和协商的平台，其对犯罪损害的恢复均由代表国家利益的法官和检察官垄断和控制。国家和社会公益的虚幻掩盖了被害人现实有益的私诉求，其本质是对被害人的不宽容，没有将其还原成与公益诉求有差别的、具有七情六欲相

[1] 储槐植. 美国刑法 [M]. 北京：北京大学出版社，1996.

对意志自由的社会人。这主要表现在以下几个方面：其一，我国没有对被害人因犯罪行为造成损失，而罪犯无力赔偿情况下的国家补偿制度。被害人补偿制度，起源于公元前1700年左右的汉谟拉比法典，并经实证学派在理论上大力倡导。第二次世界大战以后，英国的女性刑罚改革运动家倡导建立被害人赔偿制度。以此为契机，欧美一些国家建立了对暴力犯罪的被害人的补偿制度，并得到了许多国际会议的支持。世界各国对保护犯罪被害人的宗旨理解并不一致，有的理解为解除犯罪被害人社会困境的制度；有的理解为损害补偿制度未能起作用的部分进行补充的制度；另外的则理解为自由社会中犯罪发生的不可避免，使社会全体平等负担犯罪被害的保险制度。其二，没有给予罪犯在赔偿被害人以后，能否得到从轻或者减轻处罚的法定保障。在英美国家，存在代表国家利益的检察官和罪犯进行博弈和妥协的辩诉交易制度。目前流行的恢复性司法运动，则将被害人引入国家与罪犯进行量刑协商、博弈和妥协机制。我国的刑法没有将满足被害人的索赔要求作为法定的从轻或减轻的量刑情节，只有相关的司法解释将其作为酌定情节考虑。现行刑事诉讼法的刑事附带民事赔偿制度，只明示了被害人对犯罪行为所造成的损害的要求赔偿的范围，仅限于物质损失，而没有像普通民事侵权案件那样可以有精神损害赔偿的权利。作为附带民事诉讼的赔偿义务主体——罪犯在没有看到制裁减轻的希望时，会失去弥补被害人损失的欲望和需求，便不会尽其所能给予被害人赔偿。罪犯处遇的对被害人的安抚概念，不能仅停留在国家法益的精神层面保护，而且还应体现于被害人的物质弥补方面。对犯罪的社会危害性，不应机械地理解为犯罪行为终了后，对国家法益和社会法益的侵害确定不动，而对被害人的权益损害则应处于动态状态。罪犯及其社会连带力量如果能够修复犯罪的危害结果，为什么不可以通过降低满足国家虚幻的秩序维护需要的重罚冲动，而鼓励罪犯积极地取追求弥补被害人的损失呢？对此，最高人民法院对交通肇事罪的定罪标准第三条是“造成无法挽回的损失30万元以上”。这将虽然造成损失但能够挽回损失的行为，排除在犯罪圈之外，另外则体现了对弥补被害人损失的重视。

2. 罪犯制裁的轻缓化

罪犯制裁的轻缓化是指对罪犯制裁的总量态势和痛苦程度，而非针对有关罪犯的救助性措施。罪犯制裁的轻缓化主要表现在刑罚的轻缓化，其具体的表现为禁止残酷的刑罚和轻罪非监禁化。

禁止残酷的刑罚，是罪犯处遇人道主义的应有之义。封建社会刑罚的残酷性为启蒙思想家所诟病，他们极力倡导的理性、博爱日益成为指导国家立法的精神和理念。美国宪法修正案第8条规定："禁止残酷的和异常的刑罚。"第二次世界大战后，反酷刑作为人权保护的标准在有关的国际文件中开始表现。1848年联合国大会通过的《世界人权宣言》第5条规定："(1) 为本宣言目的，酷刑是指任何人不得加以酷刑，或者施以酷刑，或者施加以残忍的、不人道的或者侮辱性的待遇或者处罚。"1975年联合国大会通过的《保护人人不受酷刑和其他残忍、不人道的或者侮辱人格的待遇或处罚宣言》使禁止残酷的刑罚的理念成为国际上的通行准则。在该文件中，酷刑被定义为："政府官员，或在他的怂恿下，对一个人故意施加的任何使他在肉体和精神上极度痛苦和苦难，以谋从他或第三者处取得情报或者供状，或者对他做过的或者涉嫌做过的事情加以处罚，或者对他和别的人施加恐吓的行为。按照囚犯待遇最低限度标准规则实施的合法处罚而引起的、必然产生的或者伴随之而来的痛苦或苦难不在此列。(2) 酷刑是过分严厉的、故意施加的、不人道的或者有辱人格的待遇或者处罚。"1984年联合国通过了《禁止酷刑和其他残忍、不人道的或者侮辱人格的待遇或处罚公约》，对酷刑的概念进一步明确规定，"以谋从某人或第三者处取得情报或者供状，或对他做过的或者涉嫌做过的事情加以处罚，或者为了对他和别的人施加恐吓或者威胁，或者为了基于任何一种歧视的理由，蓄意使某人在肉体和精神上遭受剧烈疼痛或者痛苦的任何行为，而这种极度疼痛或者是由公职人员或者以官方身份行使职权的其他人所造成或在其唆使、同意或者默许下造成的"，"纯因法律制裁而引起或者法律制裁所固有的或所附带的疼痛或者痛苦不包括在内”。综合以上国际文件，酷刑实际包括两类：一类是作为刑罚方法的酷刑，目前，除极少数国家外，将伤害身体的肉刑和有辱人格的耻辱刑归为酷刑，已经成为国际上的通识。但死刑是否属于酷刑的问题，各国的立法和司法有不同的解答。目前已经有大多数的国家在立法或者司法实践中废除死刑。虽然没有国际性文献直接指明死刑属于酷刑，但生命权为人的基本权利已经成为人类社会的共识。既然剥夺远不如生命价值大的身体和人格的刑罚都可以归入酷刑，那么死刑属于酷刑的命题的成立应当是顺理成章，一些国家的法院在判决中已经昭示了这种观点。南非的宪法法院在判决中指出，死刑属于酷刑。二类是滥用某种制裁方法而造成的酷刑，如剥夺自由本身不属于酷刑，但刑罚执行机关对被关押的罪犯的待遇低于《囚犯最低待遇规则》的标准和条件，监狱对犯人的超强度的劳动、侮辱人格等行为都属于酷刑。人权理事会提出：“酷刑的范围应当扩大到包括实体法中的肉刑、侮辱性和长期单独监禁以及一些教育性、惩罚性的措施。”[1]因此，酷刑与合法刑罚的区别是量的区别，即给人的痛苦是否剧烈或者猛烈。有学者认为，防止酷刑可以确立以下几个规则：“损害人的完整性、损害人的健康的刑罚，是残忍的刑罚方法，属于酷刑，肉刑与体罚应当予以禁止；限制并最终废除死刑；禁止有辱人格的待遇与处罚，禁止精神折磨；改良刑罚执行，刑罚的执行非以折磨、侮辱为目的，执法人员只有在绝对必要时才使用武器，并且不得超出执行职务所必需的范围，将酷刑行为规定为犯罪。”[2]

轻罪非监禁化，要求对情节较轻、人身危险性较小的罪犯，采取非监禁处治的社会内处遇或者自由刑替代措施。轻罪非监禁化，是非刑罚化运动的结果。刑事古典学派主张的报应刑论，是基于人类“善有善报，恶有恶报”的朴素情感和道德理念。“报复之于刑法，犹如性欲之于婚姻具有同样的重要关系，对罪犯处以刑罚是普

[1] 杨宇冠. 人权法：公民权利和政治权利公约研究［M］. 北京：中国人民公安大学，2003：168.

[2] 曲新久. 刑法的精神与范畴［M］. 北京：中国政法大学出版社，2005：543.

遍冲动的合法发泄方式”，有罪必罚、罚当其罪是报应刑论的正义价值追求的必然结果。这就从根本上排除了非刑罚化存在的空间。刑事实证学派将刑罚定位于实现社会防卫的手段，提出目的刑论，为实现该目的，必须遵循刑罚个别化的原则，并且针对传统刑罚的缺陷，设计出刑罚替代措施的罪犯处置手段，这就为非刑罚化的理论提供了养分和土壤。第二次世界大战以后，自由刑的纯粹监禁性的弊端被人们关注，以自由刑为中心的刑罚体系的缺陷不断地被反省。新社会防卫论的勃兴，催生并推动非刑罚化理论的发展。新社会防卫论明确主张非刑事化，在刑事政策方面形成了三项刑事政策结论：归罪的行为范围必须是维护公共秩序所必需的最低限度；对于轻微以及中等程度犯罪行为的人应当扩大采取在自由状态里进行考验；警察和司法机关的工作和精力应当集中于较严重的犯罪，轻微犯罪可以委托行政机关通过简易程序进行处理，可以采取罚款、禁止假释或者其他有感化力的处分。非监禁化的具体措施有罚金、缓刑、转处、社会服务令、社区保护、刑事和解等措施。而非监禁化运动倡导的主要方式是广泛适用罚金和社区矫正。到 20 世纪 70 年代，非监禁措施在罪犯制裁的体系中的地位不断上升，自由刑为中心的刑罚格局已经大为改观。

3. 罪犯处遇的道义性

罪犯处遇人道主义政策的道义性，要求罪犯处遇制度应当符合道义的要求，立足于制裁是一种必要的恶之理念，不考虑方法的残酷性制裁不仅会破坏社会得以存在的道德情感，而且会对社会造成负面影响。刑罚团体主义由于有悖于道义性原则应当被废除，责任主义应当成为制裁罪犯的理论基础。对于救助性的处遇措施，应当基于受处遇罪犯的同意，没有经过接受者同意的强制性处遇措施，即使出于救助性的动机，也具有违背道义性的蕴涵和倾向。

（三）罪犯处遇的均衡性

罪犯处遇的均衡性，是指罪犯的处置和待遇，应当与其犯罪行为所造成的社会危害性大小、人身危险性程度征表深浅以及社会公众的情感承受相适应。虽然制裁法定原则出现了刑罚法规内容适当的派生原则，但罪犯制裁的法定性原则和人道主义原则为：罪犯处遇政策的正义性确立了形式的规定性，那么罪犯处遇的均衡性原则。主要从量和内容的方面为罪犯处遇政策的正义性进行考量，维护罪犯处遇政策的合目的性。因此，罪犯处遇均衡性原则和罪犯制裁的法定性原则是相互联系、相辅相成的。超越法律规定，追求罪犯处遇与预防犯罪等社会防卫目的或者与人权保障的相当，都会出现为追求个别正义而失去一般正义的要求。而法定制裁规范如果失去相当原则，则会成为披着法律外衣的恶法，也没有正义的基础。罪犯处遇均衡性原则，是从罪刑均衡和保安处分的比例性原则的逻辑的自然演绎，其理论基础是报应主义和功利主义的哲学观点，具有报应犯罪之正义价值的刑罚与犯罪人的犯罪行为呈正比例分配。体现预防犯罪之功利价值的保安处分与罪犯的人身危险性相适应。

目前，罪刑均衡原则是世界各国刑法规定的基本原则，其基本内容是重罪重罚、轻罪轻罚。均衡的概念与标准没有固定和永恒的，任何时代的刑罚与犯罪之间都体现出与当时社会主流观念相协调的均衡。奴隶社会、封建社会以及法治社会均有其独特的衡量均衡关系的标准和尺度，罪刑均衡原则的等价、均衡、相当观念可以追溯至古代社会的同态复仇原则。古代社会的“以牙还牙、以眼还眼”的同态复仇原则追求的是形态的等同。如《汉谟拉比法典》的各条规定，“倘自由民毁损任何自由民之子之眼，则应毁其眼”，“倘折断自由民（之子）之骨，则应折其骨”，“ 倘自由民击落与之同等之自由民之齿，则应击落其齿”。公元前 451 至 405 年的《十二铜表法》也有类似的规定：“如果故意伤人肢体，而又未与受害人和解者，则他本人也应遭受同样的伤害。”同态复仇原则既体现了结果责任论的特点，也表现出罪刑均衡原则最直观最朴素的表现形式。封建极权社会的罪刑均衡转换主要体现为社会少部分人，即特权阶层利益的身份责任和维护皇权需要。刑罚残酷和社会成员之间的不平等处置使罪刑均衡摆脱了正义和人道的桎梏，为高举公正、自由和人道旗帜的资产阶级启蒙思想家所批判。近代刑法的罪刑均衡原则体现了个体权利本位的价值均衡，伴随着预防犯罪人重新犯罪的呼声高涨，罪犯处遇的均衡标准突破犯罪行为社会危害性的垄断地位，犯罪人人身危险性纳入罪犯处遇均衡标准的视野。尽管如此，报应犯罪的正义价值标准是罪犯处遇均衡的底线，不能借口个别预防的均衡而突破正义均衡的底线。中国社会在封建国家重刑主义的思维惯性下，罪犯处遇与预防犯罪的均衡始终是国家选择的首要标准，这种制裁威慑主义在我国现行罪犯处遇制度中有明显的体现，这与法治国家建立的人权保障价值取向存在较大的差距。如我国刑法中死刑的适用范围不仅有侵犯他人生命权的犯罪，而且有对侵犯健康权利、性权利的人身权利犯罪和侵犯财产权社会管理秩序的犯罪。法治社会的价值衡量中，生命权是高于其他任何权益的，犯罪人犯罪行为侵害的权益和国家剥夺犯罪人的权益应当放在同一个天平来衡量，根据正义的基本标准，两者应当具有等质性和等量性。生命权与其他权益之间没有等质性，无论怎么讲，性权利、财产权和国家管理职能都不能与生命权相提并论。对犯罪人的生命权剥夺只能停留在故意剥夺生命的犯罪，这是形式上的正义最低要求，而且任何罪大恶极的犯罪后面都有社会不可推卸的责任。在司法实践中，因犯罪致死的被害人的身份特殊，而对两个以上共同犯罪人判处死刑立即执行的司法判例并不鲜见，这就突破最低形式的正义均衡标准。就实质的正义均衡而言，罪犯所受到的惩罚应当低于形式正义的要求，即低于死刑的刑罚处罚。

第六章

罪犯处遇的方式定位

罪犯处遇的方式，即对罪犯实施的处置和给予待遇的措施。以设立的目的为标准，它可以分为强制性剥夺式限制罪犯权益及能力的制裁和对罪犯予以帮助的救助性措施。在罪犯处遇方式体系中，罪犯制裁处于主干性地位，救助性措施则处于辅助性地位。

一、罪犯制裁的范畴界定

提及罪犯制裁，人们自然地联系到刑罚。的确，罪犯制裁与刑事制裁有很大的相同之处，但它同刑罚不能等量齐观。刑事制裁起初是与社会防卫方法联系在一起，菲利批驳刑罚报应性对罪犯威慑和遏止犯罪发生的无能，提出影响较大的保安处分和刑罚方法的一元化理论。他认为，从社会防卫角度出发，无论是刑罚，还是保安处分，其目的和功效都是保护社会免受犯罪之害，两者都是社会防卫措施，而以制裁之名统一称呼[1]。社会防卫学派发展了保安处分和刑罚方法的一元化理论，格拉马提卡提出取消刑法的概念以及与保安处分的对立，建立单一的社会防卫措施。安塞尔提出了处罚的概念："人们应当只管使用其中的某种或者另一种办法，而不是把它定义为刑罚或保安处分措施。形式上的称谓并不重要，重要的是处罚的内容与特色。在这方面，人们也注意到现代立法有一种趋势，即不再使用刑罚与保安处分概念，而只使用一个一般概念

[1] 陈兴良. 刑罚哲学［M］. 北京：中国政法大学出版社，1997：470－471.

'处罚'。"[1]我国学者基于泛刑罚的思维惯性和对刑罚的偏爱，将保安处分视为刑罚的扩张，甚至以保安处分刑称之："保安处分，无论其与刑罚合一还是分离，都是对刑罚之于社会防卫的不能及的一种弥补，有刑法所难收之效。同时，任何保安处分都具有强制性，因而程度不同地构成对个人权益侵害，不管我们是否承认其是一种惩罚，作为刑事责任的一种承担方式，它在客观上都具有刑外之刑的属性。因此无论在功能上还是属性上，保安处分论的提出基于社会防卫论而对刑罚的扩张。"[2]日本的平野龙一教授也提出犯罪法典和处遇法典分开的刑法改革方向。笔者认为，无论是保安处分包含刑罚的一元化，还是刑罚的扩张消融保安处分的存在，都有失偏颇，罪犯的制裁比带有"罚"字的刑罚或处罚更客观地反映了其目的性，刑罚或者处罚都摆脱不了痛苦性和报应性的羁绊。罪犯制裁的词语比较中性，将不具有道义谴责性和痛苦性的防范性措施纳入到其可理解的含义。罪犯制裁的种类，因其制裁的目的倾向可区分为惩罚性制裁和预防性制裁，惩罚性制裁包括刑罚和行政处罚，预防性制裁主要有保安处分。

二、惩罚性制裁措施的合理化思考

英国法学家哈特曾对当时的刑罚理论研究状况作出评价："人们对于刑罚问题所抱的兴趣，现在已经空前浓厚，但是公开的讨论却混乱不堪。"[3]这也可以说是对我国目前刑罚理论的生动写照。因此，对刑罚的思考是永恒的话题。刑罚范畴的完美统一的标准答案只能存在于人们美好的憧憬中，独立品格的学者不能奢望界定出放之四海皆准的永恒刑罚概念，只能解说自己从纷繁复杂的社会现实生活中对刑罚的领悟和心得。概念界定在广义和狭义之分存在滥觞，使刑罚范畴也无法幸免。广义刑罚之说已经为对刑罚情有独钟

[1] 卢建平. 社会防卫思想 [M] //高铭暄，赵秉志. 刑法论丛：第1卷. 北京：法律出版社，1998：178.
[2] 邱兴隆. 关于惩罚的哲学 [M]. 北京：法律出版社，2000：206.
[3] 〔美〕H. L. A. 哈特. 惩罚与责任[M]. 王勇，译. 北京：华夏出版社，1989.

的学者所偏爱。保安处分刑或矫正刑的提法即有此倾向。也有学者将刑罚定位于："刑法所规定的，由法院通过刑事诉讼程序依法决定对犯罪人适用的严厉制裁。"[1]笔者认为，刑罚是人民法院依据刑法规定，对被确定实施了犯罪行为的人或单位所适用的最严厉的法律制裁。

严厉的惩罚性和痛苦性，是刑罚的本质属性。国家对社会成员所实施的惩罚措施有民事制裁、行政制裁和刑事制裁的法律种类区分，而作为刑事制裁主要组成部分的刑罚的惩罚性和痛苦性是其他制裁种类无法比拟的。纵观刑罚内容的历史变迁，刑罚所剥夺的权益是一般人视野中社会成员拥有最重要的权益，例如生命、身体、健康、自由、劳动和资格，而对刑罚这些权益，有的是其他法律制裁措施不能剥夺的，有的是其他法律制裁措施可以剥夺，但达不到刑罚剥夺的严厉程度。例如罚款属于行政处罚，可以剥夺社会成员的财产。刑罚与民事制裁存在着根本的区别，民事制裁具有复原性和补偿性的特征，民事违法行为主体通过恢复原状、赔偿损失等方式其造成的损害后果进行恢复或者补偿，不具有惩罚性。刑罚的惩罚性和严厉性具有历史性，并朝着轻缓性的方向发展。例如，中国在奴隶社会形成以剥夺身体肌体的肉刑为中心的"墨、劓、刖、宫、杀"五刑体系，封建社会隋唐以后形成以剥夺自由附加强制劳动的徒刑中心的"笞、杖、徒、流、死"新五刑体系。目前世界各国现阶段普遍建立了以自由刑为中心的刑罚体系，少数经济发达的西方资本主义国家提升了财产刑的地位，动摇了以自由刑为中心的刑罚体系。"刑罚的规模应当与本国的情状相适应，在刚刚摆脱野蛮状态的国家里，刑罚给予那些僵硬心灵的印象应当比较强烈和易感。为了打倒一头狂暴地扑向枪弹的狮子，必须使用闪击。但是，随着人的心灵在社会状态中柔化和感觉能力的增长，如果想保

[1]　曲新久．刑法的范畴和精神［M］．北京：中国政法大学出版社，2000：278．

持客观与感受之间的稳定关系，就应当降低刑罚的强度。”[1]但无论如何轻缓，仍然不能抹杀刑罚的严厉的惩罚性和痛苦性的属性。

刑罚的种类和幅度必须由法律予以规定，这是法治国家刑罚法治的必然选择。这里的法律只能是议会制定的成文法律，罪刑法定原则已经成为刑事立法的基本原则，甚至上升到宪法性原则。对我国目前的立法而言，只能是全国人民代表大会及其常设机构全国人民代表大会常务委员会制定的法律，最高行政机关、最高司法机关及地方的立法机构都没有制刑权（港澳台地区除外）。

刑罚的适用对象只能限于罪犯，从程序意义而言，即确定为犯罪人。这是刑法的公正和预防犯罪的目的所决定的。刑罚是对犯罪的谴责和否定，而承受刑罚的主体只能是实施了犯罪行为的罪犯，“将刑罚限于罪犯是构成刑罚之正当目的的任何理论（报应或功利）的无条件的结果”，封建社会的极权国家将刑罚适用的范围扩及作为非犯罪行为实施者的罪犯的亲属和朋友，没有任何公正和功利可言，只能制造痛苦和恐怖的恶果，这是奉权利保障为圭臬的现代法治国家绝对不能容许的。

刑罚体系是所有刑罚种类按照一定秩序和结构排列而成的整体系统。刑罚的分类是以剥夺犯罪人权利的性质不同划分的，世界绝大多数国家和地区将刑罚划分为生命刑、自由刑、财产刑和资格刑。在刑罚历史上，还存在着肉刑和羞辱刑。我国现行刑法将刑罚分为主刑和附加刑两大类，主刑包括死刑、无期徒刑、有期徒刑、拘役和管制，附加刑有剥夺政治权利、罚金、没收财产三种。借鉴国外立法经验，对我国刑罚制度的改革和完善提出的文章和论著汗牛充栋，笔者不揣冒昧，从合目的性的角度就我国刑罚体系和种类的定位提出自己的看法。

刑罚的设定应当基于犯罪人的权益范围，犯罪人的权益范围在不同的社会中有不同的界定，封建社会对人的自由价值没有彰显，

[1] 〔意〕切萨雷·贝卡利亚. 论犯罪与刑罚［M］. 北京：中国大百科全书出版社，1993：44.

自由刑就不会有刑罚中的突出地位。在法治社会，人们对自由的价值有充分的感受，因此，对自由的剥夺可以使人们的刑罚感受度强烈，自由刑在刑罚中的中心地位也应运而生。我国现有刑罚种类和体系的设计，是基于在30年前计划经济体制的社会环境的犯罪人的刑罚感受度。目前我国社会正处于市场经济主导的法治国家建设转型时期，社会给予社会成员的权益价值已经发生了巨大变化，因此，应当借鉴国外的立法经验，完善我国的刑罚制度。

1. 增加刑罚种类

我国刑罚种类设计是与20世纪70年代社会成员的痛苦感受度相一致的，但与国外的刑罚立法相比，显得偏少。新近修正并通过的德国、法国和俄罗斯等国刑法典都设计了多样化的刑罚方法。例如法国刑法典。规定了40种左右的刑罚方法，仅对法人犯罪就特别规定了10种刑罚方法。而我国现行刑法只规定了5种主刑和5种附加刑。相比之下，我国刑罚种类显然偏少，不能适应与形形色色的犯罪现象作斗争的需要。一方面，刑罚种类不足可能导致刑罚投入过剩，由于刑种欠缺，不能完全满足罪刑相适应。具体增加刑罚种类的设想是，将社区劳动、停业整顿和吊销营业执照规定为刑罚。目前我国法律将停业整顿和吊销营业执照规定为行政处罚，这与刑罚的严厉性是不相符的。我国刑法将罚金规定为财产刑，对单位而言，损失部分财产的财产惩罚和丧失主体资格的惩罚孰轻孰重是不言自明的。丧失主体资格的吊销营业执照惩罚对企业的惩罚比罚金要重得多，法律将惩罚度较轻的罚金规定为刑罚，而将惩罚度较重的吊销营业执照规定为行政处罚，是司法权虚弱的表现，也是不理性的。对单位通过司法程序适用吊销营业执照刑罚也有利于对其权益保障，因此，将吊销营业执照规定为刑罚是必然的。借鉴各国刑法中的社区服务，设立社区服务这一新的刑罚方法。社区服务，就是判令犯罪人在社区从事一定时间的公益劳动。增设社区服务这一刑罚方法，可以使社会或被害人从犯罪人的公益劳动中得到一定程度的补偿，同时也可以加强犯罪人的公民义务感和社会责任感，缓和社会对犯罪人的义愤和责难，改善犯罪人的社会形象，还

 可以避免将轻微罪犯投入监狱所可能产生的负作用，并且不需要国家额外地支出刑罚成本，符合刑罚经济原则和刑罚社会化、开放化的改革潮流。因此，社区服务是对轻微罪犯适用的比较理想的自由刑替代措施。可以设想，社区服务的期限以15日以上6个月以下为宜，数罪并罚时最高不能超过1年。社区服务由公安机关委托犯人所在社区组织监督执行。

2. 改造现有刑罚种类

刑法中规定的管制刑是我国独创的，管制与缓刑均在刑法规定。被判处管制刑的罪犯应当遵守的义务，在刑法第39条中有以下具体规定：

（1）遵守法律、行政法规，服从监督；

（2）未经执行机关的批准，不得行使言论、集会、游行、示威、结社的权利和出版的权利；

（3）按照执行机关的规定，报告自己的活动；

（4）按照执行机关关于会客的规定；

（5）离开所居住的县区或者迁居，须经执行机关的批准。

被判处自由刑缓期执行的罪犯根据刑法规定有以下义务：

（1）遵守法律、行政法规，服从监督；

（2）按照执行机关的规定，报告自己的活动；

（3）按照执行机关关于会客的规定；

（4）离开所居住的县区或者迁居，须经执行机关的批准。

比较上述刑法规定，两者对罪犯执行具体的处遇与缓刑执行方式大体一致，管制对受刑人的处遇要求仅比缓刑处遇多了“不得行使言论、集会、游行、示威、结社、权利和出版的权利”的规定，该规定与剥夺政治权利的部分规定相重复。设置管制刑的初衷是体现和贯彻惩办与宽大相结合的刑事政策，但其威慑性不足，因为也不能对其施加更严厉的处遇，对罪犯的缓刑处遇除了可以避免监禁处遇的弊端，也可以对受处遇人具有威慑作用。一旦受处遇人违反了缓刑处遇法律规定，就面临撤销缓刑重新执行监禁刑的更严厉处遇。可见，管制刑的设置纯粹属于立法资源的浪费，应当予以废除。根据我国的刑法规定，我国目前的资格刑主要是剥夺政治权利。剥夺政治权利的内容主要有剥夺选举权和被选举权、言论、集会、游行、示威、出版、结社，担任国家机关职务以及国有企事业单位领导的权利。根据刑罚法规内容正当原则，言论、集会、游行、示威、出版、结社等宪法性权利一般不能被刑罚剥夺。在其他国家的刑法中，很少有“言论”“示威”等宪法性权利剥夺的刑罚。其现实操作性也一直困惑着我国学界和实务部门，“领导”一词也不太确切。我国学者对剥夺政治权利的刑罚名称提出异议：“剥夺政治权利作为资格刑，已经在很大程度上不能适应惩治犯罪的客观需要。为此，我们认为应当将剥夺政治权利改为剥夺一定的权利，消除其浓厚的政治性，使之成为适应各种犯罪，尤其是经济犯罪与职务犯罪的刑罚。”[1] 大陆国家刑法资格刑有一些我国刑法没有的种类：一是禁止政治特定行为的权利，如 1968 年意大利刑法典第 28 条有关选举权和被选举权的规定；二是剥夺纯名誉上的某些权利；三是法人资格刑，具体有法人的解散，禁止直接或者间接从事一种或几种职业性或社会性的活动，关闭用于实施犯罪行为的一家或者数家企业机构；四是禁止签发支票或者使用信用卡付款；五是粘贴所宣判的决定和通过新闻报刊或者任何视听手段公布该决定。我国剥夺自由刑种类虽然有无期徒刑、有期徒刑和拘役，有期徒刑的最长期限是 15 年，数罪并罚不得超过 20 年，但在司法实践中，由于被判处死刑缓期执行、无期徒刑的罪犯，经过假释和减刑一般实际执行刑期一般也不会超过 20 年，这实际上使无期徒刑的刑种失去了价值。这已经引起我国刑法学界的关注和反思，即有必要设立不得假释和减刑的无期徒刑制度，恢复无期徒刑的威慑性。

三、预防性制裁——保安处分的名至实归

保安处分是在否定刑罚报应性的视角中产生的，其具有与刑罚

---

［1］ 陈兴良. 刑罚哲学［M］. 北京：中国政法大学出版社，1997：429.

迥然不同的性质，对保安处分的含义有不同的理解。广义的保安处分是指为了防卫社会，对具有犯罪倾向或危险性的人与有可能引起或有助于犯罪的物进行安全化处置措施；狭义的保安处分仅指对具有危害社会可能性的无责任能力、限制责任能力或者具有特定危险性格的人进行矫治、教育、治疗和防范等特殊预防处置措施。

1. 保安处分的立法概况

保安处分的历史发展可以划分为三个阶段。以第一个阶段是19 世纪末奥地利人卡尔斯托斯教授完成的瑞士刑法草案之前的起始阶段。在这个阶段，克莱因提出了保安处分的理论，为保障公众的幸福与安宁，除了根据犯罪行为进行刑罚处罚外，还应当根据行为人犯罪的危险性，设立相应的保安处分。克莱因提出的保安处分思想，虽然没有引起以追求刑罚报应性正当为己任的刑法主流思潮共鸣，但当时欧洲的一些国家存在着保安处分的立法。1866 年瑞士贝伦邦刑法第 47 条和 1810 年法国刑法典第 66 条规定，均包含保安处分的思想。18 世纪的德国对于嫌疑犯习惯上采取不定期严密监督措施，也被看做是保安处分措施。第二个阶段是斯托斯刑法草案至 1921 年菲利完成的意大利刑法草案的发展阶段。卡尔斯托斯教授根据社会防卫理论，在其起草的刑法草案中与刑罚并列系统地规定了保安处分，使保安处分的立法从零散走向系统。19 世纪末兴起的刑事实证学派为保安处分的系统立法提供了坚实的理论基础。刑事实证学派标榜突出刑法首当其冲的任务是社会防卫，而传统的报应刑刑罚体系则在防卫社会方面力不从心。保安处分与刑罚并列的二元立法模式被极力否定意志自由论的刑事实证学派学者菲利所抛弃，其 1921 年起草的刑法草案取消了刑罚的概念，代之以包容刑罚与保安处分的制裁概念。在此阶段，保安处分理论存在从二元化向一元化方向转化的倾向，保安处分的一元化理论对苏俄的刑事立法有一定影响。苏俄刑法典以社会防卫方法取代了刑罚。第三个阶段是 1921 年菲利刑法草案以后至今，为完善阶段。在这个阶段，欧洲大陆各国基本都确立了保安处分，有的国家在刑法典中规定了保安处分，有的国家是在刑法之外制定专门的保安处分法。

英美国家没有保安处分的名称，但存在着缓刑和保护观察，其功能与保安处分没有太大的区别，理论上可以被认为是保安处分。保安处分与刑罚并列的二元化理论成为通行的处理刑罚与保安处分的立法体例基石，一元化的保安处分理论，目前很难得到法律的支持。

2．保安处分的适用原则和措施

保安处分与刑罚相比，在罪犯处遇体系中处于相对弱势和辅助性的地位，各国一般根据保安处分的种类来确定保安处分的适用要件。德国刑法中有七种保安处分，可以分为剥夺自由的保安处分和非剥夺自由的保安处分种类，剥夺自由的保安处分有收容于精神病院、收容于戒除设施、收容于安全保管设施和保安监置，非剥夺自由的保安处分包括行状监督、剥夺驾驶许可和职业限制，每种保安处分都规定了具体的适用对象。如第 64 条第 1 项规定："有过度服用酒精饮料或其他麻醉剂之习癖，或昏醉中有违法行为，或其违法行为起源于此习癖，基此行为而受有罪之裁判，且因其习癖将来有为严重违法行为之危险者，法院应命令收容于强制禁戒机构。"有的国家对物的保安处分也有所规定，主要有没收和关闭营业场所等，例如奥地利刑法第 26 条第 1 项规定："行为人供犯罪所用之物，供犯罪预备所用之物，或因犯罪所得之物，依该物之性质，为防止犯罪之发生，有予以没收之必要者，没收之。"意大利刑法中第 36 条也有将没收规定为保安处分。保安处分的性质确定保安处分适用的一般要件必须符合目的性和合理性。合目的性要求保安处分的目的必须是防止有犯罪危险的人实施危害社会的行为，并对其进行必要的治疗和改善。合理性则要求防止保安处分适用的恣意性，保证社会成员的自由和权利不受侵害。

3．保安处分与刑罚二元主义的理论基点

（1）刑罚适用的根据是犯罪人的行为的社会危害程度，具有道德谴责的伦理色彩，具有一般预防和特殊预防的双面预防目的。而保安处分的适用根据是犯罪人的人身危险性，则不包含道德伦理的色彩，保安处分在伦理价值方面是无色的，不具有一般预防的功能。

（2）保安处分的适用以行为人实施犯罪的危险性为前提和基础，并以消除这种危险为目的，只要实施犯罪的危险性存在，那么保安处分就有存在的必要，其执行的具体期限具有不定期的特征。而刑罚则着眼于已经实施的犯罪行为，其根据则在于与犯罪行为相均衡，刑罚的期限是确定的。

（3）保安处分是一种行政处分，由行政机关决定，而刑罚则是一种刑事处分，由法院进行宣判。保安处分是行政处分的观点也被进一步修正，犯罪征表说认为未经法院确认行为人的行为构成犯罪，即使该犯罪行为征表出再次犯罪的危险，也不得适用保安处分。这是防止国家权力借口公共利益的名义，利用行政权过度侵犯人权。

4. 中国保安处分制度的时代选择

我国法学界对保安处分长期持否定态度，法律和法规没有保安处分的概念和名称，却存在着实质上具有保安处分特征的国家权力措施，这主要体现在行政法规的有关规定。具体措施有强制戒毒、劳动教养、收容审查和遣送、强制留场作业、工读教育、没收处分、剥夺资格等。其特点表现为行政性、政策性、实践性。总体而言，我国存在保安处分立法着零散、杂乱和立法技术粗糙的缺陷。应当借鉴国外立法经验，对我国的保安处分措施进行改造，建立科学的保安处分制度。

（1）劳动教养。劳动教养是具有中国特色的预防犯罪处遇方略，它是对经常实施违反治安行政法规，或者其行为违反法律法规但构不成犯罪的人所采取的强制性教育措施。劳动教养产生经历了从政策性措施向法律制度化的渐进演变的历史过程。新中国成立之初，中共中央在 1955 年 8 月 25 日发布了《关于肃清暗藏的反革命分子的指示》，明确规定了劳动教养的对象，即不够刑事处分，但在政治上又不宜继续留用，在社会上又没有正当职业的反革命分子和破坏分子。1957 年 8 月 3 日，国务院有发布了《关于劳动教养问题的决定》，将劳动教养的对象扩大扫除反革命分子外的其他违法违纪人员，劳动教养被定性为既是强制性教育又是安置就业的方法。此后国务院于1982年1月21日转发了公安部制定的部门规章《劳动教养试行办法》，其各条规章对劳动教养的任务、对象、场地、程序、方式以及监督等进行了全面的规定。全国人大常委会颁布的单行刑事法律也对劳动教养有多项规定，例如《全国人大常委会关于处理逃跑或者重新犯罪的劳改犯和劳教人员的规定》《全国人大常委会关于禁毒的决定》等等。我国现行法规对劳动教养的性质已经排除了安置就业的性质，使其成为专门的预防犯罪的手段。劳动教养的对象在不同的法律文件中都有规定。《劳动教养试行办法》第10条规定了六种对象：罪行轻微、不够刑事处分的反革命分子、反党反社会主义分子；结伙杀人、抢劫、强奸、放火等犯罪团伙不够刑事处分的；有流氓、卖淫、盗窃、诈骗等违法犯罪行为，屡教不改，不够刑事处分的；聚众斗殴、寻衅滋事、煽动闹事等扰乱社会治安，不够刑事处分的；有工作岗位，长期拒绝劳动，破坏劳动纪律，而又不断无理取闹，扰乱社会生产秩序、工作秩序、教学科研秩序和生活秩序，妨碍公务，不听劝告和制止的；教唆他人违法犯罪，不够刑事处分的。《劳动教养试行办法》第9条规定，劳动教养收容对象是家居大中城市需要劳动教养的人，在实践中对家居农村而流窜到城市铁路沿线和大型厂矿作案的也可以成为劳动教养的对象。《全国人大常委会关于禁毒的决定》《全国人大常委会关于严禁卖淫、嫖娼的决定》分别规定强制戒除后有吸食、注射的人和因卖淫、嫖娼被公安机关处理后又卖淫、嫖娼的人列入劳动教养的对象。劳动教养的决定权属于省、自治区、直辖市成立的由民政、公安、劳动等行政管理部门人员组成的劳动教养管理委员会，由其审查，决定是否批准劳动教养。劳动教养管理所对劳动教养人员进行强制性的劳动教育性活动，劳动教养的期限为1~3年，执行机关必要时可以延长1年。劳动教养管理所对被劳动教养者进行政治思想、文化知识和劳动生产技术教育三个方面的教育，并且组织生产劳动，被劳动教养者的人身自由受到一定限制，集中在劳动教养管理场所进行工作和学习。

劳动教养制度目前备受争议，这主要体现在法治国家的价值取向是以限制权力和保障个人权利为本，而劳动教养则是国家权力膨胀的产物。劳动教养的性质在理论上没有定论，其中，影响比较大的是行政处罚说和强制性教育措施说。行政强制说认为，劳动教养是介于现行治安处罚体系与刑事处罚之间的治安处罚措施；强制性教育措施说认为，劳动教养是针对具有反社会人格的违法人员进行的强制性教育措施。在实体方面，劳动教养与刑罚的某些种类剥夺权益的程度存在着与其性质不相协调的冲突，劳动教养虽然不是刑罚，适用对象是实施了对社会危害行为比犯罪行为较轻的违法行为，但对被劳动教养的权益剥夺比针对犯罪者适用的处置要重，被劳动教养者的剥夺自由劳动处置期限长达1～3年，必要时还可以延长1年。但犯罪者在刑事诉讼中既可能不被起诉，也可以在审判后定罪免除刑罚，被判处3年以下有期徒刑的犯罪者如有悔改表现，还可能被缓刑。两者的差异明显与社会民众的对公正认知相差一段距离。在司法实践中出现了许多被劳动教养者宁愿以犯罪者的身份被起诉和被定罪，也不愿只是以一般违法者身份而被劳动教养的惊奇案例。有的劳教人员选择了通过逃跑后重新犯罪，来被定罪处罚以规避劳动教养。在程序方面，劳动教养的决定，虽然名义上是由劳动教养管理委员会审查批准，但实践中却由公安部门独自决定。而且劳动教养的决策机制呈现类似行政的封闭、扁平组织结构，被劳动教养者没有聘请律师进行辩护的权利及申请回避、质证的权利。由于公安机关拥有刑事侦查和劳动教养决定权于一身，有的公安机关在办理刑事案件中，因工作不到位，对于证据不足本应撤销的案件，由于怕承担国家赔偿责任而转为劳动教养。规范劳动教养的法律渊源位阶与立法法的相关规定相悖。我国立法法的相关条文规定，只有全国人民代表大会及其常务委员会制定的法律才能规定限制人身自由的措施，而现行规范劳动教养的是比法律位阶低的国务院制定的行政法规，这明显不符合上述法律规定。目前我国政府已经签署的《公民权利与政治权利公约》规定，未经合格的法庭批准，任何人不得被强迫劳动。劳动教养由行政部门自行决定对社会成员强制劳动，这有悖于上述国际文件所确立的司法决定原则。

针对劳动教养制度的上述弊端，对劳动教养的前途和命运存在着修改和废除两种选择。劳动教养修改论认为，劳动教养对我国预防犯罪保障社会治安发挥着巨大的积极作用，劳动教养对那些“大错不断、小错不犯、气死公安、难死法院”的危害社会稳定的人具有较强的社会防卫机能，对其治安管理处罚威慑力不足。而对其不够刑事处分的违法分子，劳动教养具有不可替代的作用，对此不能简单地以人权保障为由一废了之，应当考虑根据现实社会的需要，对其加以改造，适应人权保障和防卫社会的双重价值的需要。而废除论则认为，劳动教养应当予以废除。

（2）收容教养。我国刑法第 17 条规定：“因不满 16 周岁不予刑事处罚的，责令他的家长或者监护人加以管教；在必要的时刻，也可以由政府收容教养。”我国未成年人保护法也有类似的规定，1991 年全国人民代表大会常务委员会制定的《关于严禁卖淫、嫖娼的决定》规定对卖淫、嫖娼者可以收容教育。公安部 1992 年 3 月 28 日下发《关于少年犯管教所收押、收容范围的通知》规定，收容教养的适用对象必须是已满 14 周岁不满 16 周岁的少年犯，收容教养的条件是客观上实施了刑法分则规定的犯罪行为（不包括已满 14 周岁不满 16 周岁的应当负刑事责任的特定犯罪）。但因不满 16 周岁没有达到刑事责任年龄而且有必要予以收养者，收容教养的期限一般为 1～3 年。我国收容教养制度的法律依据不足，过多依赖相关政策，对有收容教养必要的相关内容，没有明确的细化规定。

（3）强制戒除。这主要指对吸毒嗜好者或者对毒品形成瘾癖适用的特别措施。《全国人大常委会关于禁毒的决定》规定：“吸食、注射毒品成瘾的，除依照前款规定处罚外，予以强制戒除，进行治疗、教育。强制戒除后又吸食、注射的，可以实行劳动教养，并在劳动教养中强制戒除。”进行强制戒除的地点是戒毒所。吸食、注射毒品成瘾的人被强制送入戒毒所，被强制戒除者在戒毒期间，人身自由被一定限制。这样做的目的是防止毒瘾发作，丧失理智的戒毒者无法控制自己行为对他人造成伤害。对被强制戒除者进行药物治疗和法纪、道德、理想教育双管齐下，可以起到相得益彰的互补效果。

（4）收容教育。收容教育是将卖淫、嫖娼人员集中在一定地点进行强制性的法律、道德教育以及生产劳动的措施。其依据是全国人大常委会颁布的《关于严禁卖淫、嫖娼的决定》。该决定第4条第3款规定："对卖淫、嫖娼的，可以由公安机关会同有关部门强制集中进行法律、道德教育和生产领导，使之改掉恶习。"收容教育的性质既具有行政教育属性，又具有强制性。实施收容教育的主体是公安机关，收容教育的期限是6个月至2年。

（5）强制治疗。强制治疗是对有危害社会行为，但不能追究法律责任的精神病人和患有性病的卖淫嫖娼者进行的强制治疗。我国刑法第18条规定："精神病人在不能辨认或者不能控制自己的行为的时候造成危害结果，经法定程序鉴定确认的，不负刑事责任，但是应当责令他的家长或者监护人严加看管和治疗；在必要的时候，由政府强制治疗。"我国的治安管理处罚法第13条规定："精神病人在不能辨认或者不能控制自己行为的时候违反治安管理的，不予处罚，但是应当责令其监护人严加看管和治疗。"

（6）强制留场就业。强制留场就业措施在我国实行了40年之久，留场就业是指对没有改造好的犯罪人和劳动教养人员在其刑满或者劳动教养期间届满以后，不能再回原来的大中城市，而在原刑罚执行场所或领导教养场所强制安置就业的措施。其依据最早是《中华人民共和国劳动改造条例》，但该条例对留场就业的规定采取的是自愿原则，其目的是安置就业困难的人。1964年全国第六次改造工作会议作出的《关于加强劳改工作若干问题的报告》提出了强制留场就业的以下几种对象：改造不好的、无家可归又无业可就的，放出去有危险的人等。1982年6月10日全国人大常委会颁布了《关于处理逃跑或重新犯罪的劳改犯和劳动教养人员的决定》，这在法律制度方面确立了强制留场就业制度。根据该决定和《劳动教养试行办法》，下列七种对象属于留场就业的对象：劳改犯逃跑后有犯罪和刑满释放后又犯罪被劳改的；劳改犯没有改造好的；劳改期满后有轻微犯罪行为，不够刑事处分，给予劳动教养处分的；劳教人员解除教养3年内又犯罪、逃跑后5年内犯罪被判刑劳改的；劳教人员解除教养3年内又犯罪、逃跑后5年内犯罪，情节轻微，不够刑事处分，重新劳动教养或者延长劳动教养期限的；在劳教场所继续违法犯罪，延长过劳动教养期限1年的；屡次逃跑，延长过劳动教养期限1年的。

虽然我国强制留场就业，保护社会免受有危险倾向的违法犯罪者侵害的初衷无可厚非，但其运行机制存在着致命的缺陷：一是强制留场就业的对象只针对来自大中城市的劳改劳教人员，而对于不是来自大中城市的劳改劳教人员，有《关于处理逃跑或重新犯罪的劳改犯和劳动教养人员的决定》规定的行为则无法适用，这有悖于法治的公平性；二是强制留场就业的无期限性和注销户口，使强制留场就业人员对未来生活失去信心，甚至绝望，这有悖于我国给出路的政策；三是强制没有保障，被强制留场就业逃离就业场所，在法律上没有将其抓回的强制性措施，逃离者没有任何法律责任，这使得其制度流于形式无法实施。

我国目前的罪犯处置制裁体系只存在刑罚和非刑罚方法，非刑罚方法的性质其实是民事制裁和行政制裁的综合体，没有以特殊预防为专任的保安处分的位置，这不利于刑事法律的防卫社会机能的充分发挥。保安处分对教育改善犯罪人，有刑罚不能替代的功能和作用，这是由罪犯具有人身危险性的特点决定的。保安处分的具体种类设定可以对现有实践中对违法行为人员的措施进行改造，剔除其不合法性、行政性等弊端，使之适用于罪犯。其种类有教养处分、强制医疗、强制禁戒、保护观察、没收犯罪财物等。保安处分适用的前提和基础必须是实施犯罪行为的人，即罪犯。我国学者提出保安处分的对象可以是具有违法行为或具有人身危险性的人员，这是值得商榷的。法治社会应当对社会成员个体的与主流意识标准的差异有一定的容忍度，这是其权利保障本位的价值取向所决定的，既然其行为只是对社会危害程度不大的一般违法行为，其表现出的人身危险性也应在社会民众所能容忍的程度以内。因此，对一般违法行为有行政处罚进行规制就可以了。

四、罪犯的救助性社会处遇

罪犯的社会处遇对于处于服刑状态下的罪犯具有救助的性质。罪犯的救助性处遇不具有惩罚性性质，主要表现在监禁刑服刑罪犯的社会内处遇，这是相对于监狱设施内处遇而言的，其理论发端是刑事近代学派理论，在第二次世界大战以后得以发展。目前，行刑社会化已经成为现代刑事执行制度的重要理论基础，传统的刑事理论着眼点是对罪犯处罚的正义和适当，现代刑事法学理论对犯罪预防给予了充分的重视，而罪犯的救助性处遇使社会和服刑罪犯都同受其利。

（一）罪犯社会内处遇的含义

理论界对行刑社会化并没有取得共同认识，我国台湾刑法学家林纪东认为，行刑社会化专指“社会团体替监狱分担受刑人释放出狱后的保护事务而言”[1]。马克昌教授认为：“刑罚执行的社会化原则，是指在刑罚执行过程中，要调动监狱外的一切社会因素，合理救助改造犯罪分子并保证和巩固刑罚执行的效果。”[2]金鉴主编的《监狱学总论》认为：“行刑中的社会化原则，就是利用社会力量来教育改造罪犯。”[3]陈士涵研究员认为，行刑社会化体现在两个方面：“社会力量介入监狱对罪犯的改造过程和出狱人员回归社会后，得到社会的收容、保护、救助和就业安置。”[4]笔者认为，在理论上，行刑社会化命题提出的初衷是纠正监禁刑的弊端，但并不局限于自由刑执行的一项原则，还应当成为刑罚制度的原则。监禁刑执行的社会化是罪犯社会内处遇重要组成部分，但不是其全部的内容。罪犯的社会处遇应当包括监禁刑执行的社会化、非监禁刑

---

[1] 林纪东. 刑事政策学［M］. 台北：中正书局，1969：199.
[2] 马克昌. 刑罚通论［M］. 武汉：武汉大学出版社，1999：514.
[3] 金鉴. 监狱学总论［M］. 北京：法律出版社，1997：476.
[4] 陈士涵. 人格改造论［M］. 上海：学林出版社，2001：15－16.

适用和罪犯的社会保障待遇。监禁刑执行的社会化理念由罪犯劳动、罪犯教育、心理矫正、开放式监狱制度、累进处遇等组成，与社会正当联系和社会教育等具体制度支撑而彰显。非监禁刑适用主要表现在对罪犯判处管制、财产刑、资格刑等，除死刑立即执行和对外国人驱逐出境之外在社会上执行的刑罚。这既有根据犯罪人犯罪事实和情节所决定的，对其惩罚报应的公正体现，在某种程度上也考虑到监禁刑替代措施行刑社会化的因素。罪犯的社会保障待遇，是指政府和社会对罪犯作为社会个体由于疾病、生育、工伤、失业、残疾、年老和死亡等特定状态遭受损失提供医疗和补贴等保护和救助的制度。

（二）监禁刑执行的社会化的理论基础

目的刑主义认为，刑罚的目的是矫正可以矫正者，并使不可矫正者不致为害。西方监狱制度在此基础上普遍确立了监禁刑执行的矫正目的。对罪犯矫正的理论蕴涵是罪犯的再社会化。我国根据马克思主义、毛泽东思想所设计的罪犯改造制度，也有浓厚的再社会化色彩，因此了解罪犯再社会化的精髓就必须追溯人的社会化的社会学诠释。

社会化的概念具有多种含义。1936 年出版的《辞海》对其作出了两种解释：“（1）人类互相接触，其思想、感情、信念等逐渐趋于同化，而协力合作之事，既由分离之个人，递演结合而成社会，个人社会转化为社会生活一部分之意。（2）社会主义者谓一切产业应从个人所有转化为社会全体所有，由社会公共团体管理之，也称为社会化。”而对人的社会化也有不同的理解。美国心理学家 E · 弗洛姆认为：“社会就是诱导社会的成员去做那些想要使社会正常延续就必须做的事”，是“社会和文化得以延续的手段”。美国社会学家 I · 罗伯逊认为，“社会化就是人们获得个性并学习其所在社会的生活方式的相互过程”[1]。美国人类学家J · 惠廷认

---

［1］　冯卫国. 行刑社会化研究［M］. 北京：北京大学出版社，2003：35.

为："社会化就是文化代代相传的过程。"[1]我国也有学者认为：把自然人变成对社会有用的社会人就是社会化。上述观点中，有的强调社会化过程中的人与社会的互动，关注社会规范的内化和形成；有的着重社会化过程中个人健康人格的形成；有的偏重社会化过程中的文化继承。但这些定义有的过于简略，有的过于强调外在的社会教化作用，而忽视了个体在社会化过程中的主体地位和能动作用。笔者认为，个人将社会长期积累起来的知识、技能、观念和规范，进行学习并内化为其品质和行为，并再创造和发展的过程。因此，人的社会化是个人与社会的双向互动的过程。社会化的途径包括社会教化和个体内化，社会教化是指社会组织或机构的其他社会成员对社会个体进行社会化的活动，而个体内化是指承受社会化的个体经过对社会信息的接受，将社会目标、价值观、规范和行为方式等转化为其自身稳定的人格特质和行为反应模式的过程。这两条基本途径在社会化的过程中相辅相成，社会教化是社会化的外部动因，体现了环境对个体的影响，而个体内化是社会教化得以实现的内在因素，这标志着个人社会化具有主动的属性。

人的社会化有基本社会化、继续社会化和再社会化。基本社会化是人的生命早期阶段的社会化，主要通过学习语言和其他认知技能，掌握基本的社会规范，从而在基本社会生活中担任最基本的角色。继续社会化是指成年人在经过基本社会化后，继续学习新知识和新技能，从而担任新的社会角色。再社会化是指那些在基本社会化和继续社会化过程中失败的人所接受的重新社会化的过程。罪犯再社会化作为特殊类型的社会化，与一般的社会化相比，具有一定的特殊性，有学者将其概括为以下几点。"1. 罪犯再社会化必须在特定的机构里实施，即监狱和未成年人犯管教所，而普通社会化一般是在家庭、学校和工作单位进行的。2. 罪犯再社会化是强迫进行的，而普通社会化是主体积极主动地参与和接受。3. 罪犯

---

[1] 黄渔馥. 人与社会——社会化问题在美国［M］. 沈阳：辽宁人民出版社，1987：6.

再社会化是以改造人、造就人为目的。4. 罪犯再社会化的主客体是一种控制—教化关系，管教人员是对罪犯进行教化的主体，罪犯是再社会化的客体。5. 罪犯再社会化具有艰巨性和复杂性，这是由罪犯缺乏自我改造的需要、罪犯消极的情绪和态度的干扰等情况决定的。6. 罪犯再社会化的目标是一个多层次的系统，可分为三个层次：一是初期阶段的强迫层次，其重点以醒悟教育为目标，要求罪犯遵守监规纪律，服从管理；二是中期阶段安心于再社会化的层次，以情感教育和法制教育为目标，旨在促使罪犯的思想转化；三是后期阶段的完成再社会化的层次，以技能教育为主，为罪犯回归社会作准备"[1]。该论述对监禁刑执行的社会化与普通社会化的区别比较全面，但在主体和对象以及强制等方面的提法值得商榷。我国监禁刑执行的罪犯再社会化在我国法律制度上被称为罪犯改造。

（三）我国罪犯改造的理论基础

"改造"一词最早见于《诗经》。《诗经·郑风·缁衣》有语句，"缁衣之好兮，敝，予以改造兮。"其本意是改变旧的，建立新的事物，在社会政治理论上被引申为对人生观、世界观等事物的改变。我国罪犯改造的理论是以马列主义、毛泽东思想为指导。马克思主义认为，只有解放全人类才能最后解放自己。罪犯作为社会组成部分，对其改造自然是其历史使命的应有内容，"无论如何应该说明，工人们完全不愿意由于担心竞争而让一般犯人受到牲畜一样的待遇，特别是不愿意使他们失掉改过自新的唯一手段即生产劳动"[2]。列宁提出："如果我们不懂得强迫改造反革命分子和反动阶级分子，不懂得用敌人的双手去建设社会主义，那么我们同他们的斗争，就只完成了一半。"列宁领导的无产阶级革命建立起的社会主义国家，为实践罪犯改造理论提供了依托，制定了多项罪犯改造法规，形成了一整套劳动改造罪犯制度。列宁关于"改造被改

---

［1］　冯卫国．行刑社会化研究［M］．北京：北京大学出版社，2003：36－37．

［2］　马克思．哥达纲领批判．http：//www．dfxj．gov．cn/dfxjw/dfxj/node2830/node2906/node2910/userobject1ai34973．html，2005－07－02．

造者”和“把监狱办成教育机关”的指示，成为前苏联罪犯改造理论、制度和实践的指导思想，并且对中国的罪犯改造理论和制度有重要的影响。新中国成立前解放区的监所机构就一直贯彻着罪犯改造的思想。毛泽东在《实践论》指出：“社会的发展到了今天的时代，正确地认识世界和改造世界的责任，已经历史地落在无产阶级及其政党的肩上。……所谓被改造的客观世界，其中包括了一切反对改造的人们。他们的被改造，须要通过强迫的阶段，然后才能进入自觉的阶段。世界到了全人类都自觉地改造自己和改造世界的时候，那就是世界共产主义时代。”[1]新中国成立后，罪犯改造制度逐步在政策和法律文件中确立下来，《中国人民政治协商会议共同纲领》第7条规定：“对于一切的反动分子，封建地主、官僚资本家，在解除其武装、消灭其特殊势力后，仍须依法在必要时期内剥夺他们的政治权利，但同时给以生活出路，并强迫他们在劳动中改造自己，成为新人。”随后，制定了《中华人民共和国劳动改造条例》，从而使罪犯改造工作大规模展开。在当时，对罪犯改造原理的认识存在不同的看法。第一种看法是，罪犯改造基本原理包括以下五条原理：一是无产阶级改造世界、改造人历史使命的原理。二是无产阶级解放全人类的原理。三是劳动创造人、改造人的原理，劳动是人类最基本的实践活动，人们在生产劳动中可以发展和改造自身。四是发展变化的原理。事物由于内部的矛盾斗争，都是处于不断发展、变化、运动中。五是存在决定意识。罪犯不是生来就是罪犯，而是后天环境影响造成，改造罪犯环境，就能消除罪犯后天造成的影响，实现罪犯变为新人的目的。第二种看法是，将罪犯改造原理分为罪犯改造的理论依据和毛泽东关于罪犯改造的理论与实践。罪犯改造的理论依据中有哲学依据和刑罚学依据。哲学依据主要是马克思主义唯物史观，它提供了解决社会犯罪和改造罪犯的一般方法论。刑罚学依据是刑罚除了其惩罚的法律属性之外，仍具有教育性。刑罚的教育改造作用表现为，对犯罪者的警示和教育

---

[1] 毛泽东. 实践论［M］. 第2版. 北京：人民出版社，1991：296.

犯罪人认识他的犯罪行为和恶果。毛泽东关于罪犯改造的理论有历史唯物主义理论罪犯改造观、罪犯改造条件论和无产阶级的改造罪犯政策和方法，对罪犯改造规律的一般总结和监狱的性质和作用进行了阐述。综合以上论述，笔者认为，罪犯改造原理应当是最普遍、最基本的规律，其具体内容有以下两条。

1. 罪犯是可以改造的

罪犯是可以改造，这一基本原理是针对罪犯不具有改造性的命题而提出的。近代刑法理论提出，人之所以犯罪的原因是不同于常人的生理和心理因素所决定的，这必然演绎出天生犯罪人不具有改造性的结论。龙勃罗梭认为，犯罪的决定因素是人的遗传基因；菲利认为，人犯罪原因是自然因素、社会因素、个人因素综合作用，但脑异常、颅骨异常、主要器官异常、感觉异常等生物因素是重要的原因；李斯特提出个人因素与社会因素的二元犯罪原因论，也认可不可矫正犯罪人的存在，才会有“矫正可以矫正者，使不可以矫正者不致为害”的政策定位。第二次世界大战后犯罪学理论的“内分泌失调论”、“染色体变异论”等成果也为罪犯不具有改造的结论增添注解。但罪犯不可以矫正的立论，是根据天生犯罪人论，自提出后就不断受到置疑和挑战。罪犯具有可改造性是基于罪犯作为人的人性的可变性所决定。古今中外诸多思想家对人性的可变性有一定的首肯。孔子曰：“性相近也，习相远也。”[1]美国社会学家库利认为：“人类本性是最容易变化的，因为导致行为的本性，随着外部的影响而在道德或其他意义上都是变化的……一切取决于本性是如何被唤醒和运用的……人类本性最基本的特性是可教育性。如果我们理解人类本性，我们可以让他按照我们的意愿发挥作用，就像一个聪明的机械师，运用物质和运动的普遍规律来为他的目的服务一样。”[2]马克思主义认为，人是环境的产物，环境可以改变人、造就人，但人又具有主观能动性，可以主动适应环境，并

[1]《论语·阳货》。

[2]〔美〕查尔斯·霍顿·库利. 人类本性与社会秩序［M］. 包凡一，译. 北京：华夏出版社，1999：25.

可以对环境进行一定程度的改造。“人来源于动物界这一事实已经决定了人永远不能完全摆脱兽性，所以问题永远只有在于摆脱得多些或少些，在于兽性或者人性的程度上的差异”。抽象的人性应当符合人的具体的生理、心理和行为的规律，罪犯可以改造的命题在生理学、心理学和行为学都有一定的理论依据。

生理学家巴甫洛夫的条件反射学说成为罪犯改造在生理方面的主要依据。巴甫洛夫认为，人与外界的联系方式是反射，反射分为无条件反射和条件反射，无条件反射是有机体与生俱来的，是一种经常和固定的联系；条件反射是暂时的神经联系。暂时的神经联系是动物界和人类本身一种最普遍的社会联系。因此，人类的大脑不仅可以在外界直接刺激物的刺激下产生暂时的神经联系，形成条件反射，而且还可以在语言的刺激下产生条件反射，在大脑皮层中建立暂时的神经联系，建立在语言刺激物基础上的大脑皮层的暂时的神经联系。这种暂时的神经联系被称为第二信号系统的暂时的神经联系，它是人类抽象思维的生理基础。但是，大脑中的暂时的神经联系具有可变化的特性。条件反射可以伴随着外界环境的改变而变动，“运用我们的方法研究高级神经活动所得到的最主要、最强烈的永久保持不变的印象就是这一活动的极度的可塑性，及这一活动的巨大的可能性，没有什么东西是不可动摇的、固执不变的，只要适当的条件具备，一切都是可以达到的，向好的方向转变”[1]。

美国学者创立的行为学对罪犯可以改造的命题从另外角度进行了诠释。斯金纳认为，人的行为分为两类：一类是由某个特定刺激引发的反射行为，另一类是由环境引发的复杂的操作行为。人的行为不仅受环境刺激的影响，而且行为还受其所带来结果强化作用的影响。结果强化作用分为正强化、负强化和惩罚三种作用。正强化又称阳性强化，个体作出某种行为或反应，随后或同时得到某种奖励，从而使行为或反应强度、概率或速度增加的过程。有机体自发作出某种反应之后，随即排除或避免了某种讨厌刺激或不愉快情

---

[1] 夏宗素. 监狱学基础理论［M］. 北京：法律出版社，1997：20.

境，从而使此类反应在以后的类似情境中发生的概率增加，这种操作即为负强化。当有机体自发作出某种反映之后，随即呈现一种讨厌刺激（或不愉快情境），以期消除或抑制此类反应的过程，称为惩罚。人的操作行为会因正强化、负强化而会再次实施该行为，或因受到惩罚减少、终止该行为。

犯罪人的犯罪思想和恶习不是先天存在的，而是后天形成、发展和变化的。犯罪思想和恶习是社会性内容，而不是生物性的事物。马克思主义唯物史观认为，社会存在决定社会意识，人在接触社会的长期过程中，受到社会环境诱发犯罪不良因素的不断影响和刺激，才逐步形成较为稳定的意识心理结构。犯罪人的犯罪思想和恶习不是一成不变的，不能摆脱事物是发展变化的客观规律的制约，罪犯从犯罪思想和心理形成到实施犯罪，再到逮捕和审判入狱，经历了不同的环境变迁，其思想和心理必然产生波动和斗争，必然存在着犯罪倾向和合法生活的矛盾，这对矛盾处于不断斗争和变化的状态，将促使罪犯作出是否改恶从善的抉择。

2．罪犯改造需要一定的条件

罪犯改造需要的条件，主要包括某种思想意识形态主导的展现绝大多数社会成员意志的公共管理政权的政治条件，和正确的改造手段及方法。前者在中国具体表现为人民民主专政的国家政权。人民民主专政是人民内部的民主和对反动派的专政的有机结合。我国社会有几千年儒家思想主导社会的等级文化传统。新中国成立后，马克思主义、毛泽东思想成为政权建设和社会生活的指导理论，由人民内部的民主通过人民代表大会制度选出体现正义，最不坏选择的公共管理机构即政府，其代表了广大人民群众的利益和意志，在某种程度上展现出社会正义的特征。这都为罪犯改造提供了坚实的社会基础。毛泽东说："我们相信人是可以改好的，在一定条件下，在无产阶级专政的条件下，一般情况下，是可以改造过来的。"正确的改造手段和方法具体表现在监狱工作方针的确定，我们的监狱工作方针经历了从"从惩罚管制与思想改造相结合，劳动生产与政治教育相结合"到"改造第一、生产第二"的嬗变，在不同的社会生活条件下，对改造手段和方法作出相应的调整。在具体的改造手段设计方面形成了罪犯劳动、罪犯教育和狱政管理三大罪犯改造手段。以罪犯劳动为主的体系，在几十年的实践中没有根本改变，并同时不断吸收外国罪犯矫正的心理咨询矫正的经验成果，丰富发展罪犯教育和狱政管理的内容。

3. 罪犯改造必须经历从强制到自觉的过程

现代刑罚学强调对罪犯的改造，但有些理论家提出了异议。认为惩罚与改造是相抵触的，对罪犯的建设性处置不能是惩罚性的，在罪犯改造运行机理的设计中，强制性贯穿罪犯改造的整个过程，这与现代教育在外观上倡导的引导性理念存在着矛盾和冲突。大多数西方学者认为强迫手段不能改造人的内心世界，刑罚强迫只能使人恐惧和服从，行刑中改造功能是不存在的。而我国学界大多认同惩罚和改造是可以有机统一起来的。惩罚和改造的关系是辩证统一的，不能孤立地割裂开来看问题，强调一方面而忽视另一方，都会走向事物的极端，而适得其反。惩罚和改造是手段和目的的关系，惩罚是改造的前提，只有在对罪犯剥夺或限制自由的情况下，才可能对其进行改造；改造是惩罚的目的，为改造罪犯，不能对罪犯实施残酷的、不人道的处罚和待遇。另有学者认为，惩罚和改造定位于手段与目的的关系并不妥当，惩罚和改造分别体现了不同的价值，惩罚集中体现了刑罚的公正价值，改造集中体现了刑罚的功利价值，两者是并行不悖的，并不是为改造罪犯才去实施刑罚的。在惩罚中也并不能推导出改造罪犯的必然结论。惩罚和改造只是在一定条件下可以共存、互动和互补的关系。在监狱法条款也明确规定“惩罚和改造相结合、劳动和教育相结合”的方针。罪犯劳动在理论上剔除了折磨性、体罚性的内容，被赋予提升罪犯价值需求层次，罪犯教育的内容形成“政治思想教育为核心、专业技术教育为重点、文化知识教育为前提”的格局。其中，政治思想教育为强制性教育的内容，具有中国特色。监狱工作人员成为罪犯教育的主要主体，使罪犯教育与刑罚执行在机制上混为一体，甚至与刑罚执行为同一语。

4. 罪犯改造具有正当性

罪犯改造在自由刑执行的强制性阴影下也凸显出强制特征，诸多思想家对罪犯改造的正当性提出了质疑并进行否定。英国近代政治家葛德文认为："把罪犯改造作为刑罚的目的是荒谬的，因为刑罚这种强制手段不能说服人，不能安抚人，而相反的，使受到强制的人离心离德，强制与理性毫无共同之处，所以不能有培养德行的正当效果。认为强制和惩罚是改造人类的正当手段，这正是野蛮人的想法，科学的目的在于彻底消灭这种凶恶的观点。"[1]德国学者拉德布鲁赫指出："就刑罚的性质而言，它是否适用于教育还值得怀疑，刑罚教育是强制教育，而强制必然会产生对抗。现代监狱的建筑、防止越狱的堡垒、对犯人处处设防的囚牢，都构成教育的障碍，而教育是在信任的气氛中进行。"[2]而罪犯改造正当性的命题则从社会和犯罪人个人的需要的角度展开论证。从社会角度考虑，对罪犯的刑罚惩罚只能满足包括被害人在内的社会公众的报应公正，但这仅是形式上的一般正义，而罪犯的犯罪思想、心理以及在此基础上形成的危害社会的人格并没有改变。罪犯如果不能改造成为守法公民，则刑满释放后，仍可能会继续犯罪。因此，有必要对罪犯的犯罪思想、心理以及在此基础上形成的危害社会的人格进行摧毁，并重新塑造，这是特殊的实质正义要求。就个人正义而言，罪犯改造上升为行刑的主题，这反映着人类理性的成长和进步。具有道义性和科学性的改造具有正当性，任何形式的改造不能等同于具有道义性和科学性。罪犯改造的道义性要求必须以对罪犯人格的充分尊重和权利的有效保障为前提条件，正当性的罪犯改造暗合罪犯较高层次的需要。心理学的研究成果表示，人的需要从低级到高级的排序为生理需要、安全需要、爱和归属需要、自尊需要和自我实现需要。行刑人道化要求对前两种需要给予基本的满足，而对罪犯的爱和归属需要、自尊需要和自我实现需要的提升，则需要通过

---

[1] 〔英〕葛德文. 政治正义论 [M]. 何慕李，译. 北京：商务印书馆，1980：534、556.

[2] 冯卫国. 行刑社会化研究 [M]. 北京：北京大学出版社，2003：67.

改造来实现，可以使其重新回归正常社会生活，得到其他社会成员的尊重和认可。

（四）罪犯强制性改造理论在法治国家建设语境中的困境

1. 法治国家权力本位价值的冲击

中国罪犯改造理论存在的社会结构是政治国家一元化的结构，但伴随着法治思想和理念逐渐深入，对一元化的政治国家社会结构进行不断冲击和松动，逐渐向政治国家和市民社会相分离的二元化结构转型。二元化结构的社会中，政治国家退出了个体的日常生活的私人自治领域，国家的权威日益被削弱，社会价值呈现多元化，社会也逐步从封闭走向开放，国际交流日益增多，任何一种主导性理论或价值观的权威和公信遭受质疑和挑战的机会日渐增多。对个体思想和行为控制和影响也渐趋式微。联合国制定的国际文件也确立了任何人都有思想自由和宗教信仰选择，罪犯作为社会个体的人权问题越来越成为人们关注的对象，其与国家的不平等关系也逐步被有志之士所质疑。这就使得罪犯对其接受的信息越来越丰富。这些因素都导致判断何种思想为犯罪的思想，何种理论可以成为摧毁此种犯罪思想的罪犯改造命题，对给出合理答案设置了诸多障碍。

2. 罪犯改造目标设定和改造手段的失衡

罪犯改造的目标在不同的历史时期有不同的定位，20 世纪 80 年代的第八次全国劳动改造会议提出罪犯的改造目标，是将罪犯改造成建设社会主义的有用之才。1994 年颁布的监狱法规定，罪犯改造的目标是将罪犯改造成为守法公民。但在罪犯改造手段的强制性与改造关系中罪犯主体地位提升的矛盾日益突出。理论界对罪犯改造手段的性质及运行机制存在迥异的观点。有必要对罪犯劳动、罪犯教育的性质进行剖析、评判，并提出较完善设想。

（1）罪犯劳动从改造性异化为惩罚性。

罪犯劳动是否具有惩罚性，始终是萦绕罪犯处遇领域的问题。劳动具有消耗人的体力，使人产生肉体的劳累和精神的困乏的特点，并创造一定的社会产品，从而它可以成为惩罚罪犯的刑罚，必然会走进立法者的视野。中国以劳动形式的刑罚，在古代有罚作、居作、鬼薪、白粲、城旦舂等。中国西周存在的圜土之制，即将判处五刑之外的罪犯收于圜土，任职以事，以所能役使之。与之并行的嘉石制，也将罪犯按其情节，将其分为五等，令其带上桎梏，坐在嘉石之上，由司空监督其劳动。罪犯劳动的价值只是被压榨罪犯本人的使用价值。“墨者使守门，劓者使守城，刖者使守囿，宫者使守内，完者使守积。其奴，男子入于罪隶，女子入于舂槁”。在18世纪，英国议会颁布的教养法规定，劳动是惩罚犯人的手段，任何罪犯，无论男性还是女性，必须参加一种机械的、不断重复的劳动，如反复推动磨盘或滚动石块等没有经济价值的活动，耗损罪犯精力，使其感到精神的折磨和肉体的困乏。罪犯劳动的惩罚性在近现代表现为社区劳动和苦役。

监禁刑执行中的罪犯劳动应当具有惩罚性还是改造性呢？这不能用纯粹的法律界定进行理论定位。劳动本身既可以通过“劳心者治人，劳力者治于人”社会观念，对体力劳动的鄙视、超出人体正常忍受能力的形式，或不支付报酬以及劳动保护的缺失等因素，使罪犯感到身心痛苦，发挥其惩罚属性，也可以通过建立合理的劳动运转机制，使其发挥对罪犯的改造作用。为改变封建社会行刑的残酷，资产阶级国家掀起了一场包括改良行刑措施的监狱改良运动。英国的约翰·霍华德提出对自由刑的犯人实行矫正的措施，让犯人服劳役、女犯纺织，让少年犯勤劳，通过劳动熏陶他们的行刑生活，使他们感化悔悟。美国的奥斯本认为，要使罪犯能够回归社会，监狱就必须以甘愿的、有效的和诚实的劳动为基础；而要使犯人甘愿劳动，就必须使监狱劳动有效力，就必须给予充分的报酬。因此，他倡导监狱与企业订立契约，将犯人出租给企业，获取经费。现代囚犯待遇制度已经基本将劳动定位于对罪犯的改造或者矫正手段。1955年9月联合国通过了《监狱劳动的附件〈关于监狱劳动总的原则建议〉》，提出“监狱劳动不应被视为附加刑罚，而是一种有利于恢复囚犯能力，为其从事某种职业作准备，培养他们良好的习惯，防止他们游手好闲和放荡不羁”，有的国家为消除罪犯劳动的惩罚性，不仅在劳动报酬和安全方面规定得比较严密，而且还将罪犯劳动不再作为强制性的措施。而在20世纪初，由于受西方监狱改良的刑罚观的影响，《大清监狱律草案》和民国的《监狱法》都没有把罪犯劳动规定为惩罚手段，在理论上称之为感化作业。

新中国成立后，以马列主义为指导思想赋予了体力劳动崭新的意义。“劳动是人类生活的第一个基本条件，而且达到这样的程度，以至我们在某种程度上不得不说：劳动创造了人本身”。《中国改造罪犯的状况》白皮书明确指出：“中国政府反对将劳动作为惩罚罪犯的手段，反对用繁重的劳动折磨、虐待罪犯，将劳动作为改造罪犯的手段而不是作为惩罚罪犯的手段，在中国改造罪犯的过程中得到了贯彻执行。”罪犯劳动被看做最伟大的消毒药剂，既不属于奴役性，也不属于惩罚性的，社会洋溢着对体力劳动推崇的气氛，计划经济体制下，监企合一为劳动充分发挥罪犯改造效果清除了后顾之忧，分工不精细的社会需求同罪犯劳动的体力性没有较大的差距，罪犯劳动在转化犯罪思想、矫正恶习、培养良好的品德、训练技能方面取得了长足的进步。目前学界和实务界对罪犯劳动应当具有惩罚性有一定的认同度。因此，建立合理的罪犯劳动机制首当其冲地的法应当是厘清罪犯劳动的性质定位。笔者认为，罪犯劳动在不同的刑罚设置中具有不同的性质，劳动本身就其自然属性而言对劳动者具有惩罚功能和改造功能。现代国家的刑罚设置对劳动不同功能的取舍而规定出不同的刑罚，如许多国家刑法中的社区劳动就侧重于劳动的惩罚属性。国家对处于社区劳动的犯罪人提供衣食住行的基本保证，社区劳动是没有报酬的无偿劳动，甚至是无法执行罚金刑罚的替代措施。而在自由刑执行过程中的罪犯劳动则应侧重于劳动对罪犯的改造属性。

罪犯劳动改造功能体现在以下几个方面：一是对诱发犯罪的观念和恶习的转变。许多犯罪人实施犯罪都受与社会主流意识相悖的观念及行为习惯上的恶习所影响和支配。与社会主流意识相悖的观念主要有，对劳动成果的不珍惜而浪费的超前消费、在社会交往中的过度自私和贪婪，无团体精神的个人主义，对社会规则和法律规范的蔑视，等等。前述思想和观念的形成与粗暴专横、懒散、放荡、好逸恶劳等恶习和不良的生活方式有关。马克思主义唯物史观认为，存在决定意识，那么罪犯入狱的生活方式对罪犯有重大的决定性作用？罪犯劳动是监禁刑执行中罪犯主要的生活方式，而劳动则是按照操作规程与他人进行密切配合的集体活动，罪犯在劳动中对物质资料的生产管理，对其行为有一定的管理和控制作用。劳动过程中的定岗定责、操作规程化、质量标准化之类的长期横向管理形成稳定的机制，对罪犯恶习进行矫正。长期的劳动习惯，使其恶习在不知不觉中因行为的负强化而消除，良好的行为方式在潜移默化中形成。而劳动过程中要求劳动者付出一定的时间和精力，这就使得罪犯在劳动过程中感受到劳动产品凝聚了自己的努力和心血，并带来享受成功的喜悦和欢乐，从而改变铺张浪费的错误观念。另外，在劳动中经过与他人的配合，不仅矫正懒散、好逸恶劳的恶习，而且使其改变唯我独尊的思维惯式，逐步培养法治观念、纪律意识和组织观念。二是就业培训功能。罪犯改造的目标是将罪犯改造成为一个守法公民，而人要守法，就必须拥有其能够正常生活的物质基础。因此，绝大多数社会成员需要有适合社会需要的一技之长，才能以一定的经济收入保障其稳定的生活。如果没有一定的物质基础保障，罪犯即使受主流社会意识和观念的熏陶和影响，有可能为生存而重新走上犯罪道路。而监狱的生产劳动，包含着大量与社会需要有紧密联系的知识和技能，罪犯参加劳动，可以获得生产知识、操作技能、智力经验等方面的知识技能，知识技能的培养和获得需要经过泛化、分化、巩固和熟练的阶段，即罪犯在劳动的过程中出现泛化阶段的动作生硬、精神不集中等现象，分化阶段的动作灵活，巩固阶段较高的劳动效率和熟练阶段技术革新和创造发明等表现。

罪犯劳动改造功能的发挥需要相关的制度保障，伴随着社会成员需求的丰富和多样化，社会分工日益精细，市场经济使脑力劳动的价值大大提升，无财政保障的监狱企业因罪犯劳动力素质的低下和交通不便，使其在市场竞争中处于劣势的地位，而且个别负责直

 接执行刑罚的机关对罪犯施加了超出一般公民劳动的强度，法律所规定的罪犯劳动报酬制度没有具体实施，而处于虚置状态，这都使得罪犯劳动笼罩在惩罚的阴影之下，罪犯劳动的改造效果在很大程度上被消减。

（2）罪犯教育手段的强制性与效果依靠被教育者的认同存在天然的矛盾。

《说文解字》对教育的解释是，“教，上有所施，下有所效也”，“育，养子使作善也”。因此，教育即教育者施行教诲，使受教育者效法并向好的方向发展。教育是人类社会劳动过程中产生的现象，现代教育则泛指一切影响人的思想品德、增进人的知识和技能的活动。现代教育学将教育界定为一种引导活动，引导性教育观认为教育者和被教育者之间应当平等、沟通和互动，强调对被教育者的人格的尊重和民主意识的培养。在刑罚采取报复主义、惩罚主义的价值取向时，监狱只是起到拘置场、囚禁场和威吓场的作用，不存在罪犯教育问题。只有封建社会末期，基督教提出了监禁应当优先于死刑，给犯人反省自新的狱制主张，监狱才逐渐成为惩治感化的场所，罪犯教育也以此为依托，得以萌芽和发展。伴随着近代教育刑理论的兴起，罪犯教育才成为监狱制度的重要组成部分。我国罪犯教育是主要的罪犯改造手段，罪犯教育的内容已经形成“政治思想为核心、职业技术教育为重点、文化知识教育为基础”的格局。罪犯教育的理想化设计是思想教育对罪犯的需要结构和意识结构进行改变，并对其恶习进行矫正。罪犯的个体意识既存在着感觉、知觉、观察和思维等生物性内容，也有价值观念、法治观念和人生观念等社会性内容，罪犯需要结构上的贪婪性和意识结构方面的腐朽性对罪犯犯罪行为具有决定性的作用，这主要表现为腐朽的人生观和背离社会基本生活的价值观，有强烈的反社会意识。有关这些罪犯的恶习，也常常成为犯罪的诱因。因此，需要对罪犯进行道德、法制、人生观、形势、政策、前途等政治思想教育，以改变罪犯的错误观念支配下的不良需要结构，转变思想立场，并进而纠正恶习。罪犯的思想教育包括政治思想教育、思想政治教育和一般思想教育。政治思想教育是专门针对罪犯的政治信仰、政治立场、政治态度和政治观点所采取的那部分思想教育。思想政治教育是根据一定的政治原则，围绕罪犯在思想意识、观念倾向和思想方法等方面存在的问题所开展的那部分思想教育。一般不就事论事，而讲究思想性，“即见人见事见思想”。一般思想教育则是帮助罪犯解决劳动、学习、生活实际中在认识、观念、态度和行为等方面的具体问题和困难，帮助他们排除思想障碍、减轻心理负担的那部分思想教育，一般思想教育是大量的和复杂的，需要借助具体措施。因此，监狱法将具有中国特色的政治思想教育的内容纳入到了罪犯教育。文化知识教育可增长罪犯的文化知识和素养。在现代信息社会里，人必须掌握一定的文化知识，才能为学习专业技术和接受政治思想教育奠定基础，“只要在我国存在文盲现象，那就很难谈得上政治教育……文盲是在政治之外的，必须先教他们识字，不识字就不能有政治”[1]。《监狱法》规定了对罪犯进行扫盲教育、初等教育和初级中等教育的学制教育。而罪犯职业技术教育，则是对罪犯刑满出狱后的生活起到保障作用。罪犯要在社会上生存和发展，就必须有一技之长，符合社会的需要，从而得到报酬。我国罪犯教育手段在理论上设计形成侧重有所不同、有机配合的整体。

罪犯教育处于刑罚执行的过程中，刑罚执行的强制性蒙上了教育平等性的天然属性，我国罪犯教育，尤其是强制性是中国罪犯改造的特色。罪犯教育措施的强制性有悖于成人教育平等性的特征，这必然使罪犯对教育存在抵触心理，影响其对罪犯教育内容的认同。另外，在罪犯教育机制中，教育主体也存在着认识误区，首先表现为法律制度认识方面的误区。目前实施罪犯教育的主体以监狱人民警察为主，这是监狱既是执法主体又是实施教育主体的混合角色天生的矛盾所决定的。监狱工作人员在执法过程中往往以偏概全，将监禁权力扩展为剥夺或限制罪犯的所有权利。在这种认识的支配和影响下，他们会增加排斥罪犯的心理，增强自身的优越感，

---

[1] 列宁．列宁全集：第33卷［M］．北京：人民出版社，1992：519.

始终以刑罚执行的高高在上的不平等姿态对罪犯教育改造，罪犯的被排斥心理和对抗情绪日益增强。其次，对环境认识存在误差。我国监狱的押犯结构发生了巨大的变化，暴力犯犯罪的数量不断增加，涉毒、涉黑、涉恶、高科技犯罪、跨国境犯罪、洗钱犯罪等新型犯罪层出不穷，犯罪者个人的文化素质较高的也越来越多，这都使得监狱的秩序维护和罪犯改造的难度增加。而有的监狱干警仍然停留在传统的单一性罪犯结构和传统社会结构单一性的认识层面，无法适应对现行罪犯教育的要求。

（五）罪犯社会内处遇的瓶颈突破

1. 建立抑制惩罚激发改造的罪犯劳动机制

劳动对人既有惩罚的功能也有改造的功能，这就要求罪犯劳动目标的合理性必须依靠行之有效的运行机制才能实现。而监禁刑执行中罪犯改造为守法公民的目标确立，使得罪犯劳动机制运行必须呈现出抑制惩罚激发改造的特性。

（1）罪犯劳动的强制性与自愿性相结合。世界上其他国家对罪犯劳动的要求不能一概而论。联合国相关文件和有的国家规定罪犯劳动具有强制性，1955 年联合国预防犯罪与罪犯处遇大会通过的《囚犯最低限度标准待遇规则》规定："服刑囚犯都必须工作，但以医官断定其身心俱宜为限。"英国、德国、法国和西班牙等国家的法律规定罪犯必须劳动。英国监狱法规汇编（二）第 1152 条规定："囚犯每天必须参加有益的劳动，监狱必须安排好囚犯劳动。"《德国刑罚执行法》第 41 条规定："犯人有义务从事分配给他的力所能及的劳动、劳动疗法和其他劳动，有义务每年在狱内从事辅助性劳动，不超过 3 个月。经其同意，可超过 3 个月。"另外一些国家则规定了罪犯自愿劳动的原则，如美国、加拿大和日本等国。美国有关所有参加劳动方案的罪犯必须是自愿的规定；日本的法律规定，判决时不负劳动义务的监禁犯在监狱服刑期间可以自愿参加劳动；加拿大也有关于罪犯可以自愿参加劳动的规定。我国法律明确规定罪犯劳动具有强制性，我国刑法第 46 条规定："被判处有期徒刑、无期徒刑的犯罪分子，在监狱或其他场所执行，凡有劳动能力的都应当参加劳动，接受教育和改造。”诸多学者据此对罪犯劳动和教育作出了具有惩罚性的解读。笔者认为，强制性并不能等同于惩罚性。《法学词典》对惩罚的解释是“对违反法律行为的制裁”，惩罚具有对不法行为的道德伦理的否定性评价和谴责。强制的含义是“用政治或经济力量强迫”。惩罚的措施一般是采取强迫的手段实现，但强迫的手段或者措施不一定就是惩罚性的。我国刑事法律强制措施分为实体性法律的刑罚和程序性的刑事强制措施，刑事强制措施的监视居住、刑事拘留和逮捕对在审判定罪前犯罪嫌疑人、被告人均有强制的作用，以保证刑事诉讼的顺利进行。特定的国家机关还可以对吸毒者实施强制的治疗。根据无罪推定的法治原则，这些措施都具有强迫性，但不具有道德伦理的否定性评价和谴责。罪刑法定原则要求刑罚的内容必须是法定并且确定的，国际上监禁刑的内容是罪犯失去自由，罪犯劳动不包括在内。我国法律虽然规定被判处有期徒刑、无期徒刑的犯人有劳动能力的，必须参加劳动，但不能推出罪犯劳动就是自由刑的固有内容的命题成立。如果罪犯劳动就是自由刑的固有内容，那么监禁刑执行机关就必须对每个被判处有期徒刑、无期徒刑的犯人从入监到释放实施劳动活动，否则，罪犯如果在监狱没有劳动，监禁刑执行机关必然面临没有完全适当的履行职责，就应当承担行政或者政治责任。而事实上罪犯并非从入监到释放实施劳动活动，有的罪犯没有劳动能力，没有参加劳动，但处于监狱的监管之下；有的罪犯因为市场经济因素导致监狱提供的劳动机会减少而处于不劳动的状态。能否认定监狱没有完成刑罚执行任务，应该承担失职的责任呢？答案显然是否定的。对监禁的犯人能够提供多少劳动机会，完全取决于社会市场需要和国家法律的规制。考虑到监狱产品进入市场会造成社会上其他同行业企业造成不正当竞争，世界各国的监狱法律一般禁止监狱产品进入市场。监狱由此获得的劳动机会不能满足犯人的改造需要。1979 年英国法务大臣报告，过去 5 年内有 2.6 万犯人参加劳动。法国的一项资料显示 15 家监狱工厂使用了大约 900 名犯人劳动，仅占这些监狱在押犯的 3%。罪犯自愿劳动机制则使部分罪犯在游手好闲、好逸恶劳的惰性下，会选择不劳动。罪犯不劳动，则处于无所事事的状态，罪犯的体质会逐步下降，心情压抑、行为涣散，极易产生冲动情绪，寻衅滋事，侵犯其他犯人的合法权利。

我国罪犯劳动应当在总体上强制罪犯劳动，在此前提下，如果监狱所获得的劳动机会不足，可考虑让罪犯在劳动岗位的选择方面有一定的选择权。社会主义市场经济对企业经营者的要求是用制度管人、用利益激励人以及用机制选拔劳动者，从而提高劳动者的积极性和劳动效率。目前，监狱工作人员在强制罪犯劳动的机制下，掌握着罪犯劳动的组织管理权和岗位分配权，罪犯本人没有对工种和岗位的选择权。这不仅与社会生活的主旋律不合拍节，而且使得罪犯的主体性意识和劳动热情大大降低，长期而言，是不利于罪犯改造。而现在中国的市场经济机制愈来愈成熟，罪犯劳动的机制设立应当放在监狱生产的时代背景下定位。市场经济的基本原则是正当竞争，在目前监企合一的体制下，监狱生产的劳动者和管理者的工资报酬、生产设备都有国家的财政支持，这使得罪犯的劳动产品与没有国家财政支持的同类社会企业产品的成本负担要低得多。如果在同样的市场中竞争，罪犯劳动产品必然沾上不正当竞争的嫌疑，社会企业就会亏损，甚至破产，其投资者和工人面临失业的危机，产生包括犯罪等不利于社会稳定的问题。国家在面临这些现实的社会问题和罪犯改造的两难抉择时，其一般会倾向于优先满足符合一般正义要求的前者。伴随着企业相关的法律制度的完善，社会给监狱提供的劳动机会也有所减少，单纯的罪犯主体性意识逐步增强，这就为体现罪犯劳动自愿性的竞争上岗奠定了现实基础。

（2）建立完善的罪犯劳动报酬制度。对罪犯而言，没有报酬的劳动是惩罚性的。在奴隶制和封建社会，罪犯只是被压榨劳动力的对象，根本不可能有劳动报酬制度。伴随资产阶级革命和人权思想的勃兴，罪犯劳动的报酬才被提上日程，并见诸于相关法律文件。1810 年法国刑法典首次规定了罪犯的劳动报酬制度，将罪犯劳动收入用作公共收入和犯人出狱后的营生资金。目前，罪犯劳动报酬制度在绝大多数国家被逐步确立下来，例如《意大利监狱法》

第22条规定："根据实际提供劳动的数量和质量以及囚犯劳动的工种，对各类劳动人员确定劳动报酬，该劳动报酬额平均不超过同业工人的2/3。"该法第23条规定："对犯人发给报酬的7/10，报酬与发给酬金的差额，交由救济和辅助受害人基金会，对参加劳动的囚犯所负担抚养的人，应按比例并根据手续发给家庭补助费。"该条同时规定"在任何时候，均应为受刑人保留相当于3/5的数额，该款不受抵押和扣留。"

在计划经济体制下，我国在法律上没有规定罪犯劳动报酬，对罪犯劳动实行的是供给性的以实物为主、辅之以少量现金的方式，这种方式被称为假定工资，包括罪犯的生活费用、零用钱、技术补贴、教育费、刑满释放安置费等。罪犯因为没有像社会劳动人员一样领取和掌控现金，给人的感觉是罪犯劳动是无偿的。假定工资制使罪犯的劳动在其眼中没有体现出来，不利于调动其积极性。1994年我国的监狱法规定，监狱对于参加劳动的罪犯，应当按照有关规定支付报酬，但没有相关的配套措施和实施细则。因为在监狱和罪犯劳动企业利益一体化的机制下，监狱基于自身利益的考虑，不可能贯彻完全公正的罪犯劳动报酬制度。司法部提出的"全额保障、监企分开、收支分开、规范运行"的监狱管理体制，为罪犯劳动报酬制度的实施培育了现实土壤。有的省监狱系统在2003年才开始罪犯劳动报酬试点并进行推广。笔者认为，罪犯劳动报酬的标准应当依据相同区域、产业和工种的社会企业标准，可以分为罪犯基本生活费、岗位报酬、津贴和奖金四部分，罪犯基本生活费应当补偿国家对监狱的部分财政投入，其劳动报酬的比例不宜过高，以30%为最高限度，其余的用于支付赔偿被害人的损失、日常生活用品的开销以及家庭补助费。赔偿被害人的损失是充分发挥抚慰被害人精神创伤的作用，没有实质的罪犯劳动报酬制度，被害人虽然因罪犯承担了刑事责任而一定程度上抚慰了因犯罪行为所遭受的精神创伤，但因犯罪行为所遭受的物质损失却因罪犯的一无所有而没有得到赔偿。如果罪犯通过劳动有一定的报酬，那么就为被害人的物质损失获得赔偿提供了条件。罪犯劳动报酬中提取赔偿被害人的损失由监狱统一提取，其比例可参照阿根廷《监狱法》的规定，以10%为宜。

（3）健全的罪犯劳动保护、保险和休息制度是保证改造性的强有力的后盾。罪犯劳动保护权是服刑犯人在参加监狱组织的劳动过程中，依法享有身心不受伤害的权利。罪犯劳动的保险权是指罪犯在劳动中致伤致残或者死亡的，依法获得补偿的权利。罪犯劳动休息权是指罪犯依法享有一定的非劳动时间的权利，监狱等刑罚执行机关对罪犯具有人身保管的法定职责。罪犯劳动保护、保险和休息制度是贯彻和落实监狱法定职责的具体化，其具体保障劳动者的生命和健康、必要的劳动条件、承受适当劳动程度。西方刑罚执行法律在劳动保护、保险和休息制度方面有比较完善的规定。《英国监狱法规汇编》（二）第1153条规定："必须保证囚犯的劳动场所的安全，保证囚犯的劳动场所无损害健康的危险，囚犯可以以监狱当局违反法律规定，而使囚犯在不安全的、有损于健康的场所劳动而造成人身损害为由，提起诉讼。"此外还规定："监狱当局必须关心囚犯的健康，如果监狱官员疏忽或者使囚犯在不利于健康的条件下劳动，或者由于不得当的命令而使囚犯在有危险的机器上操作，因而受伤或艰苦受损的，由监狱负责。"法国的刑法典也规定，有关自由劳动者的安全保护和健康保护规则也适用于监狱机构。西方国家对犯人劳动休息的权利比较重视，劳动休息的时间每天在6~8小时之间，并在法定节日和休息日免除劳动。少数国家还实行犯人半日劳动半日学习的制度，只有不学习的犯人才全天劳动。

我国社会企业的劳动保护、劳动保险和休息制度，在法律上有比较明确的规定。罪犯应当与普通劳动者一样，享有安全和健康的权利，但监狱企业因刑罚执行的外表，并没有得到社会民众的充分重视。我国在监狱法律规定得比较简略，但在实践中，各监狱企业都建立了劳动安全教育、劳动场所安全保障、人身防护用品配发等制度。由此可见，我国监狱对犯人的劳动保护规则与社会企业是基本一致的，犯人劳动休息权的保障状况是决定罪犯劳动是惩罚性还是改造性主导的风向标。没有一定休息时间保证、超过人体承受能力的繁重劳动必定彰显罪犯劳动惩罚性的负价值。我国监狱法第71条规定："监狱对罪犯的劳动时间，参照国家有关劳动工时的规定执行，在季节性生产等特殊情况下，可以调整劳动时间。罪犯有在法定节日和休息日休息的权利。"我国监狱法对罪犯在劳动中致伤、致残或者死亡的保险也有所规定，即参照国家劳动保险的有关规定处理，即应当提供医疗保障或者给予其近亲属一定的补偿。在实践中，由于监狱企业和刑罚执行的合体机制导致其利益一体化，给犯人支付保险费必然与其利益发生冲突，实践中，监狱出于趋利性动机的考虑，会少给甚至不给犯人支付保险费。

2．建立自愿性为主导的罪犯教育机制

罪犯教育是因罪犯特殊的服刑状态而产生的救助措施，救助性措施应当与服刑罪犯的需求紧密相关。罪犯的改造目标在监狱法层次上的规定是笼统的守法公民，但现代民主社会对公民的主体性要求也愈来愈高，这必然要求在罪犯教育中，教育者具有的知识和平等精神呈现较高的层次，而刑事执行官员与服刑罪犯对立的职业角色使服刑罪犯对其有天然的防范心理，两者的平等交流存在很大的困难，其知识和经验对管理文化程度越来越高的罪犯的改造需要难以适应。因此，有必要引入独立性较强的社会专业人员从事罪犯教育活动，同时，教育手段的强制性应当淡化，只有如此，教育内容才能取得服刑罪犯的认同。

3．矫正性处遇措施规范化

服刑罪犯中存在着一定数量有别于普通人心理特征的特殊群体。西方国家在行刑处遇个别化理念的影响下，对服刑人员的心理矫正逐渐在监狱大范围适用。罪犯的行为矫正并不是在刑罚执行过程一直存在的，美国精神病学家威廉·希里，于1909年在芝加哥建立了世界上第一家儿童指导诊所，对有犯罪行为的儿童进行矫治。瑞士分析学家奥古斯特·艾希霍恩将分析学说应用于矫正违法犯罪分子，并于1918年创立教育违法犯罪少年的专门机构。在20世纪50年代以前，美国的监狱对犯人的心理矫治计划和活动是比较少的。1958年的一项调查发现，每个犯人每天得到16分钟的个案工作方面的帮助。1980年美国联邦地区法院法官在审理卢茨诉爱斯特尔案件中作出的判决，并确立了监狱为犯人提供适当的心理健康治疗计划的六条最低标准："系统的筛选程序；除了隔离和监督以外，必须有治疗计划；由足够数量受过适当的心理健康专业人员，向所有遭受严重精神障碍的犯人提供适当的治疗；保存准确的、完整的和关于治疗过程的记录；避免危险剂量的药物，避免用危险的方法吃药，避免对药物不进行适当监督和评价；识别、治疗和监督有自杀倾向的犯人的单独计划。"[1]经过多方的努力，美国监狱中的心理治疗人员的数量和种类得到大幅度增加。2000年6月司法部统计，美国的1394个矫正机构中（占总数的91.8%），开展了一种或几种心理学服务。心理学计划服务包括咨询、心理治疗、行为疗法、集体疗法和治疗社区等。

我国监狱在20世纪80年代末开始罪犯心理咨询，司法部曾经在建立现代化文明监狱的活动中，把开展对罪犯进行心理矫治工作作为必备条件之一。1994年的监狱法中，没有有关的罪犯心理矫治工作的条文规定，但在省、自治区和直辖市监狱管理局建立了罪犯心理矫治工作指导中心，监狱及其分区、分监区成立了心理矫治机构，罪犯中也成立心理互助组，一些省市监狱还建立较为完善的心理矫治工作规章制度。上海市从1996年开始对进行心理矫治工作的监狱人民警察，要求持证上岗并建立针对新收罪犯进行的心理测量制度。刑罚执行中心理矫治工作处于零散、自发的状态，仍然无法成为与我国罪犯改造三大手段罪犯劳动、罪犯教育和狱政管理并驾齐驱。这主要与我国多数监狱远离社区的分布格局以及刑罚执行过程过于封闭有相当大的关系，这使得社会上的心理疾病专家不能或不愿进入监狱对罪犯进行经常性的心理矫治工作，也造成对服刑罪犯进行经常性心理矫治的工作人员具有监狱人民警察身份，而刑罚执行机关与罪犯处于不平等的关系。这与心理矫治要求患者与

[1] 吴宗宪. 当代西方监狱学［M］. 北京：法律出版社，2005：690－671.

矫治者之间建立平等和信任关系的机制存在着一定程度的矛盾，会影响心理矫治效果的最佳发挥。

五、罪犯的民事和行政的转移处理

我国刑法典规定了非刑罚处理方法。根据刑法36条和37条规定，非刑罚处理方法有赔偿经济损失、赔偿损失、训诫、责令具结悔过、赔礼道歉、行政处罚或者予于行政处分。具体的适用条件如下。

（1）赔偿经济损失。是指人民法院对于犯罪人的行为对被害人造成物质损失，在给予犯罪人的刑事处罚的同时，判令犯罪人赔偿被害人经济损失。赔偿经济损失的前提是被害人依据刑事诉讼法的规定提起附带民事诉讼，刑事诉讼法规定被害人因被告人的犯罪行为给自己造成物质损失，可以提起附带民事诉讼。这里的物质损失和刑法典规定的经济损失是同一意思。

（2）赔偿损失。我国刑法第37条规定，人民法院对犯罪人的犯罪行为免予刑事处分，可以责令犯罪人赔偿人赔偿被害人所遭受的经济损失。赔偿经济损失和赔偿损失的区别是赔偿经济损失适用于依法被判处刑罚的犯罪人，赔偿损失适用于被免予刑事处分的犯罪人。

（3）训诫。训诫是指人民法院对犯罪人当庭互相公开训斥和谴责，训诫的形式一般是口头形式。最高人民法院在1964年曾经提出训诫的要求：“在口头训诫时，应当根据案件的具体情况，一方面严肃指出被告人的犯罪行为，分析其危害性，并责令其努力更正，今后不再重犯；另一方面也要讲明被告人的犯罪行为尚属轻微，可不给予刑事处分。”

（4）责令具结悔过。责令具结悔过是指人民法院对于犯罪情节轻微，可免予刑事处分的犯罪人，责令其作出书面的悔过、不再犯罪的书面保证。这类似香港刑法中的签保守行为，即犯罪人或向法院提供担保的人，与法院签订保证书，保证以后不再犯罪。犯罪人签订悔过书，对其有较强的警示和教育意义。

（5）赔礼道歉。赔礼道歉，是指人民法院责令犯罪情节轻微，可免予刑事处分的犯罪人向被害人承认自己犯罪的过错，表达自己的歉意。赔礼道歉的方式既可以是口头的，也可以是书面的，我国民事法律制裁方式也有赔礼道歉的方式，它只是针对民事侵权人对他人的民事侵权行为承当的责任，其实，两者的区别只是对司法者适用对象所作的要求，对赔礼道歉者的要求并没有本质的区分。赔礼道歉对消除犯罪人和被害人之间的怨恨、矛盾和隔阂，对社会秩序的恢复具有重要的意义。

（6）建议由行政主管部门给予行政处分或者行政处罚。对于犯罪情节轻微，可免予刑事处分的犯罪人可以作出行政处分或者行政处罚，行政处分一般针对其内部管理的工作人员，而行政处罚则针对的是行政机关外部行政管理的相对人，人民法院只能提出建议，不能直接作出行政处分或者行政处罚。

我国刑法规定的非刑罚措施在建设法治国家的背景下的合理性值得思考。其中，赔偿损失和赔偿经济损失本质上没有区别，两者的区别是在定罪的前提下免刑和处刑的量刑区别，其本质都属于民事责任的赔偿方式。赔礼道歉也属于民事责任的承担方式，其附属于民事诉讼机制。如果被害人或检察机关没有提起附带民事诉讼，法院则无权直接适用这两种方式，否则，即背离没有控告即没有审判的原理；而由于行政处罚的决定权目前属于行政机关。人民法院建议行政机关予以行政处罚，则似有超出审判的职责范围，侵犯行政权之嫌，法院的建议书不具有法律上的强制效力则损害了审判的严肃性。具结悔过如果是在罪犯自愿的基础上作出无可厚非，而责令具结悔过则有对服刑人员思想强制之嫌。

第七章

处遇实现的控制机理

罪犯处遇的实现是指将罪犯处遇的方式付诸实施、实现其价值目标的活动。依法治国方略的提出，标志着我国进入一个法治社会。法治的理念和精神必然对21世纪的国家权力构建产生深刻而悠远的影响。罪犯处遇过程作为国家权力运行的重要组成部分，也必然接受法治价值的剖析和评判，并在此基础上为改革和重塑罪犯处遇提供方向和蓝图。罪犯处遇实现的控制，应从刑事执行权的法治和刑事执行官员的教育机制两方面建立相应机制。

一、刑事权力三分法确立刑事行政基本范畴的存在空间

国家权力的配置无不与宪政理论的设计息息相关。司法这一基本范畴在不同的国度和不同的时期有不同的语境。国际上司法权力的通行概念仅指法院的裁判权，而我国的刑事权力在法律上有刑事强制措施和刑罚制度，而主流理论观点和现行法律将国家的刑事权力划分为刑事立法和刑事司法领域，将刑事权力等同于司法权力。我国现行刑法第94条明确表示，“本法所称司法工作人员，是指有侦查、检察、审判、监管职责的工作人员”。而且刑事权力的运行机制设计也模糊了权力的不同特性，这是基于我国独特的历史文化传统惯性和新中国接受“议行合一”的国家政体理论实践相互交织形成的特定语境，是刑事法学界的主流理论在现行法律的基础上进行阐述和解读。将刑罚执行权归属于国家司法权，其立论根据是，“狱政法律是国家的刑事法，在通过社会关系调整而实现国家、社会各种秩序的维护的统治阶级确立的法律体系中，因其中各

种规范所调整的社会关系的性状不同而分别为民事法、行政法、经济法等”，“行刑关系的发生及其内容、变更和消灭的依据都来源于国家权力——司法权：制刑、求刑、量刑和行刑的结果”，“狱政机关在行刑活动范围内并不发生上下级的命令、指挥与服从、执行的关系，不具有行政行为的要素”[1]。

宪政学分权制衡理论，将国家权力划分为制定法律决定社会发展方向的立法权、执行法律的行政权和适应法律解决争议的司法权。司法是指“司法机关（法院）依法对争议所作出的具有法的权威的裁判”[2]，而行政则是指“国家机关对国家与公共事务的决策、组织、管理和调整活动”[3]。司法权运作呈现出与行政权、立法权的不同特征：

（1）终局性，即司法权是国家对任何社会冲突所作出的一种最终的、最权威的裁判，除非其自身自我纠正，立法权和行政权不得改变其对争议所作出的事实和法律定论。行政权具有既定性，行政行为一旦作出，即具有一定的效力，不像司法权那样运作最初结果作出以后并不立即生效，而赋予当事人双方上诉权予以制衡。

（2）被动性，司法权的运作不能由司法机关主动发动，而只能由争端的一方（包括个人和国家）提起诉讼才能运作；行政权具有主动性，权力的动作由国家机关和授权组织主动发动，无需征得相对管理方同意。

（3）独立性，各级司法权行使主体之间处于相对平等地位，没有指挥、领导关系，只有业务指导关系；而行政权具有服从性，上级行政机关对下级行政机关具有业务领导关系，下级行政机关必须服从上级行政机关的业务领导。

（4）中立性，司法权主体本身与待解决事实和利益具有非关联性，其运作构成结构由控辩审三方组成的等三角结构，司法权必须在控辩双方持中立立场，行政权具有公益性，其运作构成结构呈

---

[1] 夏宗素．狱政法律问题研究［M］．北京：法律出版社，1997：31－32.
[2] 贺日开．司法改革：从权力走向权威．法学［J］1999（7）：7.
[3] 罗豪才．行政法学［M］．北京：北京大学出版社，1996：3.

行政机关和相对管理人两方构成的扁平结构。它集中体现优先考虑公共利益的价值取向，而较少考虑行政相对人的利益。

（5）公开性和透明性，司法权的整个运作过程包括听审过程和裁决结论，除秘密评议阶段外，都应当向社会公众公开。行政权的运转具有封闭性，少许的政务公开做法并不能扭转行政权的整体运行态势。

（6）行政权的决策机制一般是首长负责制，司法权运作结果则通过少数服从多数的民主机制产生裁判结果。

（7）司法权运作具备个案性，即裁判结果只适用于该争议双方当事人。行政权具有一般性，即权力运作结果对相同或类相对管理者存在既定力。基于以上特征可推出司法权追求的价值结构是公正为主、效率为辅、司法权主要依靠权威裁判，行政权的实现主要靠强制。从行政权的构成要素和运作特点可以折射出其效率优先、兼顾公平的价值结构。

考查监狱行刑权运作特点时，可以看出执行刑罚符合行政权执行法律和管理（判决是法律的延伸）的固有内涵，而刑罚执行机关依法定授权主动操作，其运作、发动无需当事人的提请而启动，其权力的运作规则，诸如分类管理和强制均体现了行政权运作的一般性特征，其活动主体是管理而非裁判。刑罚执行权力运转过程只有执行机关和被限制或剥夺权利者（相对管理方）双方参与，不符合司法权运作过程三方参与的特征（双方当事人和裁判者）。刑罚执行决策也并没有体现少数服从多数的组织形式而由刑罚执行机构首长负责。对权力行使者身份要求因权力特征而不相同，司法权的行使者是法官和检察官，虽然检察权是否属于司法权在学界备受质疑，但有的国家和地区在法律体系上承认检察官的准司法官地位，而行政权的行使者属于公务员身份。从国际监狱规则方面看，监狱权力行使主体一般都属公务员的身份和待遇。1995 年联合国预防犯罪和罪犯待遇大会通过的《囚犯最低待遇规则》第 46 条规定：监狱工作人员属于公务员。我国监狱工作人员根据法律规定都具备人民警察身份，而人民警察则属于公务员系列。监狱机关现由属于政府部门的司法部主管，更体现了行政权属性。需要指出的是，我国的司法部不能以字面上理解它本身就是司法机关，亦不是司法权与行政权的综合体，其真正意蕴应当是，具有司法方面需要执行和管理的行政权而非司法权本身。虽然我国的人民法院具有判处死刑立即执行和财产刑执行的职责，但该活动并没有遵循司法权运行机制运行，它不具有司法活动的属性。刑罚执行权除受到宪法和法律的约束外，还受部门规章等规范性文件约束，这和司法权不受行政规章制约截然不同。我国最高人民法院 1999 年 12 月 24 日颁布 2000 年 3 月实施的《关于执行中华人民共和国行政诉讼法若干问题的意见》，确定了划分刑事司法行为与行政行为的界限，“即是否有刑事诉讼法的明确授权。明确授权有两层意思：一是刑事诉讼法有明确的授权规定，二是相关机关是否按照刑事诉讼法授权的意图或目的实施行为”[1]。根据上述标准，我国刑事诉讼法对监狱等行刑机关的授权规定只有：监狱侦查（第 18 条），罪犯的收押和释放（第 213 条），暂予监外执行规定（第 214 条、第 215 条、第 216 条），执行期间罪犯新罪的处理和提出减刑、假释建议（第 221 条），转请检察机关和审判机关处理罪犯申诉（第 223 条）。有关监狱罪犯的行政奖惩、罪犯的生活卫生管理、劳动待遇和罪犯改造之类的活动都可归为行政行为，故监狱行刑权应属行政权无疑。故刑罚权应分属立法、司法、行政三权而非专属司法权。笔者认为，刑事两分法违背了国家权力惯常的立法、司法和行政的三分法，应当根据国家权力三分的宪法原理，将国家的刑事权力分为刑事立法权、刑事司法权和刑事行政权，因此，刑事行政范畴的应运而生，则推演出刑事执行权力归属刑事行政权的命题。时此，部分学者也赞成此论点[2]。

刑事行政权与一般行政权相比较，既有联系又有区别。两者的共性是刑事行政权同样具有行政权的效力先定性、一般性、执行性

[1] 江必新. 司法解释对行政法学理论的发展 [J]. 中国法学，2001 (4).

[2] 邵名正，于同志. 刑事这执行权的性质及理性配置 [J]. 中国监狱学刊，2002 (5).

等性质。刑事行政权还有以下特性：权力依据的双重性，刑事行政权的运作不仅要有法律的明确授权，同时还必须有生效的刑事司法文书为依据，这与一般行政权只需有法律明确授权、行政机关可主动发动的运作机制不同。

二、行刑法治的对象和价值结构

（一）行刑法治的主体和对象

行刑法治的命题是从依法治国的基本命题推导出来的，故欲理解行刑法治的价值蕴涵，必须读懂依法治国的精要，法治意味着法律主治（rule of law），它应包含两重含义："已成立的法律获得普遍的遵守，而大家所服从的法律又应该本身是制度良好的法律，"[1]这不同于"以法治国"（rule by law）的法制范畴。前者蕴涵了法律至上的价值理念，一切社会成员和社会组织都笼罩在能体现特定时期正义观念的良法控制之下，法治与政治的关系表现为治理政治。后者则带有浓重的工具主义倾向：法律和道德等都被视为维护统治阶级利益和秩序的手段和工具，统治阶级或特定阶层的行为不是法制的重心，其重心在管民而非制权，法制与政治关系体现出其附属于政治的性质。我国根植于几千年的自给自足自然经济基础之上的开明封建专制心理积淀，为法制观念提供了存在和发展的土壤和空间。目前行刑机关对行刑法治的理解，停留在监狱法制并不少见，将行刑法治的主体仅归属于国家，行刑法治的对象定位于服刑犯人，这不属于法治理论的正确推论。根据法治原理，行刑法治的主体应当包括国家权力的行使者、社会和服刑罪犯。行刑法治的对象应该是行刑权力，服刑罪犯作为行刑法治的主体而非对象有法律原理根据的，服刑罪犯被法律赋予对行刑官员的违法犯罪行为的控告等权利，就说明了服刑罪犯作为行刑法治主体的价值蕴涵。

（二）行刑法治的价值结构

为什么国家治理应突出法律至上，而不是人品或其他至上呢？

[1]　〔古希腊〕亚里士多德．政治学［M］．北京：商务印书馆，1995：199.

 因为法律具有独特的价值，“正义、秩序和自由为法律的三大基本价值”[1]。正义虽然是法律的首要价值，但它受制于不同的物质生活条件形成的变幻无常的面目，其实就是社会制度中自由和秩序的不同比例搭配。而道德、宗教则只能满足人类社会的秩序价值，忽视了社会成员的自由价值，故法治是人类理性的最不坏的无奈选择。法律的秩序价值在刑事法律中具体外化为社会防卫，自由价值则在刑事法律中体现为人权保障。社会防卫人权保障在刑事法治中的价值结构中的序列并不是等量齐观，行刑法治价值结构的重心是人权保障价值而非社会防卫价值。有学者片面地指出：“一个国家对付犯罪并不需要刑事法律，没有立法的犯罪打击可能是更加及时、有效、灵活便利的。如果从这种角度讲，刑法本身是多余和伪善的，它除了在宣传与标榜上有美化国家权力的作用外，起的是束缚国家权力对犯罪的反应速度与灵敏度，因此，现代刑事法律的核心存在价值是制约国家权力而非控制犯罪人。”[2] 刑事法律的社会防卫机能的个别和一般威慑效应在监狱行刑阶段，伴随着罪犯进入监禁状态就基本上已经实现，如果说刑法是犯罪人的大宪章，那么行刑法治的价值目标就是保障犯罪人大宪章所赋予罪犯的权利不被国家权力以公共利益的名义肆无忌惮地侵犯和践踏。同时社会防卫机能在行刑法治的价值构造中，也应有一席之地，而不考虑社会防卫价值和人权保障的无限度的扩张，会最终损害人权保障价值的实现。因此在行刑法治的价值构造中，社会防卫机能表现为维护监管秩序和提高改造质量。人权保障价值主要体现在罪犯人权保障而非对被害人的安抚方面。

1. 保障人权

法学理论已经完成了从阶级斗争（义务本位）到权利本位的范式转换。人权法治的历史发展经历了限制政府权力为“守夜人”的消极人权保障和注重集体权利的积极人权保障阶段，权利的内容

---

[1] 〔英〕彼得·斯坦，约翰·香德. 西方社会的法律价值［M］. 北京：中国人民公安大学出版社，1995：1.

[2] 李海东. 刑法原理入门（犯罪论基础）［M］. 北京：法律出版社，1998：3.

也从实体性权利保障转移至程序性权利的构建。从一般公民角度而言，“凡法律不禁止即为公民的自由”。这一论断已成为毋庸置疑的法治命题，对处于遭受社会主流文化道德责难的罪犯态度方面，接受这一命题却颇费周折。笔者认为，罪犯的权利来源根据应当是作为文明社会的人所具有的资格，和被监禁特定环境所产生的特殊保障需求。罪犯的公民资格没有丧失，罪犯服刑义务的前置并不意味着监狱立法应选择义务本位的模式。因我国其他诸如税收之类的立法也存在相对方义务前置的情况，其立法并不必然成为义务本位的模式。因此，刑事执行法律制度就必须遵循权利本位的法治模式，对监狱权力控制应当按“无法律授权即为违法”的原则进行规制。只要是法律没有剥夺的罪犯实体性和程序性权利，刑事执行权力机关都应该具有予以保障的职责。

2. 行刑秩序

社会防卫价值的实现主要依靠维护秩序来实现。秩序是一定的物质的、精神的生产方式和生活方式的社会固定形式，它的存在是人类一切活动的前提。“秩序，一如我们所见，所侧重的乃是社会制度和法律制度的形式结构，而正义所关注的却是法律规范和制度性安排的内容，它们对人类的影响以及它们在增进入类幸福与文明建设方面的价值”[1]。行刑秩序总是意味着行刑法律关系某种程度的稳定性、结构的一致性、行为的规则性、进程的连续性、事件的可预测性及人事财产的安全性。正常的行刑秩序是保障监狱等行刑机关正确执行刑罚和完成组织社会力量对罪犯矫正改造任务的前提。如果不依靠法律而仅凭国家强力或道德的力量，也可维护某种程度的监狱管理秩序，但这种秩序一方面很可能会偏离正义的规则，另一方面由于它不计成本缺乏效益，经不起时间的考验和推敲，不会长久。只有在行刑法治的条件下，才能使维护监狱管理秩序和最大限度地实现社会正义的有机结合和辩证统一。

[1] 〔美〕博登海默. 法理学：法律哲学与法律方法［M］. 北京：中国政法大学出版社，1999：252.

三、行刑法治的机制

（一）行刑法治的立法体例选择

当前行刑学界涌现出推动制定刑事执行法典的主流思潮，并且取得了制定出意图影响立法机关理论案的成就，这是受法典至上主义在刑事执行法学领域的深重影响。有个别学者基于我国行刑法立法和实践的实际状态以及国外行刑立法概况，对必须具有统一独立的法典形式提出了怀疑，“目前需要的不是提高行刑立法的规格，而要给予司法部门一个制度实验的空间，即给予更大的主动性，使其得以及时积累行刑经验，祥细化行刑的技术环节”[1]。笔者认为，选择制定统一独立的刑事执行法典之立法体例，并不是改善行刑法治的捷径。目前，我国保持着行刑多元化的权力分配格局，制定统一独立的刑事执行法典的初衷之一是改变这种格局。统一行刑权归司法行政部门行使，而行刑权的重新配置涉及公安、法院和司法行政机关各个部门的利益，最终能否取得立法机关的认同还不能肯定。在统一行刑权在立法机关没有成为主导性理念之前，通过制定统一独立的刑事执行法典，能否达到实现行刑权的大一统的目的，实在令人难以预料。如果改变不了实现行刑权分散的现实状况，那么刑事执行法典的价值何在呢？退一步讲，即使实现了行刑权的大一统，仍然回避不了解决行刑机制的问题。在当前的情势下制定统一独立的刑事执行法典,并不是行刑法治的首当其冲的任务。行刑法治当务之急是解决行刑运行机制的改进,需要从赋予受刑人更多的权利救济途径入手,改变受刑人与国家行刑机关的博弈规则,从而促进人权保障和社会防卫价值的实现。在行刑运行机制没有改变以前,纯粹的主管部门归属之争,难以摆脱部门利益之争的嫌疑,而目前多种行刑法律渊源并存的立法体系也能实现行刑运行机制改变的目标。散见于各种法律渊源中的行刑规范，遇到情势变更可对局部条文进行修改或制定，以体现适应行刑法治实践的灵活性。

---

[1] 王利荣．也谈刑事执行法制的基本思路［J］．中国监狱学刊,2002(4):110.

（二）行刑法律的渊源范围

目前行刑学界对行刑法的范畴界定有广义和狭义的理解。广义行刑法律是指，调整行刑法律关系的所有法律规范的总称，例如对监狱法的理解，狭义的监狱法律单指中华人民共和国监狱法。虽然理论上承认一般意义上的监狱法就是指广义监狱法律，在实务领域将监狱法理解为狭义的监狱法仍有广阔的空间。笔者认为，行刑法治之法决不是单一的行刑法典，行刑法应从广义行刑法律概念来理解，它应为一个动态的、开放且内部协调统一的稳定体系。因此行刑法律的渊源也应有以下几种：宪法、法律、行政法规、地方法规、部门规章和我国参加或缔结的国际公约。有学者将司法解释视为行刑法的渊源[1]，笔者认为不妥。因为司法解释只适用于检察和审判工作，虽然它对行刑工作有一定的影响，但不能直接运用于行刑工作，也就不能成为独立的行刑法律渊源。

（1）宪法。宪法是我国的根本大法，其有关行刑方面的强制性规定是控制行刑权力的重要依据。宪法第 28 条规定，形成行刑任务的基本源头，“国家维护社会秩序，惩办和改造犯罪分子”，这就从根本上将充满市场竞争机制的行刑生产排除在监狱等行刑机关的职责之外，为纯化行刑机关职责的改革奠定了宪法基础。宪法中有关公民基本权利的规定，也为行刑机关在保障罪犯未被依法剥夺的教育等权利方面提供了方向和指导原则。

（2）法律。法律是全国人民代表大会及其常务委员会制定的具有强制约束力的法律规范。学界对法律是行刑法的渊源认识比较一致，但在哪些法律可适用于行刑的问题上，因对行刑权力的属性等问题存在理解不同而引起争议，其中最重要的是行刑权力行政权和司法权属性之争，导致了行刑权力应不应该受行政法律的调控和规制的立法选择。如果行刑权属于司法权，那么行刑法律渊源就不能包括；如果行刑权属于行政权，那么其法律渊源则包括行政法律、行政法规和行政规章。不同的权力因其价值构造重心和性质不

[1]　夏宗素．监狱学基础理论［M］．北京：法律出版社，1998：83．

同，而设置了不同的法律监控机制，行政权为实现其秩序和效率优先顾及人权的价值需求，而呈现即时性、一般性、主动性、非终局性的特征。故为遏制其因主动性、即时性而随意发动而可能产生相对管理人造成的权益损害，一般通过有限引入具有立法司法色彩的决策前听证程序和行政权运作后的内部监督（行政复议），赋予相对管理人诉权，启动司法权对其进行合法性、正当性的外部终局性审查机制实现监控。而对司法权则通过当事人对程序和实体有相当程度处分权，并消除其启动主动性以独立于行政司法机构之外的弹劾程序，来防止其权力运行异化。因此如果行刑权力属于司法权，则不应受行政复议和行政诉讼等法律的调控。如果行刑权力属于行政权，则不受行政复议和行政诉讼等法律的调控。故欲深究行刑法律渊源，必先明确行刑权力的本源属性。笔者认为，行刑权应当定位刑事行政权，并归属于行政权，这就意味在行刑机关和正在被管理服刑罪犯发生社会关系时，除接受刑事法律的约束外还必须接受行政法律的约束。另外，行刑机关在与服刑罪犯发生诸如债权债务等平等主体间的法律关系时，应当遵守调整民事法律关系的法律规范。在行刑实践中，行刑机关对罪服刑犯结婚权利的处理就涉及婚姻法的规定，给罪犯发行代购券的行为就影响到国家的货币法律实施。因此，行刑法律渊源应主要体现为刑事法律、行政法律和民事法律。

（3）行政法规和行政规章及地方性法规。行政法规是国务院为执行法律而依法制定的具有强制力的规范，目前行刑法的行政法规渊源并不多见，我国20世纪50年代制定的劳改条例和迄今正在起草的《监狱法实施条例》均属此类。司法部依法制定的《服刑人员行为规范》等部门规章也应视为约束行刑权力的重要渊源。省、自治区、直辖市及经法律授权的较大的市的人大常委会、民族自治机关、特别行政区立法会制定的地方性法规、自治条例是在本行政区域内的行刑法的法律渊源。这里需要指出的是，行刑机关主管部门的非行政规章性规范文件不能作为行刑法律渊源。例如，监狱管理局曾下发文件，将采取欺骗手段骗取监外执行的离监时间和未经执行机关批准擅自离开居住市县的时间不计入刑期，此类文件不仅在实体内容方面与相关法律发生冲突（立法法规定犯罪和刑罚只能由法律规定），而且在形式上也不是行刑的法律渊源。[1]

（4）国际条约。我国签署并承认或缔结的国际条约也应视为行刑的法律渊源之一。比如1988年9月5日全国人大常委会批准我国加入的《禁止酷刑和其他残忍、不人道或有辱人格的待遇和处罚公约》，那么我国就有对该公约除我国声明保留的第20条和第30条外的所有条款负有履行的义务。《经济、文化和社会权利公约》已被我国人大常委会批准，对此，也是我国行刑时应考虑执法的依据。

（三）行刑法律渊源的冲突解决机制

1. 行刑法律渊源的冲突适用原则

行刑法律渊源由于制定主体的不同和制定程序及顺序的差异，必然导致其体系内部的各种法律渊源的冲突，这就需要在互相冲突的行刑法律渊源之间解决如何适用法律的问题。适用法律时应当遵循以下原则：

（1）国际法优于国内法。当包括宪法在内的国内法律渊源与我国签订、承认或缔结的国际条约发生冲突和矛盾时，应当遵循后者的规定，不能借口国内法的规定，拒绝或排斥我国已签订、承认或缔结的国际条约在我国领域适用，这是现代国际关系的基本准则。如果违反将直接破坏国际秩序，国家本身的信誉和权威也将不复存在。当然，对国际条约的适用，主要通过修改和完善国内法的途径完成。

（2）上位法优于下位法。国内行刑法律的渊源根据不同的制定主体和制定程序可相对成为上位法或下位法，上位法效力优于下位法效力，处于下位阶的法律渊源不能与处于上位阶的法律渊源相抵触。我国的宪法相对于其他法律渊源是上位法，具有最高的效力，一切法律、行政法规、地方法规（包括自治条例和单行条

[1] 夏宗素．监狱学基础理论［M］．北京：法律出版社，1998：83．

例）、部门规章都不能与之相抵触。其他国内行刑法的渊源的上、下位阶为：法律是行政法规、地方法规（包括自治条例和单行条例）、部门规章的上位法，行政法规是地方法规（包括自治条例和单行条例）、部门规章的上位法。国内行刑法律渊源中下位法与上位法相抵触的并不少见，至今尚未明文废止的公安部门规章《监狱、劳改队管理实施细则》就有与民法、婚姻法等上位法相抵触的剥夺罪犯婚恋权和剥夺罪犯知识产权的内容。

（3）特别法优于一般法，旧法优于新法。这主要解决同一机关制定的行刑法律的渊源的冲突问题，主要体现在法律与法律之间、行政法规与行政法规等同一位阶法律渊源的冲突。

2．行刑法渊源的冲突解决程序

对于相互冲突的行刑法渊源，作为执法机关的行刑机关无权依据上述原则自行宣布某条款无效，立法法专门规定了裁决程序，法律与法律之间、行政法规与行政法规之间发生冲突时分别由全国人大常委会和国务院裁决。部门规章之间、部门规章与地方规章之间的冲突由国务院裁决。例如监狱法和刑事诉讼法对监外执行的对象、会见对象等规定就存在冲突，如果按照该原则进行处理，就会出现新法（刑事诉讼法于1996年修正）与特别法（监狱法于1994年12月制定）的冲突。监狱法典规定监外执行的对象是被判处无期徒刑和有期徒刑的罪犯，而后来修订的刑事诉讼法则规定监外执行的对象是被判处有期徒刑的罪犯，两部都生效的法律对于被无期徒刑的犯人能否成为监外执行的对象作出不同的规定。由于立法法规定只能由全国人大常委会裁决互相冲突的法律无效问题，这应当由全国人大常委会裁决。

四、刑罚执行权力的外部控制途径

良好的立法和制度规定，属于静态法治和纸面上的法治，只是行刑法治的基础和前提，并不意味着行刑法治工程的终结和竣工。“徒法不足以自行”，权力具有天生膨胀和异化的特质，只有在行刑权力实际运作中，确立正当的行刑机关与罪犯的冲突解决机制，才能使制定法中温暖人心的话语转化成受刑人亲身感受的甘霖。现行行刑权力的监控有检察机关的法律监督和国家赔偿。检察机关的法律监督呈现出程序性的特征，即检察机关发现行刑机关违法后，只能提出纠正意见，不能作出对行刑机关有约束力的实体处分；行刑机关的国家赔偿范围有限；只对违法使用武器、警械造成公民身体伤害或者死亡的情况进行赔偿，且规定了确认前置程序，赔偿义务机关如不确认，赔偿请求人只有申诉的权利。从公开的资料中，很难见到行刑机关因违法给受刑人造成伤害或者死亡赔偿的事例和金额，其原因是行刑机关真正是无违法行为不用赔偿，还是从法律角度需要赔偿而不赔偿，笔者对此抱有深深的疑虑。由此可见，现有的受刑人权利救济机制已经处于运转低效的状态，因此，必须重新审视行刑机关和受刑人的两方博弈构造，构建社会、国家和受刑人三位一体的有关对行刑权力的监控体系，确立多种受刑人的权利救济途径。

1. 社会力量对行刑权力运行的监督

由于传统的行刑理念偏重对行刑过程封闭性的推崇，行刑过程封闭性不仅将受刑罪犯与社会隔离，而且也在社会组织与行刑之间建立了厚实的隔离墙，社会主体对行刑过程的参与和渗透所遭受的阻力相当大。监狱法规定服刑罪犯会见的对象仅限于亲属、监护人，其他的社会主体只有在行刑机关的主动邀请下进行表象观察，因而对行刑机关的监督作用微乎其微。国际上在行刑社会化思潮的影响之下，逐步确立了监狱的开放原则，监禁的法治理念应当是：与社会隔绝的应当是受刑罪犯的人身而非他的思想和获取信息的权利；受刑罪犯应当能够与外界联系，监狱和其他拘禁场所应当向外界和独立的调查者开放[1]。

2. 国家权力的内部调控

国家权力的分工和协作对行刑法治起着关键的作用，刑罚执行

[1]　联合国囚犯待遇最低限度标准规则详解［M］. 于南，译. 北京：法律出版社，1998：6.

过程中，国家的权力运作协调机制存在着不协调和失灵的现象，这严重妨碍行刑法治的实现。其具体表现为：首先，立法权对行刑权的规制不太精密，立法内容滞后、立法技术粗疏和各行刑法律渊源之间存在着冲突和矛盾是行刑立法的痼疾。立法内容的滞后的主要体现，刑法中将监管人员规定为司法工作人员的条款已严重背离法学理论基础，行刑法立法技术粗疏体现为法律规范少且操作性差、宣言性条款居多、法律责任的条款缺失，这使得公安部主管监狱和行刑经费得不到保障等违犯行刑法律的现状长期得不到纠正，严重损害了行刑法的尊严；法律冲突裁决机制由于具体程序和期限的缺失而处于僵死状态的，致使存在的法律冲突不能及时解决。其次，刑罚执行权配置过于分散，影响了刑罚执行的效率。我国的公安机关、人民法院及监狱都有一定种类的刑罚执行权，公安机关负责管制、拘役、剥夺政治权利、缓刑、监外执行和假释监督的执行，人民法院负责死刑立即执行、罚金刑和没收财产的执行，监狱则负责死刑缓期两年、无期徒刑和有期徒刑的执行。其中，人民法院和公安机关的刑罚执行职责在其所有的工作中处于附属性的地位，没有引起足够的重视。目前其内部都没有专门的刑罚执行机构，法院的刑罚执行职责由承担刑事审判职能的刑事审判庭负责，公安机关的刑罚执行职责由负有繁重治安管理职责的派出所承担，以至于出现财产刑执行难、缓刑和假释监督效果差的状况，监外执行和收监执行的衔接也因为主体不同而出现纰漏，导致监外执行的罪犯需要收监执行的而没有收监执行的状况。再次，监狱等刑罚执行机关的主管机关和司法机关对其权力运作缺乏有力的机制约束。司法行政部门除了对监外执行等刑罚执行方式和刑期的变更有决定权或建议权外，对监狱其他的行刑管理行为却没有有力的机制约束。罪犯入监分类标准仍然停留在只考虑年龄、性别和刑期等因素的较为粗糙的水平。人民检察院作为具有中国特色的法律监督机关，对行刑活动的监督存在范畴有限和可操作性差的弊病，法律规定仅限于监外执行等刑罚执行方式和刑期的变更。且这有限的监督也具有程序性的特点，即对认为违法的行为不能自行直接进行实体处分，只能提出纠正违法的检察建议，而由作出该行为的行刑机关自行决定。在行刑实践中，有的监狱采取将检察院的同意意见作为提出减刑、假释和监外执行等建议的前置步骤的做法，表面上看是强化了检察监督的作用，但实际上违背了监督的事后性特征，已经使监督变成主管职权，有悖国家权力的设置原理。法院作为司法公正的最后一道防线，但对行刑的司法审查却局限于减刑、假释和国家赔偿等狭窄的范围，这使得许多侵犯服刑罪犯权益的行刑行为游离于司法审查之外，这不能不说是行刑法治的缺憾。因此，强化国家权力对行刑权力的调控的法治途径，应当是采取行刑权统一于一个国家主管部门，强化主管部门对刑事执行活动调控、检察监督和司法审查等措施，实现行刑的最佳效能。

3．受刑罪犯权利救济机制的完善

国家在剥夺了一个人的自由时，就产生了照管这个人的责任。照管的主要任务是，保证被剥夺自由人的安全和保障个人的福利，但如果国家权力违背了照管原则，侵犯了受刑罪犯的权利，就需要通过权利救济机制使其获得补偿和安抚。目前我国受刑罪犯权利救济机制主要通过控告、申诉和申请国家赔偿的途径。控告针对的是对受刑罪犯实施的犯罪行为。申诉针对的是对受刑罪犯作出的法院判决。申请监狱等行刑机关国家赔偿的范围仅限于刑讯逼供或者以殴打等暴力行为，或者唆使他人采取殴打等暴力行为造成受刑罪犯身体伤害或死亡的；违法使用武器、警械造成受刑罪犯身体伤害或死亡的，而且申请国家赔偿必须经过监狱等行刑机关确认违法程序。由此可见，受刑罪犯的权利救济制度呈现出范围狭小和自认有错性的特征，其补偿和安抚功能远远不能适应法治社会的需要，应当予以改进。完善受刑罪犯权利救济机制的突破口在于设立行政复议制度和法院的司法审查制度。设立复议制度，由行刑主管部门根据受刑罪犯的申请，对行刑机关行为的合法性和合理性进行审查，并作出相应的实体处分。目前理论界和实务部门对法院的司法审查多抱有排斥的心理和态度，这不利于行刑法治的实现。在保持现有的罪犯权利救济机制的前提下，将监狱等行刑机关的行刑活动纳入

 法院的司法审查范围，已经有司法解释的依据。

4．物质保障

基本的物质基础是行刑法治的前提和保障，这是社会和国家实现行刑法治的必然代价。基于历史原因而形成的监企合一体制颇具中国特色，且使监狱在计划经济体制下充分发挥了罪犯改造职能，而在市场经济条件下，该体制却使监狱等行刑机关为生存苦苦挣扎。物质保障的不到位已经使行刑的工作重心被迫转移至企业生产，脱离了行刑法治的轨道。因此，纯化行刑机关职能，促使行刑活动走上法治的正常轨道，就必须夯实物质保障的基础。司法部目前正在为推行收支两条线机制积极创造条件，这也正是努力实现监狱物质保障工作进程。

五、刑事执行官员的内在控制机制——教育和培训机理分析

毛泽东曾经指出，政治路线决定以后，干部就是决定性的因素。而保证官员的高素质，就必须依靠健全的包括官员录用、培训和职责等制度运作。罪犯处遇的惩罚与救治的政策选择，必然使刑事执行官员与改造工作人员的分类制度化，而专注于刑事执行实务。在目前刑罚执行工作人员录取必须参加公务员考试的情况下，其执法素质的保障和工作水平提高则依靠对刑事执行官员的监狱教育教学和培训机制的完善。以下，以承担监狱人民警察教育和培训职能的司法警官学院的运行机制为范例进行分析，从而思考、完善和强化刑事执行官员教育和培训机制的途径。

（一）现行司法警官教育运行机理分析

1．教育目标的政治性

司法警官教育目标具有高度的政治性，具体体现下列内容和要求。

（1）坚持执政党的政治思想教育，强化政治理论学习。政治理论学习主要包括马克思主义、毛泽东思想、邓小平理论和“三个代表”重要思想。马克思主义认为，正确地认识世界和改造世界的责任已经历史性地落到了无产阶级政党的肩头，而司法警官的

改造罪犯则是无产阶级改造世界的重要组成部分，其具体要求是：首先，具有高度的思想觉悟，坚定共产主义的思想和理念，时时站在无产阶级和人民群众的根本利益上思考问题。对党和国家的路线、方针、政策和法律所体现的奋斗目标和具体要求毫不怀疑和动摇，才能对社会上和罪犯中的错误言行进行判断，并加以反驳和批判。因此教育部制定了《关于深化教育改革，教育适应21世纪需要的高质量人才的意见》，通过马克思主义理论可和思想品德课的改革，加强思想品德教育，来达到有理想，有道德，有文化，有纪律的社会主义建设者和接班人。其次，坚持四项基本原则。四项基本原则是我国的立国之本和强国之基础和保障。司法部2002年10月下发了《2003—2005年监狱劳教人民警察队伍建设规划纲要》（司发〔2002〕16号）。该文件将监狱劳教人民警察队伍建设的首要目标是“思想政治建设不断加强，保持监狱劳教人民警要忠于党、忠于人民、忠于国家、忠于社会主义的政治本色”，这是高层次司法警官教育的命题中应有之义，对此应责无旁贷。

（2）坚定人民群众利益至上的政治立场教育。在新时期，司法警官教育部门要紧密联系实际，用科学发展观指导监狱教学教育工作，坚定正确的政治方向，树立人民群众利益至上的立场。而树立人民群众利益至上的政治立场的司法警官教育则应从强化正确认识和处理以下三种关系着手：正确认识和处理个人利益与执政党和人民群众整体利益的关系；正确处理局部和全局之间的关系；正确处理权力和责任之间的关系。

（3）坚持拒腐防变教育。高层次司法警官处于既是与罪犯这类特殊的亚文化群体持续打交道的特殊岗位，又是担当司法警官队伍的领头人，必须提高思想上的免疫力和增强防范意识，抵制罪犯的亚文化和社会上不良习气的侵蚀，需要强化拒腐防变教育，来把好政治思想的免疫阀门。

政治性教育目标的实现方式和途径有以下几种：一是党组织教育和课程教育相结合。高层次司法警官教育，无论是学历教育，还是职业培训，其教学的设置都包含了相当数量的思想教育课程，辩

 证唯物主义和历史唯物主义、政治经济学、毛泽东思想概论、邓小平理论、思想品德是学历教育的必修课程，且每门课的课时各高校不能自主删除的基数。党组织和共青团组织在学生群体中发展和吸收成员，通过党团有组织的活动巩固思想政治理论学习的效果。二是理论教育和时事教育相结合。抽象的理论必须与活生生的实践相结合，才具有生命力，现行高层次司法警官教育充分利用国内和国际的突发事件和最新态势，结合政治理论的基本原理，强化政治理论的教育效果。三是组建专门的高素质的思想政治工作者队伍，其中包括专职人员和兼职人员，专职人员系教育机构中专门从事和负责被教育和教育者的工作人员，有党委副书记、院系党总支负责人和团总支书记，专职思想政治工作者原则上按照1∶120～150的比例配置，兼职思想政治工作者是指从事教学、科研的人员，利用业余时间兼职进行思想政治工作。

2. 教育机构的专门性

（1）主管部门高等教育管理和行业指导相统一。司法警官教育机构依附于司法警官管理体制。1983年，国务院又将监狱劳教工作移交给司法部主管。1994年通过的《监狱法》明确地将司法部规定为全国监狱的行政主管机关。司法警官教育机构，目前形成了以中央司法警官学院为中心和各地的司法警官职业学院为连接点的网络系统，各地的司法警官职业学院由各省、自治区、直辖市的司法厅主管，司法警官的本科以上教育原来主要由中央司法警官学院和五大政法院校（西南政法学院、中南政法学院、西北政法学院、中国政法大学和华东政法学院）承担。中央司法警官学院和五大政法院校由中华人民共和国司法部主管。后伴随教育部高等教育学校管理体制的改革，五大政法院校转归地方主管，也取消了作为司法警官人才来源的刑事司法专业的本科学历教育。中央司法警官学院成为目前唯一的司法部直属高校。它一方面既受教育部的教学业务行政管理制约，如招生规模和计划、学科建设、教学评估以及机构设置和改革等制度设计和执行，都要按照教育部规定的标准和计划予以执行；另一方面它又受司法部的行业指导。中央司法警官学院的筹建和成立过程，有强烈的行业需求意义，在面临全国高校大规模的调整和合并的严峻形势下，中央司法警官学院之所以能够从成人大专院校转轨为本科教育为主的普通高等院校，就在于目前全国监狱劳教行业需要一所高层次司法警官教育机构，具极强的专业性是其他社会普通院校无法代替的。中央司法警官学院正在进行的高层次司法警官教育主要有学历教育和岗位培训。岗位培训主要有警监级别警衔班和监狱劳教机关领导（监狱长、劳教所长和政委的）培训。学历教育主要有本科和专科的高等教育。中华人民共和国司法部对中央司法警官学院的行业指导决定了该学院的教育目标和发展进程。司法部部长张福森在中央司法警官学院成立大会上的讲话，要求将中央司法警官学院建成三个基地：全国监狱劳教系统的人才教育基地、监狱劳教系统的在职干警培训基地和全国监管改造的理论基地。三个基地形成为中央司法警官学院规划的近期高层次司法警官教育的宏观格局。司法部政治部、法规教育司等业务职能部门还就全国监狱劳教行业的形势，临时确定培训计划和任务，不断地对各项具体的教育任务开展进行考察，并发布一系列的指导意见。司法部的领导还不时地向学员就专项热门课题直接发表讲话；司法部有关司法警官教育的机构、人事、教学和科研等方面的规章、规定、决定或者命令对中央司法警官学院具有直接的拘束力，中央司法警官学院必须不折不扣地执行。

（2）教育人员的警务化管理和聘任制相统一。基于司法警官特殊的教育对象，教育人员具有中华人民共和国人民警察的身份，根据职称不同授予一定的警衔，并享有相应的警察津贴，配发警察制服，实行警务化管理。根据中华人民共和国高等教育法的相关规定，取得高等院校的教师资格必须具备下列条件：中国公民凡遵守宪法和法律，热爱教育事业，具有良好的思想品德，具备研究生或者大学本科学历，有相应的教育教学能力；不具备研究生或者大学本科学历，学有所长，通过国家教师资格考试，也可以取得高等院校的教师资格。中央司法警官学院既然是经过教育部同意成立的普通高等院校，那么高层次司法警官教育的人员，必须具备高等院校教育的人员的条件。中华人民共和国高等教育法第 48 条的规定，高等院校实行教师聘任制，已评定任职条件的，由高等院校按照教师职务的职责、条件和任期聘任。高等院校的教师聘任，应当遵循平等自愿的原则，由高等院校校长与受聘教师签订聘任合同。教师的副高以上职称评定由司法部委托学院所在地的省级教育主管部门代评。中央司法警官学院目前以下发文件的形式确认教师的任期。这在形式上确立了聘任制，同时，根据具体的教育需要，临时性地聘任国内著名的专家学者担任专门课题讲授任务。

（3）内设教学机构的部门化。教育机构根据监狱劳教体制建设和需要，设立内设教学机构。首先，中央司法警官学院根据司法部下设监狱和劳教两个管理局的设立模式，成立了监狱学系和劳教系。又根据监狱劳教单位普遍存在的监所经济职能和政治法制工作需要，又设立了经济管理系和警察管理系和法律系，系领导由依照行政机关模式设置了党组织和行政两套班子。其次，监狱学系根据监狱内设狱政管理、教育科和狱内侦查等机构的情况，又设立了监狱法、狱政管理、罪犯改造心理学、罪犯教育和狱内侦查等几个教研室，劳教系根据劳教所具体职能部门也相应地设立了劳教管理、劳教心理学等机关教研室，这种内设的教育体现了浓重的成人教育机理。

3. 课程设置的综合性

（1）课程设置的职业化。课程设置的设置，很大程度上体现了理论创新和科学研究成果的结晶。现代刑罚理论已经摆脱了单纯追求报复和威慑的行刑目的，而通过改造、矫正和教育，注重对犯罪人的与特殊预防，已经成为行刑理论的通识；劳动教养制度是具有中国机理的社会防卫极强的法律制度，立法目的更加注意促进被劳动教养人员的迁过从善。监狱法第四条规定了监狱的具体职责，“监狱对罪犯应当依法监管，根据改造罪犯的需要，组织罪犯从事生产劳动，对罪犯进行思想教育、文化教育、技术教育”；劳动教养机关对被劳动教养人员进行的是一项强制性教育工作，其具体工作也包括思想教育、文化教育、技术教育和心理矫正。监狱、劳教司法警官的人事管理仍处于粗放式的一职多能模式的影响之下，要求监狱、劳教司法警官既要懂生产，又要懂管理，还要懂教育。因此，监狱、劳教司法警官职业化要求从业者必须具备坚强的政治素质，丰富的刑事法学、管理学、教育学和心理学多方面的知识，具有控制人的行为和转化罪犯思想心理的能力，这与公安、检察、审判和辩护工作的专注搜寻证据、发现案件事实和灌输法律知识的法律人职业化要求是有差异的。高层次司法警官教学要从自身素质、心理素质和社会素质三个方面来进行，坚强的政治素质方面：如何教育和提高司法警官的社会素质，在“教育和教育目标的政治性”中已有论述，不再赘述。专业课的设置培育和提升监所管理专业既开设了监狱基础理论、罪犯教育学、心理学（含普通心理学、犯罪心理学和罪犯改造心理学三门课程）、狱政管理学，狱内侦查学等必修的专业性课程，又开设了诸如监狱谋略、罪犯劳动学等开阔视野的选修课程。劳动教养专业则开设了类似监所管理的课程体系，而法律系、经济管理系和警察管理系则将监狱学、劳动教养学作为限选的选修课程来开设，这与其他普通高等院校法律、经济管理和警察管理专业的课程设置是有区别的。学生身体素质需要通过设置警察体育课来实现，警察体育课的课时在专业总课时中所占比例也相当大，且授课内容以注重实战的提高自卫擒敌、驾驶技术、使用枪支能力为主。这对于日日夜夜与社会最危险的群体打交道的司法警官而言，无疑具有很重要的挑战意义。这些课程的设置都适应监狱、劳教场所小社会的综合性、全方位的需求，在某种程度上满足了监狱、劳教机关的职业化教育。

（2）课程设置的法学主导性。自1985年起，监狱学专业就在普通高等学校和中央司法警官教育学院开设。在20世纪90年代的普通高等学专业调整过程中，教育部却将监狱学设在法学专业下面，国家社会学科基金的申报项目上，没有对监狱学专业的专门立项，只是在刑事法学项下面，设有关监狱法律方面的课题。在教育硕士生的专业目录中，某些政法院将监狱学校作为刑法专业的一种方向，这就意味着教育部所要求法学专业本科阶段的14门法学主干课必须在监所管理本科专业教学中开设。劳动教养专业的本科教育阶段虽然开设的是矫正教育，但也开设了相当数量的法学课程。法学课程的开设特点是刑事法学为主、兼顾其他法学，这与其他普通高等教育的法学教育相比，课时相对比较少，且民事商事法学课程多为考察课，这是由监狱、劳教工作人员的司法警察性质及具有鲜明的刑事执法色彩所决定。

4．教育途径的多重性

（1）面授教育与远程教育相结合。司法警官教育的面授教育主要通过按照国家高考制度来实现，其生源来自于通过全国统一普通高校招生考试的考生，面授教育可以充分利用教育机构的图书资料和教学资源，但其教育的规模远远不能满足全国监狱劳教单位的需要。目前，全国监狱劳教单位多达上千家，监狱劳教司法警官多达40万，每年这些人员的自然更替就过万人，而司法警官学院每年的本科毕业生不过数百人。因此，利用自学考试进行高层次司法警官教育成为解决燃眉之急的时代需要。全国高等教育自学考试指导委员会和司法部共同下发了《关于开考监所管理专业和组织监狱、劳教系统人民警察参加自学考试的通知》，该通知为高等教育监所管理专业（专科）的开考时间、组织、教材及大纲的编写和其他筹备工作的安排都作了一一规定。中央司法警官学院还采取委托办学的方式，委托其他有办学能力的司法警官职业学院进行联合办学。近年来，监所管理专业本科段的课程考试计划也相继出台，面授教育与远程教育相结合的教育网络已经形成。

（2）理论教育与实践教育相结合。目前，司法警官教育在面授和远程教育中均存在理论教育为主、实践教育为辅的通病。我国经院主义哲学对目前的高等教育产生了潜在而深远的影响，这与课程的考试考核制度息息相关。理论教育通常是通过填鸭式的灌输教育来完成，自学考试中所管理专业的考生主要来自于具有丰富实践经验的监狱、劳教系统的人民警察，他们急需提高自己的理论水平。自学考试试卷的出题均在指定教材和考试大纲的范围，这就使出于拿文凭的功利动机考生，努力去掌握教材里面的理论知识点。学院在每个专业都安排了学生到监狱和劳教单位实习的阶段，诸如狱内侦查、犯罪心理学专业技术性比较强的课程还专门安排了在实验室里教学的实验课。

（3）学员管理的半军事化管理。严格来讲，学员管理不属于教育范畴，不同的管理机制会产生不同的教学后果。司法警官学院对所招收的学员按警察教育的特点进行管理，即军事化管理。学员都配发了警察制服，不授予警衔，统一配发学生衔，上课时一律着警服，清早实行严格的早操制度，上课前约 40 分钟进行整队，然后进入教室，班主任管理呈现出从思想、学习、被服整理到异性交往全方位的监管。

5. 教学、科研、管理和后勤的一体化

中央司法警官学院内部分设了教学、科研、管理和后勤四个门类的行政部门。目前，学院对这四类部门的整体管理呈现出一体化的特征，这主要体现在全体人员的警务化管理、教学、科研、管理方面、在人员方面与后勤从业人员之间没有相应的内部比例规定，在从业人员的工作的岗位互换性、利益分配的方面体现平均化和职级化。

（二）中国现行刑事执行教育和培训机理的评判

对现行司法警官教育机理合理评判是深化和改革司法警官教育机制的前提，需从利弊两个方面来剖析。

1. 现行司法警官机理的合理性

（1）政治性的教育目标强化，提高了司法警官的大局意识、组织纪律观念和政策理论水平，保证了司法警官队伍的稳定性。为保证社会的安宁，我国的监狱、劳教绝大多数处于自然环境条件恶劣的山区、边区和穷区，交通和通讯极为不便，这对于防止被关押的服刑罪犯和劳教人员逃跑起到了很好的防范作用。但这给在监狱劳教单位工作的司法警官及其家属带来生活上的极大不便。司法警官与社会上其他的政法机关，在评价经济资源的分配方面，都处于不利的境地，如果没有为公、为国的大局和组织纪律观念，面对外部世界的物质和精神享受诱惑，根本就无法安心司法警官工作岗位的本职工作。在监狱劳教的物质设施不能完全满足罪犯和劳教人员的思想改造和转化工作需要的情况下，面对诸如“法轮功”邪教之类和其他文化知识水平不断提高的罪犯和劳教人员群体，司法警官必须具备相当的政策理论水平，否则，将不能适应改造和转化新时期罪犯和劳教人员的思想改造和转化工作的需要，也无法维护监狱劳教的监管秩序。在具有中国机理的宪法所确立的政治体制下，保持教育目标的政治性是司法警官教育的必然选择，与整体社会中具有一定的黏合性，是不能被废弃的。

（2）突出了全面教育的优势，提高了监狱劳教司法警官队伍的整体素质。监狱劳教司法警官教育与监狱劳教的法律制度密不可分。国外的监狱制度根基于自由主义的法治理念，不允许对服刑罪犯进行思想改造，其刑事司法教育要么停滞于象牙塔内的纯理论教育，要么仅仅专注于纯粹管理技术的职业训练。这是由于监狱管理制度的分工过细所致。因监狱工作人员的岗位设置分类明确，在管理岗位工作的人员不关心罪犯矫正。从事矫正的工作人员与监狱管理人员也缺乏沟通，不关心监狱安全。矫正工作不注重罪犯的思想改造，只着眼于罪犯的心理矫正和行为控制，教学可由大多由社会上专业人员充任，不需要专门的刑事司法学院来教育。专门监狱院校只负责对监狱长和监狱管理人员（看守工作人员）的培训。看守工作人员的任职在学历方面是比较低的，一般要求高中毕业即可，这就使得监狱管理人员的文化素质在整体上是不高的。中国现行司法警官教育将管理、教育、心理和政治理论的一体化设置，可以使监狱劳教司法警官的整体素质全面提高，在智力犯罪不很发达、监管物质保障不充分和罪犯分类标准区分不细致的情况下，司法警官可以在管理、教育和生产岗位上紧急互换，以适应特定时期的监狱管理秩序的需要。

（3）行业指导性符合司法警官教育的实践性强的特点。司法警官教育是一种实践性很强的职业教育。在教育过程中，必须将该行业的发展动态、需求信息和存在问题及时地纳入教学研究的内容，而没有与监狱劳教单位沟通的顺畅渠道是不行的。在目前公共信息的披露受诸多因素的限制，存在信息渠道不畅的氛围下，监狱劳教作为比较封闭的特殊行业，对一般公众的信息披露更受到诸多限制。司法部作为全国监狱劳教单位的主管部门，对全国监狱劳教行业存在着宏观调控机能，对监狱劳教行业发展态势、战略布局和困难的了解和掌握十分全面。况且，司法部作为国家的代表，在与国际上司法警官教育交流中的地位，是一般普通高校不能取代的。因此，司法行政机关对高层次司法警官教育的行业指导，为司法警官教育的师资培训、教学调研、信息传递和对外交流提供了诸多资源和机会。为司法警官教育办学模式作了指导定位，克服了司法警官教育出现的盲动现象，有力地促进了司法警官教育事业的健康发展。

2．现行司法警官教育模式的缺陷

（1）教育目标的层次区别不明显，高层次司法警官教育目标创新意识不足。根据高等教育法的规定，高等教育的任务是教育具有创新精神和实践能力的高级专门人才，发展科学技术文化，促进社会主义现代化建设。由此可见，创新精神和实践能力是高级人才必须具备的素质要求，司法警官的高等教育也不例外。高层次司法警官教育则注重创新精神，兼顾实践能力，这是高层次司法警官教与低层次司法警官职业教育相区别之处。现在，各地存在的低层次司法警官职业学院教育则着眼于实践能力，忽视或无力进行创新精神的教育，但它们的教育能够适应监狱劳教行业一般岗位的司法警官。高层次司法警官教育和教育机构停留于干部培训的水平的层次，片面地将监狱劳教系统的人才教育基地，理解为个别监狱劳教单位的特殊需要，而不是站在监狱劳教系统这种宏观角度去考虑。例如，许多监狱背负沉重的经济负担，其在职人员由于过多安置了监狱干警的家属子女，导致人员严重超编。由于它们需解决燃眉之急，需要的不是精通专业理论和创新意识的司法警官，而是能够给单位带来直接经济效益的生产管理、技术人员和销售人员。个别监狱劳教单位领导提出：司法警官学院教育理论性太强，不了解监狱劳教实际情况的相关批评。事实上学院教师的理论水平并未达到国内的先进水平，在学术界有影响的教师寥若晨星，在国家的权威性专业理论刊物上发表学术论文的并不多见。高层次的司法警官教育和教育机构在某种程度上对该批评予以迁就，对教师提出到基层监狱劳教单位调研的要求日益强化，但教师与全国的知名专家学者的交流学术机会较少。

（2）教学机构设置的垄断性和内设教学机构的部门化，不利于最大限度地发掘和利用司法警官教育资源。教学机构设置的垄断性是指目前大规模进行高层次司法警官教育和教育的机构是唯一的，这就使得高层次司法警官教育处于比较封闭的系统，缺乏竞争的优化配置机制。教师和学生都失去选择的机会，其教育机构必然会夜郎自大，故步自封，长此以往不利于高层次司法警官事业的健康发展。内设教学机构的部门化，忽视了学科发展的规律，导致了专业课程设置的过细、过窄和学科建设的重复性，造成教育机构内部资源的浪费，不符合宽口径、厚基础的教学改革发展方向，例如监狱学系犯罪心理学和改造心理学两个教研室与劳教系的研究劳教心理学教研室的课程主体内容（不是课程名称）存在着雷同，教师的来源都是普通高校的心理学专业的毕业生，其受教育背景和专业知识结构相同或相似，但由于院系归属不同，造成隔离状态。从事犯罪心理学和改造心理学的教学研究人员不关注劳教人员的违法心理，研究劳教心理学者不顾及罪犯的犯罪心理态势，不能形成教学科研的合力之势。劳教管理和狱政管理、监狱法和劳教法的教材也存在前述弊端，而在有限的学习期限内，在本专业的教学计划中设置过细过多的专业课程。教师因人设课的现象时有发生。学生的知识结构和专业名称严格限制了其就业的口径和部门，监狱学系的毕业生只能在监狱系统就业，劳教系的毕业生限制在劳教系统就业，在学生就业目前仍面临地方保护和部门保护阴影的情况下，在纯粹的市场运行机制中必然导致毕业生的不利境地。伴随着全国高校招生规模的不断扩大，司法警言教育机构过细专业教育和公共需求或市场需求的矛盾将日益突出。

（3）警务一体化的人事制度和平均化的利益分配机制，体现了行政办学的特征，违背了事业单位的发展规律，抑制了优秀教师的积极性。国家对事业单位正在进行的聘任制人事制度改革，极力打破人浮于事和效率低下的局面。事业单位的人事制度特征是以聘任制为中心的分类管理，这与公务员和警察的一体化管理有严格区别。警务一体化的人事制度不讲究单位事业需要应设的岗位，没有岗位设置就使得教职工端上铁饭碗，论资排辈的现象比较严重，行政编制人员的不断膨胀、平均化的利益分配机制使有限的教学资源被严重挤占，且造成了专职教学人员向行政等非教学部门逆向流动的异常现象，使得诸多具有研究生学历的高层次人才本应成为教学岗位的骨干，却成为了教育机构行政管理机的螺丝钉。特别是行政（含后勤）有岗、教师无岗的分配模式，专职教师在全教育机构树立不起岗位荣兴誉感。后勤工作不进行社会化改革，其对教育机构资源的消耗大大超出了教学的投入，严重背离以教学科研为中心的高校运行机制。此情况下，教育机构还会混淆不可分离的核心性专有知识与可分离的边缘性专有知识的价值。教师所拥有的是不可分离的核心性专有知识，是教育机构赖以生存的根本和基础，而后勤行政人员拥有的是可分离的边缘性专有知识，具有社会替代性，其交易价格应与社会上可替代性服务基本一致[1]。伴随着住房货币化、取消单位供暖福利化等措施的全面推广，后勤社会化是优化和节约教育资源的必然举措。

（4）“形聘实任”的教师任职制度使教师内部缺少危机感和竞争性。对教师进行类似行政等级式公务员化的管理。由于教师的警务化管理在计划经济时代给教师带来了物质上的利益和精神上的荣耀感，教师可以享受警察津贴和制服待遇，警察待遇确实是不小的诱惑。但伴随着普通高校事业单位改革力度的加大，普通高校教师尤其是精英人才的收入和福利资源有了大幅度增长，警察待遇的优势已经风光不再。在这种机制下，教师的任职没有实施严格的准入制度，专业课的专业门槛没有建立起来。没有本科毕业证书的人员可以冠冕堂皇地走进专职或兼职教师队伍。每位教师享有和占有的资源呈平均化分配，低职级教师可因多次重复性劳动而获得最高

[1] 崔玉平. 高等教育制度创新的经济学分析［M］. 北京：师范大学出版社，2002：100.

职级教师的资源。这种大众化的教师任职制度贬损了高校教师的岗位尊荣感，教育不出代表高校品牌的精英教师，这也是教育机构不能凝聚全国司法警官教育的精英的致命因素之一。单纯向学生讲授的研究成果的教学机制只能是低层次司法警官教育的机理，导致教师在教学方面缺乏专业启蒙和探索精神，去迎合某些学生的低级趣味，也就不能完成培养造就具有创新意识的司法警官教育的目标教育工作。优秀的导师可将学生引领到本专业的世界先进水平，探索创新本专业的理论，对现行制度具有强烈的批判和反思意识，善于在本专业的讲授中浸润人文精神的关怀。只有在打破铁饭碗的平均化利益分配机制下，建立起充满竞争活力的名至实归的聘任制，才能孕育出大师级教师。

（5）相关课程设置和教学方法的学科适应性不强。课程设置决定了所教育对象的知识结构，司法警官教育的内容涵盖了政治学、法学、管理学、教育学和心理学等诸多学科的知识。现行课程设置表现为政治素质教育的课程出现“两多”和专业课精于细化失之广阔，政治素质教育的课程的“两多”是课程设置多和课时多。专业课精于细化失之广阔，是指不成熟的个人研究成果成为课程和内容重复性太强，不成熟的个人研究成果，可以在学术讲座或相关课程专业课来讲授，但作为课程设置必然造成教学资源的浪费；专业课内容重复，造成学生的厌学情绪。例如监所管理专业中的监狱学基础理论和狱政管理、普通心理学、犯罪心理学和罪犯改造心理学就存在这一通病。高层次司法警官的教育方法在不同学科的教学方面应有所侧重，法学和管理学突出的是规范研究，应以思辨的课堂讲授和专题讨论为主体方法；而教育学和心理学突出的是以人的心理和思想为中心的知识体系，其教学方法应当以实践性的个案调查和实证为主。司法警官院校的教育方法的现状表现为不分学科性质，围绕教材内容进行注释性的填鸭式课堂讲授，这是由现在通行的教考分离的考试制度所决定的，这必然导致教学效果的不理想。

第八章

刑罚执行的流程设置

一、监禁刑执行的流程设计

（一）收监制度

收监制度是监禁刑执行的开端，世界各国的监狱矫正机构对包括办理具体的入监手续和后继工作的收押制度都有具体的规定。入监手续包括收押手续、建立犯人档卡和对犯人身体健康检查等环节。英国的监狱法规定："不论被判监禁徒刑或被判在监狱中羁押或在审判期间的人，监禁在任何监狱，视为合法。""犯人不支付被押送到监狱的旅途费用。如签发给某监狱某监狱监狱长收的执行令状、逮捕令状或其他法律文书上注明的该监狱名称与其通常被称呼的不相等，但是足以说明该监狱仍有效。收押犯人时以及在收押后，监狱长认为有必要时，可以对犯人进行搜身。""根据国务大臣的命令，犯人必须进行登记，并将犯人登记表存入档案。收押犯人时，可给犯人拍照，但未经允许不得将照片给予任何人。犯人的私人购物，除现金之外，不得由自己保存，得交由监狱长保管，并且列一财产清单，由犯人对照清点，认为无遗漏后，签字盖章。"法国的刑事诉讼法对监禁刑执行除规定提供必需的法律文书外，还要求提供"对有关个性、物品、家庭、社会情况所作的调查报告副本；为司法判决而进行的医学、精神病学或者心理医学的检查报告副本；转达起诉书或者起诉前，拟定补充的或审判期间获得的新情况的详细报告"。日本监狱法规定："新入监者入监时，应审查令状、判决书、执行指挥书及其他合法文件，方准入监。”“新入监的妇女，请求携带其子女入监时，认为有必要时，限于一周岁以下。”后继工作，包括对犯人的权利告知和调查与分类等制度，绝大多数国家法律对犯人的权利告知规定得较为详细。如法国的刑事诉讼法典对执行程序的规定：“一般情况下，收押囚犯时，应当向其说明本法基本规定和监狱内部规章制度，要求囚犯了解有关与家人、辩护人、管理部门与司法部门的通信规定，明确其权利与义务方面的规定。”意大利《监狱法实施细则》规定：“在监狱图书馆和囚犯可能进出的其他场所，应放置1975年7月26日第354号法律、本细则、狱内规章和有关囚犯和被收容者的权利、义务、纪律和待遇的规定。入狱时，发给每个囚犯和被收容者一份监狱法、执行细则、狱内规章摘要，并标明可查阅全文的地点。还应阐明监狱生活者的规则和规定中的道理，促使囚犯和被收容者认真遵守。”对犯人的调查和分类也是西方监狱制度的重心所在，美国的犯人分类制度分为三类：初步分类，即由犯人接受中心在了解犯人的基础上，将犯人分到合适的监狱服刑；重新分类，即具体关押犯人的监狱根据监狱的安全情况，将犯人分配至合适监区或监舍服刑；释放前分类，即为有利于犯人重新适应社会而进行的分类。德国在入监机构设立了由法学家、就业顾问、心理学家、社会学家、社会工作者以及监狱官员组成特别委员会，对犯人进行心理测试和调查工作，确定犯人服刑的类型。

在入监制度方面，我国刑事诉讼法和监狱法等法律规定了入监的程序和步骤：

（1）法律文书的审查。对被告人作出的有罪判决生效后需要执行监禁刑时，人民法院应当将执行通知书、判决书送达羁押被告人的公安机关，公安机关接到执行通知书和判决书应当在一个月内将该罪犯移交监狱等刑罚执行机构执行。被判处死刑缓期两年执行、无期徒刑和有期徒刑的罪犯移送监狱执行，在交付执行刑罚前剩余刑期在一年以下的，由看守所代为执行；对判处有期徒刑以上的未成年犯，则由未成年犯管教所执行刑罚。如果没有上述法律文书，不能将罪犯收监。而监狱等刑罚执行机构在将罪犯收监前应当审查以下法律文书是否齐备：人民检察院的起诉书副本、执行通知书、判决书和结案登记表。对法律文书不齐全或者记载不全的，人民法院应当及时补充齐全或者作出更正，对可能导致错误收监的，监狱等刑罚执行机构不予收监的。根据最高人民法院制定的执行刑事诉讼法若干问题的司法解释规定，公安机关将罪犯交付执行，监狱不予收监的，监狱应当书面说明理由，由公安机关将执行通知书退回人民法院。人民法院经审查认为监狱不予收监的罪犯，并不符合刑事诉讼法第 214 条规定的暂予监外执行条件的，应当决定将罪犯交付监狱收监执行。收监执行决定书应当分别送达交付执行的公安机关和监狱。上述法律规定，在行刑实践中，当事人对遇到监狱和法院有不同意见的情况不能很好解决。

（2）人身和物品检查。罪犯入监后，监狱应当对其进行身体检查，了解罪犯的身体健康状况，女性犯人由女性人民警察检查。罪犯不得携带子女在监内服刑。如果在检查过程中发现刑事诉讼法规定需要暂予监外执行的情形如：患有严重疾病，需要保外就医，怀孕或者需要哺乳自己婴儿的妇女。如有上述情形，则可以暂不收监。对于暂不收监但存在社会危害性的罪犯，应当及时收监。对暂不收监的罪犯，由法院作出暂予监外执行决定。如果罪犯患有一般疾病，则应对其及时治疗。监狱根据罪犯不同的身体健康状况，可以合理安排改造活动。为防止违禁品进入监狱或造成行凶、爆炸等破坏监管秩序的行为发生，监狱对入监的罪犯人身和物品进行严格的检查，在物品检查时，发现违禁品后，监狱予以没收；对于非生活必需品，一般由监狱代为保管，先将物品登记，登记的收据由罪犯保管，出监时物品再还给罪犯。罪犯所携带的现金也由监狱保管。

（3）办理入监登记手续，监狱等刑罚执行机关对符合收监执行条件的罪犯，应当逐一填写罪犯入监登记表，并且拍免冠照片存档。这主是依据法律文书规定以便对犯人的基本情况进行掌握。

（4）通知家属。我国监狱法第 20 条规定，罪犯收监后，监狱应当通知罪犯家属。通知书应当自收监之日起5日内发出。

现行收监制度的法律规定，是在超职权主义的刑事诉讼结构下确定的，该刑事诉讼结构彰显的价值取向是控制犯罪和有罪推定。在审判前，被告人被采取羁押措施的比例是相当高的，由法院向羁押未决犯的机关，即看守所送达具有约束力的执行通知书。启动刑罚执行程序一般不会出现脱节的问题，但以保障人权为首要价值理念的当事人主义因素，对刑事诉讼的影响越来越强烈，对被告人采取取保候审等非羁押性措施的比例将逐步提高。此类被告人定罪后，如患有严重疾病、怀孕或需要哺乳婴儿等，由于此类不能收监的因素并没有消失，对此如何收监执行存在法律空白。法院的审判机制缺乏相应的长期监控功能，以至于被定罪的罪犯服刑后监外执行的法定情形消失后，不能及时作出监禁刑执行的决定，应当服刑罪犯没有及时收监的情况屡屡出现。

我国收监制度与国外监禁刑执行的收监制度相比较，存在以下问题。首先，现行监禁刑执行制度没有时效的限制，这与我国整个刑罚制度缺乏行刑时效制度息息相关。我国对立法有重大影响的学术观点认为，“刑罚宣告后没有执行的原因有三：一是发生大规模的战争或重大自然灾害，导致生效的刑罚无法执行；二是由于司法机关或执行刑罚机关工作的疏漏，使已生效的刑罚没有执行；三是由于判决后犯罪人脱逃，导致已生效的刑罚无法执行。一些学者认为，新中国成立以来，在我国刑法实践中没有发生过由于前两种原因造成的案件，确立该制度的意义不大，因而没有规定行刑时效的必要。第三种原因在司法实践中是有的，但规定行刑时效可能会对被判处刑罚而逃跑的犯罪分子起到鼓励的作用，因而规定行刑时效有害无利，不应予以规定”[1]。该观点值得商榷，由于司法机关工作人员疏忽而使监禁刑没有及时执行的情况屡屡发生，造成了一定的消极影响。如“非典”等严重影响人们正常生活的自然灾害也已经出现，行刑时效具有更加完整地体现我国刑罚的目的、促使司法

---

[1] 张熠星. 对行刑时效作出规定十分必要［N］检察日报，2007－10－28.

机关及其人员依法行使职权、维护公平正义、保障人权的机能，应当考虑予以规定。其次，我国收监制度对收监罪犯的法律文书侧重于罪犯的法律身份审查，失之于罪犯的个人详尽情况的了解。这种状况是由监狱工作人员不足，押犯过多和财政供给不足等因素造成的，这样做不利于监狱根据罪犯进行个别化的分类和行刑处遇。法国对收监的材料包括罪犯个人、家庭和社会情况调查报告副本，为司法判决而进行的医学、精神病学或者心理医学的检查报告副本的内容，这值得我国立法借鉴。我国禁止罪犯带子女到监狱服刑的规定，与西方一些国家允许收押孕妇和哺乳期妇女的做法不同，这是因我国的监外执行制度将孕妇和哺乳期妇女作为在监外执行的对象，但对已过哺乳期的服刑女犯，也应当考虑建立健全的与子女会见制度，这对母亲和子女都有利。监狱对患有严重疾病的犯人可依照法律规定，作出暂不收监的决定。但对于有疾病，需观察一段时间的犯人收监问题，是一个实践性的问题。这对患有严重疾病不予收监与公安机关的意见冲突，存在着的部门利益争执和推卸责任的嫌疑。法律规定对患有严重疾病的罪犯不予收监只是解决了监禁刑执行机关的困难，监禁刑执行机关担心的是收押有严重疾病隐患的罪犯，一旦出现罪犯死亡的情形，则赔偿或补偿以及后续治疗费用由监狱承担的问题。在统一的公共管理责任和公正执法的视野下，国家对患有不论是严重还是非严重疾病的罪犯都有治疗的人身保管义务。西方国家普遍设立了专门的进行观察和治疗的医疗医院。例如美国的身心不健全罪犯监狱医院，意大利也有病残人监狱等，都属于此类监狱。立法机关应当借鉴国外的立法经验，可考虑在每个省、自治区和直辖市建立专门的收容病犯的医疗监狱。最后，我国收监制度没有告知犯人权利义务的法律规定，监狱在实践中虽然有告知罪犯权利义务的具体做法，但疏于随意性和不确定性。根据公共管理理论，服刑罪犯也逐步摆脱纯粹的管理对象角色，成为对抗与合作并重的博弈主体，他们掌握了足够的监狱制度规定信息，与行刑机关的合作将会比较充分。因此，一些国际性文件对让罪犯享有了解教育制度的权利，并给予充分的重视。《囚犯最低待遇规

 则》第35条规定："囚犯入狱时应当发给书面资料，载述有关同类囚犯待遇、监所的纪律、领取资料和提出申诉的规定办法等规章，以及使囚犯明了其权利义务，适应监所生活的其他必要资料，如果囚犯为文盲，应当口头传达上述资料。"我国的监狱立法有必要借鉴告知囚犯权利义务的立法经验，确定编制犯人手册，并向犯人发放的制度。我国监狱法规定，监狱对成年男犯、女犯和未成年犯实行分开关押和管理，对未成年犯和女犯的改造，应当照顾其生理、心理特点。监狱根据罪犯的犯罪类型、刑罚种类、刑期、改造表现等情况，对罪犯实行分别关押，采取不同方式管理，女犯由女性人民警察直接管理。与国际上罪犯分类的调查科学化、分类细致化和处遇专业化的发展状况相比，我国分类管理制度，目前还处于比较低级的粗线条阶段，因此，有必要建立收押分类中心。其工作人员由就业顾问、心理学家、社会学家、社会工作者以及监狱官员组成，对新收押的犯人进行心理测试、现场观察、调查了解，确定服刑监狱或者监区的处遇类型。

假释考验期间和监外执行的服刑罪犯出现撤销假释裁定和符合监外执行情况消失，需要重新收监的规定需要细化。最高人民法院关于执行《中华人民共和国刑事诉讼法实施中若干问题的解释》规定撤销假释的程序，对收监的规定没有明确规定，在假释期间涉及重新犯罪的，按照刑事诉讼法规定程序在判决新罪时同时裁定撤销缓刑。公安部1998年制定的《公安机关办理刑事案件程序规定》第307条规定："监外执行的罪犯，在监外执行期间又犯新罪，需要收监执行的，由当地公安机关直接通知原所在监狱、看守所、拘役所解回收监；应当追究刑事责任的，由犯罪地公安机关立案侦查，并将处理结果及时通知原执行机关。"这里"又犯新罪"应当是指经人民法院审判所作出的生效判决所确定，而不是公安机关对涉嫌犯罪的立案，在人民法院审判作出的生效判决前的侦查起诉阶段，是采取逮捕等刑事强制措施，还是立即收监执行原判刑罚呢？1963年最高人民法院、最高人民检察院和公安部《关于监外执行的罪犯重新犯罪是否需要履行逮捕手续问题的批复》解答，

"监外执行的罪犯，在刑期未满前，还是犯人，只是执行的场合不在监狱、劳改队，而在社会上。如果罪犯在监外执行期间又重新犯罪时，当地公安机关可先行拘押，再按以下规定处理：（一）原属公安机关批准监外执行的罪犯，重新犯罪后，不必履行新的逮捕手续，如果所犯新罪尚不够判刑又需收监执行的，经当地公安机关核准，可直接送原劳改队收押；外省放回的，由省公安厅指定的劳改队收押。如所犯新罪需要起诉判刑的，由当地公安机关将新的犯罪事实侦查核实后，按法律程序提请当地人民检察院、人民法院起诉、审判，并及时将审判结果通知原押劳改机关"。当时监禁刑执行机关与刑事侦查机关同属公安部主管和没有刑事诉讼法的历史背景下，由于手续简略没有多大的争议。但现在监禁刑执行机关已经从公安部分离出来，而且施行着体现"无罪推定"原则的刑事诉讼法。因此，笔者认为，应当由对涉嫌重新犯罪的侦查机关，按照刑事诉讼法的规定采取刑事强制措施，在人民法院审判作出的生效判决确定有罪以后，再收监执行刑罚，之前采取刑事强制措施的羁押期间应当折抵刑期。对于符合暂予监外执行情况消失的罪犯收监程序应当区别对待：由人民法院在判决时作出暂予监外执行决定的，符合暂予监外执行情况消失，由监外执行机关向作出暂予监外执行决定的人民法院报告，由人民法院变更原暂予监外执行决定，按照监狱法的有关规定交付执行；而在刑罚执行期间，对省、自治区和直辖市监狱管理机关批准监外执行的，符合暂予监外执行情况消失的，行刑实践的通行做法是，监外执行机关通知监狱，由监狱收监，监狱再向批准监外执行的省、自治区和直辖市监狱管理机关备案。笔者认为，此种做法值得商榷：监狱收监时，省、自治区和直辖市监狱管理机关批准监外执行的文书尚没有撤销，造成政令混乱的印象。采取比较妥当的做法应当是监外执行机关将罪犯符合暂予监外执行情况消失通知省、自治区和直辖市监狱管理机关批准监外执行的，由其变更原批准监外执行的决定，由其通知监狱收监执行刑罚，将罪犯收监执行。1998 年最高人民检察院制定的《人民检察院刑事诉讼规则》第 426 条规定："对于暂予监外执行的罪犯，人民检察院发现暂予监外执行的情形消失，应当通知执行机关收监执行。”因此，这里人民检察院的监督没有区分两种不同的监外执行的情形，而且人民检察院的通知是否具有强制性的效力都会引起疑虑。目前对于原自由刑执行机关在没有监外执行机关或假释监督机关没有通知的情况下，自行发现应当有撤销假释或者符合监外执行情形消失，监狱能否自行直接决定收监？笔者认为，监狱不宜直接收监。因为，假释毕竟是人民法院所作出的生效裁定确定的，在法治国家内，属于行政机关体系的刑罚执行机关不能加重改变司法机关的裁决是一项基本原则，而监外执行的法定情形消失也需要相关材料来证实，而对其进行查证的职责应当是监外执行机关——公安机关法定的职责。监狱如果发现罪犯符合监外执行情形消失的材料，应当向监外执行机关反映，或者向批准监外执行的省、自治区和直辖市监狱管理机关反映，由其变更原来的批准监外执行决定后，再予以收监或者要求监外执行机关所在地的人民检察院履行法律监督。

（二）监禁刑的执行终止制度

监禁刑的执行终止制度，属于刑罚消灭的组成部分。监禁刑的执行终止，是指监狱对出现法定情形的服刑罪犯，不再执行刑罚的制度，它具体包括释放和服刑罪犯死亡的处理等内容。

1．释放

释放是监禁刑执行的最后一道环节，其含义是对罪犯执行解除监禁，恢复人身自由的状态。服刑罪犯释放的事由包括刑满释放和赦免释放，其依据是人民法院生效的法律文书和全国人大常委会的特赦决定。人民法院生效的法律文书，既包括刑期执行完毕的生效文书，也包括人民法院经审判监督程序改判无罪的生效判决。释放的意义在于意味着国家对罪犯的自由刑执行法律关系终结，罪犯的监禁管束状态予以解除，其合法的公民权得以恢复。当然，自由刑执行法律关系终结并不意味着国家与罪犯的所有法律关系终结，如果有其他财产刑或资格刑需要执行的，仍由其他法定刑罚执行机关予以执行。

释放的日期必须依据法院生效的法律文书，任何单位和个人都无权改变生效法律文书所确定的日期。在行刑实践过程中，有的监狱对经批准离监探亲的罪犯，超出监狱规定的期间不归，超期时间甚至长达半年的罪犯，采取经省、自治区、直辖市监狱局批准，直接在生效法律文书所确定的日期与超期时间进行计算，延后罪犯的释放日期的做法是没有法律根据的。

目前在监狱行刑实践中存在着“释放难”的问题，即服刑罪犯刑期届满后，由于本人出于年老多病或者无依无靠，或者惧怕被害人的报复等个人因素的考虑，而不愿意离开服刑场所。监禁刑执行机关应当根据不同的情况作不同的处理，而不能简单地采取推出监狱大门即可交差的敷衍做法。对于因年老多病或者无依无靠释放难的情况，应当积极地与民政部门联系，妥善安置刑满释放人员回归社会后的工作。对于因惧怕被害人的报复释放难的情况，应当与罪犯户籍所在地或被害人所在地的公安部门联系，尽量消除意外事件发生的隐患，也可依据服刑届满罪犯的申请，根据其意愿确定其延后离监日期，但延后离监日期不宜太长，可以考虑以七日为限。监狱应当将其与正在服刑的罪犯分开居住和处遇。

2. 服刑罪犯死亡

罪犯的自由权是监禁刑执行的对象，它依附于罪犯是具有生命的个体。如果罪犯死亡，监禁刑执行就会失去目标，因此必然自然终止。我国监狱法规定，罪犯在服刑期间死亡的，监狱应当立即通知罪犯家属和人民检察院、人民法院。罪犯因病死亡的，由监狱作出医疗鉴定。人民检察院对监狱的医疗鉴定有疑义的，可以重新对死亡原因作出鉴定。罪犯家属有疑义的，可以向人民检察院提出。罪犯非正常死亡的，人民检察院应当立即检验，对死亡原因作出鉴定。然后，将服刑罪犯的尸体火葬，其近亲属可将骨灰领回。在行刑实践中，非正常死亡包括狱内他人侵害死亡和工伤死亡，监狱应当及时协同驻监检察机关对罪犯死亡在场人员进行调查取证，形成笔录，死亡罪犯的家属可以对这些调查资料进行查询。

（三）监禁刑执行的分级累进处遇管理

伴随着自由刑成为刑罚体系的中心地位，对剥夺自由的受刑人的管理与处遇已经成为世人关注的焦点，刑罚个别化的思潮也为罪犯处遇个别化提供了理论指导。此前，监狱普遍采取的是不考虑行刑阶段、无差别的监禁模式，而采取了有弹性的累进差别处遇管理制度。累进制（progressive system），将刑罚的执行分为数阶段，按服刑人的行刑实绩，渐渐改进其待遇，逐步放宽其行刑上拘束自由程度，并通过承担与其等级相一致的责任，以达到服刑人改过向善而再为社会所用。累进制的精神是利用自由刑的弹力性对犯罪人以激励并对犯罪人予以社会生活训练，逐渐缓和其处遇，减少刑罚的强制性，至一定阶段后以中间监狱、假释等方式取代，使其逐渐复归社会。累进处遇制度由早期的点数制几经改进演变而来。1791年，亚瑟·菲力浦在新萨维斯开始试行计分假释制，后又将假释改为行刑的四个阶段，这类似于累进制；1839 年亚历山大·马克诺基在诺夫克岛也建立了三级累进制度；1033 年日本的《行刑累进处遇令》也规定了四级犯人处遇制度，不同级别的犯人在自由限制程度、劳动生活处遇、教育改造形式上均有所差别。

1. 我国监禁刑执行的分级累进处遇存在的问题

我国监禁刑执行过程中也实行三级五等的分级处遇制度，就分级处遇来说，主要包括以下措施：监狱在按罪犯的性别、年龄、刑期和犯罪性质、恶习程度等实行分押、分管、分教基础上，按改造表现分级、累进（退）处理。一般分为三级五等，即从宽管理（又分特宽和一般宽管理）、普通管理、严格管理（又分特严和一般严管理），确定标准，定期考核，实行升降。处遇内容包括自由度、交往关系、接见通讯、文娱体育和生活待遇等诸多方面。司法部监狱管理局 1991 年制定了《对罪犯实施分押、分管、分教的试行意见》。该意见对处遇设置的构架是：宽管罪犯在监活动范围可以适当放宽，外出劳动，可以不实行武装看押；通信会见次数可以适当增多，时间可以适当延长；管理可以适当放宽；会见的设施、条件可以好一些，有条件的单位可以批准配偶来监同居。对严管罪犯，要严格限制其监内活动范围，严禁单独活动；通信、会见只限于直系亲属，严格控制次数，严格检查、严格监听。我国罪犯的分级处遇制度存在着以下几个方面的问题。

（1）处遇标准僵化。这主要表现在依据犯罪性质划分，而不是根据服刑罪犯在监狱的服刑改造情况进行区别对待。有些服刑罪犯由于犯罪类型的本身构成限制，加上工种、体力、能力等因素的影响，改造表现即使再好，所获奖励分也难以达到相应的处遇标准，因此很难享受到相应处遇。这对他们安心改造的激励作用是不太容易激发出来。有的服刑罪犯待遇注重刑期，而没有看到罪犯需求的真实状况。如关于罪犯的夫妻同居处遇，需要在服刑很长时间才可以享受，但罪犯与配偶的感情裂缝需要弥合的最恰当时机是在罪犯刚入监的时候，服刑一旦时间过长，罪犯夫妻感情已经破裂，使夫妻同居处遇对罪犯失去了意义。

（2）处遇内容激励作用有限。有学者综合分析了现行罪犯累进处遇的作用的有限性："宽管罪犯在监内活动范围可以适当放宽，但监狱空间有限，如果再考虑分类管束后，分管单位需要实施封闭性管理，以及监狱重要设施需要专用空间，宽管罪犯的最大限度的活动范围也不会与普管级罪犯活动范围拉开理想距离。虽然监狱对严管罪犯要严格限制监内活动范围，但监狱应当保证罪犯的基本权利。罪犯活动范围是处遇差别要素中的核心要素，受制于该要素，通信、会见、管理、文体活动等处遇差别要素的发挥状况也不尽如人意，处遇效应大大降低。"[1]

（3）分级处遇没有全面考虑服刑罪犯中弱势群体的特殊性。有的服刑罪犯因为年龄、体力、智能和劳动技术等因素决定必然处于弱势的地位，较高处遇级别的享受条件已经超出了自身努力所能达到的程度，对他们而言是无法享受的。因此，他们的改造积极性也受到很大的挫伤。

（4）处遇级别设置存在级差不大、操作性差的情况。如对宽

[1]　罗豪才．行政法学［M］．北京：北京大学出版社，1996．

管级的服刑罪犯优先呈报减刑或者假释，减刑幅度可以放宽的规定，在行刑实践中很难操作，如离监探亲、外出参观的，由于安全方面的原因，实施难度也比较大。

2. 我国罪犯累进处遇完善建议

（1）应取消服刑时间的限制，以罪犯在监狱的表现为依据确定罪犯的处遇级别，根据服刑长短来确定。这就使得分级处遇变成了年限管理的性质，形成服刑时间越长，只要没有严重违规就能够获得较高处遇的局面，奖勤罚懒的功能从根本上没有得到有效的发挥。

（2）处遇级别应当拉开差距。根据弗伦姆激励理论，处遇效应的降低直接导致处遇激励力的低效，因此，处遇对罪犯权益的影响应当紧密切合罪犯的切身需要。从泛泛而论的正激励转向服刑罪犯较为关切的负激励，将服刑罪犯的饮食、居住、吸烟、看电视、电影、参加文体活动、罪犯通信、会见、管理、劳动报酬、参加社会参观等罪犯生活的各个方面都纳入罪犯处遇的范围，然后根据服刑罪犯的表现确定具体的处遇级别。

（3）分类设立处遇级别标准，将长期服刑和短期服刑区别开来，老年犯、病残犯与普通健康服刑犯区别开来。短期服刑晋级比长期服刑应当有较短的实际服刑期限限制。老年犯、病残犯与普通健康犯应有较为宽松的处遇标准，在特殊的节假日，可以适当放宽亲情通话，适度增加罪犯购物在数额和时间方面的条件限制。

（四）狱内再犯罪的处理及其控制

国外的法律对监禁刑执行过程中的再犯罪有一些明确的规定。《西澳大利亚监狱法》规定，任何监狱官员均可以对囚犯在监狱内的犯罪行为提出指控，并将这一指控报告监狱长。监狱长和视察法官对轻微的监狱内犯罪有一定的处理权，对于严重犯罪，由治安官或两名视察法官决定公开审理，可给予 6 个月或者 12 个月的监禁的处罚，并规定该项监禁应加在罪犯的服刑刑期上。我国《监狱法》第 59 条和第 60 条对罪犯在服刑期间的犯罪从实体到程序作了原则性规定："罪犯在服刑期间故意犯罪的，依法从重处罚。""对罪犯在监狱内犯罪，由监狱进行侦查。侦查终结后，写出起诉意见书，连同案件材料、证据一并移送人民检察院。”如果罪犯脱逃后又重新犯罪的，如果所犯新罪是在监狱等监禁刑执行机关的监管场所发现，由监狱按程序办理；如果该犯罪线索是在犯罪地发现的，由犯罪地的侦查机关进行侦查，法院判决后，可以由原刑罚执行机关执行。罪犯在监禁刑执行机关的监管场所再犯罪案件没有审结的，当刑罚执行期满也不能释放，应当提请检察机关采取逮捕等刑事强制措施，将其移交当地未决犯羁押场所——看守所关押。

按照监狱法有关规定，刑事侦查活动是刑事诉讼活动，其工作的程序一般受刑事诉讼法的约束。监狱侦查活动因其侦查对象为监狱内服刑的罪犯，有其一定的特殊性，其还具有维护监狱安全、预防犯罪的目的，但现行狱内再犯罪的处理及其控制机制存在一些问题，在理论和实务工作上亟须澄清。

1. 狱内再犯罪是否由监狱行使侦查权

对于我国侦查主体，通常认为包括公安机关、检察机关、国家安全机关、军队保卫部门和监狱。监狱侦查权是整个刑事侦查权体系的一个组成部分，监狱侦查权的对象主要是罪犯在监狱服刑期间实施的犯罪活动。对这部分罪犯在监狱内犯罪行为的侦查自古就存在，监狱也一直行使着对罪犯在监狱内犯罪的侦查权。自新中国成立始，监狱由公安部门管理，1983 年，国家将监狱工作整体移交给司法行政部门管理后，监狱由公安部门这一原本就有侦查权的部门转移到一个并不具备侦查权的部门——司法行政部门。因此就需要从法律上给其明确的授权。1983 年，最高人民法院、最高人民检察院、公安部、司法部在《关于严厉打击劳改犯和劳教人员在改造期间犯罪活动的通知》中明确规定：“劳改、劳教工作移交司法行政部门管理后，劳改机关原有的侦查权应当继续行使。”《中华人民共和国监狱法》和《中华人民共和国刑事诉讼法》相继对监狱的侦查权作出了明确的授权，监狱名正言顺地行使对监狱内刑事案件的侦查权。然而，监狱行使侦查权的实际效果和效率如何呢？这种侦查体制是否是完美的形式呢？监狱应不应行使侦查权？

实践和理论都对其提出质疑。如有学者称："目前，关于我国案件侦查权主体资格的确立，理论界和业务部门主要对检察机关和监狱的案件侦查权主体资格的争议较大。"[1]该学者认为："从立法精神上，监狱作为国家的刑罚执行机关……这与侦查主体追诉犯罪的任务有明显的界限，监狱法规定监狱案件侦查工作性质属于'狱政管理'的范畴，而狱政管理属于刑罚执行的范畴。这就出现了侦查权与刑罚执行权不分的矛盾。"[2]在监狱实际工作中，确实存在着以下现象：监狱狱内侦查人员日常工作基本在做预防工作，而对案件的侦查业务比较陌生，监狱侦查技术设备十分简陋。笔者调查中发现有的监狱狱侦部门只有一台照相机，而且长时间不用，导致发生案件需要现场勘查时只得求助于地方公安机关的帮助。侦查权的确立的现实依据是以犯罪形态结构为基础的，由于狱内犯罪发案率低，种类单一，案情简单，监狱部门独立侦查体制是不必要的。因此，应当取消监狱侦查权的资格，把监狱侦查权划归地方公安机关行使，或将监狱侦查机关改为双重领导，即由监狱和公安机关共同领导。

笔者认为，监狱案件由地方公安进行侦查的益处有两点。一是地方公安的侦查业务能力和侦查的技术力量都比监狱强。监狱可以作为地方的一个特殊社区，由地方来对监狱内的案件统一侦查，监狱的安全部门配合其工作，充分发挥地方和监狱的优势进行合作。二是可以使监狱的职能单一化，狱内的案件如脱逃案件可以由地方公安负责追捕，从而减轻监狱的侦查压力，地方公安也可以利用强大的警力和社会影响力担任狱内的案件侦查，这种观点对解决监狱内案件的侦查权问题提出了较科学的方案，从目前的情况来看，其操作的难度较大。从现实可操作性的角度看，第二种做法调整监狱侦查机关改为双重领导——监狱和公安机关共同领导，对现有体制的变动不大，只是将监狱的狱内侦查机构改为监狱的公安机构，使

[1] 宫万路. 侦查主体结构及其职能分工研究[J]. 刑事法评论,2000(7):565.
[2] 庞宗华. 治安管理学 [M]. 成都：西南财经大学出版社，1994.

其在体制仍属于监狱，在业务上由公安机关领导，从而使体制变化操作的成本低，难度小。这种一套侦查队伍，两块牌子的体制既有利于操作，又有利于与地方公安加强合作，充分利用地方公安的力量。

2. 狱内侦查部门行使权力的内容——侦查权和监狱治安管理权

把监狱侦查权划分为侦破权和预防权，是混淆了监狱侦查权与监狱侦查部门实际行使的权力，没有区分两者的不同。为说明上一问题，有必要对监狱侦查部门的工作进行划分。笔者认为应将监狱侦查机关的工作划分为：案件侦查工作和侦查的基础工作两部分。

从狭义上讲，侦查工作是侦查机关依法为揭露刑事犯罪，揭发和证实犯罪人而进行的专门活动，其中包括各种侦查措施，如询问、讯问、现场勘验和检查、搜查、侦查实验、通缉通报等和强制措施，如拘留、逮捕、监视居住等，以及一些秘密侦查手段。这些工作都是侦查机关和人员围绕着行使侦查权而开展的工作，是为了破获犯罪案件所进行的活动。监狱在行使侦查权时，所开展的相应的活动属于这个范畴的内容。监狱的侦查权通常由监狱的侦查机构直接行使。监狱侦查部门除了对监狱内的犯罪案件进行如上所述的侦查活动之外，还开展其他的活动，如狱情调研、危险犯控制、重点部位控制、耳目管理等，而且这些工作占据了监狱侦查机关的80%以上的工作内容。这些工作是什么性质的呢？可以把这些工作界定为监狱侦查的基础工作，而这些工作本质具有监狱的治安管理权的性质，属于监狱维持其作为特殊社区安全的内容。笔者将其视为监狱治安管理权，因为其和一般社区的治安管理权具有相同的属性。一般社区的治安管理的内容包括治安调查研究、治安信息、巡逻、专项治安管理（特种行业、重点人口管理、治安耳目等）、治安事件和灾害事件的处理等内容，这些内容与监狱侦查部门日常的基础工作如，狱情调研、危险犯控制、重点部位控制、耳目管理、突发事件处置等内容具有相同的功能和属性；两者的主要目的是维持自身社区秩序和安全，保护社区成员的权益，都是国家依法管理社区治安的行政权力的延伸。

监狱侦查部门行使的监狱治安管理权，与监狱的侦查权相区别又有联系。治安管理权是为监狱治安而进行的一种管理活动，是一种行政权。侦查权是一种诉讼的具有司法性质的权力，监狱侦查部门的治安管理活动，一方面维护监狱的秩序安全，另一方面又为监狱侦查工作服务，它可以为案件的发现、侦查提供情报信息和相应的控制手段等，也是案件侦查活动开展的基础。由于监狱特殊的社区环境，发生犯罪案件对其所造成的危害远远超过一般意义的犯罪，所以监狱尽量避免新的犯罪事件发生，使得监狱侦查机构治安管理工作的重要性要比案件侦查的功能强得多。监狱侦查人员的精力主要用于治安管理工作和寻找发现可能的犯罪的信息。正是由于这种因素，使监狱治安管理权具有的预防犯罪的功能显现出来，同时造成有些学者将监狱的治安管理权误解为是侦查的预防权。

3. 监狱内又犯罪控制中的犯罪嫌疑人权利保障问题

保障人权是与控制犯罪并重的刑事诉讼价值之一，侦查是收集据以指控的材料和确定指控对象的阶段，对于案件的终局处理意义重大，同时，由于侦查往往伴随着强制力的行使，所以与人权保障有着密不可分的联系。罪犯在监狱服刑被剥夺了基本的人身自由，并不意味着其他法律权利的剥夺。目前，犯罪侦查的人权保障问题已经引起学界和社会媒介的瞩目，但狱内犯罪的侦查却因为监管改造的封闭性而不被关注。监狱目前侦查权监控主要受到对犯罪嫌疑人的权利保障不足和监管场所的封闭性两方面的制约，其中犯罪嫌疑人的权利保障问题，急需从以下几个方面探讨。

（1）犯罪嫌疑人的获得法律帮助权和辩护权如何保障。根据刑事诉讼法的规定，犯罪嫌疑人在第一次被传唤或者被采取强制措施后，有权聘请律师对其进行法律帮助。被聘请的律师对其进行法律帮助的具体事项是：了解相关的法律案件事实、代其申请取保后候审和代为控告侵犯其合法权益的违法行为。在社会上聘请律师一般通过其近亲属缴纳费用，律师再到关押犯罪嫌疑人的场所履行法律帮助，而在监狱内又犯罪的犯罪嫌疑人关押场所距离自己的近亲属都比较远，对于服刑罪犯有重新犯罪嫌疑被侦查，不同于处于自由状态的公民因犯罪嫌疑被采取刑事强制措施后，其家属可以获得通知，监狱一般都没有通知其家属，其聘请律师的权利一般没有保障。即使能够聘请律师，其会见处所保障如何落实，也是一个棘手的问题。侦查职能和关押职能的一体化难以有效阻止侦查人员在破案功利的驱动下实施刑讯逼供等非法行为。监狱对犯罪嫌疑人，为防止其危险行为，通常将其隔离审查，禁闭室由此得以在监狱侦查中使用。但目前关于禁闭室在侦查中的使用存在不规范的情况，禁闭室从设立到管理，带有较强的随意性，而且对犯罪嫌疑人存在严重超期禁闭现象。

（2）犯罪嫌疑人的强制措施适用问题，刑事诉讼法规定的5种强制措施都有一定的条件和期限规定，如刑事拘留、逮捕的羁押期限都有明确的规定。在监狱内重新犯罪的犯罪嫌疑人一般都是采取被关禁闭，而监狱法对禁闭的适用规定仅局限于一般的违法行为，其期限最长为15日。在刑事诉讼过程中，侦查机关对犯罪嫌疑人采取的刑事强制措施伴随着情况的变化是可以变更的，如被逮捕羁押的犯罪嫌疑人患有严重疾病可以变更为取保候审或者监视居住。在监狱内服刑的罪犯如患有严重疾病或者怀孕或需要哺乳婴儿的，可以监外执行刑罚。但如遇到上述情形，可能涉及强制措施变更问题。罪犯如果刑期届满而重新犯罪案件仍然处于侦查程序，监狱等刑事执行机关应当如何处理，目前也没有相关的法律规定。笔者认为，在对服刑罪犯重新犯罪的侦查过程中，监狱应当变更强制措施为取保候审，而不是作出监外执行的决定。由社会上对罪犯进行治疗，等法定情形消失后，再收监关押这是因为监外执行的期限需要计入刑期，而取保候审的时间则不需计入刑期；罪犯如果刑期届满而重新犯罪案件仍然处于侦查程序没有审结，监狱应当提请人民检察院批准，对其采取逮捕的刑事强制措施，由公安机关将涉嫌服刑届满的犯罪嫌疑人移送刑事执行机关所在地的看守所羁押。

二、非监禁刑执行的困境与出路

非监禁刑的内涵与外延的确定始终存在着不同的定义和争论，概括起来有三种观点。一是最广义的定义，即非监禁刑是指对犯罪人在监狱外执行的所有刑罚，具有非监禁性、行刑的多样性、对犯罪人适用刑事审判权与行刑权融合、惩罚性较轻的特点。我国法律中规定的非监禁刑有：避免审前拘留的措施、审判时适用的非监禁刑和审判后使用的非监禁刑。二是一般广义说，该说认为，死刑、监禁刑和非监禁刑共同构成当今刑罚的基本体系，我国的非监禁刑包括管制、罚金、没收财产、剥夺政治权利、驱逐出境、缓刑、假释、暂予监外执行和赦免。三是狭义的界定，这种观点认为，非监禁刑只是在监外执行的刑罚种类，不可与刑罚执行过程中的非监禁化混为一谈，故而缓刑、假释和暂予监外执行不属于非监禁刑的范畴。我国非监禁刑包括管制、财产刑资格刑以及刑法第 6 条、第 37 条规定的非刑罚处理方法。鉴于死刑立即执行的短暂性，对受刑人的执行主要关涉人权保障，故不再赘述。本书对非监禁刑执行侧重包括管制、剥夺政治权利、缓刑、假释和暂予监外执行在内的社区矫正和财产刑执行的问题进行分析。

（一）社区矫正的现状与前瞻

1. 社区矫正的观念基础

在自由刑为中心的罪犯处遇体系内，罪犯的非监禁刑社会处遇机制是比较脆弱的，伴随着重刑主义思维惯性的影响，我国罪犯非监禁刑社会处遇机制无论是观念、制度还是操作技术层面，都存在着先天不足、后天失调的缺陷。西方社会在新社会防卫运动的影响下，对监禁刑的弊端进行了必要的剖析，并产生出恢复性司法等崭新的概念。新社会防卫运动提出了刑事政策的核心是“合理组织对犯罪的反应”，其具体的内容承担是以人道主义的刑事政策为中心，承认犯罪人回归社会的权利；社会有使犯罪人回归社会的义务，把犯罪人教育改造成为新人，使之复归社会，实现真正的最高的人道主义；反对对犯罪人科处抵偿性、报复性的刑罚，而应当同时适用最终以预防为目的的非报复性的制裁和非惩罚性的手段，以使犯罪人能够复归社会；社会在组织犯罪人重新社会化的过程中应当给予犯罪人悔过自新的机会；根据健全的刑事政策思想修改刑法，将刑罚与保安处分合并为刑事制裁的统一体系。

西方学者对短期自由刑的反思推动了非监禁社会处遇概念的形成。目前，对短期自由刑的以下弊端已经形成一致的看法：时间短不仅造成惩罚功能弱，一般预防差，而且行刑机关没有足够时间来了解各个罪犯的特点，教育改善功能差；由于短期自由刑受刑人大多为初次犯罪，或轻微犯罪，还存在一定的道德羞耻感，改造和矫正起来比较容易，一旦关押，其犯罪标签的社会印象将很强烈，其羞耻感和自尊心会丧失殆尽。短期自由刑执行后的结果对其影响也会很大的，可能会因此失业、失学、家庭破裂，将来复归社会比较困难；短期自由刑受刑人人数众多，有限的监舍根本无法满足单独关押的要求，与其他受刑人混合关押下的无奈选择，使得罪犯交叉感染的风险大大增加。即犯人之间交流犯罪技术和经验的机会大增，犯罪意识得到强化，行刑管理人员的素质不高和人数限制难以满足对犯人矫正的需要。迪尔凯姆对轻刑犯非监禁刑处遇理论的贡献受人瞩目，他将制裁措施区分为惩罚性制裁和复原性制裁，惩罚性制裁在机械连带主义的传统社会生存，而复原性制裁则依托于有机连带主义为基础的工业社会。

美国的量刑和矫正实践证明非监禁刑具有如下优势：非监禁刑成本一般较低，费用低廉。通过在社区惩罚罪犯，其家庭纽带仍然维系，有利于罪犯的改造和避免对其子女的负面影响。如果在社区惩罚罪犯，他们可以继续工作，可以提高他们复归社会的能力，同时也可以用其收入赔偿被害人的经济损失。如果把罪犯关进监狱，势必要花费纳税人的钱。如果罪犯在社区服刑，他们在工作中可以交税，支撑家庭，社会纳税人的负担会减轻，通过社区服刑，罪犯能够避免监狱里的罪犯间的交叉感染和社会对监狱的过分迷信。对罪犯判处非监禁刑，他们能够安全有效地在社区得到惩罚，监狱拥挤的状况就会得到改善，国家可以对不得不放进监狱的罪犯实施更加有效的矫正。

英美国家在非监禁刑方面的实践比较早，其方式和制度都有了比较完备的框架。在美国，非监禁刑也被称为社区刑罚，社区矫正系统的非监禁刑主要包括：标准监督缓刑、强化监督缓刑、休克缓刑、社区服务、家庭拘禁、住院和非住院治疗、日罚金、赔偿以及日报告中心等。西方对非监禁刑处遇的称呼是不一致的，如美国、加拿大、澳大利亚等国称为社区矫正，英国和法国称为社区惩罚，欧洲委员会称为社区制裁，并在一些文献中使用了社区处遇的术语。社区矫正的定义也有不同的表述，比较有代表性的定义有，"社区矫正是对罪犯在社区中制裁的措施"，"社区矫正是指罪犯在社区中承受所有或一部分判决的非监禁的制裁措施，社区矫正的项目包括缓刑、假释、中间的制裁、强化的缓刑监督、赔偿、社区服务、罚金和日罚金、家中居住和电子监控、军训式矫正中心"。

2. 社区矫正相对于监禁刑的优势

（1）有助于惩罚罪犯的轻缓化。刑罚的轻缓和效益现在已经成为刑罚发展的世界潮流，中国在重刑主义的价值导向下，监禁刑始终处于处罚罪犯系统中的主干，而对罪犯的非监禁刑处遇的实际适用的比例相当小。例如全国假释的比例虽然没有统一的规定，但根据监狱实际工作的指导性意见，假释适用率一般控制在3%。从全国的假释实际运用情况看，有的省市虽然在3%以上，但全国的平均假释率实际在3%以下，并呈逐年下降之势，1996年全国的假释率为2.58%，1997年为2.9%，1998年为2.06%，2000年为1.63%，2001年为1.39%。经过十多年来试点后的社区矫正，出现在社区民众的视野中，会对民众头脑中固有的"惩罚罪犯等同杀头"、"下监狱"的僵化观念进行冲击和转化。因此，目前的社区矫正虽然局限于行刑领域的5种人员，也会对刑罚执行方式、刑罚内容、刑罚种类等产生重大的影响。今后非监禁刑在罪犯处遇体系里无足轻重的地位将彻底改变，成为与监禁刑并驾齐驱的惩罚罪犯手段，也就意味着对刑事审判和刑事立法的反向逆转性的影响将逐步扩大。这对中国的刑事司法所起的作用是急剧性的变革，甚至在对中国传统文化中，对同质化程度较低的个体的排斥机制进行洗礼，进而为容纳百川、个性多样、保持活力、富有宽容精神的现代社会人文文化的培育起到促进和催化的作用。

（2）社区矫正有助于解决“定罪加定量”的定罪立法模式下非犯罪处置措施弊端的解决。中国目前的“定罪加定量”的定罪立法模式与国外通行的“立法定性司法定量”的定罪立法模式存在着不同的运行机理。我国的定罪加定量的定罪立法模式，从有利于司法机关被动或者机械司法出发，并且从缩小犯罪圈的角度着眼，是基于司法人员来源的非精英化，不具有主动司法定罪的法律素质的现状所决定，该模式失之于刑法对社会成员的行为规制功能，使一些对社会有危害性行为，无法入罪进入刑法控制，必然要求设立冠名非刑罚而有刑罚之实的行政公权力措施予以补救，在我国这就使得劳动教养制度有存在的现实需求。但在国际交流日益频繁和刑事法治的价值评判下，劳动教养制度与刑罚制度衔接跳空，始终成为其正当性的诟病之一。因此，一旦中国的定罪模式从具有特色的“立法定罪加定量”转向国外通行的“立法定性司法定量”模式，社区矫正就可以考虑将现在的劳动教养的对象纳入其调控范围。

（3）社区矫正可节省刑罚资源。英国学者乔治·B. 沃尔德曾经指出：“监禁作为普通的刑罚方法被普遍接受下来……但是监狱却是一个昂贵的机构——修建、维持、运营需要花费大量财富。”[1]对罪犯监禁关押，需要昂贵的行刑成本。国家不仅需要花费巨额的资金建造大量的监狱，而且还需要大量的监狱工作人员保持监狱的运行，还应当基于人道主义原则，保证受刑人员生产所必需的衣食住行费用。根据近几年的资料显示，我国现在有 30 万监狱人民警察，关押的犯人超过 150 万，粗略估计关押犯人的费用为每人平均为 1 万多元人民币，而社区矫正的成本则比监禁矫正少得多，这已在国外的社区矫正行刑实践中有所证实。在澳大利亚，根

[1]　谢望. 刑罚价值论［M］. 北京：中国检察出版社，1999：66.

据20世纪90年代的数据，社区矫正服刑人员的平均费用仅为监禁服刑人员的3.41%。在美国，科罗拉多、北卡罗来纳、俄亥俄和弗吉尼亚4个州的情况来看，社区矫正因形式的不同，其费用是监禁费用的2.25%～70.21%。中国内地的社区矫正目前实行时日尚浅，没有准确的费用数据资料进行佐证。但根据其他各地社区矫正的实践结果看，社区矫正必能够大量节省刑罚资源，其成本一般不超过监狱关押费用的20%。

（4）社区矫正有助于保障受刑人的人权。罪犯处遇的人道化是人类社会的发展趋势和文明程度的里程碑。犯罪原因既然是社会因素和个体因素综合作用的结果，犯罪是一定政治文化经济等因素组成的社会的必然产物，社会对犯罪的产生也具有不可或缺的因素。因此，对犯罪人给予一定的宽容精神和人道待遇是社会和所在国家的不可推卸的责任，特别对于初犯、偶犯、过失犯而言，动辄处以关进大牢内的监禁刑是不具有宽容精神，不富有人权保障的现代人文意蕴的表现，而且对其需要抚养或赡养的近亲属的伤害，也是具有相当的痛苦性。

（二）我国非监禁刑的现状

我国长期以来是政治一元化的社会结构，独立于政府之外的社会组织基本上没有，社区的词语出现在中国不是遥远的事情。20世纪90年代，提出由街道和居民委员会开展社区建设改造，经过十几年的努力，城市的社区建设才逐步走向正常轨道，社区矫正才有了根植和发展的土壤。2003年最高人民检察院、最高人民法院、公安部、司法部联合下达了《关于开展社区矫正工作的通知》，该通知对社区矫正的内涵予以明确界定："社区矫正是与监禁矫正相对的行刑方式，是指将符合社区矫正条件的罪犯于社区内，由专门的国家机关在相关社会团体和民间组织以及社会志愿者的协助下，在判决和裁定或决定的期限内，矫正其犯罪心理和行为恶习，并促使其顺利回归社会的非监禁刑罚执行活动。"社区矫正的对象是被判处或裁决的管制、缓刑、监外执行、假释和剥夺政治权利的服刑罪犯。该通知确定在北京、天津、上海、江苏、浙江、山东六个比较发达的省份试点。2005 年司法部下达了扩大社区矫正试点工作试点的通知，分别在中部和西部各增加了六个试点。

目前，进行试点社区的矫正基本结构在主体、工作机制、工作对象及工作程序和内容呈现以下特点：（1）社区矫正的主体。社区矫正的主体由三个部分组成。执法主体是公安机关。目前刑事诉讼法对此作出了明确的规定，在法律没有修改之前，公安机关的执法立体地位不能有所变动和更改。工作主体是司法行政机关。社团、社工是社区矫正的运作主体和操作主体。（2）工作机制是政府主导推动，社区自主运行，并由公安机关和司法行政机关进行对社区的社工和社团的社区矫正具体操作的领导和推动。（3）社区矫正的工作和程序。审判机关将生效的法律文书送达执法机关的同时，也送达到镇、街道的司法所，接受社区矫正的对象，要根据刑事裁判的要求到司法所登记集中报到，由社工和社团、公安机关、司法行政机关和接受社区矫正的对象共同签订协议，宣告社区矫正开始。在社区矫正期间，由社团、社会组织和社工志愿者，与社区矫正的对象进行个别谈话开展咨询、教育等活动，并组织其进行非营利性公益劳动。

中国社区矫正存在以下问题与困境。

（1）观念障碍。中国社会长期以来形成的结构和价值取向是国家本位和国家权威至上，而社会组织和个人的活力被长期压制。社会稳定和控制社会是国家追求的首要目标，犯罪是对社会秩序的违犯。首先应是视为危害国家利益和权威的行为，其次才是对社会和个人权益的侵害。为了国家安全和社会稳定，发挥对社会成员的威慑和监督作用，以及对犯罪者的惩罚和控制，一直是中国犯罪政策的首要选择。犯罪人肉体消灭或者人身关押被认为是消除危险的最主要选择方式。在自由刑为主导的刑罚体系里，社会民众认为，对犯人处罚的观念是坐牢。在中国重刑主义积淀的历史文化主导下，社会没有犯罪人的人权保障和刑罚效益观念发展的土壤和条件。罪犯在社区服刑没有被报应与朴素正义观念和追求控制犯罪的支配的社会公众所接受，罪犯不关进监狱被视为对社会稳定和安全的威胁的忧虑，始终是萦绕在绝大多数社会民众心头永远抹不去的梦魇。迷信刑罚的虚无缥缈的公正以及罪犯人权意识的缺失，始终是社区矫正的存在和发展的天然障碍。这些深藏人们心理既无法证实，也无法证伪的观念成为对社区矫正进行指责和非难的理论根基。

（2）社会结构的障碍。中国传统社会是一元化的政治国家结构，其格局是国家→社会→个人的扁平控制构造，国家意识和力量始终主导和控制着社会组织和个体的意识和行为，在国家和公民之间缺乏相对独立的社会组织和力量。虽然经历了20多年的市场经济的培育和发展，中国的社区政治建设有了一定的发展，但仍然建立在一定的行政区划基础之上，即没有真正意义的社区。因此，中国目前的政治国家一元化的社会结构，既没有社区矫正依赖生产的空间和条件——社区，也没有真正的社区矫正的主体——非政府的社会组织。因此，虽然在社区矫正制度的初期，政府对社区的扶植和主导的作用是必不可少的，但真正的社区矫正应当建立在政治国家和市民社会二元分立的社会结构和基础中，才能最大限度地发挥其作用。政府在社会组织与罪犯个体之间的关系中，政府所起的作用应是协调、组织和指导作用。如果社区矫正在政府的主导和领导下，则意味着政府特定机构职能或机构的转变和扩张，甚至是监狱改变形态形式扩大，社区矫正也会失去其本来的意义和作用，背离其原本的运行轨道。

（3）法律制度的障碍。中国目前的社区矫正在法律制度层面并不明朗，至今没有专门的社区矫正法，只有个别条文间接的涉及社区矫正机制。宪法第111条第2款规定："居民委员会、村民委员会设人民调解、治安保卫、公共卫生等委员会，办理本居住地区的公共事务，调解民间纠纷，协助维护社会治安，并且向人民政府反映人民群众的意见，要求和提出建议。"社区矫正只是学理上或者政策层面的术语或概念，现在政策规定社区矫正法律定义的具体对象的执法主体是公安机关，作为社区矫正工作主体的司法行政机关和运作主体和操作主体的社团、社工在法律上没有相关权力和义务的规定，这对于国家机关性质的司法行政机关来讲，违背了行政法定的基本法治原则。社区矫正对象在公益劳动或者社区矫正中出现人身伤亡，则会出现承担赔偿责任的推诿问题。目前社区矫正试点工作中进行的公益劳动，也存在法律的盲点。法律对判出管制和剥夺政治权利的人的义务规定是："（1）遵守法律、行政法规，服从监督；（2）未经执行机关的批准，不得行使言论、集会、游行、示威、结社、权利和出版的权利；（3）按照执行机关的规定，报告自己的活动；（4）按照执行机关关于会客的规定；（5）离开所居住的县区或者迁居，须经执行机关的批准。"而对判处缓刑的犯罪人只有接受监督的义务。而法律对被监外执行、假释的受刑人的义务规定，也没有公益劳动的内容的明确规定。公益劳动严格意义是一种刑罚，未经合格法庭裁决，任何人不得被强迫劳动是人权保障的基本要求，已经在《公民权利和政治权利公约》明确规定，罪刑法定原则已经成为刑事法治的不可动摇的基石原则。我国立法法也规定：犯罪和刑罚只能由法律规定，在法律没有明确规定，没有被剥夺自由而强迫劳动作为刑罚的情况下，而仅仅依据部门规章、规定，对社区矫正的对象实施强制的公益劳动，则是对罪刑法定原则的精神和要求的违背和亵渎。

（4）社区矫正的性质和目的与监禁矫正过于趋同。社区矫正特殊目的是克服监禁刑的弊端，充分认识利用社区资源，矫正犯罪思想和恶习，使其回归社会。社区矫正的任务在《联合国非监禁性措施最低限度标准规则（东京规则）》有所规定：一是依法对非拘禁措施加以监督之下；二是针对每一个案子予以行为矫正；三是向罪犯提供心理、社会和物质方面的援助，并使他们有机会与社区加强联系，从而使他们重返社会。世界各国社区矫正经验表明，主要任务是对罪犯进行回归社会的重新社会化的教育、辅导、培训与矫正，并对即将出狱的刑满释放人员提供安置就业，为其提供适应社会生活方式的转变方便与救济，其理论基础是非犯罪化和非刑罚化的思潮。我国正在尝试的社区矫正的主要目的是解决判处或裁决的管制、缓刑、监外执行、假释和剥夺政治权利的执行问题，尤其是对监外执行的罪犯在社区中，教育改造流于形式或监管工作的存在弊端进行弥补和完善。我国社区矫正的任务规定：一是强化对矫正对象的监督、管理，确保刑罚的有效实现；二是加强对矫正对象的教育矫正，通过多种形式，矫正其不良心理和行为，使其认罪服法，弃恶从善，并使其人格重新社会化，顺利回归社会；三是帮助矫正对象解决遇到的劳动就业、生活保障和法律、心理等方面的问题。中国社区矫正的任务与西方社区矫正的任务有所差别，这与社区矫正安身立命的非犯罪化、非刑罚化的理念相去甚远。社区矫正的五种对象并不都是非监禁刑。其中只有管制和剥夺政治权利属于非监禁刑，缓刑不是刑罚方法，而是非刑化的刑罚制度，而假释和监外执行则属于监禁刑的刑罚执行方式。

（三）财产刑执行的监督和控制

目前，财产刑执行难，已经成为困扰我国刑事法治的难题。对财产刑执行的监督和控制，必须按照法治、公正和效率的原则进行，从以下几个方面进行予以考虑，解决财产刑执行难。

1. 明确财产刑执行机构，建立审执分离体制

从宪法规定和法学理论上讲，人民法院是国家的审判机关，在现行法律规定和司法实践中，却将部分判决的执行囊括进人民法院的审判职责，形成了审执合一的运行机制，尤其是财产刑的执行，仍然由作出判决的刑事审判庭负责，而法院内部的机构分工都没有实现。判执合一的运行机制呈现出权力过分集中的特点，不仅缺乏有效的监督，而且混淆了审判权和执行权的不同性质，不利于提高工作效率。审判权和执行权是两种性质不同的国家权力，司法权的目的是法的安定性，刑事审判权是通过对控辩双方的审理，查清案件事实，正确适用法律；行政权的目的是合目的性，其价值目标是公正优先，兼顾效率。工作人员要求具备全面的法律素养和丰富社会阅历，体现了智力活动的特质，其管理体系应当是独立性和分散性。财产刑的执行权更接近行政权的特征，财产刑的执行主要是采取执行措施，强制被判刑人履行判决所确定的义务，其价值目标是效率优先，兼顾公平。这对工作人员是侧重强力方面的要求，其管

理体制应当体现上命下从的一体化要求。因此，就近期目标而言，应当在法院内部交由执行庭负责。从长远来看，应当剥离人民法院的执行财产刑的职责，交由专门的行政机关执行。在宪法目前确立的人民法院组织体系中，上、下级人民法院的关系是监督关系。而非领导关系，虽然最高人民法院为协调全国的民事执行工作，就执行工作要求成立了执行局，在执行系统提出了符合提高执行工作效率的上命下从要求。但这与人民法院整体现行管理体制是不协调的。

2．关于建立财产调查和保全制度的思考

现有的法律没有规定为保证财产刑顺利执行的财产调查和保全制度，而该制度的建立需要侦查机关、公诉机关的配合。可以设想，将财产调查责任延伸到侦查、起诉阶段。在侦查、起诉阶段就应当建立要求犯罪嫌疑人、被告人告之其财产的制度，其具体设计是由侦查机关和检察机关在诉讼文书中，将财产情况列为犯罪嫌疑人、被告人的基本情况，尽可能将查清财产情况与查清身份同等重视，讯问犯罪嫌疑人、被告人时，应当陈述财产的真实情况，并告知其如隐瞒真相，虚假陈述将导致不利的法律后果。侦查中可以向犯罪嫌疑人、被告人所在单位、基层组织、家庭要求提供其包括正当债权债务在内的财产状况说明，并提取相关证明，必要时可以向工商、金融、不动产和车辆登记机关查询。受委托异地查询的侦查机关和检察机关应当在核实身份情况的同时，收集有关财产方面的情况。审判机关在开庭审理前，在侦查机关和检察机关调查结果的基础上进行必要的核实工作。

关于保全制度，只有最高人民法院的司法解释有一些规定。最高人民法院关于执行《刑事诉讼法》若干问题的解释第 214 条规定："人民法院为保证判决的顺利执行，根据案件具体情况，可以先行扣押、冻结被告单位的财产或者由单位提出担保。"《最高人民法院关于适用刑若干问题的规定》第 9 条规定："人民法院认为依法应当判处被告人财产刑的，可以在案件审理过程中，决定扣押或者冻结被告人的财产。"司法实务部门以此为依据，提出了预交

 罚金的设想。对被告人没有适用财产担保的规定，主要考虑到罪责自负原则。在设计预交罚金制度时，应当避免恶意的“代人受过”、“以钱换刑”的弊端，应当注意以下几点：只有与被告人有财产关系的近亲属才能提出担保；必须说明保证金及担保物的合法来源；担保数额以检察机关的量刑建议为参考，以拟判处罚金数额为上限；担保期限以法院受理后的15日内为限；担保期限原则上与判决确定的主刑执行期间一致，罪犯逾期不能缴纳的，以保证金或者拍卖担保物所得抵作罚金；对提出担保的被告人，可以参照自首的规定，在罚金数额和主刑刑期上体现从宽处罚；具有法定情形得以裁定减免罚金的，相应的保证金可以部分或全部退还；经查证确有可执行财产但拒不提出担保，采取扣押、冻结仍不能防止其隐匿、转移、变卖财产规避罚金的，应当酌情从重处罚。

建立财产委托代管制度，确保财产刑执行。在对犯罪嫌疑人采取强制措施的同时，对其财产及时进行清查登记，由行为人委托，或者由司法机关指定，行为人的亲属或者财产的共同所有人等与犯罪嫌疑人财产有密切联系的人为保管人，明确其保管责任。在判决前承担犯罪嫌疑人的财产不被转移、隐匿、毁损、变卖的义务，否则，就应当承担其保管的财产非因不可抗力因素而损失的连带责任。如果无人承担保管责任，则可以直接对犯罪嫌疑人的财产查封、扣押，随案移送有关手续，直到案件确定。

对此，另有人认为：判前预交保证金的做法于法无椐，其实质是先执行后判决，违背基本法理，而且在实践中对预备交纳的金钱的性质值得考虑。实践中押金的提法不严谨，其实质是保证金，而保证金又是由其近亲属代交，违背责任自负基本原则，不可避免地侵犯他人的权益，造成事实上的不平等[1]。

3．犯罪单位变更与终止的财产刑执行问题

犯罪单位变更与终止在市场经济中比较常见，但对其没有执行完毕的罚金刑问题如何解决，学界有不同的观点。笔者认为，犯罪

---

[1] 张雪妲. 财产刑执行监督问题初探［J］. 国家检察官学院学报，2004（12）.

单位变更与终止后，仍需追究原犯罪单位的财产刑，由取得犯罪单位利益的单位承担责任，执行主体的变更与追加可参照《最高人民法院关于人民法院执行工作若干问题的规定》中第9节的规定处理：

（1）被执行主体是无法人资格的私营独资企业，无能力缴纳罚金的，可以执行该独资企业业主的其他财产。

（2）被执行人是个人合伙组织或者合伙型联营企业的，无能力缴纳罚金的，可追加该合伙组织的或者参加联营企业的法人为执行对象。

（3）被执行人是企业法人的分支机构，无能力缴纳罚金的，追加企业法人为被执行人，企业法人及其其他分支机构的财产都可以成为执行的对象。

（4）被执行人按照法定程序分立为两个以上具有法人资格的企业，分立后存续的企业按照分立协议确定的比例承担罚金；不符合法定程序分立的企业按照其从被执行企业分得的财产资产所占原企业总资产的比例承担罚金。

（5）被执行人无财产交纳罚金，如果其开办单位对其开办时投入的注册资金不实或者抽逃资金的，可以裁定变更或者追加其开办单位为被执行人，在注册资金不实或者抽逃资金的范围内承担责任。

（6）被执行人被撤销、注销或者歇业的，上级主管单位或者开办单位无偿接受被执行人财产的，由上级主管单位或者开办单位在接受被执行人财产的范围内承担罚金。

为尽量避免犯罪单位在案件审理中发生变更与终止情形，侦查机关、检察机关应当在单位犯罪案件立案后，函告其主管单位或工商行政管理部门，防止其逃避制裁而变更，法院应当及时将判决书和协助执行通知书送达上述单位，并要求在判决确定以后、罚金刑执行完毕前，不予批准犯罪单位的变更、终止登记申请。对于案发后判决前变更与终止的，应当提供材料和说明，对变更与终止程序不合法、隐瞒单位犯罪经历，或以规避法律为目的的，应当认定无效，并协助法院从其隐匿、私分、无偿转让、压价出售、提前清偿、放弃债权等行为处置的财产中执行财产刑。该学者的上述建议就对单位的罚金刑作为“民事之债”处理，需要在法理上进一步说明，而且在程序上能否直接照搬在现行刑事法律没有规定。

4. 建立财产刑执行情况与主刑刑期及执行方式的变更的联系机制

主刑刑期及执行方式的变更涉及的部门比较多，既包括监狱、检察机关，也包括与原判决财产刑不同的法院和同一法院的不同业务庭。在目前的财产刑执行实践中，财产刑执行情况没有与主刑刑期及执行方式的变更（减刑、假释）挂钩，因此，应当明确将财产刑的执行情况规定为主刑刑期及执行方式的变更（减刑、假释）的参考条件，从而消除罪犯及其家属对财产刑执行的抵触情绪，从而有利于财产刑的执行。

5. 财产刑量刑过程中设置诉辩程序

从而财产刑量刑时应当将犯罪人的财产履行能力为依据之一。不考虑犯罪人的财产履行能力的财产刑判决是增加财产刑判决执行难的重要因素。虽然考查犯罪人的财产履行能力的判决裁量对没有财产能力者有偏袒之嫌疑，但可以通过易科制度和日罚金额的方式予以克服，给予经济状况不同的罪犯产生尽量相同的刑罚感受度。公诉机关应当就财产刑部分明确提出指控，并举证、质证被告人的财产支付能力，控辩双方进行辩论，然后再确定财产刑的具体数额，改变目前纯粹由法官自由裁量权决定的状况，确保形成公正性和可执行性的局面。

6. 强化检察监督

检察机关是国家的法律监督机关，对财产刑执行的合法性进行监督是其职责应有内容。目前检察机关对财产刑执行的监督可以说是一片空白，对刑罚执行的监督只有审查起诉部门和监所检察部门对执行死刑、无期徒刑和有期徒刑的法律监督，没有相关的部门来负责财产刑执行监督，因此，应从以下几个方面完善财产刑的检察监督。

（1）从立法层面赋予检察机关代表国家申请财产刑执行的权力，负责所有刑罚执行的法律监督。财产刑的判决生效后由刑庭自动执行的做法破坏了人民法院的审判中立地位，审判庭在作出判决和裁定后应当退出刑事诉讼程序，而由检察机关以申请主体的方式参与财产刑的执行，实现对财产刑执行动态监控。

（2）建立财产刑执行法律文书移交备案制度。即判决后法院应当将包括单处财产刑的执行通知书、减免罚金数额的裁定书、执结通知等法律文书副本移交检察机关，

（3）鼓励被执行人和其他人员的控告、申述和检举。被执行人对于财产刑执行机关侵犯自己合法权益的比较关注，通过对其申诉材料的调查，可以发现财产刑执行过程中的违法行为。另外，被害人或其他社会成员发现被判刑人有财产，而没有执行，也可以向检察机关和执行机关进行检举。检察机关和执行机关可以通过悬赏的方式激励其他人举报。

（4）监督执行机关能否按照判决书确定的执行时限执行财产刑罚金的执行时限在判决书中就应当判定。没收财产是在判决生效后立即执行，法律应当对在执行时限内不予执行的法律后果和责任明确予以规定。检察机关对超过执行时限没有执行的，应当发出书面通知予以纠正。

（5）规定对减免罚金数额不当、暂缓执行、中止执行裁定的监督程序。人民法院减免罚金数额的法定条件是：“遭遇不可抗力的灾祸确实困难的，犯罪人向人民法院提出减免申请。”如果人民法院减免罚金数额的裁定不符合法定条件，应当参照刑事诉讼法减刑、假释裁定监督的程序进行监督，即人民检察院认为人民法院减免罚金数额不当，应当在收到裁定书副本后的20日内，向人民法院提出纠正意见。人民法院应当在收到纠正意见的1个月内作出裁定，对暂缓执行、中止执行裁定的监督可参照上述程序进行。

（6）明确执行措施。现行刑法和刑事诉讼法在财产刑执行措施方面立法技术粗疏，只规定追缴措施。刑事诉讼法规定的查封、扣押和冻结措施只能针对与犯罪有关的证据或赃款、赃物。在侦查

阶段，侦查机关发现与犯罪无关的，还应退还所有人。因此，应当明确财产刑执行阶段，执行机关具有的查封、扣押、冻结、拍卖和责令协助执行措施，并明确规定妨害执行的法律责任，通过制定强制执行法或司法解释，解决财产刑执行程序的法律依据问题。

（7）建立财产刑易科、中止和终结制度。现行刑法和刑事诉讼法对财产刑执行的变更，只有罚金数额酌情减免的变更规定，而没有具体的程序规定。目前，罚金刑的随时追缴不符合刑罚的及时和经济原则。因此，应当确立财产刑易科和行刑时效制度，解决财产刑执行旷世日久问题。财产刑易科制度是指，用其他替代措施代替罚金刑的做法。各国财产刑易科的方式有易科自由刑、易科自由劳动、易科民事拘留、易科训诫等措施。在我国财产刑易科自由劳动、训诫和民事拘留都不具有可行性，只有易科自由刑具有可操作性。但将罚金易科成短期自由刑，与以规避短期自由刑的弊端为目的，用罚金替代短期自由刑的国际通行做法相矛盾。这实际上意味着刑罚的目的和价值定位上的冲突，即刑罚的目是对罪犯是报应还是预防犯罪？另外，财产与自由应当如何进行换算，是否有损刑罚的公正性等问题，也需要进一步的探讨。因此，有必要借鉴国外财产刑易科的立法经验，在适用对象、条件、执行方式、计算方法、易科其他刑种的最长期限等问题作出规定。由于我国没有统一的针对所有刑罚的行刑时效制度，单独对财产刑创设时效制度也不现实，目前，只能针对所有刑罚执行的时效制度建立的框架予以细化。

（8）限制对未成年人适用财产刑。我国刑事法律对财产刑的适用对象是已满 14 周岁的自然人和单位，由于法律对犯罪主体方面没有作出适用财产刑作出限制性的规定，在司法实践中，未成年人犯罪的类型大多是财产型犯罪，导致判处财产刑的比例是比较高，其主动交纳的比例却比成人犯罪要高得多。在现实生活中，未成年人大多没有自己的独立财产，也没有独立的社会来源，这只能是由其监护人代为交纳，这实际上是一种株连，违背罪责自负的原则。因此，一般情况下，对未成年人犯罪案件不宜适用财产刑，通过诉辩程序查清其如果具有一定的经济收入和财产，可以对其适用财产刑。另外，可以考虑建立财产刑的暂缓执行制度，待未成年人在将来有财产后再予以执行。

三、完善监禁刑执行法律责任的构建

法律责任是与法律义务相联系的，它是指行为人违犯或不履行法律义务而引起的一种法律后果或法律状态。法治社会对政府角色的要求，已经从权力控制转换为责任承担，监禁刑执行权力也不能摆脱法治责任约束。根据我国法律规定，监禁刑执行机关及其工作人员因违法应当承担的法律责任可以分为刑事赔偿责任、民事责任和刑事责任。监禁刑执行机关主要承担的是刑事赔偿责任，而其工作人员承担的法律责任有行政责任和刑事责任。

（一）监禁刑执行机关的刑事赔偿责任

1. 刑事赔偿责任范围

我国国家赔偿法对国家机关的违法行为所承担的赔偿责任分为行政赔偿和刑事赔偿，监狱因履行监管职责而被列入刑事赔偿。国家赔偿法第 15 条和第 16 条对赔偿的范围有以下规定，“行使侦查、检察、审判、监狱管理职权的机关及其工作人员在行使职权时有下列侵犯人身权情形之一的，受害人有取得赔偿的权利：（一）对没有犯罪事实或者没有事实证明有犯罪重大嫌疑的人错误拘留的；（二）对没有犯罪事实的人错误逮捕的；（三）依照审判监督程序再审改判无罪，原判刑罚已经执行的；（四）刑讯逼供或者以殴打等暴力行为或者唆使他人以殴打等暴力行为造成公民身体伤害或者死亡的；（五）违法使用武器、警械造成公民身体伤害或者死亡的”。“行使侦查、检察、审判、监狱管理职权的机关及其工作人员在行使职权时有下列侵犯财产权情形之一的，受害人有取得赔偿的权利：（一）违法对财产采取查封、扣押、冻结、追缴等措施的；（二）依照审判监督程序再审改判无罪，原判罚金、没收财产已经执行的”。其中，与监狱相关的赔偿范围是，第 15 条的具有第（四）（五）项和第 16 条的（二）项，即：刑讯逼供或者以殴

打等暴力行为或者唆使他人以殴打等暴力行为造成公民身体伤害或者死亡的和违法使用武器、警械造成公民身体伤害或者死亡的两种情形。同时，国家赔偿法第 17 条也规定了不予赔偿的范围："（一）因公民自己故意作虚伪供述，或者伪造其他有罪证据被羁押或者被判处刑罚的；（二）依照刑法第 14 条、第 15 条规定不负刑事责任的人被羁押的；（三）依照刑事诉讼法第 11 条规定不追究刑事责任的人被羁押的；（四）行使国家侦查、检察、审判、监狱管理职权的机关的工作人员与行使职权无关的个人行为；（五）因公民自伤、自残故意行为致使损害发生的；（六）法律规定的其他情形。"1995 年，为进一步贯彻和执行国家赔偿法，司法部制定《司法行政机关行政赔偿、刑事赔偿办法》并予以实施，该办法出重申了国家赔偿法的上述赔偿范围规定，还增加了一些具体内容："（一）刑讯逼供或者体罚、虐待服刑人员，造成身体伤害或死亡的；（二）殴打或者唆使、纵容他人殴打服刑人员，造成严重后果的；（三）侮辱服刑人员造成严重后果的；（四）对服刑期满的服刑人员无正当理由不予释放的；（五）违法使用武器、警械、戒具造成公民身体伤害、死亡的；（六）其他违法行为造成服刑人员身体伤害或者死亡的。"涉及监狱执法赔偿的侵犯财产权赔偿情形只有"在各项管理工作中，其他违法行为给公民、法人和其他组织造成财产损害的"的概括性规定，同时对不予赔偿的范围进行具体化，"属于下列情形之一的，司法行政机关不予赔偿：（一）与行使司法行政机关管理职权无关的机关工作人员的个人行为；（二）服刑人员、被劳动教养人员自伤自残的行为；（三）因公民、法人和其他组织自己的行为致使损害发生的；（四）法律规定的其他情形"。

2. 刑事赔偿的程序

国家赔偿法和《司法行政机关行政赔偿、刑事赔偿办法》具体对刑事赔偿程序进行了明确规定。首先是刑事赔偿应由相关机关进行确认，司法行政机关的监狱赔偿案件由监狱受理、承办和审核。由请求人填写行政（刑事）赔偿申请登记表。特殊情况不能以书面方式提出的，可以口头方式提出，由受理机关承办人员代为填写并作出笔录，当事人签名。监狱受理申请后应当查明以下情形：（一）是否属于本办法第5条、第6条、第7条规定的赔偿范围；（二）有无本办法第8条规定的不承担赔偿责任的情形；（三）请求人是否符合国家赔偿法第6条规定的条件；（四）是否应由本机关予以赔偿；（五）赔偿请求是否已过时效；（六）请求赔偿的有关材料是否齐全。其次是办理对已立案的赔偿案件，由监狱分送办理有关业务部门，业务部门应指定与该案无直接利害关系的人员，特殊情况下，也可由案件受理机构直接办理。再次是作出决定，其具体的步骤是承办部门应在一个月内对赔偿请求提出予以赔偿或不予赔偿的意见，连同有关材料报送法制工作部门审核。承办部门确认应由本机关负赔偿责任的案件，应当提出赔偿数额、赔偿方式。法制工作部门对承办部门的意见应在10日内进行审核，并报本机关负责人批准。司法行政机关对符合法定赔偿条件，决定予以赔偿的，制作行政（刑事）赔偿决定书。对不符合法定赔偿条件，决定不予赔偿的，制作不予赔偿决定书。行政（刑事）赔偿决定书和不予赔偿决定书由机关负责人签署，加盖机关印章，并送达赔偿请求人。最后是救济程序，即复议制度，赔偿请求人要求确认有本法第15条、第16条规定情形之一的，被要求的机关不予确认的，赔偿请求人有权申诉。对监狱作出的决定不服的复议申请，分别由监狱所属的省一级或地区一级司法行政机关负责。负责复议的司法行政机关收到复议申请后，应及时调取案卷和有关材料进行审查。对事实不清的，可以要求原承办案件的司法行政机关补充调查，也可以自行调查。在此基础上，复议机关按照不同情形，分别作出复议决定并送达赔偿申请人：原决定事实清楚，适用法律正确的，予以维持；原决定认定事实不清楚、适用法律错误，或赔偿方式、赔偿数额不当的，撤销原决定，重新作出决定。

3. 刑事赔偿方式

监禁刑执行机关的国家赔偿主要方式是支付赔偿金，能够返还财产或者恢复原状的，予以返还财产或者恢复原状。造成受害人名

 誉权、荣誉权损害的，应当在侵权行为影响的范围内，为受害人消除影响，恢复名誉，赔礼道歉。

（二）监禁刑执行机关及人员的责任

监禁刑执行机关及其工作人员的法律责任，可以分为民事责任和刑事责任。

1. 民事责任

国家赔偿法第24条规定，监禁刑执行机关在向赔偿请求人作出赔偿后，对实施刑讯逼供或者以殴打等暴力行为，或者唆使他人以殴打等暴力行为造成公民身体伤害或者死亡的行为的工作人员进行追偿。服刑罪犯如果在劳动过程中。由于产生工伤或者死亡的后果，监狱应当承担相应的民事责任。在行刑实践中，有服刑罪犯在劳动中受到伤害，但监禁刑执行机关却迟迟不予解决补偿问题，而起诉到人民法院。法院认为监狱是刑罚执行机关，《监狱法》没有规定当事人对监狱处理不服可以向人民法院起诉，也未规定当事人可以直接向人民法院起诉，受理该案缺乏法律依据，遂采取庭外和解的方式，由被告给予原告一次性补偿，原告撤诉结案。其实，法院以上述理由拒绝受理案件是不妥的，监禁刑执行过程中产生的责任不是单纯的，而是混合着不同的法律责任。社会上的企业与受雇人员的工伤纠纷具有社会保障性质，属于广义的民事责任。服刑罪犯在监禁刑执行部门安排下从事劳动，履行了劳动的改造义务，但同时相应产生了普通劳动者的除劳动选择权和劳动报酬以外的劳动安全、劳动休息等其他权益，这与普通社会企业的劳动过程没有本质的不同。监狱法虽然没有规定诉权，但按照民事诉讼法的规定精神可以受理。司法部于2001年颁布了《罪犯工伤补偿办法》，该办法对因公伤残和因公死亡作出了明确规定，国务院2004年也实施了《工伤保险条例》，对工伤保险进一步规范，对监狱犯人的工伤处理有参考意义。

2. 刑事责任

监狱法第14条规定，监狱人民警察具有下列行为之一的，构成犯罪的，依法追究刑事责任：索要、收受、侵占罪犯及其亲属的财物；私放罪犯或者玩忽职守造成犯罪脱逃；刑讯逼供或者体罚、虐待罪犯；侮辱罪犯的人格；殴打或者纵容他人殴打罪犯；为牟取私利，利用罪犯提供劳务；违反规定，私自为罪犯传递信件或者物品；非法将监管罪犯的职权交予他人行使；其他违法行为。监禁刑执行过程涉及我国刑法规定罪名有：其他国家机关也可以构成的罪行和专属于监禁刑执行机关工作人员的罪行，前者有刑讯逼供、受贿等犯罪，后者主要有虐待被监管人员罪、私放在押人员罪、失职致使在押人员脱逃罪、徇私舞弊减刑、假释和监外执行罪等。

（三）完善监禁刑执行法律责任的思考

1. 刑罚执行法律责任的概念在法律层面的体现是含糊不清的，在运行机制的设计上具有粗糙和国家主导的特征

我国的刑罚执行法律责任应当包括刑罚执行主体和包括服刑罪犯在内的刑事执行相对人两方面的法律责任问题。从义务论的法律责任概念考虑，法律责任的承担既然以违反一定的义务为前提，那么法律主体必须有违反义务的行为才涉及法律责任问题。这对刑罚执行相对人在刑罚执行的法律责任设计中不会出现太大问题，而对刑罚执行主体的国家机关则存在一定的困难。国家机关的义务是体现在职责的概念中，长期以来，国家机关职责的法律设计倾向于明确权力，而忽视义务承担。我国刑罚执行法律对刑罚执行主体的义务规定是比较浅显的，我国的刑罚执行机关包括人民法院、公安机关和监狱。人民法院和公安机关的刑罚执行的职责规定散见于相关的刑事诉讼法和司法解释的规定，而义务或责任的文字在上述规定中没有出现。国家赔偿法中，刑事赔偿主体只限于行使侦查、检察、审判和监狱管理职权的国家机关而没有提及行使刑罚执行职权的国家机关。这就意味着包括死刑立即执行在内的非监禁刑执行的刑罚执行机关不存在法律责任和国家赔偿问题。目前，在监狱法典中没有监狱的义务规定，只有监狱人民警察的义务规定，这也表明监狱的刑罚执行的法律责任是不完整的，监狱除了国家赔偿法规定的责任以外，也没有其他的法律责任。实际上，在刑罚执行实践中，刑罚执行机关对刑罚执行相对人的权益侵害不只是国家赔偿法

 规定的两种情形。如死刑立即执行中，对受刑罪犯的器官利用没有征得其近亲属的同意，自由刑执行中，监狱没有按照人民法院判决书和裁定书规定的时间对罪犯予以释放，等。

刑罚执行法律责任的概念还应当从宪政层面进行思考，包括国家的宪政责任、刑罚执行机关的责任和相对人责任三方面的内容。就国家的刑罚执行责任而言，对服刑罪犯进行刑罚执行，必须尊重其人格，不能使用侮辱人格的方式执行刑罚，这是国家刑罚执行的宪政责任。在死刑立即执行中，有的刑罚执行机关采取枪决方式执行，在行刑过程中，游街示众和采取让罪犯跪着受刑的方法，这本质上是一种侮辱人格的封建文化遗毒，应当予以制止。在自由刑执行过程中，国家剥夺了罪犯的自由，便同时产生了对其照管的责任。照管的主要责任是保证被剥夺自由罪犯的安全和保障他的福利，国家应当提供保证其安全和人格尊严最基本的场所和衣食住行的物质条件。很难想象，如果连铺位都不能充分提供，罪犯的人格哪里会得到尊重。严格来讲，国家对监狱建设投入不足，是一种宪政责任的缺失。刑罚执行机关的法律责任有两种：一种是违法行为产生的积极责任，另一种是不履行法定职责产生的消极责任。法律责任应当考虑以下种类：通报批评、赔礼道谢、恢复名誉、消除影响、返还权益、撤销违法行为、宣告违法行为无效、赔偿和补偿等。其中，宣告违法行为无效是通过司法机关审理诉讼后所作出的法律裁决来实现。至于刑事执行相对人的法律责任，主要是体现在行政处罚制度的完善设计。

2. 监禁刑执行机关的赔偿或补偿标准过低

2001 年，司法部制定了《罪犯工伤补偿办法》。该办法规定，当服刑罪犯在监禁刑执行过程中致伤或者死亡、罪犯因工死亡，发给直系亲属一次性死亡补助金。其标准为：相当于 48 个月本人劳动酬金加基本生活费；有供养直系亲属的，根据供养人数，酌情增发，增发数额最多不超过 12 个月本人劳动酬金加基本生活费。罪犯因工死亡，监狱最多负责 3 名亲属参加丧葬的食宿、交通费；因工伤残的罪犯，被评残为一至四级的，服刑期间，劳动酬金照发。

办理保外就医、假释和刑满释放手续的，发给一次性伤残补助金。标准为：一级伤残相当于36个月、二级32个月、三级28个月、四级24个月的本人劳动酬金加基本生活费。因工伤残的罪犯，被评残为五至十级的，服刑期间，安排适当的劳动，按规定享受相应的劳动酬金待遇。刑满释放时，发给一次性伤残补助金。标准为：五级伤残相当于16个月、六级14个月、七级12个月、八级10个月、九级8个月、十级6个月的本人劳动酬金加基本生活费。

国务院《工伤保险条例》则将因公死亡或伤残的标准为职工因工死亡，其直系亲属按照下列规定，从工伤保险基金领取丧葬补助金、供养亲属抚恤金和一次性工亡补助金：丧葬补助金为，按照6个月的统筹地区上年度职工月平均工资；供养亲属抚恤金按照职工本人工资的一定比例发给由因工死亡职工生前提供主要生活来源、无劳动能力的亲属。标准为：配偶每月40%，其他亲属每人每月30%，孤寡老人或者孤儿每人每月在上述标准的基础上增加10%。核定的各供养亲属的抚恤金之和不应高于因工死亡职工生前的工资。供养亲属的具体范围由国务院劳动保障行政部门规定：一次性工亡补助金标准为48个月至60个月的统筹地区上年度职工月平均工资。具体标准由统筹地区的人民政府根据当地经济、社会发展状况规定，报省、自治区、直辖市人民政府备案。伤残职工在停工留薪期内因工伤导致死亡的，其直系亲属享受本条第一款规定的待遇。一级至四级伤残职工在停工留薪期满后死亡的，其直系亲属可以享受本条第一款第（一）项、第（二）项规定的待遇。职工因工致残被鉴定为一级至四级伤残的，保留劳动关系，退出工作岗位，享受以下待遇：从工伤保险基金按伤残等级支付一次性伤残补助金。标准为：一级伤残为24个月的本人工资，二级伤残为22个月的本人工资，三级伤残为20个月的本人工资，四级伤残为18个月的本人工资；从工伤保险基金按月支付伤残津贴。标准为：一级伤残为本人工资的90%，二级伤残为本人工资的85%，三级伤残为本人工资的80%，四级伤残为本人工资的75%。伤残津贴实际金额低于当地最低工资标准的，由工伤保险基金补足差额；工伤职工达到退休年龄并办理退休手续后，停发伤残津贴，享受基本养老保险待遇。基本养老保险待遇低于伤残津贴的，由工伤保险基金补足差额。职工因工致残被鉴定为一级至四级伤残的，由用人单位和职工个人以伤残津贴为基数，缴纳基本医疗保险费。职工因工致残被鉴定为五级、六级伤残的，享受以下待遇：从工伤保险基金按伤残等级支付一次性伤残补助金。标准为：五级伤残为16个月的本人工资，六级伤残为14个月的本人工资；保留与用人单位的劳动关系，由用人单位安排适当工作。难以安排工作的，由用人单位按月发给伤残津贴。标准为：五级伤残为本人工资的70%，六级伤残为本人工资的60%，并由用人单位按照规定为其缴纳应缴纳的各项社会保险费。伤残津贴实际金额低于当地最低工资标准的，由用人单位补足差额。经工伤职工本人提出，该职工可以与用人单位解除或者终止劳动关系，由用人单位支付一次性工伤医疗补助金和伤残就业补助金。具体标准由省、自治区、直辖市人民政府规定。职工因工致残被鉴定为七级至十级伤残的，享受以下待遇：从工伤保险基金按伤残等级支付一次性伤残补助金。标准为：七级伤残为12个月的本人工资，八级伤残为10个月的本人工资，九级伤残为8个月的本人工资，十级伤残为6个月的本人工资；劳动合同期满终止，或者职工本人提出解除劳动合同的，由用人单位支付一次性工伤医疗补助金和伤残就业补助金。具体标准由省、自治区、直辖市人民政府规定。工伤职工工伤复发，确认需要治疗的，享受上述规定的工伤待遇。两者相比较，在监禁刑执行过程中，服刑罪犯不仅在补偿数值上，而且计算单位也与社会企业职工存在极大的差别性待遇，这极不利于服刑罪犯的社会保障。在组织实施罪犯的实际主体，已经是企业，在年工伤保险方面应当按照国务院的条例行事，与社会企业不应存在差别性的社会保障责任。罪犯劳动报酬与社会企业职工同种行业的形式差别，是因为国家对犯人衣食住行存在基本投入和安抚被害人的费用需要从中折扣的理论假设，对此，不应成为服刑罪犯工伤保险待遇低于社会职工保险待遇的理由。

第九章

罪犯处遇变更的法治规制

在监禁刑执行过程中设置奖励和惩罚机制，一方面有维护行刑秩序，也有对服刑人员的行为具有激励、鼓励、约束的机能。世界各国的监禁刑执行过程中，大都设置了奖励和惩罚机制，在变更机制中的奖励制度主要集中在刑期变更的减刑机制和刑罚执行方式变革的假释制度。我国监禁刑执行的奖励制度有行政奖励和刑事奖励，惩罚机制主要设置为行政处罚制度。我国的监禁刑执行过程在变更机制中既有与世界其他国家的制度共同的属性，也有符合自身行刑实践发展需要的特点。

一、奖励机制的合理运作

（一）我国减刑制度的合理设计

减刑是指对生效判决所确定的刑罚种类和幅度，依法减轻的制度。我国刑法规定对于被判处管制、拘役、有期徒刑和无期徒刑的犯罪人。在刑罚执行期间确有悔改或者立功表现，而适当减轻原判刑罚，因此，在监禁刑执行过程中减刑的对象是被判处有期徒刑和无期徒刑的犯罪人。我国刑法上的减刑制度分为可以减刑和应当减刑两种情况。可以减刑的条件确有悔改表现或者有立功表现。悔改表现是指认罪服法，认真遵守监规，接受教育改造；积极参加政治、文化、技术学习；积极参加劳动，完成生产任务。根据刑法的有关规定，立功表现是指具有下列情形之一的：“1. 检举、揭发监内外犯罪活动，或者提供重要的破案线索，经查证属实的；2. 阻止他人犯罪活动的；3. 在生产、科研中进行技术革新，成绩突出的；4. 在抢险救灾或者排除重大事故中表现积极的；5. 有其他有利于国家和社会的突出事迹的。”应当减刑的条件是：“1. 检举、揭发监内外重大犯罪活动，或者提供重要的破案线索，经查证属实的；2. 阻止他人重大犯罪活动的；3. 有发明创造或者重大技术革新的；4. 在抢险救灾或者排除重大事故中有突出表现表现的；5. 在日常生产、生活中舍己救人的；6. 有其他有利于国家和社会的突出事迹的。”刑法对减刑的幅度只有限制的规定，经过一次或者数次减刑以后的实际刑期，判处管制、拘役和有期徒刑的，不得少于原判刑罚的1/2；判处无期徒刑的，实际执行的刑期不得少于10年。1997年10月28日最高人民法院制定的《关于办理减刑、假释案件具体应用法律若干问题的规定》，对减刑的幅度和次数进一步细化规定，对有期徒刑罪犯在刑罚执行期间，符合减刑条件的减刑幅度为：如果确有悔改表现的，或者有立功表现的，一般一次减刑不超过1年有期徒刑；如果确有悔改表现并有立功表现，或者有重大立功表现的，一般一次减刑不超过2年有期徒刑。被判处十年以上有期徒刑的罪犯，如果悔改表现突出的，或者有立功表现的，一次减刑不得超过2年有期徒刑；如果悔改表现突出并有立功表现，或者有重大立功表现的，一次减刑不得超过3年有期徒刑。有期徒刑罪犯的减刑起始时间和间隔时间为：被判处5年以上有期徒刑的罪犯，一般在执行1年半以上方可减刑；两次减刑之间一般应当间隔1年以上。被判处10年以上有期徒刑的罪犯，一次减2年至3年有期徒刑之后，再减刑时，其间隔时间一般不得少于2年。被判处不满5年有期徒刑的罪犯，可以比照上述规定适当缩短起始和时隔时间。确有重大立功表现的，可以不受上述减刑起始和间隔时间的限制。

刑法第79条和监狱法对减刑程序作出规定，即由执行机关提出减刑建议书，由中级以上人民法院进行裁定，审理期限为1个月，重大案件可以再延长1个月。人民检察院认为减刑不当的，在20日内提出纠正意见。我国法律规定对减刑的考核明确的法律规定，司法部制定的《罪犯改造行为规范》和《司法部关于计分考核奖罚罪犯的规定》两个部门规章成为监狱对罪犯减刑考核的依据。依据上述规定，对罪犯考核的组织由中队的考评小组、大队的考核评审组和监狱的考核领导小组三级组成。

关于减刑的适用程序，在我国刑事诉讼法和监狱法中有明确的规定，对不同的刑种有不同的法院管辖，对有期徒刑的犯人的减刑，由监狱提出减刑意见书，连同有关的证明材料，一并报送监狱所在地的中级人民法院，由法院作出减刑裁定；无期徒刑的减刑，则报送监狱所在地的高级人民法院裁定。

我国减刑制度在实践中在维护监管秩序方面虽然取得了一定的效果，但如何改进，对任何制度建设都是一个永恒的话题。我国减刑制度存在以下问题。

1. 减刑的条件过高，导致减刑适用率较低

这与对减刑的定位有关，在西方国家的减刑制度设立是普遍建立在“减刑是罪犯的权利”的认识命题之上。对罪犯而言，只要没有坏行为即可以减刑。美国《监狱与犯人》规定，非终身监禁犯只要老老实实遵守监规，而并未受到处罚，就有资格从其判决生效之日起，按以下规定获得减刑：刑期在6个月以上1年以下，就可以每月获得5天的减刑；刑期在1年以上3年以下，就可以每月获得6天的减刑；刑期在3年以上10年以下，就可以每月获得10天的减刑。加拿大法律规定，犯人一入监狱，就可以获得1/4的减刑，除非重新犯罪，不予没收。意大利共和国监狱法规定，对被判处监禁刑罚的受刑人，如果确实接受再教育，为使其更好地回归社会，可以每服6个月监禁性刑罚减去20天。因此，西方国家犯人的减刑适用面比我国的要大。而我国则将减刑制度定位在对犯人好行为的奖励，而非受刑人的权利。有学者认为，“减刑不是犯人的权利，而是对好行为的奖励；减刑不是自然而然的事，而是只有经过努力才能得到。只有这样，才能达到激励罪犯不断努力改造的目的”。“将减刑视为罪犯的权利，没有坏行为就必须减刑的做法缺乏激励机制，不利于罪犯努力改造复归社会，背离了减刑作为鼓励

 罪犯进步的目标”[1]。笔者认为，将减刑作为服刑罪犯的权利有一定的意义：其一，刑罚预防犯罪的目的在不同的刑罚运动阶段有不同的侧重。刑罚的一般预防，即对犯罪人以外的其他人的预防犯罪着重点配置在制刑和用刑阶段，行刑阶段的定位是侧重于特殊预防，即防止犯罪人重新犯罪。刑事立法对犯罪和刑罚的抽象性规定和法院对具体犯罪人的宣告刑，可以达到一般预防目的。对被害人的抚慰功能也基本可以实现，被害人对犯罪人的痛恨，伴随着行刑时间的漫长也逐步淡化，甚至消失。在这种情况下，大面积适用减少犯罪人的实际服刑期限，有利于节省有限的刑罚资源。其二，将减刑作为服刑罪犯的权利，可以使罪犯处于比较公平的减刑处遇标准。因为减刑的标准简单划一，即不违反监规纪律，这样不会因犯罪人个体年龄、体力、健康等自然条件的差异，而出现在形式公正标准下的实质不公，也不会由于管理者或减刑决策者的自由裁量权或腐败因素所出现的不公。其三，将减刑作为服刑罪犯的权利，使服刑罪犯的主体地位有很大的保障性。监狱法对罪犯行刑处遇的目标定位于守法公民，服刑罪犯只要没有违反监规纪律，即有利于高目标的实现，但在罪犯将减刑作为奖励行为的机制下，服刑罪犯为达到减刑的功利本能驱使下，不得不对评价其行为“是好是坏”的考核者和“减刑幅度”的最终确定者而仰人鼻息，其献媚意识、服从意识甚至伪装思想超前强化，其独立性主体意识和个体尊荣感大为减弱。这在某种程度上与以人为本，独立创新的法治社会市场经济价值目标背道而驰，不利于服刑罪犯释放后回归社会。另外，服刑罪犯的守法行为养成与在行刑阶段争取迎合管理者“好的行为”并不能截然等同。在减刑和假释实践中，服刑罪犯在减刑或者获得假释回归社会后，在很短的时间内有再行犯罪的例子并不少见，减刑标准从考核转型为服刑罪犯的权利，应当是理想的考核标准。目前，根据服刑罪犯的劳动、教育表现以百分制或者双百分制的考核结果为可以减刑的依据，没有根本改变的情况下，减刑适用

---

[1] 武延平. 中外监狱法比较研究[M]. 北京：中国政法大学出版社，1999：20.

面存在一定比例限制，应当考虑采取建议听证和异议处理程序，尽可能保证减刑公正。

现行法律的减刑规定失之原则性和操作性差。最高人民法院虽然颁布了《关于办理减刑、假释案件具体应用法律若干问题的规定》，但是比较原则，并不具体。在减刑实践中，各省、自治区、直辖市的有关部门也制定出各自的实施细则、意见、通知等规范性文件，这些规范性文件在减刑实际工作中起很大甚至决定性的作用。有些地方法规或者人民法院对减刑作出比例限制规定，这严重违背法律规定的精神和原则。减刑适用条件之一的“认罪服法”，这些规定有侵犯服刑人员申诉权的嫌疑。监禁刑执行机关很容易将服刑人员对法院的生效判决不服理解为“不认罪服法”，监禁刑执行机关在事实上也承担着说服服刑人员认可，并服从法院的生效判决的重责，判决案件的法官也是一个个鲜活具体的个人，其认识能力是受制于心理、生理和知识经验等因素的有限理性，其生效判决的确定性只不过是出于司法资源的有限性考虑的法律确定性，而对服刑人员的案件事实认定不具有绝对的真理性。因此，法律规定了为纠正错误的生效判决的审判监督程序，对服刑人员的权利进行救济。最高人民法院也在有关司法解释规定：“对罪犯在刑罚执行期间提出申诉的，应依法保护其申诉权利。对罪犯申诉应当具体情况具体分析，不应当一概认为是不认罪服法。”监禁刑执行机关不应当将服刑人员对生效判决的态度作为可以减刑的适用条件，因此，为避免引起语义上的误解，可将“认罪服法”改为“服法维权”。

2．我国减刑制度没有撤销缓刑和恢复的规定

此项规定的理由是减刑是对良好行为的奖励，而不是对不良行为的惩罚。既然是对良好行为的奖励，就不能因其他不良行为而撤销，对被减刑的服刑罪犯缺乏足够的制约和激励。国外的减刑制度存在着撤销或恢复的模式，英国法律规定犯人获得的减刑刑期因犯罪或其他违法行为可以被撤销，美国的《监狱与犯人》第4165条规定：减刑因重新犯罪行为被撤销，如果一个犯人在监禁期间犯罪，或违反监狱的监规制度，因此而丧失他所取得的表现良好的那

段时间的全部或部分。第4166条规定对被撤销的缓刑的恢复制度；执法检察官在认为狱政局长的情况介绍确实时，可以恢复他丧失的因表现良好所取得的那段时间的全部或部分所减刑期。法国的法律也赋予刑罚执行法官对表现不好的犯人，向刑罚执行委员会提出收回全部或部分缩减刑罚的建议。我国有学者认为，应当赋予监狱延刑、减刑建议权。其理由，一是与减刑制度相适应，减刑与延刑的实体性依据是对等的，只有减刑，没有方向相反的延刑制度，不利于司法公正。二是从监狱执法实践看，即将刑满释放的罪犯在服刑过程中屡犯监规，拒绝改造的情况屡见不鲜；有的罪犯甚至向行刑机关挑战，造成恶劣的影响。

3. 减刑权完全由人民法院行使，对监狱行刑效率的实现产生消极影响

世界各国的法律对减刑权行使的规定类型主要有法院决定和行政机关决定两种类型。法院决定的类型主要体现在前苏联、东欧国家，前苏联刑法典第56条规定，除依大赦和特赦程序可以免刑和减刑外，只有法院才可以在法律规定的情况下，依照法律规定的程序对被判刑人免刑和减刑。意大利和法国的法律也规定由法院负责减刑的事务。法国刑事诉讼法典第721条规定，“这一缩短监禁期间应由施刑审判官在施刑委员会提出意见后予以许可”。法院行使减刑权的方式有一般法院负责减刑事务和专门法庭两种组织形式。另外即是由监狱机关或者行政机关行使减刑决定权。巴基斯坦的《监狱管理细则》规定：“典狱长有权决定普通减免。其他官员决定普通减免须得到典狱长的特别授权。”美国《模范刑法典》第305条规定：“所定监禁刑之刑期之缩短，由典狱长（担任处遇之副典狱长）赋予之，关于由于值得特别称赞的行为，或者履行义务有特别超过之缩短，非有设施之调整委员会之呈报不得赋予之。”英国则赋予了国务大臣减刑的权力：“国务大臣有权减轻对囚犯的处罚，或者代之以较轻的处罚。但国务大臣无权使真正有罪的判决无效。经国务大臣批准，监狱长和视察委员会可减轻各自的处罚。”我国采取的是第一种立法例。我国规定，完全由人民法院

行使减刑权，是因为坚持减刑权是审判权，“在我国减刑的实施，是一项审判上的司法行为”[1]640。

有学者认为减刑权是司法权中的行刑权，而非审判权，应当归属行刑机关。由于减刑与审判在对象、依据、任务和程序均有所不同，“审判的对象是被起诉但未审结的被告人，减刑的对象是被定罪量刑的罪犯；审判的依据是被告人被起诉的犯罪事实，而减刑的依据是罪犯确有悔改或立功的表现；审判的任务是审理和判决查证犯罪事实，依法判处刑罚，减刑的目的的是激励罪犯积极改造，早日重新做人，达到矫正、自新的目的；审判是公诉机关或者自诉人提起诉讼才能进行，而减刑则是只需由监狱向法院提交减刑建议书。法院根据此书面审理，刑事诉讼法没有对其程序有明确的规定，作为对象的罪犯无权参与”[2]。笔者认为，从现行法分析减刑权的性质和归属问题失之简单，减刑权不属于审判权的内容应从法理上进行分析。刑罚的目的有一般预防和特殊预防，在刑罚不同的阶段对一般预防和特殊预防侧重点不同。在制刑的立法阶段，刑罚的目的侧重于一般预防，法院在作出生效判决时，兼顾一般预防和特殊预防，而在刑罚执行阶段，刑罚的特殊预防目的关注高于一般预防，减刑权不是否定原生效判决的法律效力，其依据不是犯罪人在判决前的犯罪行为和人身危险性表征，而是在刑罚执行阶段期间的表现。我国学界通说认为减刑的本质是“减轻原判刑罚，既对法院生效判决的改变，减刑裁定不冲抵原判的效力，原判也不冲抵减刑裁定的效力”[1]646。这种被归结为宣告刑说的理论已经被国外的学者质疑。他们提出减刑的实质，在于对刑罚执行方式的变通，其理由是以宣告刑的根据是被告人的罪责，处于静态的状态，具有不可更改性。否则，将影响到刑罚的一般预防的效果，这决定宣告刑作为减刑的对象，在理论上是不顺畅的，而刑罚执行阶段存在的现实刑罚是执行刑，而执行刑则是可以调整和变更的。这是由刑罚

[1]　马克昌．刑罚通论［M］．武汉：武汉大学出版社．1995．
[2]　陈敏．减刑制度比较研究［M］．北京：中国方正出版社，2001：135．

在刑罚执行阶段的侧重于对罪犯进行矫正、改造和教育特殊预防的目的所决定的。根据罪犯在服刑期间的悔改和立功表现，判断其人身危险性的大小，如果在宣告刑刑期没有执行完毕，而犯罪人的人身危险性已经减弱甚至消失，有必要通过减刑、假释和赦免来进行调整执行刑。审判权运行一般遵守控、辩、审三方构造机理，而减刑的决定过程是决定者和被决定者相互作用的两方构成。其突出价值追求是在于节省刑罚资源的效率，这与追求公正价值为首选目标的司法权是有区别的。减刑运行机理属于典型的行政权运行机制。

我国减刑权由人民法院行使，在实践中会影响减刑决策的效率，原因是刑罚执行阶段，对服刑罪犯的表现考察由监狱进行，这样形成“管事的没有决定权，不管事的有决定权”的错位现象。不少法院对监狱的报送减刑案件分批处理，耽误时间。有时裁定下来，服刑罪犯的情况已经发生变化。法院对监狱报送减刑采取的是书面审理，作出裁定的主要依据监狱报送的提请减刑的材料，没有实地具体了解罪犯在监狱服刑的真实表现，影响对他们的人身危险性的判断。目前虽然有法院对减刑审理进行听证的探索，但不能根本上解决问题。有的法院怕减刑后出现问题承担责任，对减刑案件持消极态度，甚至未将办理减刑案件的数量计入每年办案的工作量，影响办案人员的积极性。如将减刑决定权划归行刑机关行使，减刑的权限也应该由垄断性的集权模式向分权模式转变。集权模式着眼于效率的考虑，由一家机构决定有利于专业化建设。效率的实现不仅要求主体的专门性，而且要求信息从产生到反馈传递层级的最少化。在司法行政机关掌握减刑权的国家里，采取了分权模式，即整个行刑系统的组织均有一定减刑决定权，这就使得减刑决策的层级有所减少，有利于减刑及时性的实现。因此，我国减刑的权力可以分散于监狱，省、自治区和直辖市的监狱管理机关，司法部三级国家机关。从判决式减刑逐步转型为小额累积式减刑与核准式减刑并存的模式，这样既可以发挥监狱的主动性，也有利于监狱管理机关对减刑事务的管理和监督。小额累积式减刑适用于监狱法规定的可以减刑的情形，其具体做法是采取科学定量的的计分考核，达到一定积分后，按照比例，按天为单位进行减刑，具体比例可以考虑按每月 3 ~6 天的幅度掌握。监狱每月都应对犯人的行为进行考评，使累计式减刑工作日常化，对应当减刑的核准权赋予省、自治区、直辖市的监狱管理机关和司法部。

4. 可以减刑的条件与假释的适用条件没有较大的差别

可以减刑的条件指确有悔改表现或者有立功表现。悔改表现是指认罪服法；认真遵守监规，接受教育改造；积极参加政治、文化、技术学习；积极参加劳动，完成生产任务。假释的条件是指，确有悔改表现的减刑考核条件。根据有关的司法解释，悔改表现也包括认罪服法；认真遵守监规，接受教育改造；积极参加政治、文化、技术学习；积极参加劳动，完成生产任务。两者的条件完全相同，但减刑与假释相比，缺乏对被减刑后的行为制约。鉴于此，有学者认为应当取消减刑，扩大假释适用率："由于假释有限制性条款（假释后不致再危害社会），并有相应考验期限，为避免风险，监管机关往往宁可多办减刑，也不办理假释，致使假释制度受到严重冲击。如果取消减刑制度，扩大适用假释的比例，可以利用考验期督促被假释人自觉改造，有利于刑法目的的实现。""减刑制度虽然对改造、管理罪犯方面起到了一定的积极作用，但是从实践中反映的情况看，在减刑中发生的问题情况，在近几年逐渐增多，利用减刑进行违法交易屡禁不止。减刑制度与我国的罪刑相适应原则存在冲突，损害了判决的严肃性，削弱了刑罚的实际作用，是否取消该制度有进一步研究的必要。"[1] 对取消减刑论有异议的学者认为：在我国目前社区矫正尚不完善的情况下，取消减刑制度、扩大假释的适用，将会对社会承受力造成很大冲击。笔者认为，减刑制度虽然许多弊端，但不可因噎废食。其中不仅仅有上述理由，还应当有以下考虑：对服刑罪犯假释都有一定的执行刑罚期限，这使得服刑罪犯在一定期限内没有看到希望和前途，减刑制度作为恩赦制

[1] 刘金林. 监所检察工作亟待破解四项难题. http://www.spp.gov.cn/site2006/2007-06-20/0005514130.html.

度的组成部分，具有平衡立法缺陷与个案公正的矛盾机制，在刑法变动案件的溯及力处理，会出现行为时法、中间时法与审判时法的矛盾。我国刑法修订时，对新法施行以前，依照当时法律以及已经作出的判决，为保证国家判决的权威，规定了继续有效，但在个案上会出现有失公正和效益的情况。执行旧法认为犯罪，而新法不认为犯罪的判决，则有悖于刑罚的目的，对于旧法认为犯罪而新法不认为犯罪的受刑人，已经没有改造的个人预防的必要，对公众而言，也失去了一般预防的作用。在共同犯罪的个案更有悖公平，如从犯按照行为时法判决有罪甚至重刑，而主犯如在新法实施后才审判，按照新法则被判无罪，犯罪人同时同地的犯罪行为，却因立法变动而出现行为轻处罚重，而行为重而不处罚，或轻处罚的，有失公正的情形。这本应通过赦免机制解决，但在我国赦免制度虚化的状态下，而对此类人减刑，既维护了司法判决的严肃性，并节省了刑罚资源和有利于减轻受刑人的怨恨情绪和有利于复归社会。

（二）假释制度的合理定位

假释是指对于被判处监禁刑犯罪人，在执行一定刑期，因其确有悔改表现，不致再危害社会，附有条件地予以提前释放的制度。假释制度是新派刑法理论指导下有别于旧派刑法理论的产物，在某种程度上它与绝对罪刑法定原则的要求是不一致的。虽然假释在法律意义层面不是减轻刑罚，只是刑罚执行方式的变更，但对罪犯自身和普通社会民众的感觉而言，与减刑处遇没有本质的感觉差别。该制度的恰当设计，可以对服刑罪犯起到充分的激励作用。我国刑法对假释的条件作了如下规定：在假释对象方面，只有被判处无期徒刑、有期徒刑的犯罪人，其中累犯和被判处 10 年以上有期徒刑的故意杀人、爆炸、强奸、抢劫、绑架等暴力性犯罪的不能假释；在适用的限制条件方面，是在执行一定刑期后，有期徒刑实际执行为原判刑罚的一半；无期徒刑为 10 年以上；死刑缓期执行的，实际执行刑期为 12 年以上。如果有特殊情况经最高人民法院核准，不受此限制。在适用的条件要求，即认真遵守监规纪律，接受教育改造，确有悔改表现，不致再危害社会。根据有关的司法解释规定，“确有悔改表现”是指同时具备以下四方面的情形：认罪服法；认真遵守监规，接受教育改造；积极参加政治、技术、文化学习；积极参加劳动，完成生产任务。

我国假释制度在假释的适用的条件规定存在着如下缺陷。一是立法不平等的现象。如对限制条件方面的规定，赋予最高人民法院对有权核准特殊情况的犯人的假释，不受执行原判刑期不少于1/2的限制规定，这与法治国家的平等原则相违背。什么是特殊情况，没有具体规定，为司法恣意打开方便之门。还有对累犯和被判处10年以上有期徒刑的故意杀人、爆炸、强奸、抢劫、绑架等暴力性犯罪不能假释的立法规定，更凸现出行刑不平等的特征。1999年年底统计，监狱内关押故意杀人、爆炸、强奸、抢劫、绑架等暴力罪犯有67万，占监狱押犯的47%，已然犯罪行为的暴力性并不意味着每个犯罪人未然的人身危险性均强于其他非把暴力性犯罪人。这些犯人中也有激情犯、义愤犯、初犯、未成年犯等人身危险性较小的类型，因此这种不顾及犯罪人具体的人身危险状况，而抽象地剥夺其享受假释制度的惠顾是值得商榷的。我国假释制度规定的实体条件的立法语言过于模糊，缺乏具体的可操作性。在司法实践中假释比例过低。目前，假释提起权只能由监狱根据犯人的表现提出假释意见书，而服刑罪犯无权提出假释请求。二是对老年犯和病残犯的假释缺乏专门的规定。目前法院对假释的适用，是按照一定的比例进行。监狱根据该比例，确定一定的提请假释人员，监狱确定提请假释人员的标准是犯人的改造表现和日常考核分数，但老年犯和病残犯由于身体健康状况的影响，不能参加或者很少参加劳动，考核得分比其他正常身体条件的罪犯要少得多。这部分罪犯的再次犯罪能力大体基本消失，却得不到相应的假释惠顾，浪费了大量的刑罚执行资源，这有悖刑罚经济化的原则。三是法院下达的假释裁定周期过长。监狱法规定人民法院应当自收到假释意见书的一个月予以审核裁定，案情复杂或者情况特殊的，可以延长一个月。由于人民法院诉讼审判工作任务比较繁重，许多法院在办理假释案件时，并不能在法定期限内结案，甚至出现超期几个月的情况，严重影响了假释效果的正常发挥。

关于假释制度的完善笔者有如下建议。

(1) 修改刑法第81条第2款的假释的限制性规定。该条规定过于追求刑罚的报应价值，而忽视刑罚经济的现代行刑理念。从实际执行效果来看，这类罪犯的改造积极性被严重挫伤，因一罪被判处10年以上的杀人、爆炸、强奸、抢劫、绑架等暴力型罪犯，法院在对其定罪量刑时已经从重处罚，在刑罚执行阶段再没有体现给出路的刑事政策，导致这部分罪犯心灰意冷，甚至反社会情绪相当强烈，给监狱的监管和罪犯改造工作带来很大的困难。我国目前监禁刑执行资源相对于暴力犯罪骤增的严峻社会治安形势，显得比较紧张。不顾犯罪人个体具体情况，抽象地以罪种和刑期限制假释，必然加剧这种紧张关系，无法实现监禁刑执行的整体最佳效益。因此，可考虑将该条修改为过失犯杀人、爆炸等暴力性犯罪可以假释；杀人、爆炸、强奸、抢劫、绑架等暴力型罪犯在改造中有重大立功表现或者因老弱病残丧失危害社会能力的，可以假释。

(2) 适当缩短假释考验期。我国刑事法律对假释考验期的规定为：有期徒刑为没有执行的剩余刑期，无期徒刑的考验期为10年，假释只不过是刑罚执行方式的变更。既然在下达假释裁定时就确认了服刑罪犯确已悔改，不致危害社会，没有必要规定过长的或者绝对的考验期。《瑞士刑法典》第38条规定了假释的考验期为1~5年，被判处终身监禁的考验期为5年。德国刑法典规定的考验期为2~5年。对此，有必要借鉴西方国家的立法经验，将假释考验期规定为1~5年。

(3) 建立对被假释者的保证制度。对因假释被释放的罪犯不能仅仅依靠公安机关的监督对其约束，必须建立一系列的保证制度予以约束，保证制度具体可以分为保证金和保证人。保证金制度，即要求被假释人员提供一定的金钱担保，一旦其违反假释监督规定，则没收其保证金。保证人制度则要求具备一定资格或能力的人为被假释人员进行监督和帮教，并及时依据其行为状况向公安机关汇报，否则将承担一定的法律责任。

（4）设立假释工作委员会，行使假释决定权。鉴于人民法院裁定假释的弊端，应当取消人民法院的假释裁定权，借鉴国外的立法经验，在司法行政机关内部设立假释工作委员会。假释工作委员会的工作职责主要是审查罪犯服刑是否达到法律规定的期限、在监狱改造表现、分析和预测再次犯罪的可能性并决定是否假释。其具体组成人员由监狱工作人员、心理学家、社会工作者等人员组成。

（5）建立被害人告知和听取被害人意见制度。服刑罪犯假释意味着服刑罪犯没有服完刑期，有条件的回归社会，对被害人有一定的利害关系。这涉及刑罚安抚功能的实现效果。因此应当听取被害人的意见，在被害人表达了其对受刑犯罪人是否应假释的意见后，即使其意见没有最终被有关部门采纳，也凸显出对其尊重的价值。另外，被害人认为有人身危险性的被假释罪犯，可以采取预防措施。

（三）监禁刑执行惩罚机制的合理规制

1. 我国监狱行政处罚的现状

我国监禁刑执行惩罚机制完善，主要体现在监狱的行政处罚制度。我国监狱法对监狱对犯人的行政处罚的种类和权限进行规定，监狱法第 18 条规定："罪犯收监，应当严格检查其人身和所携带的物品。非生活必需品，由监狱代为保管或者征得罪犯同意退回其家属，违禁品予以没收。"监狱法第 58 条规定，"罪犯有下列破坏监管秩序情形之一的，监狱可以给予警告、记过或者禁闭:(一)聚众哄闹监狱，扰乱正常秩序的；（二）辱骂或者殴打人民警察的；（三）欺压其他罪犯的；（四）偷窃、赌博、打架斗殴、寻衅滋事的；（五）有劳动能力拒不参加劳动或者消极怠工，经教育不改的；（六）以自伤、自残手段逃避劳动的；（七）在生产劳动中故意违反操作规程，或者有意损坏生产工具的；（八）有违反监规纪律的其他行为的。依照前款规定对罪犯实行禁闭的期限为 7 天至 15 天"。可见，目前监狱法规定的监狱行政处罚的种类有警告、记过或者禁闭以及没收违禁品 4 种。对监狱实施行政处罚的程序则没有明确的规定，在实践中一般由中队提出，报监狱长批准。我国监狱行政处罚目前存在以下问题：

（1）监狱行政处罚的种类不能满足维护监管秩序的需要，对服刑罪犯缺乏相当惩罚感受度，警告和记过只会给罪犯带来名誉方面的损失，并不一定给其带来实际的损失；禁闭时间短，其剥夺自由的状态与不受处罚的罪犯服刑状态差别不大。有的罪犯好逸恶劳，反而利用禁闭躲避强制劳动的改造义务。没收违禁品则只是对罪犯一定违法能力的剥夺，其对罪犯产生的惩罚感受度并不明显。

（2）在实践中，有的监狱突破了法律规定的种类和幅度，侵犯服刑罪犯的合法权益。有的监狱将罪犯携带到狱内的现金予以没收，甚至给搜查人员一定比例的提成；有的监狱为强化惩罚效应，对罪犯连续实施禁闭，严重违反一事不再罚的法治原则。在适用程序方面，现行监狱行政处罚程序缺乏公开、公正的程序，缺乏保障被处罚人权利的复议制度和诉讼制度。目前体现公正公平价值的回避制度、听证制度、文书送达制度均没有在监狱大规模适用。由于没有回避制度，管罚合一的机制在对与监狱警察发生冲突的罪犯处罚时，出现发生冲突的警察参与对罪犯处罚的决策，这与“任何人都不得担任自己的法官”自然正义公理的要求相违背；缺乏对违法行为的证据的调查、搜集和固定的严格程序。处罚文书制作的不规范，违背了行政处罚行为书面化的法治要求，不形成卷宗，使行政机处罚出现随意性，经不起时间的检验。听证程序的缺失，使监狱在作出禁闭等较为严厉的处罚时，无法兼听受处罚罪犯的申辩，对监狱处罚申请复议制度和诉讼制度的缺失，使监狱行政处罚制度失去外部最后的司法权的约束。

2．完善监狱行政处罚制度的构想

国家赔偿法、行政诉讼法、行政复议法、行政处罚法等规范一般行政权的系列法律出台，标志着我国法制建设步伐的加快。国家对自由公民的违法行为处罚越来越体现公正和效率的特征，监狱行政处罚制度的完善应当紧紧围绕效率和公正的主线进行，应从以下几个方面进行：

（1）增加监狱行政处罚种类，强化处罚的力度。监狱行政处罚是一种惩罚性的措施，是对罪犯实际权益的剥夺。通过对罪犯一定权益的剥夺，使其感受到违法行为会使实际利益损失，从而对以后的行为进行约束，并使其他犯人产生警戒之心。要达到前述目的，就必须伴随罪犯的权益范围的变化进行调整。监狱行政处罚的设定应当针对罪犯比较珍视的权益，才能使监狱行政处罚罚得准、罚得狠。世界各国监狱制度对犯人的纪律处分，即行政处罚规定得较为详细。

法国的刑事机诉讼法典第 250 条规定，“可由监狱长宣布，对囚犯施行以下几种的纪律处罚：①警告，记入囚犯档案；②降低劳动等级，如在劳动中发生违反纪律的行为；③在一定期间内禁止吸烟，禁止在监狱内食堂购买啤酒、果酱以及除洗舆用品以外的其他一切物品；④剥夺个人使用收音机的权利；⑤如果违纪行为是在会见中或趁会见时发生的，在一定期间内取消在不设隔离装置的接见室的资格；⑥禁闭”。

俄罗斯联邦刑事执行法典也规定，对犯人的处罚有警告、数额为最低劳动报酬两倍以下的纪律罚金、转移牢房、禁闭等种类。

从罪犯管理工作的实际看，对罪犯而言，最宝贵的权益首推减刑、假释资格。其次是通过通信、会见、离监探亲、保持与亲友沟通或联系的权利、除每天劳动和教育以外的闲暇时间支配等。现有监狱行政处罚，没有涵盖罪犯的权益，没有资格罚和财产罚的种类。财产罚是指监狱对违法罪犯罚款的处罚。新加坡的监狱法明确规定此种处罚种类。我国监狱法没有规定这种处罚的原因是，在监狱法实施前，罪犯劳动报酬制度没有在法律上确定下来，罪犯可控制的财产很少，当时设定财产罚没有实际意义。监狱法确立了罪犯劳动报酬制度，罪犯可以通过劳动或亲友馈赠获得一定财产，在这种情况下，对违犯法律监规罪犯处罚就有现实物质基础，罪犯对财产损失有刻骨铭心的痛苦感。因此，设立财产罚对维护监管秩序可起到立竿见影的效果。资格罚是指对罪犯剥夺被建议减刑、假释资格的处罚。剥夺减刑资格应局限于可以减刑的情形，因应当减刑是监狱必须履行的法定义务，没有自由裁量的幅度和空间。根据行政处罚法的相关规定，监狱行政处罚种类的增设应当归由法律、行政法规和规章设立。制定法律、行政法规和规章的主体是全国人民代表大会及其常务委员会、国务院以及各部委。各省、自治区、直辖市监狱管理局以及各监狱都无权发布设立监狱行政处罚种类的规范性文件。

（2）设定公正、公开的行政处罚运作程序。正义不仅应当体现，而且应当以看得见的方式进行。程序公正是实体公正的保证，行政处罚法为一般的行政处罚设定基本的程序模式，监狱行政处罚应当参考上述立法规定，建立体现效率和公正价值追求的简易程序、听证程序、一般程序以及行政复议、行政诉讼程序等。简易程序，是指监狱对于符合法定条件的处罚事项，当场进行处罚的程序。它比听证程序、一般程序要简便，更有效率。适用于违反监管秩序、情节轻微、事实清楚、被处罚者对处罚无异议的案件，其适用的处罚种类应当局限于警告、小数额的罚款以及没收违禁品，一般程序适用于除简易程序适用的处罚种类外的其他处罚，它具体可以分为立案、调查、说明理由和告知权利、听取陈诉和辩解、处理决定和送达六道环节。立案是指监狱发现有违反监管秩序的违法行为嫌疑，决定进行查处的行为。其具体作法是应当填写立案审批表，报监狱长批准。调查是指监狱工作人员通过搜集相关证据，以证实违法行为是否存在的活动，全面、客观和公正的调查活动可以为监狱正确行使行政处罚权，奠定坚实的基础和充分的证据。通过调查活动，使证据得以书面的固定。说明理由和告知权利是指监狱进行行政处罚前，应当将有关事项告知将要被处罚的罪犯。这些事项包括，即将作出的行政处罚决定所依据的事实、理由和依据以及罪犯申请回避、申诉辩解的权利。听取陈述和辩解，是指监狱行政处罚执法人员在作出行政处罚前，应当听取即将被处罚者的陈诉和辩解，“既听取隆重者，也听取卑微者”，这句古老的谚语为执法裁判者提出基本的立场。听取陈诉和辩解，既可以使执法者兼听则明，全面了解案件事实，也可以具有抚慰当事人心灵的公正的独立程序价值。拒绝听取陈诉和辩解，在法理上被定位为无效的。处理决定，是指监狱依据调查核实的案件事实，依法对涉嫌违法行为的服刑罪犯作出处罚或者不予处罚的决定，并制作相应的决定文书。决定文书的内容，应当记载处罚依据的事实和法律、法规以及规章，申请复议的权利，送达程序是指将决定文书送交涉嫌违法行为的服刑罪犯。听证程序，是监狱适用比较严重的处罚种类时，诸如较大数额的罚款，禁闭，剥夺一定期间的会见、假释、减刑资格等处罚种类，可适用该种程序。听证程序比一般程序较为严格，该程序既可在监狱认为必要时主动实施，也可以由即将被处罚的服刑罪犯提出，并由非本案调查人员主持，在相关人员的参与下，听取调查人员和即将被处罚的服刑罪犯双方的陈述和辩解。具体的听证程序步骤为：申请与决定听证，主持人宣布听证程序开始，调查人员提出证据和处罚建议，即将被处罚的服刑罪犯进行申辩和质证，调查人员和即将被处罚的服刑罪犯进行辩论，主持人宣布听证结束。

（四）监外执行制度的法治选择

对罪犯暂予监外执行制度的理论基础是行刑社会化。其优点在于实现刑罚经济化和刑罚人道化的要求。西方国家的家庭监狱等形式的体现侧重行刑，避免监禁刑弊端的追求。我国的暂予监外执行制度体现了惩办与宽大相结合的刑事政策，是刑罚人道主义在监狱行刑阶段的具体体现，对鼓励罪犯安心改造具有很大作用。我国刑事诉讼法规定对判处有期徒刑或者拘役的罪犯，具有法律规定的某种特殊情况，不适宜在监狱或者拘役所等场所执行刑罚，暂时采取不予关押的一种变通执行方法。监外执行制度在刑事诉讼法和监狱法均有规定。我国刑事诉讼法规定，暂予监外执行只适用于被判处有期徒刑或者拘役的罪犯。对于这类罪犯，只有在有以下三种情况之一的才能适用暂予监外执行：一是有严重疾病需保外就医。刑事诉讼法规定暂予监外执行是由法院在作出判决时同时决定的。二是怀孕或者正在哺乳自己的婴儿。三是生活不能自理，适用暂予监外执行，不致危害社会。

我国监狱法规定，对于被判处有期徒刑、无期徒刑的在监狱内服刑的罪犯，符合刑事诉讼法规定的监外执行条件的，可以暂予监外执行。监外执行的决定程序是由监狱提出书面意见，报省、自治区和直辖市监狱管理机关批准。在省、自治区和直辖市监狱管理机关批准后，应当将批准的暂予监外执行决定通知公安机关和人民检察院。监狱对批准暂予监外执行的罪犯，实践中先通知其近亲属办理取保手续，暂予监外执行决定作出后，监狱应当填写罪犯出狱鉴定表，连同批准暂予监外执行决定书一并送交罪犯居住地的公安机关。可见，监狱法规定的是监禁刑执行过程中的方式变更。暂予监外执行主要有两种方式，一是保外就医，将患有严重疾病的罪犯，批准其到监狱外医院治疗其疾病，继续执行刑罚。二是对怀孕或者正在哺乳自己的婴儿的妇女，批准其在外执行刑罚。暂予监外执行的法定情形消失后，在监外执行的期间计入服刑期间，如果罪犯的刑期仍然没有执行完毕，应当及时收监；如果在暂予监外执行的过程中，罪犯的服刑期届满，那么对罪犯的暂予监外执行自然终止，由关押的监狱自动办理其释放手续。

目前，我国暂予监外执行制度存在以下主要问题。

（1）在监外执行的期间计入服刑期间的法律规定损害刑罚的威慑力。刑罚需要实现的内容上，无论是就医治疗，还是哺乳自己的婴儿都不是刑罚应有的内容，监外执行的期间无法具体确定，甚至超出需要服刑的期间。如果，犯人的人身危险性并没有完全消失，服刑罪犯在监外执行的处遇与非监禁状态类似，公众会产生法院判决形同空文的感觉。对遇到我国监外执行规定的情形，国外相关的刑事执行法律国外相关的刑事执行法律一般采取刑罚执行中止或者延期执行刑罚的做法，在监外执行的法定情形消失后，才进入执行刑罚程序，这样监外执行的期间不需计入刑期。

（2）监外执行程序不细致。对采取诈骗方法，骗取监外执行的监外期间以及保外就医的罪犯在保外就医期满前擅自外出不归，在发现其下落时，临近甚至已超过释放日期，监狱如何处理没有明确的法律规定。对此司法部监狱管理局曾作出规定："罪犯采取非法手段骗取保外就医期间不计入执行刑期。原关押监狱发现罪犯骗取保外就医的情况后，应立即将罪犯收监，并提出该罪犯保外就医期间不计入执行刑期的意见，报请省监狱管理局作出决定后，在执行通知书和释放证明书上注明扣除时间和新的刑期截止时间，并将省监狱管理局的决定报原判人民法院和驻监检察机关。”最高人民法院、最高人民检察院、公安部、司法部曾下发了《关于依法加强对管制、剥夺政治权利、缓刑、假释和暂予监外执行罪犯监督考察工作的通知》，该通知规定，经过批准外出的监外罪犯，其被许可外出期间，应计入执行期。但超过许可的时间不计入执行期。对于未经批准而擅自离开所在地域的监外罪犯，其外出期间，不得计入执行期。扣除的执行期，由县级公安机关在其法律文书上注明，并加盖公章，通知本人。该通知在 1995 年被有关司法机关决定不再适用。在司法实践中，有的地方将保外就医罪犯擅自外出，至保外就医期满仍不回归的行为视为脱逃行为，将其尚未执行的刑罚和脱逃罪所判处的刑罚实行数罪并罚。这些处理虽然对维护监管秩序有效，却缺乏法律依据。罪犯服刑的期间是在生效的法院判决明确规定，除非法院能够作出修改，省监狱管理局直接作出决定对生效的法院判决进行修正，没有法理基础和法律明确的授权，损害法律文书的严肃性。

（3）监外执行的监管职责不够明确，监管措施没有得到落实。司法部、最高人民检察院、公安部曾经制定《罪犯保外就医执行办法》，但保外就医的取保人、公安机关、协助监督单位的职责都不太明确，保外就医的取保人的资格在第 7 条有所规定：“取保人应当具备管束和教育保外就医罪犯的能力，并有一定的经济条件。”但对于没有履行教育和管束行为的保证人，应当承担什么样的法律责任没有明确规定。《罪犯保外就医执行办法》第 14 条只简单规定了公安机关的职责，“保外就医罪犯，由所在地公安机关负责日常性监督考察”。至于“日常性监督考察”的具体内容，则缺乏具体明确的规定。目前的实际状况是，公安机关警力不足，只要是被保人不离开居住地到本县、市以外的地方，公安机关就不具体管理。公安机关对刑事侦查、社会治安等工作更为重视，而很少有专人负责保外就医的监督性考察工作。

（4）对病残鉴定罪犯缺乏有效的监督制约。根据刑诉法的有关规定：对于罪犯确有严重疾病，必须保外就医的，由省级人民政府指定的医院开具证明文件，依照法律规定程序审批。而在实践中大多执行的却是司法部247号文，该文第六条规定：保外就医的病残鉴定由监狱、劳改队、少管所医院进行，未设医院的，可送劳改局中心医院或者就近的县级以上医院检查、鉴定。根据此规定，可进行病残鉴定的医院范围广、数量多，虽然比较方便，但不规范，管理方面的问题比较突出，并且这些医院无论从技术水平，还是从对病残标准的理解和掌握上，都存在较大的差异。在鉴定人员资质法制化的时代背景下，监狱医院的工作人员如果没有法定资格，则难以确保病残鉴定工作统一和公正，难以保证对病残鉴定进行有效监督和制约，导致权钱交易、弄虚作假、徇私舞弊有机可乘，产生以保代放和收监难等问题。

第十章

刑事执行过程中的检察权配置

伴随着法治国家建设进程的加快，强化对刑事执行过程的法制建设的要求也越来越强烈，相对与刑事侦查和审判而言，刑事执行是检察监督比较薄弱的环节。因此，笔者拟从刑事执行的基础理论研究为逻辑起点，考察并借鉴国外的刑事执行检察的立法经验，剖析我国刑事执行检察现状与不足，提出刑事执行检察权合理配置的思路。

一、刑事执行过程中的检察权配置模式考察

（一）欧美国家刑事执行过程中的检察权配置模式

国家权力的配置无不与宪政理论的设计息息相关。司法这一基本范畴在不同的国度和不同的时期有着不同的语境。从分权思想的历史发展和司法权定型理论的国际背景考察，孟德斯鸠将司法权的含义定位于“裁判私人犯罪或者争讼权”。汉密尔顿评论司法权的特性为：“在分权的政府里，司法部门既无军权，也无财权，不能支配社会的财富和力量，不能采取任何主动的行动，司法既无强制，又无意志，而只有判断；而且为实施其判断亦需借助行政部门的力量。”[1]因此，国际上司法权力的通行概念仅指法院的裁判权。根据三权分立的宪政设计，大多数国家将检察权在理论上一般定位于行政权。目前各国对检察权在国家权力中的结构定位较低，检察

---

[1] 〔美〕汉密尔顿. 联邦党人文集［M］. 北京：商务印书馆，1997：301.

机关一般隶属于行政机关，无独立体系，总检察长、检察官均由司法部提请总统任命。在大陆法系国家中，也有少数国家将检察权定位于司法权，检察机关被确定为司法机关，如意大利、埃及。检察官主要职责有：对犯罪案件进行侦查或者指挥司法警察进行侦查；提起公诉；监督法院判决、裁定的执行；为维护国家利益向法院提起相关民事诉讼；对所被派驻法院的法官进行考核、监督；监督狱政管理，等。

日本检察官在执行刑事案件判决中发挥监督权，法官作出的有罪判决不能直接发生法律效力，而需由检察官签发执行通知书，再由负责执行的刑务所长根据检察官的指示对被告人执行具体的刑罚。检察官在刑罚执行中还具有刑罚执行的变更和停止执行刑罚的权限。其具体体现为：一是直接作为刑罚执行机关。法国刑事诉讼法规定，有些判决由检察官执行，对于违警罪法庭和大审法院作出的没有限制人身自由的轻罪判决，检察官可以决定部分免除执行或全部终止执行。德国刑事诉讼法明确规定检察院就是刑罚的执行机关。二是在判决执行中发挥监督作用。法国刑事诉讼法第 22 条规定：任何刑事裁判都应在有检察官在场时宣布，检察官确保司法判决的执行。

法国检察官监督判决的执行，或者执行判决的职能。法院裁判决定最终确定以后，必须由检察官提出申请，判决才能执行。罚金和没收财产的执行，必须由征收人以检察机关的名义提出申请。检察长和检察官有权直接要求警察协助执行判决，对无法执行的判决，可以要求停止执行。违警罪刑罚和轻罪非自由刑，可以依据医疗、家庭、社会性质的严重势态，暂行中止执行或者分期执行。中止刑罚执行期间为三个月以下时，中止执行决定由检察院决定。如果中止刑罚执行期间为三个月以上，应当依检察机关的申请，由轻罪法院和违警罪法院作出中止执行的决定。对于被判刑人不履行罚金或者其他财产刑的判决，大审法院检察长依据送达支付的文书，可以提出易科拘禁的申请。

意大利的检察官也负责刑罚的执行。根据意大利刑事诉讼法典

第655条规定，公诉人在执行司法决定的职能有：“（1）除法律另有规定外，第655条指出的法官身边的公诉人负责执行有关的决定。（2）公诉人向主管法官提出自己的要求并且参与所有的执行程序。（3）在必要时，公诉人可以要求其他地区的公诉人办公室履行某些行为。（4）如果对某一决定的执行必要批准，公诉人向主管机关提出要求，在获得批准以前，暂缓执行有关决定。当在执行过程中需要批准时，依照相同的方法处理。”对监禁刑的执行，需要检察官发布执行令。意大利刑事诉讼法典第655条规定：“（1）当需要执行的是监禁刑时，公诉人发布执行令。如果被判刑人未受到关押，在执行令中决定将其监禁。执行令副本交给关系人。如果刑罚不超过6个月并且没有逃跑的危险，公诉人向被判刑人送达执行令，勒令他5日内到监狱报到。如果被判刑人在上述期限内未报到，公诉人决定将其监禁。”检察官还有以命令的形式计算和确定需要执行刑期的职责。意大利刑事诉讼法典第657条规定：“（1）在确定需要执行的监禁刑时，公诉人应当计算因同一犯罪或者其他犯罪而受到的预防性羁押的时间，即使这羁押仍在继续。在临时适用监禁性保安处分的情况下，如果该处分未最终适用，也以同样的方式处理。（2）当对另一犯罪的处罚已被撤销时或者当对犯罪实现大赦时，公诉人也计算因该另一犯罪而执行监禁的时间。（3）在第1款和第2款规定的情况下，被判刑人可以要求公诉人把以及执行的预防性羁押折抵为需要执行的财产刑或替代性处罚。在第2款规定的情况下，他还可以要求将已经执行的替代性处罚计入需为其他犯罪而执行的替代性处罚。”第663条规定：“当同一人因不同的犯罪受到数项判决或刑事处罚令的出发时，公诉人依照有关数罪并罚的规定确定需要执行的刑罚。”检察官还具有执行以判决形式宣告的保安处分、执行监督法官决定、执行财产刑、替代性刑罚、附加刑的执行的移送有关文书职责，必要时可以发布临时的执行令。对大赦和特赦的执行，公诉人可以就执行法官的执行大赦和特赦以裁定的形式作出的决定提出异议。

比利时的刑事诉讼法规定，执行判决的职能是与侦查职能、起诉职能并列为检察官的三大职能。英美法系国家中，检察机构的地位相对较高，直接隶属于国家（政府）首脑。检察官的职权主要包括：对一切刑事案件行使公诉权；对严重欺诈案件、警察违法犯罪案件、死因不明的猝死案件进行侦查；负责相关法律的起草；为政府提供法律咨询；对涉及政府、公共利益的事项进行监管，等。此外在美国，其“独立检察官”有权对参议员、众议员、政府高级官员甚至总统涉嫌的违法、违宪问题进行调查。由于奉行当事人主义的司法理念，检察权和司法行政呈现合体性的组织机体，其对执行活动的监督主要体现在宏观指导方面。美国《监狱与犯人》第4001 条规定：“除了陆军或海军感化院外，执法检察官有权对联邦监狱和感化院进行监督和管理，他应当颁布上述机构的行政管理条例，并且依据修正了的文官法、等级法案和可适用条例，任命全部必要官员和雇员。执法检察官可以规定和指导工业、农场和其他机构的活动和分类入狱者；并且对他们规定一定的行政管理办法、纪律、治疗、照管，恢复正常社会和休息。”在具体的执行活动中，检察机关成为纯粹的追诉机构，对刑事执行事务一般不进行干预，而在刑事执行过程中没有具体设置检察权。

（二）前苏联和东欧国家在刑事执行过程中的检察权配置模式

前苏联和社会主义国家的检察权的法律培植的理论依据是列宁的法律监督理论。列宁在《论双重领导和法制》，对检察长的职权进行精辟地阐述，“检察长唯一的职权和必须做的是只有一件：监督整个共和国对法制有真正一致的理解，不管任何地方的差别，不受地方的影响”。根据列宁的检察理论指导思想，1922 年俄罗斯制定了检察条例。该条例第 2 条规定，检察机关代表国家对一切国家机关、经济组织、社会团体、私人组织及私人的行为是否合法进行监督。这意味着包括立法、司法、审判等国家机关都在检察机关的监督之列。1933 年，苏联的检察署条例甚至赋予了检察机关类似违宪审查的职能，“苏联检察署所负职责如下：（甲）苏联、各加盟共和国的决议及地方政权的决议和命令是否与苏联宪法……相适应”。1936 苏联宪法虽然明确了检察机关的最高监督性质，但监督的范围却明显缩小，即将监督的范围局限在各部及其机关所属机关、公职人员以及苏联公民，排除了监督范围的一切机关的词语。《苏联和各加盟共和国劳动改造立法纲要》第10条规定："苏联总检察长及所属各级检察长，根据《苏联检察长监督条例》，对于法院判处的剥夺自由，流放、放逐和不剥夺自由的劳动改造的判决在执行中是否切实遵守法律，实行监督。检察长以国家的名义在对是否遵守法制实行最高监督时，有责任及时采取措施来防止并消除一切违法行为，不论这种违法行为来自何方，而且要对犯罪人追究责任。"该纲要对检察长的决定和建议的效力，也作了直接的规定："检察长关于遵守苏联和各加盟共和国劳动改造立法规定的服刑规则的决定和建议，各劳动改造机关的行政和执行法院判处的流放、放逐和不剥夺自由的劳动改造的刑事判决的机关必须遵行。"1996年俄罗斯联邦《刑事执行法典》第22条规定，"对刑罚执行机构和机关的行政遵守法律情况，由俄罗斯联邦总检察长及其下属检察长依照俄罗斯联邦检察院法进行监督"，为履行对刑罚执行机构的监督职责。俄罗斯联邦总检察长、俄罗斯联邦主体检察长，及其下属检察长及直接相关区域内对刑事执行情况进行法律监督的检察长有权不经专门许可，造访刑罚执行机构和机关。

东欧社会主义国家受前苏联社会主义国家的影响，检察机关的法律监督职能在法律中也有明确的规定。波兰人民共和国刑事执行法第6条规定："检察员对刑事案件的判决、临时羁押决定和其他剥夺自由的判决或者决定的执行情况实施监督，对本法典未加规定的问题，应当比照检察员对执法情况实施监督的条例。"《德意志民主共和国监禁刑罚执行法》除将检察机关的职责规定为监督监禁刑罚执行的职责外，还规定了为从行刑机构释放出的公民重返社会进行准备过程中，遵守法制的情况进行监督的职责。检察机关实施法律监督的具体内容规定的比较详细：在规定的时间内开始执行刑罚准确计算刑期；保证犯人享有法定的权利，履行法定的义务；正确完成刑罚执行任务，遵守和实施有关教育和训练、工作时间和劳动安全、劳动报酬、住宿、食物、犯人的医疗服务，以及维护行刑机构和少年犯管教所秩序和安全的法律规定；行刑机构和少年犯管教所负责人所作出暂缓或中止执行监禁刑罚的决定，提交法院的假释申请，将犯人转入普通型或激励型监狱的决定；重返社会的全面准备情况。为保证监督刑罚执行的职责顺利进行，检察员具有以下权利：有权要求行刑机构和少年犯管教所负责人提供有关的刑罚执行和重返社会的所有资料和情况；有权要求行刑机构和少年犯管教所负责人消除违犯法律的现象；对犯人的非正常时间进行检察；有权审阅犯人的档案、教育和其他有关刑罚执行的文书；处理犯人的申诉和申请，并与犯人谈话；有权检查已经采取的承接措施，尤其是禁闭和安全措施。保加利亚人民共和国惩治执行法，为保证检察机关履行监督职责，明确规定对惩治执行机构的义务，惩治执行机构在检察长根据前款规定规定进行活动时，有义务为其提供充分和必要的材料，有义务提交其所需要的证词和解释。执行剥夺自由的地方行政机关具有以下义务：保证检察长随时出入教育、教养院和劳改所，能在其他人不在场的情况下单独与被剥夺自由者谈话；执行检察长所作的要求，遵守惩治执行之规定的指示。

二、我国检察权在刑事执行中配置的现状与特点

（一）我国刑事执行检察制度的法制建设

我国宪法和法律将人民检察院的性质定位于法律监督机关，检察权在刑事执行过程中的定位也是法律监督。我国刑事诉讼法第224条规定："人民检察院对执行机关执行刑罚的活动是否合法实行监督。如果发现有违法的情况，应当通知执行机关纠正。"人民检察院组织法第5条规定：对于刑事案件判决、裁定的执行和监狱、看守所、劳动改造机关的活动是否合法，实行监督。该法第19条规定：人民检察院发现刑事判决、裁定的执行有违法情况时，应当通知执行机关予以纠正。人民检察院发现监狱、看守所、劳动改造机关的活动有违法情况时，应当通知主管机关予以纠正。2001年最高人民检察院制定了《监所检察工作若干问题的规定》，该规定明确了监所检察的职责：（1）对监狱（包括未成年犯管教所，

下同)、看守所、拘役所执行刑罚活动是否合法实行监督。(2)对监狱、看守所、拘役所、劳动教养机关管理教育罪犯、劳教人员的活动是否合法实行监督，对公安机关管理教育监外罪犯的活动实行监督。(3)对刑罚执行和监管改造中发生的虐待被监管人案，私放在押人员案，失职致使在押人员脱逃案，徇私舞弊减刑、假释、暂予监外执行案进行立案侦查。(4)对刑罚执行和监管改造过程中发生的司法人员贪污贿赂、渎职侵权案件进行初查。(5)配合有关部门搞好职务犯罪预防。(6)受理被监管人员及其亲属直接提出的控告和举报。(7)对服刑罪犯又犯罪案件、劳教人员的犯罪案件的侦查活动实行监督。(8)对看守所超期羁押犯罪嫌疑人、被告人的情况进行监督。(9)对派驻检察院、派驻检察室的工作进行业务指导，对下级检察院监所检察部门的工作进行指导。(10)负责检察长交办的其他事项。

(二) 我国刑事执行检察制度的特点

1. 主体的专门性

由单独的检察机构行使对刑事执行的检察监督是我国的特色，1987年最高人民检察院为加强对刑罚执行的监督，制定了《人民检察院劳改检察工作细则》。该规则明确规定了派出检察制度。在大型劳改单位或者劳改地位集中的地方，设立人民检察院，作为派出机构，劳动改正场所不够设立派出检察机构的，由担负劳改检察任务的分、州(市)、县(区)人民检察院派出检察组。派出检察组由派出的人民检察院领导。1978年全国检察机关恢复重建后，各地检察机关根据《人民检察院组织法》有关规定精神和监所检察工作的需要，组建监所派出检察院。截至2005年底，全国有25个省、自治区、直辖市设置了75个监所派出检察院，担负着243个监狱、78个劳教所、21个看守所的检察任务。另外，有67个监所派出检察院在监管场所设置了292个派驻检察室。

2. 监督的程序性

检察机关对刑事执行监督的程序性特点，主要表现在以下两个方面：一是检察必须遵循法律，对检察机关的法律监督规定的程序规则，这些程序规则可能因监督的对象不同而有所不同，如对减刑、假释等刑罚执行方式进行纠正违法的程序；二是程序性的另一层含义是法律监督的效果在于启动追诉程序或者救济程序。检察机关的法律监督的途径和方式，并不是直接改变违法行为的实体性处分权力，而是启动相关程序提请涉嫌行为的机关或其他主体启动救济程序进行纠正。

3. 事后性

刑事执行检察的事后性特征表现为，只有违法行为出现后，检察机关才能启动法律监督程序，实施监督行为。我国刑事诉讼法和监狱法规定：批准暂予监外执行的机关应当将批准的决定抄送人民检察院，人民检察院认为暂予监外执行不当的，应当自接到通知之日起一个月内将书面意见送交批准，暂予监外执行的机关，批准暂予监外执行的机关接到人民检察院的书面意见，应当立即对该决定进行审查。人民检察院认为人民法院的减刑和假释的裁定不当，在收到裁定书副本的20日以内，向人民法院提出书面纠正意见。人民法院应当自收到纠正意见后的一个月以内重新组成合议庭进行审理，并作出最终裁定。

（三）我国刑事执行检察存在的问题

1. 刑事执行检察的范围不全面

虽然刑事诉讼法和监狱法都规定了检察机关对刑事执行活动进行法律监督的原则，但在刑事执行检察的实施细则和操作层面，刑事执行检察的业务部门只是公诉检察和监所检察两个部门，公诉检察部门负责死刑立即执行的法律监督，监所检察负责死刑缓期执行和自由刑（无期徒刑、有期徒刑和拘役）以及逮捕、刑事拘留两种刑事强制措施的执行，而对缓刑、暂予监外执行决定、假释、管制、剥夺政治权利等判决和裁定需要在社会的执行行为，以及拘传、取保候审、监视居住三种刑事强制措施的执行，却没有设立检察监督的部门和机构。

2. 设置专门检察机构的法律依据不足

刑事执行机关派出人民检察院或者检察室的依据，是1987年最高人民检察院制定的《人民检察院劳改检察工作细则》，这有违有关的法律规定。派出检察机构应当由国家的宪法和人民检察院组织法来规定，人民检察院组织法根本没有在刑事执行机关派出人民检察院或者检察室的规定，省一级和县一级人民检察院应提请本级人大常委会批准。只有在工矿区、农垦区、林区等区域设置派出专门人民检察院，专门人民检察院的设置、组织和职权由全国人民代表大会常务委员会另行规定。最高人民检察院自行用检察解释的规定自己的派出机构的法律依据并不充分，权威性不足。派出检察机构的设立成本较高，全国仅仅向监狱派出的检察机构，就需要检察院的编制增加数万人[1]，而且还有专门的办公场地和办公物品。派出检察制度使检察监督的对象处于不平等的地位。检察机关对侦查、审判和刑事执行机关的活动都有法律监督的职责，而对侦查和审判机关却没有设置专门的检察机构，而只对负有监管职责的刑事执行机构设置专门检察机构，有歧视监管职责的刑事执行机构的嫌疑。刑事执行检察机构设置在被监督的负有监管职责的专门机构，使检察工作人员与刑事执行工作人员长期相处，甚至其办公场所、福利都与刑事执行机关紧密相连，容易产生同化现象。监督者与被监督者无法进行利益切割，严重削弱了法律监督的公正性。

3. 刑事执行检察监督措施缺乏刚性和保证

我国宪法和法律虽然确立了检察机关与行政机关和审判机关的独立平行的地位，但履行监督职责的措施缺乏刚性，对认为违法或者不当的刑事执行方式变更、刑期变更的裁定只能提出纠正违法建议，而纠正违法建议对变更机关没有法律上的实体约束力。执行监督的基础和前提是对刑事执行过程掌握全面真实的资料和文书，目前法律对人民检察院在执行过程中，基本的调查手段都没有规定，发现涉嫌可执行的财产也没有类似刑事诉讼活动中，可以采取的查

[1] 侯国云.刑罚执行问题研究[M].北京:中国人民公安大学出版社,2005:431.

封、扣押或者冻结等强制措施，其可执行机关的全面报告义务也没有体现出来。对拒不纠正违法建议的执法机关也没有进一步的措施进行约束，目前检察机关的检察措施也处于无法可依的状态，甚至超越法律的要求，在刑事执行机关的减刑、假释材料进行事前审查，参与刑事执行机关的就提请减刑、假释和监外执行的决策过程。

4. 在刑事执行的实际效果不佳

近年来，刑事执行的状况不尽如人意，甚至发生被判处 13 年有期徒刑而没有入监执行 1 天的奇案。最高人民检察院于 2004 年上半年组织开展了一次专项执法检察活动，截至 2004 年 7 月底，各地共查处违法减刑 4965 人、假释 1074 人、保外就医 2071 人。[1] 检察机关对罪犯入监、执行、释放自由刑执行过程中，刑罚执行机关主管部门急需解决的法制评判没有充分发挥应有的效能，应当交付监狱执行而放在看守所，应当收监，而不收监等违法行为仍得不到制度层面的监督，财产刑执行的不力已经成为学界和司法实务关注的热点问题。判前预交罚金等缺乏法律依据的措施在刑事司法中大行其道没有得到纠正。

三、关于完善我国刑事执行过程的检察权配置的思考和建议

（一）检察权性质的理论定位

学界对检察权的性质定位问题争论比较大，主要有以下四种观点：一是检察权是行政权，二是司法权，三是检察权兼具行政权和司法权的双重性质，四是检察权是法律监督权。目前，比较有影响的是第一种和第二种观点，我国检察系统对第四种观点倾向性较强。法学界有学者开始摆脱了以打击犯罪为天职政法机关的概念，提出了以是否具有论证—判断机能来作为划分司法和行政的标准。司法是指“司法机关（法院）依法对争议所作出的具有法的权威的

---

[1] 侯国云. 刑罚执行问题研究[M]. 北京：中国人民公安大学出版社，2005：342.

裁判”[1]，而行政则是指“国家机关对国家与公共事务的决策、组织、管理和调整活动”[2]。司法权运作呈现出与行政权、立法权的不同特征：

（1）终结性，即司法权作出的最终裁决是国家对任何社会冲突所作出的一种最终的、最权威的裁判，除为其自身自我纠正，立法权和行政权不得改变其对争议所作出的事实和法律定论。行政权具有既定性，行政行为一旦作出，即具有一定的效力，但不具有终局性。行政相对人有权提起诉讼，由司法权对其合法性甚至合理性进行审查，并对不合法，甚至不合理的行政权运行结果予以撤销。

（2）被动性，司法权的运作不能由司法机关主动发动，而只能由争端的一方（包括个人和国家）提起诉讼才能运作。行政权具有主动性，权力的运作由国家机关和授权组织主动发动，无需征得相对管理方同意。

（3）独立性，各级司法权行使主体之间处于相对平等地位，没有指挥、领导关系，只有业务指导关系；而行政权具有服从性，上级行政机关对下级行政机关具有业务领导关系，下级行政机关必须服从上级行政机关的业务领导。

（4）中立性，司法权主体本身与待解决事实和利益具有非关联性，其运作构成结构有控、辩、审三方组成的等三角结构，司法权必须在控辩双方持中立立场，行政权具有优益性，其运作构成结构呈行政机关和相对管理人双方构成的扁平结构，它集中体现并优先考虑公共利益的价值取向，而较少考虑行政相对人的利益。

（5）公开性和透明性，司法权的整个运作过程包括，听审过程和裁决结论除秘密评议阶段外都应当向社会公众公开，行政权的运转具有封闭性，少许的政务公开做法并不能扭转行政权的整体运行态势。

（6）行政权的决策机制一般为首长负责制，司法权运作结果

---

［1］　贺日开．司法改革从权力走向权威［J］．法学，1999（7）：7．
［2］　罗豪才．行政法学［M］．北京：北京大学出版社，1996：3．

则通过少数服从多数的民主机制产生裁判结果。

（7）司法权运作具备个案性，即裁判结果只适用于该争议双方当事人，行政权具有一般性，即权力运作结果对相同或类相对管理者存在。基于以上特征可推出司法权追求的价值结构是公正为主、效率为辅，与司法权的实现主要依靠权威裁判不同。行政权的实现主要靠强制，从行政权的构成要素和运作特点可以折射出其效率优先、兼顾公平的价值结构。按照上述标准进行考察检察权的运行机制，检察权整体上不具有司法权的被动性、中立性和终局性的特征，而具有主动性、非终局性以及决策的首长负责制的行政权特征。由此推论出检察权不属于司法权而属于行政权。笔者认为，检察机关在我国宪法上具有独立于审判机关和行政机关的组织体系，在宪法上定位是法律监督机关，但法律监督属性在理论界说中存在难度，检察权应当定位于公共利益的法律判断权。因法律监督的概念在我国政治生活中，监督的词语已经被泛化，而且在政党协作和公民与其他国家权力机关的关系中也存在监督，在审判终局性的解决社会纠纷机制占主导性地位的情况下，检察权具有司法权和行政权的双重属性。检察权力运行的主动性、非终局性以及组织的首长负责制符合行政权的特征。检察权的判断属性也符合司法，是一种判断权的命题，这也具有司法权的属性。因此，必须对检察机关的法律监督含义予以明确定位。大陆法系国家的检察机关并没有法律监督的属性规定，其具体的职责比我国的规定详细而具体。因此，我国检察权应当准确定位是代表公共利益的法律判断权。检察权的运行机制主动性与其他行政权相比较，是（行政权）积极权力中的消极权力。“检察权本质上是一种积极的权力，因为行使检察权的检察官被普遍地要像追寻老鼠的猫！像捕捉猎物的猎人那样，去发现涉嫌犯罪的案件。然而，检察权却是一种积极程度最低的行政权，因为其他行政权的发动能够直接创造和分配价值，而检察权的发动则只能防止价值流失或重新分配价值”[1]。在行政权系统中

[1] 刘远，赵玮. 行政执法与刑事执法衔接机制改革初探[J]. 法学论坛，2006(1).

检察权具有权力运行中的优先，检察权出场的最后性与检察权运行的优先性并行不悖。一方面，检察权在出场问题上应该保持谦抑性；另一方面，检察权一旦出场，就意味着公共利益与其他利益存在着冲突，就因其事关公众利益救济的最后一道关口，其运作具有优先性。这种法律判断权在行政权内部表现为命令性，其他行政机关不能对检察权的行使进行任何干扰，而且还应对检察权的顺利运作予以相应的物质、信息、技术和人才的支援、保障和配合，从而实现行政权系统法治效益的整体发挥。在法律判断权的系统里，检察权的判断性与审判权的判断性相比，从整体而言具有非终局性，启动审判权程序性的特征，具体表现为公共利益起诉权，检察机关与审判机关、行政机关的组织处于独立和平行的关系。这并不意味着职能上的制衡关系不存在，那么检察权在与法院的关系中应当表现为对司法审判的启动权，即提起诉讼权；但该起诉权对事项的决定受制于审判权的最终约束。作为国家利益法律判断的检察机关，属于行政权体系内部决策系统，其从国家利益角度对具体争议事项作出的法律判断，对其他的执行性行政部门具有约束力，形成一体化的行政权运行机制，在诉讼中表现为检侦一体化，在刑事执行活动中体现出检执一体化。因此，必须切断行政机关与审判机关的天然连接，检察权应当垄断提起公共利益诉讼权。

（二）宪政制度的刑事执行检察权配置

关涉刑事执行的具体宪法制度，有外国刑事判决的承认和执行以及特赦制度。我国与其他国家的刑事司法协助制度中没有外国刑事判决的承认和执行。我国学者建议有必要参照外国的立法经验，建立外国刑事判决的承认和执行制度。笔者认为：

(1) 对外国刑事判决的承认和执行的程序，也应当是“控、辩、审”的三角结构。检察机关应当担任提起程序的专门机关，外国刑事判决需要执行的本国公民或法人处于辩方的地位，在审判机关确定外国刑事判决具有法律效力后，检察机关应当具有签发执行令的职权。

(2) 赦免程序中的检察权配置。我国宪法规定了特赦制度，由全国人大常委会决定特赦。我国目前没有专门的特赦程序法，在现行宪法生效以后至今，没有决定过赦免的个案。根据新中国成立后的特赦实践做法来看，一般先由战犯关押地的省公安厅提出在押战犯的罪行、表现情况和处理意见，报公安部审查，经处理战犯领导小组同意后，再报国务院召开全体会议审议决定向全国人大常委会的具体建议，然后由国务院（除第一次由党中央提出外）提交全国人大常委会讨论决定。最后，由中华人民共和国主席发布特赦令，并交由最高人民法院、高级人民法院执行。在具体执行时，由人民法院在监狱、劳改队等刑罚执行机关的配合和支持下，综合审查犯罪人的犯罪性质、原判刑罚、已经服刑的期限乃至是否确实改恶从善，由最高人民法院会根据具体的审查意见发布特赦通告，确定特赦的具体名单，并最终向被特赦者发放特赦通知书[1]。由此可知，检察机关没有具体的职责设置，这有碍于检察机关的法律监督的宪法职责。在制定特赦程序的制度时，应当配置相应的检察权。既然检察机关是独立于行政机关的专门机关，当行政机关认为从公共利益的角度对特定的犯罪人需要赦免，应当移送检察机关进行审查，由检察机关向全国人大常委会提起赦免建议。

（3）检察机关对刑事执行机关及其主管机关制定的非规章的有关规范性文件，也应有一定的法律监督职责。司法部的监狱管理局为全国的刑罚执行机关的主管部门，经常对监狱工作发布一些规范性文件，有些文件的合法性应当引起检察机关的注意，将其纳入检察监督的范围。如对罪犯编造虚假病情被批准暂予监外执行的，以及犯人被批准离监探亲但超出假期归监的，监狱管理局曾指示暂予监外执行的期间或超出假期的期间不计入刑罚执行期间。这些非法规、规章类的规范性文件涉及刑罚执行法律制度，检察机关应当对其审查，发现如有违法情况，应当向有关部门提出纠正意见。

（三）建立刑事执行派驻机构与巡回检察并行制度

首先，刑事执行检察机构的名称应当科学和精确。目前专职刑

[1] 阴建峰．赦免程序比较研究［J］．云南大学学报，2005（5）．

事执行检察的机构的名称是“监所检察厅（处、科）”，这不能全面涵盖刑事执行检察工作，从对刑事执行的全方位检察角度考虑，应当将其更名为“刑事执行检察厅（处、科）”。其次，改革在刑事执行机构设置专门机构制度，监所等刑事执行机构不宜完全撤销。我国目前对刑事监所等刑事执行机构的设置布局没有完全合理调整，相当一部分还处于交通不便的边、老、穷地区，剥夺自由的刑事执行过程与社会的隔离程度较高，法律没有规定人大代表、政府官员、检察官员以及法官对监所进行不受阻拦地或者不经监所批准进行检查的权利。当上述相关人员对监所进行视察工作，一般都有监所官员随同，没有与被刑事执行的人员单独会见并交谈的条件。如果没有驻监所的专门检察机构，监所内发生的违法情形就不容易被发现并得到及时纠正。驻监所的专门检察机构的工作人员应当与派出检察机构工作人员实行定期轮换，其福利待遇不能与被检察的执行机构有利害关系，使检察人员避免与监所机构利益同化，妨害检察监督的公正性。对于位于交通便利的监所机构，可考虑撤销驻监所的专门检察机构，以巡回检察制度取代。巡回检察是指检察人员对其辖区内的刑事执行机构进行不特定、不定期的方式进行检察监督，这种监督具有机动灵活的特点，而且可相应减少人力、物力和财力的成本支出。电脑的普及和现代网络技术的发达，对检察机关和执行机关建立监控系统或信息网络的联网及建立完善巡回检察制度的运行具有促进作用。

（四）赋予检察机关刑事执行程序启动权

在个别大陆法系国家，虽然在刑事执行阶段设置有执行法官和监督法官，但刑事执行程序的启动一般由检察官发布执行令启动。在英美法系，法院的刑事判决执行由行政机关首长发布执行令启动。我国目前对刑事判决的执行程序由审判机关发出执行通知书启动。执行通知书其实相当于执行令，由审判机关直接启动没有异议的执行活动不符合审判权的中立、公正的价值追求。刑事执行启动过程时的审判机关和执行机关的两方构造，不符合审判权的“控、辩、审”三方结构运行机制。刑事判决生效以后，其定分止争的

 安定秩序功能已经实现，但如何执行刑事判决涉及公共利益的最佳实现，需要综合考量国家的行刑能力、受刑罪犯的个体变动甚至国际影响等多变因素。这应当由公共利益法律判断权的检察权进行判断，而审判权的合议庭形式根本无法适应效率优先价值追求的执行活动要求，而检察权负责的类似行政机制恰恰符合了刑事执行启动的效率和效益的要求。检察机关发布对执行机关具有约束力的执行通知书，启动刑事执行程序，是检察权的公共利益法律判断权属性所决定的。这与现行刑事诉讼法中规定，检察机关对侦查机关发出的侦查机关必须执行的立案通知书的精神是一致的。检察机关发布的执行令应当包括执行依据和执行期限的内容。现行的拘留、逮捕等刑事强制措施决定法律文书没有具体的执行期限，而由执行机关自行决定，这有损执法的严肃性，这与目前超期羁押状态有直接的联系。目前，在没有法官对刑事强制措施的决定审查机制存在的情况下，由检察机关发布由明确执行期限的执行令，则可以直接切断超期羁押的非法状态的根源。刑事生效判决和裁定需要执行的刑期由法院在该法律文书中注明。对本法院经审判的具体罪行确定具体的刑期没有多大问题，但法院计算刑期的作法存在不少弊端，造成刑期计算错误。司法实践中，因为检察机关起诉时移送的侦查卷缺少被告人曾被羁押过的法律文书，或者审判人员在制作判决书时，错误地将强制措施的填写日期当做宣布执行日期而予以认定。判决书一旦出现计算刑期错误，一般采取法院直接下裁定纠正机制。法院自己纠正不仅有损法院生效判决的权威，而且违背审判权三方结构的运行机理。国外刑事判决和裁定法院需要执行的刑期计算和确定，并不完全由法官垄断。意大利刑事诉讼法就规定由公诉人（检察官）计算需要执行的刑期。丹麦的刑事执行法典也规定刑期计算是由司法行政部门行使，司法部长制定刑期计算规则。因此，笔者认为，审判应只就具体罪行确定刑期即可，刑期计算不是审判权固有的内容，应明确归属具有启动刑事执行职责的检察机关行使。

（五）赋予检察机关在刑事执行过程中调查权和刑事执行强制措施权

检察机关负有纠正违法或者不当刑事执行的行为的职责，而履行这法定职责的前提，是发现违法或者不当刑事执行的行为。我国刑事诉讼法只明确规定了检察机关依照法定程序、搜集能够证实犯罪嫌疑人、被告人有罪或无罪、犯罪情节轻重的各种证据的调查权，而对刑事执行阶段没有明确规定调查权，这就使得刑事执行机关没有明确的配合调查的法律义务。我国检察机关与刑事执行机关组织上分离的结构使检察机关对刑事执行机关缺乏充分的了解渠道，剥夺自由的刑事执行场所过于封闭，使检察机关难以发现违法行为，即使发现有关线索，深入调查也困难重重。检察机关对非剥夺自由的刑事执行也有检察监督的职责。因此，应当借鉴国外的刑事执行立法经验，明确检察机关在刑事执行过程中具有调查权并与此相对应，也应明确规定刑事执行机关对检察机关的调查配合的义务。如法国、日本都有检察机关调查权的立法规定。法国刑事诉讼法规定共和国的检察长和检察官有权直接动用公众力量，确保判决的执行。日本规定，刑务所等刑事执行机关的工作人员都应协助检察官执行，按照检察官的指挥和决定执行刑罚。为保证刑事执行的顺利，对发现罪犯可以执行的财产用于执行财产刑，检察机关还应拥有对该财产查封、冻结的权力。为避免执行机关对具有证人身份的被执行的人员干预和影响，应当建立执行回避制度，赋予检察机关调换执行机构的权力。

（六）赋予检察机关刑罚执行方式变更和刑期变更的建议权

我国目前的刑罚执行方式变更和刑期变更制度，主要有有期徒刑、无期徒刑执行中的减刑、暂予监外执行和假释；缓刑执行的撤销，缓刑执行的撤销、减刑和假释的建议由刑事执行向审判机关提出，然后由审判机关作出减刑、假释裁定，检察机关认为裁定不当，就在法定期间向审判机关提出纠正违法意见，由审判机关重新审理；监外执行的决定由两种途径决定：一是暂予监外执行，由审判机关在制作判决书同时作出决定；二是在监狱执行的罪犯，由监狱等刑事执行机关提出意见，报省、自治区和直辖市的监狱管理局批准。检察机关认为对罪犯适用暂予监外执行不当的，应当在法定期间向审判机关或者批准暂予监外执行的机关，审判机关或者批准暂予监外执行应当重新审理或者重新核查。这种执行变更机制是一种行政化运作，模糊了审判权与行政权的界限，而作为履行法律监督职责的检察机关，在对涉及生效法律判决的执行变更的最初决定中，没有应有的立足之地。由于国外大陆法系检察机关在组织上隶属于行政机关，有的国家规定假释由司法部长批准，有的国家规定由法院裁定。波兰人民共和国刑事执行法第78条规定："假释裁定由惩治法院作出。""惩治法院应听取教养所行政部门代表以及被判刑人的意见，检察员有义务参加听取意见的会议。"有的国家法律规定，法院在裁定过程中，检察官应当进行监督减刑。我国应当借鉴上述立法经验，减刑、暂予监外执行和假释的建议提起权，经检察机关向审判机关提出，由审判机关作出变更的裁定。

（七）赋予检察机关认为适用不当的减刑、假释裁定具有提起抗诉权

检察机关向作出减刑、假释裁定的审判机关发布纠正违法意见书没有充分的法理依据，而且实践中取得效果也不理想。有学者建议明确规定纠正违法意见书的法律效力，对审判机关具有一定的程序性约束力，这有悖于司法判决裁定的终局性要求，检察权凌驾于审判权之上的追求和设计不太符合法治国家的一般原理，因此，奢望纠正违法建议书变更已经发生法律效力的法院判决和裁定，是不合理和不现实的。目前，法院的减刑、假释裁定一经作出，即发生法律效力的运行机制有违我国现行刑事诉讼法规定的二审终审制。二审终审制要求除了最高人民法院所作出的一审判决和死刑复核程序外的法院判决和裁定，如当事人或检察机关提起上诉或者抗诉后，应经二审后方可生效。世界绝大多数国家的法律对法院任何的一审裁定，检察机关或当事人均有权提起二审程序制约或者救济，甚至中止刑罚的执行。我国监狱法规定检察机关对不当的减刑、假释裁定提起抗诉的运行机制，大体上是符合检察权运行机制的，但

审理抗诉的机关仍是原作出减刑、假释裁定的人民法院，违背了“任何人不得担任自己的法官”的自然公正原理。因此有必要参照国外的立法经验，有必要赋予检察机关对认为适用不当的减刑、假释裁定具有提起抗诉权，而对检察机关抗诉进行审理的法院应当是作出减刑、假释裁定的上一级人民法院进行审理，使刑事执行中的刑罚执行变更审判程序与现行刑事诉讼法的二审终审制相一致。

（八）刑事执行法定范围的明确化

我国法律虽然规定了人民检察院对所有的刑事执行活动进行法律监督的原则，但人民检察院的具体职责中，只对监狱等设施内机构刑事执行活动进行检察监督，这离宪法所确定的检察监督的要求是有一定差距的。而非剥夺自由性的刑事执行活动没有纳入检察监督的视野，刑事强制措施中的取保候审、监视居住以及社区矫正、财产刑等非监禁性刑罚执行行为的执行，也必须遵守国家的法律规定，同时刑事执行机关执行中是否遵守法律也需要检察机关的法律监督。在社区矫正的试点活动中，根据最高人民检察院、最高人民法院、公安部和司法部的《关于开展社区矫正试点工作的通知》规定，正在进行试点的社区矫正主体由三部分组成：执法主体、工作主体和社会志愿者。执法主体是公安机关，工作主体是司法行政机关，社会志愿者是社区、社团作为操作主体。但目前的法律没有赋予司法行政机关在社区矫正中的法定职责。安徽、山东、辽宁等地的法院也发出了“社区服务令”。据2005年4月7日《解放日报》报道，上海市少年法庭已经全面推行了“社区服务令”。这就为社区矫正检察监督提出了一个严肃的课题：社区服务令的法律授权依据何在，被矫正人员在社区服务中有无劳动报酬、有谁支付劳动报酬，被矫正人员在社区服务中遭受人身伤亡有谁承担责任？目前，在社区矫正的具体监督过程中，应当在以下几个方面注意：社区矫正的机构和被矫正人员是否符合法律规定、审查是否存在违法撤销缓刑以及应当撤销而不撤销缓刑的情况，社区矫正措施是否违法，社区矫正结束后，是否给被矫正人员发给相应法律文书，等等。

第十一章

罪犯处遇中的人权保障

被制裁的罪犯的未被依法剥夺或限制的权利，如何保障其享有和行使这个课题，始终是我国罪犯改造的理论与实践上始终关注的一个问题。21 世纪中国历史的车轮将进入法制快车道，亦可称之谓进入了“走向权利的时代”。社会文明进步程度的标志重要体现之一，就是对弱势群体的权利保障方面。在罪犯处遇过程中，刑事执行机关处于强势和主导的地位，以罪犯为核心的刑事执行相对人则属于弱势群体中的一类。伴随着人类科学文明的不断发展，人们对社会人权问题的认识渐趋一致时，需要我们用现代理性的眼光，来审视现行罪犯处遇制度与罪犯人权保障的时代要求之间的距离。

一、人权理论嬗变的历史轨迹

人道与人权是人类生活共同的价值准则，但真正人权从朴素的、零碎的蒙昧状态走到系统的、文明的理论殿堂，应当追溯至 15 世纪人文主义思想的勃兴。俯瞰自此至今的人权理论嬗变的历史进程，可以看出，个人人权主义与集体人权主义成为贯穿人权理论的两条主线。

个人人权主义的理论基点是与个人自由观念紧密相连的，其恢弘缜密的理论体系的基础和源头是社会契约理论和分权制衡理论，其得以生存和弘扬的社会物质条件是市场经济的滋生、发育和成长。在自足自给的自然经济历史氛围，只能诞生集权专制的政治理论。针对国家权力至上的集权专制理论下的缺乏人道和人权的价值蕴含，社会契约论应运而生。它针对集权专制理论提出的个人权利来源于并受制于国家权力的命题，进行猛烈抨击和批判。社会契约论认为社会契约是维系人与社会的纽带，其代表人物霍布斯以性恶论的人性假设，提出其社会理论根据：整个社会大厦是由两种要素，即被视为社会原子的利己主义和这些个人之间的关系构成，个人之间的关系就是契约。每个人都有天赋的自然权利，即保全生命、财产和自由及追求幸福的权利，每个人都可依照自己的理性判断去做他认为有利于自己的事。自然权利又应该受到自然法则（一种基于理性提出的普遍性法则和道德戒律）的约束。故对自然权利的限制是必要的，而这种限制不可能依靠自私自利的自我力量来实现，而必须依靠一个强大的公共权力或共同力量，来保证自然法和社会契约的实现。[1]洛克认为，人们订立契约，并不把所有权利转让给国家，而只是转让裁判权。国家只是契约的一方。如果国家不能保护人的自然权利，则社会个体或绝大多数个体（可称之为人民）就可以采取怀疑和否定的态度。当国家图谋夺取和破坏人民的财产或贬低他们的地位，使其处于专断权力下的奴隶状态时，国家就便与人民处于战争状态。人民享有恢复他们原来的自由权利，并通过建立认为合适的新国家谋求安全和保障他们加入社会的目的。洛克还提出了国家保障个体权利的组织形式，即分权理论。因为如果一个人或一批人同时拥有制定和执行法律的权力，这就会给人们的弱点以绝大的诱惑，使他们动辄利用国家权力，使自己免于服从他们制定的法律，并且在制定和执行这些法律时谋求适合他们的私人利益。[2]孟德斯鸠则提出基于保障个人自由的国家权力应分为立法权、行政权和司法权，并交由三个不同的机关行使。“当立法权和行政权集中在一个人或同一个机关之手，自由便不复存在了。因为人们将害怕这个国王或议会制定暴虐的法律，并暴虐执行这些法律。如果司法权不同立法权和行政权分立，自由也就不

[1]　陈兴良．刑法的价值构造［M］．北京：中国人民大学出版社，1998：153．
[2]　〔英〕洛克．政府论（下）［M］．北京：商务印书馆，1996：5－11．

存在了。如果司法权和立法权合二为一，则将会对公民的生命和自由施行专断的权力，因为法官本身就是立法者。如果司法权同行政权合二为一，法官将握有压迫者的权力。如果同一个人或是由重要的人物、贵族或平民组成的同一机关行使这三种权力，则一切就完了"[1]。社会契约理论和分权制衡国家体制成为现代西方法治国家保障人权的两块理论基石，这也是第一代人权，即所谓消极人权。20 世纪的第二代人权和第三代人权以积极人权姿态出现。这时人权理论不再保护个人反对政府干预的权利，而是要和政府做有利于个人的积极参与人。这主要体现在经济、社会和文化的权利保障以及关系到人类生存条件的集体连带关系权利（和平权、发展权、卫生环境权和人类共同遗产权）。

通过对历史考察只能使我们掌握人权的发展线索，而把握人权的存在状态则依赖于逻辑分析。我国法学界对人权的研究分别在实体权利和程序性权利两大领域展开。人权的实体性权利和程序性权利均存在应有权利、法定权利和实有权利三种形态。一是应有权利来源于自然法学派的自然权利或天赋人权。它是指特定社会的人们基于一定的社会物质生活条件和文化传统而产生出来的权利需要和要求，应有权利是人权的最高境界。二是法定权利是国家法律所确认并以国家强制力保障实施的应有权利，法定权利往往表现为公民权。早期资本主义社会是以政治国家与市民社会相并列的二元结构，人作为社会存在物，所处的领域要低于他作为私人个体所处的领域，不是身为公民的人，而是身为市民的人，才是本来的人。人在政治国家内享有的是公民权，而在市民社会中所享有的私权是随着公民权内容不断扩大而容纳了越来越多的私权，两者的严格区分才逐渐模糊起来，但人权的内容永远高于公民权。三是实有权利，即人们在社会生活中所实际享有的权利。法定权利只有经过法律强制性运作才能转化为实有权利。对实有权利而言，法定权利仍是应然状态，实有权利才是人们为之奋斗的最终结果。程序性权利在此

---

[1] 〔法〕孟德斯鸠．论法的精神［M］．北京：商务印书馆，1995：153.

时的独特实体保障作用才得以凸现出来。

人权的三种存在形态揭示了人权的内容，其本质应该是天赋性、普遍性和个体性。所谓天赋性，亦即人权的自然生成性。人权天赋性的特点具有相当的进步意义，人权即归之于自然赋予，即使是国家与政府也不能随意地限制与剥夺。所谓普遍性，是与特权有别的属性，特权是指赋予一个人或某个群体的排他性权力或特殊权力，而人权在理论上是指超出了个别国家范围的性质的权利，不分民族、阶级、国籍、肤色、年龄、职位、身份等一切人所享有的基本权利，同时它也不否认出于个别公正角度，考虑赋予某些特殊弱势群体（妇女、残疾人）特殊的权利。历史上人权的普遍性并非天生，它亦经历了一个从有限人权到普遍人权的演变过程。所谓个体性，是与社会个体紧密联系的属性。在法治社会里，人权具有无可辩驳的个体性，人权主体不应被泛化，否则，人权的概念和内容会被社会防卫，国家职责所扭曲，失去其独立的价值。人权与自由紧密相连，它确定了个体在社会、国家中应有的价值和尊严。

二、刑事执行相对人范畴的定位

据《检察日报》载，浙江省一妇女郑某，在其丈夫故意伤害他人致死，被逮捕羁押，即将面临死刑判决时，念及公婆承受丧子之痛而无依托的晚年凄凉，遂向法院提出通过人工授精的方法为其丈夫生育子女，以安慰公婆的请求，但一审、二审法院均以无法律法规依据为由驳回了她的请求。无独有偶，《城市早报》报道，现年42岁的美国犯人威廉格伯因非法持有武器开枪，和向警察发出死亡威胁等罪名被关押入狱，他向一医生提出到监狱采集他的精子，并指出美国宪法赋予生儿育女的权利，但遭到狱方的拒绝。他便将监狱诉诸旧金山巡回法院。2003年5月23日旧金山巡回法院的11名法官以6∶5的比例作出裁决。法官西尔弗曼说："我们认为，在监狱中，生育的权利与监禁是完全相违背的。"因此，驳回了他的诉求。[1]

为此法学界就“死刑犯有无生育权”问题，展开了一场热烈的讨论。有学者为“认真对待新权利”而呼吁，有论者则对生育权能否在两性间平等实现提出质疑。笔者对该案例感兴趣的是，中美两种司法体制解决囚犯权利的途径和方式。浙江法院处理郑某案是在其丈夫故意伤害致死的刑事诉讼中附带性的解决，而美国威廉格伯案则是由威廉格伯提出以监狱为被告的独立诉讼。威廉格伯案的诉讼程序在三权分立和司法独立的宪政背景下进行的，理论上也不存在什么障碍。但中国法院处理郑某案的途径和方式在中国主流刑事司法理论面前彰显出无奈和尴尬：郑某不是现行刑事诉讼法中规定的任何一种诉讼参与人，那么以什么样的身份介入了刑事诉讼？本案的被告是谁？法院在刑事审判中能够审查超出控方指控的犯罪事实和量刑事实为基础的案件事实之外的诉求标的吗？笔者从另一角度假设，假如提出生育权的是被监禁和羁押的囚犯，现行主流刑事司法理论能否带来合理的解决途径？法学理论的特性之一，是世俗性和务实性，“它必须始终关注现实，回答现实中普通人关心的问题。在这个意义上，法学是一种讲究功利的学问，它是一种社会化的实践，一种职业化的知识，在很大程度上排除独出心裁和异想天开”[2]。现行刑事诉讼中的罪犯、被告人和犯罪嫌疑人的概念根本无法包容其诉求，因为刑事诉讼是解决是否构成犯罪及如何适用刑罚的问题，刑事执行机关定位于司法机关的外延，则使行政诉讼页无能为力。笔者基于主流刑事司法理论，在遭遇上述实践问题的尴尬和无奈有感而发，而提出刑事行政这一基本范畴，欲借助当前学界司法权性质探讨的摧枯拉朽之劲势，解析和重组主流刑事司法范畴，诠释刑事执行相对人这一基本范畴。刑事行政范畴的确立，必然会相应地产生刑事执行相对人的范畴，在现行刑事执行理论中没有刑事执行相对人的概念，只有罪犯之类的法律术语注释。

---

[1] 佚名. 在押犯的生育权案例分析. http：//www. levelpad. com/963/187564. htm2009 - 04 - 30.

[2] 苏力. 制度是如何形成的［M］. 广州：中山大学出版社，1999：160.

刑事执行相对人范畴定位，应当根植于行政法学理论的相对人概念。行政法学理论在各国没有统一的概念和含义。英美行政法学理论没有相对人的概念，只有私方当事人之说。这主要是由于传统的行政法学理论不认为被管理的社会组织和个人是行政主体，只是行政法律关系的客体或者消极的管理对象。从而德国行政法理论则使用了相对人的概念。相对人概念引入行政法理论的最大价值，是被管理的社会组织和个人不再是单纯的被管理对象，从而赢得了行政法律关系的主体地位。

刑事执行相对人是一个理论的范畴，它是罪犯之类的法律概念的上位概念。法律概念的目的，是确定进入刑事行政程序的当事人的资格，多以刑事执行行为的指向为指称，却不具有概括性，不适用理论分析。界定刑事执行相对人从理论方面可从执行行为指向的对象和权利义务两个角度进行考虑。因为从执行行为指向的对象进行界定只能将刑事执行的对象——罪犯纳入刑事执行相对人的视野，范围失之过窄。将刑事执行相对人仅仅视为被管理的对象，贬低了行政法律关系的主体回应地位，而且无法考虑刑事执行行为，对除罪犯以外产生相应权利义务的组织和个人。例如，刑事执行机关对罪犯执行刑罚，在使罪犯失去生命、自由和财产权利时，同时也使其配偶失去与之相会、同居、生育等生活的权利；对监狱、看守所等刑事执行机关作出保证的保证人，在因被保证的犯罪嫌疑人或罪犯逃跑，导致诉讼活动或刑罚执行无法进行，所产生的没收其保证金的义务。监狱法规定国家机关、社会团体、武警、部队、企事业单位和社会各界人士对监狱的教育改造工作承担的协助义务，它们在刑事执行过程中的地位和作用是无法用刑事执行机关与罪犯之间的管理和被管理的关系概括的。再者，刑事执行机关与罪犯的关系也不仅仅是管理与被管理的命题所能解释清楚的，如罪犯对刑事执行机关行使建议、批评和监督的宪法权利，刑事执行机关对罪犯的赔偿行为，罪犯对刑事执行机关的合作行为，等等。笔者认为，刑事执行相对应从权利义务关系的角度进行定位，即参与刑事执行法律关系、对刑事执行机关享有权利和履行义务的法人、组织和个人，它既包括刑事执行机关的行为直接针对的对象，如正在服刑的罪犯和被采取刑事强制措施的犯罪嫌疑人等，也包括与刑事行政行为结果有权利义务利害关系的其他法人、组织和个人，如前者的近亲属和受前者委托行使会见权的律师等。

刑事执行相对人参与刑事执行法律关系有三种形式：一是刑事执行相对人先主动履行义务，后向刑事执行机关主张权利；被判处自由刑的犯人承担了进入被监禁状态后，监狱承担对其生命、健康和人格等权利予以保障的义务。二是刑事执行相对人享有权利，由刑事执行机关主动履行义务，其享有的权利由宪法、法律或行政法规等法律渊源所认可。三是刑事执行相对人向刑事执行机关明确主张权利，如郑某或罪犯主张生育权，即属于此类。

三、刑事执行相对人权利的构成

学界对刑事执行相对人的权利保障的课题比较关注，主要集中于罪犯权利的保障问题，但学者将刑事执行相对人的权利笼统地横向排列："政治权利、人身权利、财产权利、申诉、控告、检举和辩护权利、获得必要生活保障权利、其他权利。""罪犯权利在实际行使上处于完全享有、部分享有、限制享有三种状态。"[1]这种主流观点的研究，将权利研究停留在法定权利行使的事实性描述或归纳的表面层次。为深化对刑事执行相对人的权利保障，笔者试从过程与状态两个方面分析刑事执行相对人的权利构成，将刑事执行相对人的权利剖解成实体性权利和程序性权利的立体性结构。

（一）刑事执行相对人的实体性权利

刑事执行相对人的实体性权利，是指刑事执行相对人对某种实体利益所具有的受法律保护的资格和权能，它是静态意义的权利，并成为权利的结果或目的要素。在刑事行政机过程中，刑事执行相对人的实体性权利与刑事执行机关的剥夺性职权呈现此消彼长的反比例关系。刑事执行相对人的实体性权利的类型可以概括为：参与

---

［1］ 夏宗素．监狱学基础理论［M］．北京：法律出版社，1999：150－162．

权利、受平等对待权利、受益权利、自由权利。

1．参与权利

刑事执行相对人的参与权利不同于广义的公民参政权利，刑事执行相对人的参与权利仅指刑事执行相对人参与国家管理活动的权利。国家管理活动其中包括刑事执行活动。刑事执行相对人参与国家行政管理活动的目的主要是满足单纯的个人利益，也包括包含个人利益在内的公共利益。这种权利能够帮助、影响和约束国家刑事执行权力的依法行使。对非刑事执行的对象的刑事执行相对人的参与权利的理解并不困难，而刑事执行的对象，如服刑罪犯参与刑事执行是近期法治价值趋向的成果。加拿大 1982 年矫正制度的改革的趋势之一，就是保障犯人的控诉权利和参与监狱某些决策。[1] 我国法律对刑事执行相对人的参与权利的规定主要有以下方式。

（1）批评、建议权。我国宪法第 41 条规定，“中华人民共和国公民对任何国家机关和国家工作人员，有提出批评、建议的权利”。对此，刑事执行相对人的此项权利没有任何法律规定的处罚措施可以予以剥夺，刑事执行的对象对刑事执行机关行使该权利也不能例外。

（2）控告、检举权。我国宪法第 41 条规定，“中华人民共和国公民对于任何国家机关和国家工作人员的违法失职行为，有向有关国家机关提出申诉、控告和检举的权利，但是不得捏造或者歪曲事实进行诬告陷害”。监狱法对有关犯罪行为的检举、揭发权利的行使规定得比较具体，且规定监狱对罪犯写给监狱上级机关的信件不得扣押。

（3）协助公务权。协助刑事执行机关实施公务的活动，包括服刑罪犯对其他服刑犯人的违法行为予以当场制止的行为。

（4）知情权。即刑事执行相对人依法享有对国家刑事执行活动的内容、信息及资料的了解权。例如监狱进行的狱务公开，在某种程度上是对服刑罪犯知情权的保障。

[1]　杨诚. 加拿大矫正立法的改革［J］. 中国监狱学刊，1999（5）：72.

（5）刑事执行契约权。是刑事执行相对人订立刑事行政契约时所具有的协商决定权。行政契约在行政法理论中被认为是："具有提升人民地位，宣示人民乃行政伙伴之功能，人民不再仅是行政统治之客体，人民籍行政契约可以表征其为统治主体之地位，立于相对平等之地位，与另一权力主体就其权利义务事项进行协商、谈判。"[1]在一般意义的现代行政过程中，行政主体越来越广泛地运用行政契约实现既定的行政管理目标。在刑事行政过程中，对于此种意义之解说，对于非刑事执行的对象的刑事执行相对人并无不当。例如监狱采取的与相关人员签订帮教协议，但对于刑事执行的对象的刑事执行相对人，刑事执行契约表征其为统治主体之地位的立论似为不妥，但无疑具有确立其在刑事执行过程中的主体地位价值。在刑事执行过程中可探索以刑事执行契约的方式管理刑事执行对象的刑事执行相对人，实现既定的刑事执行目标。

2．人身权利

大多数刑事执行的对象刑事执行相对人，是刑事执行机关依法剥夺人身自由的人，因此，对这部分的刑事执行对象的刑事执行相对人而言，探讨人身自由是容易引起歧义。但失去自由并不意味着人身权利的丧失，其他的人身权利仍然需要保护。即使被判处死刑立即执行的犯人，也应当保障他的人格尊严。与人身权利紧密联系且比较敏感的问题，是服刑罪犯享有思想自由与监禁和改造怎么整合。服刑罪犯享有思想自由命题的成立，这在理论和法律上都有充分的论据，相关的国际公约和我国宪法都有所体现。《联合国囚犯最低限度标准规则》第6条规定："不应基于种族、肤色、性别、语言、宗教、政见或其他主张、国籍或社会出身、财产或其他身份而加以歧视。"我国政府已经签署尚待全国人大常委会批准的《公民权利和政治权利公约》也规定："公民享有思想自由和宗教信仰自由的权利。"但对思想自由和宗教信仰自由的承认与我国的罪犯改造制度存在冲突，我国宪法明确规定了宗教信仰自由公民的基本

[1] 姜明安．中国行政程序立法模式之选择［J］．中国法学，1995（6）：83．

权利，依据现行刑法实行的罪刑法定基本原则，也没有任何刑罚种类可以剥夺思想自由和宗教信仰自由。但对有关有期徒刑执行的法律规定服刑罪犯应当接受监狱和改造，监狱法的条文中，监狱应当对罪犯进行思想教育、技术教育和文化教育。因此，在法治社会的价值定位中，承认服刑罪犯的思想自由和宗教信仰自由是毫无疑问的，解决与现行监狱制度冲突的途径是通过扩大服刑罪犯对思想教育的内容、方式的参与性，逐步淡化强制色彩，以此来协调与罪犯改造制度的矛盾性。

3．受平等对待的权利

受平等对待的权利是指刑事执行相对人在刑事行政过程中应当得到刑事执行机关的平等对待。其具体要求是，制定刑事行政执法规范和刑事行政具体管理活动时，不应基于种族、肤色、性别、语言、宗教、政见或其他主张、国籍或社会出身、财产状况或其他身份而加以歧视，我国宪法和法律对此项权利都有明确条文予以肯定。其基本内容是：刑事执行相对人在同等条件下受到刑事执行机关的同等处遇，受平等对待的权利并不排斥根据刑事执行相对人的非前述因素的区别对待。

4．受益权利

刑事执行相对人的受益权利，是指刑事执行相对人通过刑事执行机关的积极作为而获得利益和保障的权利，它可以分为保障性受益权、发展性受益权和保护性受益权。

（1）保障性受益权，由刑事执行机关提供满足物质和精神需要的条件而得到了受益，它包括基本生活水平的受保障权、劳动安全和获得报酬的受保障权三个方面。刑事执行相对人的基本生活受保障权主要体现刑事执行机关为刑事执行相对人的日常生活提供正常和健康的物质和精神条件。例如，我国监狱法律法规对囚犯的居住面积、食物、被服和监舍的规范规定充分体现了这一点。劳动安全和获得报酬的受保障权，是指被判处相关刑罚具有劳动义务的刑事执行相对人在劳动的过程中，可以获得相关的报酬和国家有关劳动安全制度的保障。获得劳动报酬并不意味着可以实际获得同类同质劳动相同的报酬，这是由于囚犯的衣食住行均有公共财政承担，国家有权获得相应的补偿，且被害人的补偿也应从其中作适当扣除考虑。获得劳动安全的保障主要是刑事执行相对人应当享有必要的职业技术安全培训、法定的休息权和劳动保险权利。

（2）发展性受益权，是指刑事执行相对人根据刑事执行机关和社会提供的各种条件而发展自身利益的权利。它主要包括刑事执行相对人可以享受与人身自由相分离的教育权利和得到奖励的权利。前者如通过函授或自学考试等方式享受社会的教育资源，后者主要体现于获得行政奖励或刑事奖励。例如监狱法第 29 条关于应当减刑的规定，应当的限定意味着，符合该项规定条件的刑事执行相对人，获得减刑就不能看作刑事执行机关的特许或自由裁量权，而应是其享有的权利。

（3）保护性受益权，是指刑事执行相对人的各种合法权益在受到他人的妨碍、侵害时，受刑事执行机关保护或救助的权利。这主要体现在以下几个方面：一是刑事执行相对人在紧急情况下，有受刑事执行机关救助的权利。如受刑罪犯在身患严重疾病需要治疗时，但他和亲属都无力承担昂贵的医疗，刑事执行机关就应当承担这部分费用。这是国家在对犯人执行监禁职责所带来的特殊义务，这有可能引起社会上其他公众的不安和困惑。[1] 在美国俄勒冈州，犯人卡马里纳身患严重肾炎，即使面临将被执行死刑的厄运，但按照法律规定，仍然享受由州承担十余万美元的肾脏移植手术费用，且由于捐肾的志愿者较少而具有优先于其他部分自由公民的权利。二是合法权益受他人侵害后请求刑事执行机关予以处理的权利。如受刑罪犯受到同监其他犯人的违法但不构成犯罪行为的侵害,可以要求刑事执行机关予以必要处理的。三是要求协助确认合法权益的权利。如受刑罪犯在服刑过程中所产生的合法权益需其他行政机关确认时,由于被限制人身自由而无法亲自实施,有要求刑事执行机关予以协助的权利,如知识产权、遗嘱处分财产等方面的权利。

[1] 法制日报，2003－06－01（4）.

（二）罪犯具体实体性权利辨析

现代人权基础理论的研究成果，是审视罪犯处遇中的人权保障问题的阶梯。从我国监狱制度的构建对罪犯人权保障的着眼点出发，我国目前侧重生命权和健康权方面，监狱法第 7 条规定："罪犯的人格不受侮辱，其人身安全，合法财产和辩护、申诉、控告、检举及其他未被依法剥夺或者限制的权利不受侵犯。"在目前监狱罪犯改造实践中，对罪犯的人身权保障取得了很大程度的进步，但对其他未被依法剥夺或者限制的权利的内涵和外延没有足够的重视。理论界对罪犯民事权利的探讨使罪犯人权保障理论焕发生机，由于理论界传统观点，即罪犯此项民事权利行使处于中止状态，致使理论泛化而没有深入探讨下去。笔者试对罪犯人权理论中尚无定论的婚姻权和宗教信仰权利如何保障，进行理论上的探讨。

1. 罪犯婚姻权利的保障

罪犯婚姻权利是否保障，保障到何种程度？在学界颇有争议。有学者认为，应当允许服刑人员结婚[1]。另有学者认为在狱服刑人员没有结婚权，其理由有以下几点：刑罚的本质决定了被判处剥夺自由以上的刑罚就同时剥夺了结婚权；让狱服刑人员结婚，无论是否允许同居都存在重重矛盾；新中国成立以来没有允许在狱服刑人员结婚的先例[2]。我国的国家机关对服刑犯人的结婚权利问题处于一个变化的过程。最高人民法院曾经对非监禁状态的服刑人员的结婚权予以肯定。1961 年 9 月 1 日最高人民法院在《关于保外就医犯人能否结婚的复函》指出："这种犯人只要是符合婚姻法规定的结婚条件的，也和一般公民一样，均可以登记结婚。"1963 年 9 月 1 日最高人民法院、最高人民检察院和公安部的联合批复指出："被判处徒刑缓刑和假释的人员以及在年龄 55 岁以上的残疾、取保监外执行的服刑人员由法院判处监外执行的服刑人员均可以结

[1] 服刑人员结婚尚存争议 专家学者建言立法规制：http：//www. qtfz. gov. cn：8080/show. jspid = 4576（2006 - 07 - 16）.

[2] 侯国云. 在狱服刑人员没有结婚权［J］//2005（1）刑法学研究. 北京：北京大学出版社，2005：116 - 123.

 婚”[1]。公安部1982年颁发《监狱、劳改队管教工作细则》对监狱工作具有指导意义，至今尚未明文废除。该文件规定：“犯人在关押或保外就医、监外执行期间，不准结婚。”2003年2月19日，公安部向甘肃省公安厅下发了公监管〔2003〕28号文件，该文件的主要内容是：结婚是公民的一项民事权利，留所服刑人员服刑期间如申请结婚，应当允许其办理结婚手续，但应保证监管安全。2004年我国民政部颁发的《婚姻登记条例》贯彻执行中的若干问题规定：“服刑人员申请结婚的，应当亲自到婚姻登记机关提出申请并出示有效的身份证明。服刑人员无法出具身份证件的，可由监狱管理部门出具有关证明材料。”但监狱局对此作出的答复是：“民政部门出台的规定没有与监狱局和司法部门作出相应的协调，目前无法执行。”目前在监狱实务中罪犯结婚仍需有关监狱部门批准，这无疑说明了婚姻权利也被扩大化地纳入了权利限制的范围。

笔者认为，罪犯婚姻权利应确认为罪犯个人权利，监狱有义务保障其实现，这基于以下几个方面理由。

（1）保障罪犯婚姻权利是顺应行刑人道化、社会化潮流的必然要求。资产阶级革命时期，诸多启蒙学家、思想家对封建社会行刑之残酷进行了猛烈的抨击，并针对刑罚之报复目的而相应建立了刑罚理论体系。贝卡里亚曾经精辟地阐述了刑罚的目的。他认为刑罚的目的并不在于使罪犯遭受更多的痛苦，而在于防止犯罪及其他公民危害社会。后来的刑法学者菲利、李斯特等人进一步提出在行刑阶段应注意对罪犯的教育，其改造的观点无不蕴含对罪犯行刑人道化哲理。1955年第一届联合国预防犯罪和罪犯处遇大会决议，把行刑人道化的思想推上高潮，形成了规则并影响和制约各国监狱制度。《囚犯处遇最低限度标准规则》第61条、第79条、第80条规定：“囚犯之待遇不应侧重把他们排斥与社会之外，而应注重他们继续成为组成社会的成员，因此，应该尽可能请求社会机构在恢

[1] 侯国云．在狱服刑人员没有结婚权［J］//2005（1）刑法学研究．北京：北京大学出版社，2005：116－123．

复囚犯的社会生活的工作方面，协助监狱工作人员。每一监所都应联系社会工作人员，负责保持并改善囚犯同亲属，以及同有用社会机构的一切合宜关系。此外，应该采取步骤，在法律和判决所容许的最大可能范围之内，保障囚犯关于民事权益的权利、社会保障权利和其他社会利益。”“凡合乎囚犯及其家庭最大利益的双方关系，应特别注意维护和改善。”“从囚犯判刑开始时应考虑出狱后的前途，并应鼓励和协助他维系或建立同监所外个人或机构间的关系，以促进他家庭的最大利益和他自己恢复正常社会生活的最大利益。”世界上许多国家和地区为了实现矫正犯罪人的处遇目的，其制定的监狱制度逐步把维护、改善犯罪人家庭婚姻关系纳入其中。苏联 1985 年劳动改造立法纲要规定，劳动改造村中的对象包括从普遍管束和严格管束的管束中已悔过自新的犯人、过失犯、故意犯罪初次被判处剥夺自由刑的犯人，他们可以会见亲友、结婚，并与其亲属同居村中。英国不仅在判例中确认了罪犯结婚的权利，而且在开放监狱中，如有配偶来访可以允许外宿。法国的法律规定罪犯享有结婚的权利。一些国家的监狱实践证明，此举对罪犯的矫正和监狱管理均大有裨益。由此可见，重视并维护罪犯的婚姻权利，已成为行刑人道化和社会化之必然要求。

（2）保障罪犯婚姻权利是健全、协调我国罪犯权利法律保障体系的必然要求。中共中央十一届三中全会后，我国经过 30 多年的法制建设，已形成了以宪法为依据，刑事、民事法律为两翼，监狱法及其他部门规章为主要内容的完整的罪犯权利保障机制，与此不同的是罪犯婚姻权利保障方面的立法明显滞后。我国宪法和婚姻法均规定公民的婚姻权利应受法律保障。婚姻法还就结婚的条件和禁止结婚的情形予以明确规定，结婚条件为：男女双方完全自愿，达到法定婚龄（男不低于 22 周岁，女不低于 20 周岁），一夫一妻。禁止结婚的情形为：直系血亲和三代以内的旁系血亲、患麻风病未经治愈或患其他在医学上认为不应当结婚的疾病。由此可见，只要公民具备结婚条件和不具有禁止结婚的情形便可享有结婚的权利，作为公民资格尚未丧失的罪犯不能例外。而作为指导监狱工作至今，尚未明文废除的公安部1982年颁发的《监狱、劳改队管教工作细则》规定："犯人在关押或保外就医、监外执行期间，不准结婚。"这不能不说是罪犯权利保障体系的一大缺憾。在近年的监狱行刑实践中，刑罚执行机关对犯人复婚的态度是积极和肯定的，但对犯人结婚的态度却讳莫如深，这很难让人理解，复婚难道不属于结婚权吗?

（3）保障罪犯婚姻权利有利于罪犯改造。罪犯服刑无疑处于被剥夺自由，人身处于被管制的境地。但罪犯被剥夺自由的幅度和范围应当依据法律规定基础，并根据不断变化的社会条件以有利于罪犯改造为标准，不以单纯的惩罚和报复情绪来确定。剥夺罪犯的婚姻权利、恋爱权利是不利于罪犯改造的。恩格斯指出，爱情是婚姻的感情基础，而爱情是根植于性爱并形成的高尚情感，性爱常常达到这样强烈和持久的程度，如果不能结合而彼此分离，对双方来讲即使不是一个最大的不幸，也是一个大不幸。仅仅为了能彼此结合，双方甘冒很大的危险，甚至拿生命孤注一掷。马斯洛心理学研究成果表明，爱和归属需要是人之高层次需要，其价值层次仅低于自尊和自我价值实现需要。因此，当男女双方感情发展到需要家庭组合，国家和社会就应当予以肯定和保障。禁止罪犯结婚的初衷在于有利于监狱管理秩序的维护，但罪犯改造实践却表明事与愿违。一些入狱前处于热恋的罪犯，入狱后心情处于极端压抑、沉闷的境地。对他们来讲，如果其仅有的情感得不到社会的肯定和保障，禁止他们结婚，无疑会雪上加霜，这很难说有利于罪犯改造。罪犯长期处于监禁状态，性爱这种本能的生理需要受到人为的压抑，得不到夫妻生活正常途径解决和宣泄，必然通过畸形的渠道得以宣泄，引起危害监管秩序事件发生。更为严重的是，罪犯由于长期压抑会产生暴躁情绪，心理扭曲，丧失同情心，对国家和社会产生强烈的不满，伺机对社会进行报复。另外，由于罪犯的配偶与罪犯的性生活被剥夺而享受不到正常人的权利和生活，对罪犯的情感逐渐淡薄，这会严重削弱甚至破坏罪犯现有的婚姻关系，极不利于罪犯改造。相反，如果罪犯的婚姻权利得到一定程度的保障，允许罪犯结婚，法律明确保障罪犯与其配偶过夫妻生活的最低生理限度，这不仅有利于用家庭和社会的温情并复苏罪犯枯死的心灵，恢复其人性和社会责任感，促进其自觉改造，而且还有利于增长其重返社会的能力，有利于出狱后的生活保障。罪犯一方面可免除基于自身劣势，出狱后组建家庭困难之忧虑；另一方面又可在其就业、经济等方面困难时，得到夫妻之抚养、子女之赡养的帮助。这就减少了其为求生存铤而走险，重新走上犯罪道路的可能性。

服刑罪犯结婚是否在剥夺自由的范围之内，这是需要明确的。目前罪刑法定原则已经成为刑事法治的基本原则，如果结婚权利附属于自由的必然内容，则刑事执行机关必须予以剥夺而不能允许，否则刑事执行机关则有疏忽职守的嫌疑。但结婚在法律意义上不只是婚姻登记，领取结婚证证明组成家庭合法性的行为，完成单纯的婚姻登记行为与人身自由并不存在必然联系。因为该登记行为既可以在婚姻登记机关进行，也可以在刑事执行机关完成。服刑罪犯在刑事执行机关的监管下到婚姻登记机关完成婚姻登记行为与刑事执行机关的刑罚执行职责并不矛盾。因为，处于监禁状态下的服刑人员或被告人离开监禁场所到人民法院完成诉讼行为或其他单位参观的情况并不鲜见。在监禁刑执行实践中，服刑罪犯在遇到天灾人祸的情况下，允许罪犯离监探亲，也已经成为刑事执行制度的重要组成部分，这与法律并不相悖。婚姻登记机关能否到刑事执行机关的监管场所办理婚姻登记行为呢？这在现代行政观念中没有丝毫的障碍。人民法院为完成以服刑人员为一方当事人的诉讼，经与刑事执行机关商定，可以到监管场所开庭审判，那么同样作为公权力行使者的婚姻登记机关到刑事执行机关的监管场所办理婚姻登记，又怎么缺乏可操作性呢？我国民政部颁发的《婚姻登记条例》中关于服刑人员必须亲自到婚姻登记机关提出申请的规定，是将婚姻登记行为与婚姻登记办公地点完全捆绑，这与现代行政服务论的价值理念存在一定的差距，应当酌情改进。监禁刑执行否定罪犯与其配偶在监狱之外的同居是应有之义，这并不能否定罪犯的婚姻权利。即使在自由状态的合法夫妻，两地分居现象也是很正常的事情。目前

 刑事执行机关允许服刑罪犯在一定条件下可以同居的实践做法，在一定程度上缓解了监禁与同居的矛盾。

2. 关于罪犯宗教信仰权利的保障

罪犯宗教信仰权利是否应予法律明确保障，也是监狱罪犯改造理论和实践面临的重要课题之一。世界各国监狱为实现保障罪犯人权和矫正罪犯的罪犯处遇价值基本上都将宗教教诲引入罪犯处遇领域。第一届联合国预防犯罪和罪犯处遇大会通过的《囚犯待遇最低限度标准规则》第6条第12项规定："必须尊重囚犯所属群体的宗教信仰和道德标准。"第41条规定："如果监所囚犯的同一宗教囚犯达到相当人数，应指派或批准该宗教的合格代表一人。如果就囚犯人数而言，确实恰当而条件又许可，则该代表应为专任。""在（1）款中指派的或批准的合格代表应准按期举行仪式，并在适当时间，私自前往同一宗教的囚犯处进行宗教访问。""不得拒绝囚犯往访任一宗教的合格代表。"第42条规定："在可行范围之内，囚犯应准参加监所举行的仪式并准持有所属教派宗教、戒律和教义的书籍，以满足其宗教生活的需要。"1997年生效的俄罗斯刑事执行法典专门规定了罪犯宗教信仰权利。意大利监狱法执行法则第55条规定："囚犯和被收容人可以自由表达其宗教信仰的仪式。"日本监狱法实施细则第88条规定："教诲可在休息日或星期日进行。"第81条规定："对在病监或独居监房拘禁的服刑人及刑事被告人，可在其所在的监房进行教诲。"美国法院的判例也充分肯定了罪犯的宗教信仰权利，大多数大型监狱都有专职基督教和天主教牧师。狱内是最常见的宗教活动是允许罪犯定期作礼拜。礼拜多在各种场合——礼堂、图书馆或餐厅举行。礼拜的意义和时间安排都应让犯人知道，牧师或宗教咨询活动构成美国监狱宗教教诲活动的一个重要组成部分。我国监狱学界排斥监狱宗教教诲在罪犯处遇之外的观点处于主导地位，视西方监狱的宗教教诲为"资本主义国家人们心里空虚，矫正罪犯乏术的表现，无法彻底清除罪犯的恶性”[1]。笔者认为，由监狱服刑罪犯这个弱势群体组成的小社会，没有保障其宗教信仰权利的具体处遇制度，不仅与以保障人权为表征的法治国家发展方向背道而驰有悖公正原则，而且无益于罪犯改造目标实现的功利追求，基于以下理由，应将宗教教育纳入我国罪犯处遇制度的视野。

（1）罪犯享有宗教信仰的权利，是我国宪法和法律所规定的。我国宪法第 36 条规定：“中华人民共和国公民有宗教信仰自由，任何国家机关、社会团体和个人不得强制公民信仰宗教或不信仰宗教，不得歧视信仰宗教的公民和不信仰宗教的公民。国家维护正常的宗教活动。”法治国家要求监狱严格依法行使职权，《监狱法》规定罪犯享有没有被依法剥夺的权利。我国监狱是国家的刑罚执行机关，刑罚对罪犯剥夺内容没有包括宗教信仰权利，故罪犯宗教信仰权利应属罪犯的其他未被依法剥夺的权利内容，监狱应当予以保障。罪犯在监狱内服刑被强制与社会隔离，致使其没有被剥夺的宗教信仰权利在实际行使上受到影响，监狱应当给予其某种程度的补救。监狱对宗教信仰权利保障的补救不仅让宗教信仰只停留在罪犯思想领域，还应给予必要的活动自由和一定的物质设施及社会力量的帮助。

（2）宗教是某种超阶级性的社会力量，政教分离的现代国家体制决定了不同国家和社会对它改造利用的基础。基于人类终极关怀的精神需要而产生的宗教，曾经与国家权力结合而成为阻碍科学进步和社会发展，并剥夺人类完整宗教信仰权利的暴力工具，而折射宗教宽容精神的现代政教分离的国家体制使其真正成为民间力量。宗教属于上层建筑的范畴，具有极强的适应性，这一方面表现在不同发展水平的生产方式和经济基础都有其社会生存空间；另一方面在同一社会形态下，它既可以充当为统治阶级奴役人们的工具，又可成为被统治阶级争取解放的旗帜。在我国，由于长期处于社会主义初级阶段，社会生产力很不发达，宗教亦在我国长期存

[1]　杨世云，窦希琨. 比较监狱学[M]. 北京：中国公安大学出版社，1991：72.

 在，而社会主义的经济基础决定了宗教的性质和服务的方向。我国社会上的宗教都通过合法形式，提倡爱国爱教，支持国家建设等方式与社会主义制度相协调，服务于社会主义经济基础。那么它为什么不能引入罪犯处遇领域服务于罪犯改造工作呢？坚持马克思主义，应当全面完整地理解和继承其基本原理和精髓，而不是对其个别论断的抱残守缺。在分析任何问题时，马克思主义理论的绝对要求就是要把问题控制在一定的历史范围。马克思对宗教所作上述评判主要是针对剥削阶级占统治地位的宗教。马克思也曾对剥削阶级国家的法律形式之虚伪性作过无情的批判，但这并没有妨碍社会主义国家对其加以改造和利用。例如，刑事诉讼中的无罪推定原则，也曾被诸多学者斥责为主观主义的产物，现在不也因其独特的诉讼民主和人权保障价值而得到法学界的普遍认同和刑事诉讼法的确认了吗？反之，依上述学者之逻辑，那我们社会主义国家均不应在法律上确认任何所谓唯心主义的东西存在，我们就应把所有的宗教团体予以清除和取缔，这显然是“左”的做法，在理论和实践上都会带来巨大的危害。故决定宗教教育能否跻身于罪犯处遇领域的关键是否符合一定时期正义的要求，是否有利于消除和抑制信仰宗教罪犯的犯罪思想和违法心理。

（3）宗教独特的社会功能决定了其在罪犯改造领域的功利价值选择。刑事人类学派代表加洛法罗认为：“宗教教育的功能虽然有其局限性，但其作用的范围却比一般教育广泛。一个开明的政府应当很好地加以鼓励而绝不是阻止这种道德教化力量，国家充其量可以保持中立。”“宗教教化的毁灭将意味着某些约束性影响的取消，而这种影响的力量也会有大有小，但肯定永远比完全缺少制约要好得多。”[1]英国的功利主义法学家边沁也提出了利用宗教之力来作为预防犯罪的间接方法之一，“宗教的功利已越来越倾向同有害而且无效的宗教信条相脱离，倾向于服从善良之道德与健全之政治”。“这种服务（宗教可能提供的）或许仍然是对人性不可分离

[1]　〔意〕加洛法罗. 犯罪学［M］. 北京：中国大百科全书出版社，1996：135.

的苦难的一种慰藉，或许仍然是最适应于最大多数之社会阶层的伦理指示，或许最终作为有利善行、创造忠实之德性的一种手段，而这些仅靠尘世诱因之力量是难以获得的”[1]。由此可见，宗教具有独特的抑制犯罪心理的社会调控功能。首先，总的来说，宗教的教义、教规之精要是与罪犯的犯罪思想和违法心理相抵触的。它一般都要求教徒安于现状、逆来顺受、不以暴力抗恶。诸如佛教教义规定的“五戒十善”的行为规范就可窥豹一斑。五戒是指“不杀生、不偷盗、不邪淫、不妄语、不饮酒”，“十善”则是指放生、布施、恭敬、实语、和合、软语、义语、修不观、忍辱、皈依正道。佛经中所记载的标榜众生平等、大慈大悲、忍辱无争信念的故事比比皆是。基督教除有以上信念之外，还特别强调“爱人好己”的诫命。《圣经》罗马书中也提到：凡事都不可亏欠人，唯有彼此相爱，要常以为方欠。因为爱人就完全有了律法。伊斯兰教不仅有穆斯林皆兄弟的平等观，也有孝顺父母、救助孤贫之类的道德说教。总之，各宗教教义的目标就是使教徒尽可能从自私自利的要求、欲望恐惧的奴役下解脱出来，这对犯罪思想和违法心理的形成无疑会起到冲击和淡化的作用。其次，宗教的社会调控功能的范围和效果远远超出了某些道德规范。因为从约束力来看，宗教的约束力来自教徒内心对崇拜对象的虔诚程度。在教徒眼中，崇拜对象是全知全能无所不在的，违反教规的行为他全然知晓。其后果则是受到宗教教规所指定的诸如地狱之类的惩罚，其行为约束力高于一般的道德规范。最后，从宗教调控功能的输出方法来看，对某些具有宗教信仰的罪犯会产生正常的唯物主义教育所达不到的效果。

我国监狱关押的罪犯中信仰宗教者不乏其众，尤其是在西南、西北等少数民族聚居地区。由于受长期历史文化、风俗习惯影响，一些罪犯中的宗教意识十分浓厚。对于这类罪犯，固然可以长期进行不懈的科学性教育，使其人生观世界观得以转变，但这些服刑者

[1]　〔英〕边沁．立法理论——刑法典原理［M］．北京：中国公安大学出版社，1993：160．

因受刑期、宗教信仰虔诚程度等因素的影响而未必能达到唯物主义教育的预期目的。而通过宗教教育则可通过非理性情感体验和精神上的虚幻满足来实现调控功能，据此可以短时间内消除服刑者因隔离社会所产生的屈辱、悲观等不良状态，抑制犯罪思想和消除违法心理。另外，我国《监狱法》第3条强调了监狱改造罪犯的目标是："将罪犯改造成为守法公民。"守法公民既可以是无神论者，也可以是唯心主义者，在保障罪犯宗教信仰权利的情况下，并没有降低法定的罪犯改造标准。

（三）刑事执行相对人的程序性权利

刑事执行相对人的实体性权利都必须通过正当程序予以保障或实现，其程序性权利就是指刑事执行相对人为了行使、主张或保障实体权利而必须具有的一定作为的能力，刑事执行相对人主要参与的程序有刑事行政程序和救济程序。刑事行政程序是指刑事执行机关作出涉及刑事执行相对人的权利的决定过程，为"事前程序"。主要包括：制定规则的非立法性抽象行为和对受刑罪犯的奖惩决定；救济程序是对违法刑事行政行为对刑事执行相对人造成损害后予以补救的程序，为"事后程序"。主要包括申诉程序、复议程序和诉讼程序。刑事执行相对人在这两类程序的权利具体如下。

1. 被告知的权利

刑事执行机关在刑事行政过程中，可能对刑事执行相对人的实体性权利产生不利的影响时，除非严重危及刑事行政的安全和秩序，都应予以告知刑事执行相对人。被告知的权利的价值在于"行使权利可能影响个人利益时，告知该个人的信息时，体现了程序对个人尊严的承认和尊重，它意味着程序将个人当做值得尊重的主体来对待"[1]。这样做有助于采取必要的有针对的措施保护自己的权利，告知只有遵循在合理的时间内和必须与刑事执行相对人利益有关的充分信息的原则才有实质意义。

---

[1] 〔美〕R. 诺契克. 无政府、国家和乌托邦.（中译本）[M]. 北京：中国社会科学出版社，1991：330.

2．听证权

在刑事执行机关作出对其重大不利的决定时，刑事执行相对人要求刑事执行机关听取其意见或辩护的权利，听证权的意义可以从以下两个方面考虑：一是刑事执行机关的决定，应建立在全面充分讨论的基础上，从而有助于产生公正结果；二是刑事执行相对人在其利益面临不利的处分之前，向刑事执行机关表达意见。不论对刑事执行机关的实体处分结果影响如何，则体现了对刑事执行相对人的主体和尊严的尊重，从而使刑事行政程序具备道德上善的品质。在审判式程序中，听证权的内容包括：以口头方式阐述意见，反驳对自己不利的观点，为自己辩护；要求公开举行听证，获取充分信息的权利；聘请代理人提供法律帮助的权利；要求以听证记录作为制作决定的依据；对决定不服的申诉权利。[1] 在非审判式程序中，听证权的内容是阐述意见，反驳对自己不利的观点。目前，我国刑事行政程序中没有听证权的设计。在具有审判过程的程序中，没有彰显刑事执行相对人的主体地位，例如对受刑犯人的奖惩、减刑、假释、监外执行的决定和缓刑的撤销方面，只有审判机关和行刑机关的工作程序。在司法实践中，个别法院在办理减刑、假释进行试行听证的努力是值得肯定的，考虑到在刑事行政过程中，构建听证制度的成本比较昂贵，可在具有审判式特征的诸如奖惩、减刑、假释、监外执行的决定和缓刑的撤销等制度刑事行政程序中，予以保障刑事执行相对人的听证权，而在制止狱内暴乱和犯人脱逃等强制性措施时，因具有情况紧急，不可能进行听证，只能事后救济。

3．要求中立的刑事执行官员主持和决定的权利

刑事执行官员的中立性，是指刑事执行官员与准备作出的决定没有利害关系或者不存在偏私。利害关系既包括决定者本人与决定存在利害关系，也包括其近亲属与决定存在利害关系。至于对偏私的理解，美国行政法学家 K. C. 戴维斯认为程序活动中的偏私三种情形：“对法律和政策理解上的某种偏好、对特定情况下事实认

[1]　王锡锌. 行政过程中相对人程序性权利研究［J］. 中国法学,2002(4):82.

定的偏好以及对特定当事人的偏爱。"[1]要求刑事执行官员排除对法律和政策理解上的某种偏好和对特定当事人的偏爱，在我国的刑事执行过程是不现实的，但禁止参与有利害关系的刑事执行官员参与决定是程序公正的底线。根据我国的刑事执行法律制度规定，在具有审判式特征的诸如奖惩、提出减刑、假释建议、监外执行的决定和缓刑的撤销建议等制度刑事执行程序中，决策运作机制体现了首长负责制的行政权特征，没有回避制度的规定。在遇到与监狱长有利害关系的刑事执行决策，就无法体现程序的公正性，有必要考虑适用一人一票、少数服从多数的委员会机制。建立回避制度，适度分离程序职能（调查职能、指控职能和裁判职能），以保障刑事执行相对人的要求中立的刑事执行官员主持和决定的权利。

4．事后救济权利

对某一机构或者某一官员所作的决定，除非因决定的终局性因素，当事人应当有申请其他机构和个人进行审查的机会，这是现代行政程序公正的基本理念。《保护所有遭受任何拘留或监禁的人的原则》、《世界人权宣言》、《公民权利和政治权利公约》等国际公约都确立了建立囚犯申诉的复审和司法审查机制的原则。对自由人而言，享有将一般行政权的事后救济，已经成为通识。主要表现为申请行政复议和提起行政诉讼的权利。我国学界对刑事执行相对人能否享有事后救济权利，存在着疑虑和否定的倾向，至今没有确立完整全面的针对刑事执行机关的申诉复审和司法审查机制，这与我国法制建设的整体发展是不协调的。

（四）刑事执行相对人实体性权利与程序性权利的关系

由于程序工具主义的深重影响，对于刑事执行相对人的权利保护存在着重实体轻程序的倾向，因此有必要借鉴程序法理论的研究成果，廓清实体性权利与程序性权利，即两个权利范畴之方面的关系。

---

［1］ Kenneth Culp Davis. , Administrative, 3rd edition , West publishing company 1972, p245.

1．实体性权利必然产生一定的程序性权利

刑事执行相对人拥有实体性权利，只意味着其存在着某种被法律保护的权益，对某种特定的结果有一种主张权，虽然某些程序性权利有独立的程序价值，不依赖于实体性权利而存在，但绝大多数程序性权利具有服务实体性权利的功能，为实体性权利的实现提供途径、方式、手段和步骤。因此，寻求一定的程序性权利是实体性权利的天然本能。

2．程序性权利制约实体性权利的保障

程序对实体性权利的制约主要体现在保障与限制方面，如果对实体性权利没有保障性的程序设计，刑事执行相对人就不能通过特定过程，采取必要行为实现其利益主张和期待，那么最终导致实体性权利的虚化。如果对实体性权利的行使设置了过多的限制程序设置，刑事执行相对人就因为行使实体性权利的成本太高而放弃。美国大法官W·道格拉斯指出："权利法案主要是程序性条款，这样做决不是无关紧要的，正是程序决定了法治与恣意的区别。"[1]我国的刑事执行法在确认实体性权利方面与其他国家并无太大的差别，但在程序性权利设计方面大多体现限制性机能。例如对监狱等刑事执行机关申请国家赔偿，设置了必经赔偿义务机关自行认定违法的程序；鲜见具有保障性机能的听证、中立者裁决、事后救济等条款规定。这不能不说是我国刑事执行法律制度在人权保障方面的缺憾。

3．程序性权利可以创制并细化实体性权利

在漫长的法制历程中，实体性权利皆需要通过一定的法律程序产生。奉行判例法法律渊源的普通法系根据"自然正义""平等武装"的正当程序原则，创制了一系列实体性权利的判例。有学者将程序法视为实体法之母。在刑事执行领域，刑事执行相对人，通过行使申诉复审和司法审查等程序性权利，启动国家的互动机制，力图将法律所标榜的抽象性实体性权利演化为生育、享受医疗服

[1]　陈瑞华. 看得见的正义［M］. 北京：中国法制出版社，2000：4.

务、纪律处分正当等现实利益，虽然没有成功，但总体上促进了刑事执行法律制度的逐步完善。

四、罪犯处遇过程中权利—权力的正当博弈建构

结构—功能主义引入其他法学领域，丰富了法学理论，但从结构的角度分析罪犯处遇过程尚属空白。传统理论认为，刑事司法过程是一个由前后相续的若干空间结构叠加而成的过程，即在法官的主持下，由检察机关提出指控，被告方进行辩护，依次展开诉讼程序，有秩序地提出论证，最终由法官基于争论结果进行裁判，用图形框架描述，有如几何中的等腰三角结构。行政过程则因“行政权的单方性和强制性”的影响，而呈现出扁平结构。刑事执行权归属刑事行政权的命题，导致罪犯处遇过程出呈现单方性和强制性的特点，区别于司法过程的“论证—协商”特质。而博弈分析的理论勃兴，越来越引起法学理论研究者的兴趣和关注，“正像博弈理论对经济学的全面改造一样，博弈理论也必然为法学的研究注入新的血液”，“为那些希望理解法律是如何影响人们行为的人提供洞察力”[1]。利用博弈论的成果对罪犯处遇过程进行分析，有助于深化罪犯处遇理论，为罪犯处遇程序的重塑设计走向。

（一）平衡论——罪犯处遇法治理论的应然选择

刑事执行权的行政属性，必然引导我们从行政法理论寻求其法治建设的理论根基。行政法理论将各种不同的学术观点归结为管理论、控权论和平衡论。管理论、控权论的切入点都是行政权问题，强调法律的制约机能。管理论侧重制约公民权，行政法律制度的核心是如何通过高效率的制度安排维护行政秩序，行政程序只是规范相对人的办事程序，司法审查功能被漠视。行政机关拥有范围广泛的自由裁量权，凸显效率的价值追求和行政权的权威。控权论则强调制约行政权，在法律层面严格限制行政权的实体权限，在程序设

---

[1] 〔美〕道格拉斯·G. 拜尔，罗伯特·H. 格特纳，兰德尔·C. 皮克. 法律的博弈分析［M］. 北京：法律出版社，1999：1.

计中对行政行为的形式、步骤和期限均有严格的规定，并且非常关注司法审查的机能，但两者均以行政权为核心构建整体法律制度。而平衡论则是以主体关系视角代替权力视角构建行政法理论体系，既强调法律的制约机制，也关注法律的激励功能，“法律的使命是面向未来，既然行政权和公民权的行使都可能产生积极或消极作用，法律就不能完全放任任何一方自主地、无节制地行使权力和权利”[1]。

罪犯处遇的机制设计是建立在法治基础之上，机制理论系由信息理论与激励理论两部分组成。机制设计的理论变项主要有：社会结构、主体行为假定和制度目标。任何监禁刑执行的法治机制的设计不能离开既定的社会结构、特定的主体行为假定和制度目标。

1．社会结构的制约

任何罪犯处遇的法治机制不能超越外在的既定社会结构，既定的社会结构对罪犯处遇法治机制的设计起着决定性的作用。但罪犯处遇机制并非只能消极地反映社会结构，而且能够反作用于社会结构。因此，罪犯处遇机制在法治社会的机制设计，应当在适应社会结构的刚性需要与反映行刑实践发展变迁的要求之间寻求平衡。而社会结构对罪犯处遇的制约主要体现为以下方面。

（1）物质资源的约束。刑罚执行不能离开一定的社会物质基础，其制度选择必须承认并接受现有的物质条件约束的前提下展开。监禁刑的执行在物质方面的要求更为突出，如为维护社会安全将犯人与社会隔离的方面，需要设置必要的人员和物质设施和设备。如果没有一定的物质条件保障，必然会选择寻求地理环境和相应的监管模式弥补其不足。我国监狱历史上形成大部分在边、老、穷地区甚至沙漠瀚海、高山之间设置的监狱布局充分体现出这一点。其根本原因，是在财政支出方面长期没有形成完全的财政保障机制。现代社会进入法制建设和人权保障的快车道，《公民权利与

[1] 罗豪才，袁曙宏，李文栋．现代行政法的理论基础——论行政机关与相对一方的权利义务平衡［J］．中国法学，1993（1）．

政治权利世界公约》第10条规定:“所有被剥夺的人都应当享有人道待遇，并且其作为人的固有的尊严也应受到尊重。”而对这些人权标准的实现，必须要求有一定的物质资源保障。

（2）宪政体制的约束。宪政理论的重要理论之一的公共选择理论认为，宪法是制约政府与个人，防止各种形式掠夺行为的规范，相对方与作为国家行政权构成互相制约、互相作用的矛盾体。不同宪法规范设定的公民权—行政权范式衍生出不同的，包括罪犯处遇机制在内的具体法律制度。因此，罪犯处遇机制设定不能超脱“规范的优先性”的公民权—行政权范式，而只能适应宪法规范所设定的均衡的公民权—行政权结构。因此，罪犯处遇机制也必须适应宪法所确认的公民基本权利范围、性质和保护与限制的趋势。刑事执行机关对服刑罪犯的人权保障从虚幻的法律文本凝化为实在的现实待遇，具有界定与保护的职责。犯人自我管理机制的发展只能根植于控权论的宪政机制土壤，高比例的假释率也为奉国家权力限制为最高宗旨的社会所容纳。一旦影响公民权—行政权范式的社会政策发生变化，就会对监狱管理的影响产生相应的影响。我国公民权—行政权范式在实际运作过多地折射出管理论的压制性模式，此惯性思维的触角延伸到与社会隔离的监禁环境中，更加扭曲了刑事执行机关与服刑相对方的关系，这使漠视罪犯主体性的强制性的罪犯改造监管模式大行其道。大规模的军事化管理的也被我国监狱管理所钟情。伴随着折射法治国家的宪政精神和价值取向不断浸润和洗礼，我国公民权—行政权范式逐步走出管理论的垄断阴影，承认相对人主体地位的控权论对国家权力的运作机制影响越来越强。目前，我国行政法学已经形成了激励与制约机制并重的平衡论。宪法规范对公民权利安排逻辑也是针对罪犯处遇机制的设计必须遵循的。在管理者眼中的公民权—行政权的范式，公民的权利只有法律规定才享有的，而国家权力的行使则是法律没有规定也可以行使，而在控权论的公民权或行政权是法不禁止，即公民自由，国家权力则是法律赋予才具有正当性。平衡论则认为宪法对公民权利的安排，要求公民权利不仅应当得到排他性的保护，而且应当以恰当方式行使。在法治国家建设的氛围下，管理论的权利安排逻辑已经不合时宜，那种将犯人权利定位法律规定才享有的、与刑事执行法律关系视为特殊权力关系的思维惯性应当予以转换。在罪犯处遇机制设计时，要求刑事执行法律必须明确界定服刑相对方的权利，同时必须限制刑事执行机关的权力，防止刑事执行机关及其官员实施行政机会主义。服刑相对方的权利也不能无限制，应该合理地以恰当的方式行使。实现其价值的经济价值最大化，不仅要求罪犯处遇主体扮演消极地维护监管秩序的惩罚角色，而且必须扮演积极地为服刑相对方谋利的救助角色；罪犯处遇权力的运作领域与行使方式也要受制于宪法规范所设定的权利—权力结构。监狱对罪犯劳动、教育的管理制度应当符合宪法规定的公民劳动和教育的条款。

（3）信息传递机制的约束。信息传递机制是在既定的信息传递物质环境约束下，信息主体在受到足够的行为激励下，选择最佳信息传递方式向其他主体传递特定信息，以便实现某种信息传递目标。罪犯处遇法律关系主体都是基于一定的规范信息和事实信息进行理性判断和抉择，因此，罪犯处遇机制的设计，应当奠基于罪犯处遇机关与服刑相对方、罪犯处遇机关与其工作人员、罪犯处遇机关与监督机关之间信息传递的固有特征，消除和弱化个主体之间信息不对称的怪圈，尽量避免发生机会主义。罪犯处遇法律关系主体在长期的信息传递实践中，积累而成了诸如激励相容不可能性定理[1]、网络节省费用等规律。这些规律体现以最低成本传递最有效信息行为的激励优点，在罪犯处遇机制的设计中应当予以尊重，对历经多方博弈形成的信息传递机制加以直接确认，会比单方主体理性建构的全新机制要节省成本，而且风险较小。

（4）潜规则的约束。个人行为反映着某种程度的理性运用，

[1]　美国科学院院士赫维茨（1972）提出激励相容的不可能性定律，他证明：即使对只有私人商品的经济社会，只要这个经济社会成员中的个数是有限的，就不可能存在任何分散化经济机制（包括竞争机制），它能够导致资源最优配置，并使每个人真实地说出他自己的偏好。如果想要某种机制能产生资源最优配置，必须放弃优越均衡假设，即放弃每个人都说真话、办实事的假定。

 但很大程度上受制于人所处的文化环境。“在现代西方世界里，日常生活和经济运作是按正常法和产权安排的，然而，即使在最发达的经济中，正规的规则也只是决定选择的总约束中的一部分”[1]。尽管罪犯处遇机制的设计属于公法领域，在公法规范体系中，习惯所占比例较小，但也不能忽视各种潜规则的影响和作用。潜规则往往成为经常向罪犯处遇主体和服刑相对方提供潜在的行为激励，并往往成为其不假思索的抉择依据。

2. 罪犯处遇主体行为假定

主体行为假定是制度安排的精神和灵魂。任何制度安排，总是或多或少地折射出某种行为假定的色彩和光泽。具体制度安排与机制运作效果的差异，在某种程度上反映出立法者主体行为假定的认知差异。只有当立法者对主体的行为假定切合现实时，才可以顺理成章地设计出均衡的权利或权力结构。主体的行为可以从以下四个层面进行假定。

（1）自利动机。讨论主体的行为动机，是确定主体行为走向据以安排制度的逻辑起点。人的行为的动机一般而言都是自利的，“按照人的本性，每个人都是以最大的热情追求私利，只有在他认为这样做有助于加强自己地位的情况下，他才会支持别人的利益”。行为主体的利他后果不能等同于在利他动机驱使下实施的。人性中存在着深谋远虑的自私自利，这种自私自利被概括为欲望和理性的原则。欲望原则使人力图攫取他人需要的东西，其结果必然导致社会崩溃。理性原则则把人的自我保护和欲望完美地结合起来，其没有增加新的行为动机，只是将个人欲望满足与社会和平的环境有机地结合起来，因此，追求自身利益是人行为的根本动机。而追求自身利益的行为同时会产生和增长社会公共福利。行为主体的自利动机不仅仅体现为经济性的自利，他只是行为主体自利动机假定的一部分，而且符合社会利益和其他非物质利益的需要，也是

[1] 〔美〕道格拉斯·C. 诺斯. 制度、制度变迁与经济绩效 [M]. 刘守英，译. 上海：上海三联书店，1994：49.

主体自利动机假定的重要组成部分。行为主体的行为实施的目的是最大效用地整合各种利益需求。罪犯处遇法律关系主体的行为，既受制于某一地域行刑法律制度所确定的行为规范，同时又受其他非行刑法制所确立规则的影响。

（2）能动个体。罪犯处遇的法律关系中的拟制主体与机制运行设计中的自然主体往往没有严格的区分。罪犯处遇主体在机制和制度安排中，往往被设计成非个人化的组织，赋予追求公益最大化、无个人自身利益牵挂的神圣化身，而服刑人员则被界定为追求个体私人利益的人间个体，这与分析主体行为的方法论有直接的关系。整体主义的方法论立场对法律拟制主体与自然主体的混淆是毫不奇怪的，“固然，在社会生活中没有什么不是在个人的意识里的，这是显然的事情；不过，差不多个人意识里的所有东西都是从社会里来的。……这些意识形态并不是人类普通人类的心理产生出来的，却是由团聚了的人们依照人数之多寡以及关系之深浅而互相发生影响，然后从那影响的生活方式里生出，这是团体生活的产物”[1]。整体主义的方法论包含以下三道命题：社会整体大于部分之和；社会整体显著地制约和影响着其部分的行为和功能；个人的行为应当从自成一体并适用于作为整体的社会系统的宏观或社会的法律、目的或力量中演绎出来。而个体主义方法论者否认存在集体组织的有机性，认为集体的分析方法与个人主义为根基的民主制度的建构南辕北辙，应当将执法个人作为法律拟制分析的最小单位，执法机关或组织的行为目标只是执法官员目标的副产品。目前较为折中的研究方法为综合主义的方法论，该论认为主体自利动机的行为假定只能针对个体而非组织，只有个体而非组织能够感受、回应制度的制约和激励。个体的利益和目标与组织的目标和利益存在着互相依赖和转化的关系，主体自利动机的形成或多或少受外在的制度约束，并受制度的内化功能而变化。综合主义的方法论是进行主

---

[1]　〔法〕E·迪尔凯姆. 社会分工论［M］. 王利，译. 北京：商务印书馆，1985：488－499.

体行为假定比较合理的研究方法。

（3）逻辑一致的有限理性。法律机制设计的失败的标志是可预期性微弱，甚至不可预期，其最大的原因是不切实际地对主体的理性假定。完全理性和非理性就是两种极端的理性假定。完全理性则是主体社会交往中的机会主义不存在，而非理性的主体理性假定则使主体的一切行为变得不确定，而有限理性则是法律机制设计最贴近现实的主体理性假定。人们的“宗教信条、道德格言以及道德信念、理论见解和判断，是可变的，但从这种可变性中却能够抽取出一种坚实的、持久的因素。这种因素本身是永恒的，它的这种同一性和永恒性表现出理性的真正本质”，行为的理性被认为是“被正确设计成为一种谋求最大成功的行为”，完全理性的理论假定的影响已经日渐式微，因此行为主体的理性则不是完全的。由于主体不具有完全理性所要求的完备知识，在进行具体的行为抉择时，或多或少受非理性因素影响。非理性影响的因素主要是指影响行为抉择的最本质的内生因素以及心理和精神层面因素，其决策也并非完全取决于理性计算，一定程度上依赖经验、知觉和模仿。因此，执法机关及其官员和相对方在行为决策时，不仅行为目标一清二楚，而且情感、直觉、理性和经验的作用相互交织和影响。对罪犯处遇法律关系主体的有限理性假定，意味着其行为选择因理性的有限性所决定而具有一定的不确定性和无法预期性。法律机制的安排也应基于主体的有限理性而进行明确的行为模式规定和必要的制度约束。主体行为假定的逻辑一致原则，要求对所有法律关系主体采取相同的立场，这个在西方宪政理论中不言自明的原则，移植在中国的传统文化氛围中具有先天不足的天生弱点。中国传统文化的儒家文化极力推进等级论的人性假设：人性被分为圣人之性、中人之性和小人之性，圣人负有对中人之性和小人之性进行教化和惩罚的天然职责。这种文化特质与新中国成立后执政党基于不同人性假设的阶级论汇流融通，在公法的法律机制内，对不同的法律关系主体的人性假设没有采取逻辑一致原则，而采取了不同的人性假设。国家被赋予了不受强大约束，极力追求公益，没有个人利益的圣人之性。而作为社会个体，则被假定为追求个人私益最大化的中人和小人之性。对于罪犯处遇法律机制中的这种人格分裂型的主体行为假定尤为突出，对罪犯的强制性改造、行刑自由中存在裁量权过大及司法审查对行刑的消极无为均是其外在征候表现。其根源在于，将不同主体在社会实践中的某些具体表现的行为特征与机制设计和制度安排逻辑起点的本源行为假定没有区分。因此，罪犯处遇法律机制的设计，对所有法律关系主体应站在自利动机、能动个体和有限理性三位一体的同一逻辑起点。

3. 制度目标

罪犯处遇法制的目标，无疑是最优解决行刑法制建设问题，但最优只能放在特定受各种因素制约的社会结构中考量。在罪犯处遇法律机制设计中，恰当地确立罪犯处遇法律的制度目标应当是核心的问题。罪犯处遇法律的制度目标应当表现出稳定性与长期性的特征，而我国罪犯处遇法律确立恰当的制度目标应当充分解决时间性差异、部门性差异和主体性差异的问题。解决时间性差异问题的最优做法是：细化监禁刑执法官员制度、程序法律和建立以司法审查为核心的监督法律体制，赋予刑事执行官员适当的自由裁量权，完善罪犯处遇相对人及社会力量的参与激励机制，罪犯处遇过程高度开放，建立畅通的信息反馈、整理和回应机制。

（二）我国现行罪犯处遇扁平结构类型所呈现出的特点

（1）自主性参与主体的范围比较狭小，只限于国家和服刑人员两方，这是由于罪犯处遇过程比较显著的封闭性所决定的。国家的具体职能有刑事执行职能、裁决职能和法律监督职能。即使有社会力量的稍许介入，但要么必须融入国家机关而其作用消于无形，例如对服刑人员的心理矫正工作人员；要么因没有具体的权利义务保障而影响甚微，例如所谓的单位对在社区服刑人员的考察，无法形成自主性参与主体。

（2）主体之间的关系呈现出单向性和强制性。这在国家机关和服刑人员之间，刑事执行机关和其他司法机关之间的关系表现得比较突出。国家机关与服刑人员之间的单向性和强制性表现在假释、监外执行等方面，刑罚执行方式的变更程序启动和实体性的裁量由刑事执行机关独断，服刑人员无权启动上述程序；在自由刑执行过程中的罪犯改造活动，犯罪人应当接受监狱进行的思想文化教育；由于国家机关具有同质性和统一性，国家机关的各职能部门之间关系呈现单向性，对于减刑、假释等程序的启动和裁决方面，监狱等刑事执行机关向审判机关单向流动；检察机关在执行职能部门和裁决职能部门进行程序性的制衡，没有实体性的处分权。

（3）服刑人员的权利救济机制虚弱。刑事执行的有关法律明确规定的救济权利有控告、申诉和申请国家赔偿。控告针对的是国家工作人员侵犯其本人权益的犯罪行为，申诉针对的是法院生效的判决、裁定。这两项权利没有涉及刑事执行行为，涉及刑事执行行为的救济权利是申请国家赔偿权利。根据国家赔偿法的规定，涉及刑事执行行为的国家赔偿范围只有国家赔偿法第 15 条第（四）、（五）项规定，即刑讯逼供或者以殴打等暴力行为或者唆使他人以殴打等暴力行为造成公民身体伤害或死亡的；违法使用武器、器械造成公民身体伤害或死亡的，而获得国家赔偿则必须通过赔偿义务机关的确认自己行为违法的前置程序，这是导致国家赔偿运作不畅的程序障碍。而对其他的罪犯处遇行为没有纳入救济范围，服刑人员没有救济的途径和渠道。

（4）执行职能和裁决职能在特定刑罚的执行中存在主体混合。在死刑立即执行中，法院既具有执行职能，也具有裁判职能；监外执行的决定和监狱对犯人的奖惩等具有裁判特征，而由刑事执行机构提起、刑事执行机构自行裁定或其主管部门监狱管理局审批，执行职能与裁判职能混为一体。

（三）罪犯处遇过程的博弈选择

刑事执行法是一种配置社会资源的机制，它规定的结构对应着一种资源配置格局，调整刑事执行机关所代表的公益与服刑人员所代表的私益之间的利益关系。刑事执行机关与服刑人员的立场和利益的冲突决定了博弈的存在。罪犯处遇过程存在着两种不同性质的博弈，一种是国家工作人员为追求公益最大化，而与追求私益最大化的相对方所展开的正当博弈，另一种是国家工作人员为追求私益或本机构利益最大化而与追求私益最大化的相对方所展开的非正当博弈。在罪犯处遇过程中还存在着一种虽为追求公益最大化，而采取非正当性手段的博弈，例如监狱对耳目的使用并进行奖励，由于耳目的隐蔽性要求对其奖励的理由不可能公开，笔者仍将其归为非正当博弈。正当博弈与非正当博弈存在着天然排斥的属性，非正当博弈的存在可能损害罪犯处遇法定目标的实现。扁平结构类型对罪犯处遇正当博弈在存在较量动力的方面的设计存在缺陷，以至于正当博弈的机能没有充分发挥，非正当博弈的现象却层出不穷，有学者曾以妥协执法概括之。博弈主体在不能通过改变法定行为模式来改变利益格局的前提下，应当考虑有哪些可以正当博弈，哪些可以非正当博弈的问题。笔者试从罪犯处遇过程中正当博弈应当具备的条件的角度分析其对博弈主体的抉择影响

（1）博弈主体之间存在对立的利益立场。合法的不同利益立场存在才能产生正当博弈的基础，利益一致的正当博弈是不存在的。法律在确定刑事执行机关与服刑人员的不同立场是没有丝毫疑问的，刑事执行机关和改造者代表着公益和社会主流文化，而服刑人员和其他相对人则代表着私益。监狱法也规定了服刑人员的权利存在，但在罪犯改造理论和实践中，由于过于强调社会安全和秩序对服刑人员的整体要求，没有对服刑人员的个体需求予以必要关注，形成了具有强制性特征的罪犯改造机理，被改造者的利益视角没有彰显。这是由于其思想、心理和行为被视为三大改造手段的承受者和对象，其主体性没有被充分重视起来。刑事执行主体与服刑人员之间存在的利益张力并不必然导致正当博弈，利益的公益和私益区分只是具有标签意义，“公益概念极具抽象性，又是一种正面价值评判的概念，因此，必须以变迁中的政治、经济、社会及文化等因素及事实，作为考量该价值的内容”[1]。利益之间应该而且能够发生流转才能产生利益竞争，但罪犯处遇扁平结构类型在机制设

[1] 陈新民．德国公法学基本原理［M］．济南：山东人民出版社，2001：205.

置时，没有确立通过博弈进行双向流转的通道，减刑、假释、监外执行等刑罚执行方式的利益变更顺着“刑罚执行机关—审判机关（刑罚执行机关主管部门）—刑罚执行机关”的路线图前进，罪犯改造也按照“监狱—改造者—被改造者”的阶层传递信息。服刑人员和其他相对人则没有通过启动程序而获取利益，只能被动地承受行刑机关和司法机关以公益的名义恩赐利益，因而在博弈过程中被边缘化。

（2）博弈主体存在正当较量的动力。由于罪犯处遇过程的博弈主体具有非对称性的特点，服刑人员以个人的形式与以组织形式出现的刑事执行机关进行较量，如果没有完备的激励和制约机制保证充足的正当较量的动力，很有可能导致刑事执行权力寻租或怠于职守。现行罪犯处遇体制却在对激励和制约机制的设计方面存在天然的瑕疵，一是对刑事执行机构的激励和制约机制，没有基于统一的理性人而按照道德人假定，而刑事执行机关由于是公益的代表被假定为这个群体会为了公共利益而会不遗余力作出积极反应，而这个命题已经遭到集体行为理论的全面质疑。“从理性的寻求自我利益的行为这一前提，可以逻辑地推出集团会从自身利益出发采取行动，这种观念事实上是不正确的。实际上，除非一个集团中人数较少，或者除非存在强制或者其他特殊手段使他们按照公共利益行事，寻求周围利益的个人不会采取行动以实现他们共同的或集团的利益”[1]。监企合一的体制使刑事执行权力的运行沾染上追逐经济利益的因素，刑事执行机关面临服刑人员通过该体制提供而并能够获得巨大利益的诱惑，很有可能丧失与服刑人员正当博弈的动力。湖南某监狱利用犯人亲情会见制度收取费用，导致“三陪女”入监服务，不能不说是刑事执行机关集体沦丧的结果[2]。辽宁一绰号“虎豹”的受刑人在监狱内享受两居室待遇，并被任命为劳改基

[1] 〔美〕曼色尔·奥尔森．集体行动的逻辑［M］．陈郁，等，译．上海：上海三联书店，1995：3．

[2] 中国青年报，2001－03－19（4）．

建委员会主任的奇景，也很难说是监狱领导的个人行为所致[1]。因此，有必要建立刑事执行机关与经济利益之间的隔绝地带，建立刑事执法收支两条线运作机制，在充实刑事执行机关与服刑人员进行正当博弈的动力方面，才能具有保证作用。

（3）正当博弈的成本较小。刑事执行权力不是纯粹的羁束性裁量权，减刑、假释和监外执行建议和纪律处分决定都存在不同程度的自由裁量权。服刑人员由于相对刑事执行机关处于长期的被主导关系，在与刑事执行机关进行较真的正当博弈时，不能不估算正当博弈的预期收益，以及付出的包括与刑事执行机关保持的良好关系在内的代价，如果代价过高就有可能放弃博弈。现行罪犯处遇机制在对服刑人员的正当博弈方面设置了较高的成本，这些成本既包括制度性的障碍，也包括保障条款的缺失。例如可以减刑制度的司法解释规定中有认罪服法的条件，直接影响了服刑人员的博弈抉择。多次行使申述权可能使其被刑事执行机关贴上不认罪服法或顽危犯的标签，影响获得减刑的利益。服刑人员与一般的行政相对人不同，一般行政权对相对人的影响和制约是暂时的和点状的，而刑事执行机关对服刑人员的利益影响却是长期的和线形的，损害与刑事执行机关的融洽关系必然会损害自己将来的利益，这不能不使服刑人员考虑放弃正当博弈，或者采取既不损害与刑事执行机关的关系，又可获得利益的非正当博弈的可行性。

（四）罪犯处遇过程的正当博弈架构

1. 调整理论视角

（1）构建以关系为重心的罪犯处遇法律调整范式。虽然刑事执行法学也有行刑法律关系的理论，但单方性和强制性的理论视角使现行罪犯处遇立法体现了以刑事执行权的保障或限制为核心的特征。由于监狱法的行为规范章节从刑罚的执行、狱政管理到对罪犯（未成年犯）的改造都展示了刑事执行权力的运作流程。“法未规定不可为”刑事执行机关要么严格地要么消极地依法行刑，要么通过

[1] 燕赵都市报，2003-11-20（1）.

压制服刑人员的权利来维护刑事执行秩序。处遇法律则要求在刑事执行机关和服刑人员之间构筑一个对话平台,由于意味着对立与互动,因此在刑事执行机关和服刑人员之间,消极设防的思维方式及制度构建与提倡合作及对话的现代社会相比逐渐暴露出不适应性。

（2）正当博弈参与者法律地位平等。刑事执行具有强制性，但这种强制性对服刑人员而言具有局部性，即只对经法定程序确认需要剥夺的权益具有强制性，刑事执行机关则对其他权利不但不具有强制性，而且还应具有保障的职责。对未经法定程序确认，需要剥夺范围的权益和通过程序可以变更的权益，刑事执行机关不具有强制性，它与服刑人员的法律地位具有平等性。刑事执行权与服刑人员权利的性质不同，决定了不能用民事法律的对等关系的标准来判断正当博弈参与者法律地位是否平等。罪犯处遇过程的法律地位平等，是指平等参与博弈、平等地论证观点、平等地影响决定等。如果刑事执行机关因为拥有强制权而居于强势地位，而服刑人员则在博弈的过程中承受更严格的约束，就会导致不同的主体适用不同的规则，就可能因刑事执行机关滥用权力而使说服过程变为压服过程，导致正当博弈的解体。有学者已经敏锐地提出“平等对待罪犯”的观点[1]，这对坚持正当博弈参与者法律地位平等的命题具有很大的鼓舞性。罪犯改造活动是一种较为隐性的博弈，如果不在理论层面解决改造过程与刑罚执行的混同的问题，仍将强制性看作罪犯改造活动视为的基本特征，改造者具有绝对神圣性的伪命题不被推翻，那么被改造者对要么不敢回应，要么虚与委蛇，从而使其中的正当博弈消于无形。因此，凸现正当博弈特征的只能是淡化改造者与被改造者的强制和被强制关系，在两者之间缔造一种平等、互动的协商关系。

2．正当博弈的时空构建

扁平结构的罪犯处遇过程中如果把罪犯处遇机关看做唯一的知

[1] 高文．未来十年我们打造什么样的监狱［J］．犯罪与改造研究，2003（1）：16－22.

识资源主体，这种按照自动机械式的刑事过程只是纯粹的上级命令—下级服从关系，没有正当博弈的生存空间。因此，正当博弈的罪犯处遇过程应当是一个包容多种内涵并鼓励公平竞争的场域，是具有开放性的特征和受内部规则支配的有序结构。

（1）开放性的多维结构。罪犯处遇的正当博弈应从过程的长度、深度和广度折射出开放性和多维性。就罪犯处遇过程长度而言，服刑人员并不是在所有执行过程中，都与刑事执行机关处于正当博弈状态，而只有在能够引起自己享有权益的状态发生变更时才能进入正当博弈。例如监外执行、减刑、假释等罪犯处遇变更和行政奖惩程序启动，这可以称之为正当博弈时间段。在正当博弈时间段应当有法定期间和刑事执行机关决定期间制度。期间制度在稳定法律关系和保证效率方面具有积极意义，考虑到服刑人员和刑事执行机关搜集信息多耗费的时间，不同争议对象的重要程度和不同决定或裁决对公平与效率的侧重程度均存在差异，立法应当予以适当区分、规定不同的时间段。关于罪犯处遇正当博弈的深度可以从实体和程序两个层面分析。就实体而言，既可影响相对人权利状态的事实信息进行正当博弈，如，是否具备减刑假释或监外执行条件的争端，又可挑战规范依据的正当性和合法性。扁平结构的罪犯处遇模式对事实信息的较量有一定程度的认同，但对规范依据的进行正当性博弈持排斥态度。但事实上的罪犯处遇依据，从不同视角观察就可得出不同的结论。例如司法部监狱管理局对采取欺骗手段骗取监外执行的犯罪行为，被发现后，已在社会的期限不计入刑期的规定的合法性值得怀疑。伴随着罪犯处遇理论的深入研讨，规范依据的正当性成为博弈对象成为可能。在程序层面，罪犯处遇变更程序应当根据变更对象的不同，开凿出由浅入深的博弈梯度：听取申辩意见任意程序；听取申辩意见法定程序；由服刑人员申请、刑事执行机关决定是否举行的听证任意程序；听证程序法定。罪犯处遇正当博弈的广度是将参与正当博弈的主体构成，从国家与服刑人员的两方扩展为三方：国家、服刑人员和社会力量。社会力量包括证人、鉴定人员、代理人等提供事实信息的主体和被害人等，与该决定有利害关系的主体组成。现行的罪犯处遇变更只有国家和服刑人员的参与，会使正当博弈失衡。例如，对服刑人员的权利的重大变更与被害人没有沟通和交流，如果没有刑事被害人对正当博弈的参与，那么，他对博弈结果的不理解将会严重损害刑罚的安抚功能和威慑功能。而包括被害人在内的社会力量的介入正当博弈将在一定程度上匡正这种失衡，社会力量既可以与罪犯处遇机关正当博弈，也可以与服刑人员正当博弈。目前社会力量的介入受制于监狱布局、权力运行机制等因素影响。现行的监狱布局由于历史问题和社会安全的考虑，呈现出远离城区的态势，别外，由于社会力量介入的保障性条款的缺乏，也使社会力量无法参与正当博弈。

（2）内部基本的论证规则。基本的论证规则是包括表达意见、听取意见、记录在案和依卷宗决定的规则框架。扁平结构的罪犯处遇变更对刑事执行机关的意见表达给予了充分的肯定，却漠视了服刑人员的意见表达机制的构建。罪犯处遇的正当博弈，应当重视意见表达的平等性，赋予服刑人员启动权利状态变更的程序权，即有权申请对自己的减刑、假释、监外执行等刑罚变更和行政处置变更意见进行程序审查。听取意见规则是意见表达规则的延伸和发展。听取意见规则，不仅对实现正当程序的主体尊重价值具有积极意义，而且也借听取意见的机会，调整和完善自己的论点和论证过程。记录在案规则和依卷宗决定，主要是对罪犯处遇变更决定作出的约束，排除未经检验论证的信息作为决定的依据，并且为将来进入救济过程的博弈提供原始的事实信息。

3. 正当博弈的信息均衡

罪犯处遇状态的变更是基于一定的规范和法律事实的信息变更，获取信息的交易成本是制约罪犯处遇正当博弈的重要因素。“信息的高昂代价是交易费用的核心，它是衡量所交换物品的价值属性的成本组成、保护权利的成本以及监察与实施协作的成本，这些衡量和实施成本是社会、政治和经济制度的源泉”[1]。罪犯处遇的扁平结构在信息的使用和占有方面是失衡的。罪犯处遇主体掌握了许多不公开的非法律、法规的规范性文件，拥有国家强制力保障的调查手段和其他服刑人员的配合黏度，而服刑人员则因罪犯处遇过程的封闭性，并且缺乏相应的占有和使用这方面资源能力，没有设计出服刑人员寻求外在法律帮助的途径。因此，刑事执行主体无论在规范信息还是事实信息方面，都处于天然的优势和强者的位置，而服刑人员总体上居于下风。在罪犯处遇的正当博弈中，博弈主体双方的优势要有一定的均衡，而这需要构建以下规则予以调剂。

（1）提升服刑人员获得法律帮助的能力。公民享有法律帮助权利是我国法律制度予以确认，但绝大多数服刑人员由于受刑的境地和经济能力的因素，而比一般社会成员更缺乏行使该权利的能力。因此，有必要将法律援助机制惠及面扩及服刑人员领域，刑事执行机关也应在罪犯处遇操作方面予以保障。

（2）制造信息门槛。信息门槛是指博弈主体必须拥有的信息数量，它同时也是排除影响主体进行正当博弈的信息过滤器，人情关系和非正式制度均应排除在罪犯处遇过程之外。排除人情关系的信息需要建立回避制度和责任追究制度，而对非正式制度的排除则需要从法制的视角审视传统或习惯的做法，如监狱管理中的犯人对其他犯人劳动的评分问题、犯人中“耳目”的奖惩问题等。

4. 正当博弈的结果均衡

罪犯处遇的博弈最终必然会形成一个均衡点，这个均衡点既可以是博弈主体之间的合意结果，也可以是博弈主体之间没有形成合意，由刑事执行机关依法作出的决定。正当博弈的结构性均衡，虽然有利于提高均衡点的概率，但均衡点的合意程度取决于博弈主体之间的信息较量程度。罪犯处遇的法制建设深入，必然为质疑规范

[1]〔美〕道格拉斯·G. 诺斯. 制度、制度变迁与经济绩效［M］. 刘守英，译. 上海：上海三联书店，1994：37.

依据的正当性留有余地。我国立法法明确规定了不同位界法律渊源的冲突解决机制，监狱管理局和所属监狱制订的影响服刑人员权利的规范性文件或监狱纪律也不能游离于正当博弈之外。在事实信息的博弈中可能形成以下均衡点：可以作为论据的事实范围，例如《监狱法》对应当减刑的，“对国家和社会有其他重大贡献的”款项规定，为博弈主体可以作为论据的事实范围较量提供了空间。事实信息之间的重要程度侧重、事实信息之间能否相互印证、事实信息与证明对象是否实现必要关联性等认识的分歧和博弈法定期限的限制都可能影响这些均衡点的合意程度，形成罪犯处遇变更的非合意均衡点。即使合意程度较高的罪犯处遇变更决定，也不能排除博弈主体之间恶意串通，或者存在重大误解的情形下，损害公共利益或他人利益的可能性。罪犯处遇变更过程所产生的实体性结果，经常是使服刑人员失望的非合意性均衡，或者损害公共利益或他人利益，这需要推动变更决定后的后续博弈过程构建。目前罪犯处遇制度规定，检察机关认为减刑、假释裁定和监外执行决定不当时，可以提出纠正意见，从而使检察机关纳入了后续博弈过程；而否定了服刑人员对罪犯处遇变更决定的申请复议和提起司法审查权利，将其和社会力量排除在后续博弈过程之外。这就使后续博弈过程变成了封闭性的国家权力内部制约结构，仅仅注重公共利益的保护，没有注意到罪犯处遇变更决定损害了服刑人员或其他人的利益。罪犯处遇行为对服刑人员而言，已成为事实上的终局性行为，这是不符合我国法治进程的要求。我国加入世界贸易组织以后，既然国务院的终局裁决行为已经不存在了，其行政行为和法院的初审判决赋予权利救济的渠道和途径，对作为政府的组成部门的刑事执行机关的具体行为，又有什么理由不赋予与之有利害关系的服刑人员以权利救济呢?

后续博弈过程也应当是一个开放的多维结构救济程序，它包括复审和司法审查机制。对减刑、假释这些以裁定形式出现的罪犯处遇实体性变更结果，应当设置具体操作上可行的二审程序，这是我国刑事诉讼法所确立的二审终审制度的必然要求。现行刑事诉讼法规定以书面纠正意见的方式启动，既非二审程序，也不是审判监督程序的重新审理程序，这在法理方面难以阐明。由于排除了与结果变更有直接利害关系人，因此对该过程的启动权和参与权，应当予以改造，恢复检察机关的抗诉权和服刑罪犯的上诉权及其他的诉讼权利，并启动和参与二审程序；对刑事执行机关和监狱管理局以批准、决定形式确认的监外执行等结果变更机制，也体现出自批自核的特征，即由监狱管理局自己批准，在检察机关认为监外执行不当，提出纠正意见后，又重新核查原批准决定。对于刑事执行机关对服刑人员的奖惩方面，甚至连重新核查的机制都不存在。以上这些现象都有悖于“任何人不得担任自己的法官”的自然公正基本原理，应当改为服刑人员有权启动罪犯处遇机关的上级主管部门，对其具体决定进行复议和人民法院对其决定进行司法审查的并行机制，使服刑人员对该决定有可以发表意见的平台。

参考文献

[1]〔意〕切萨雷·龙勃罗梭. 犯罪人论［M］. 黄风，译. 北京：中国法制出版社，2000.

[2]〔意〕切萨雷·贝卡利亚. 论犯罪与刑罚［M］. 黄风，译. 北京：中国大百科全书出版社，1993.

[3]〔意〕恩里科·菲利. 犯罪社会学［M］. 郭建安，译. 北京：中国人民公安大学出版社，1990.

[4]〔日〕森下忠. 犯罪者处遇［M］. 白绿铉，译. 北京：中国纺织出版社，1994.

[5]〔英〕约翰·密尔. 论自由［M］. 北京：商务印书馆，1995.

[6] 马克思，恩格斯. 马克思恩格斯选集［M］. 北京：人民出版社，1965.

[7] 张绍彦. 行刑变革与刑罚实现［M］. 北京：法律出版社，2000.

[8] 梁根林. 刑事政策：立场与范畴［M］. 北京：法律出版社，2004.

[9] 张文等. 人格刑法导论［M］. 北京：法律出版社，2005.

[10] 陈兴良. 刑罚哲学［M］. 北京：中国政法大学出版社，1997.

[11]〔法〕E·迪尔凯姆. 社会分工论［M］. 北京：王利，译. 商务印书馆，1985.

[12] 冯卫国. 行刑社会化研究［M］. 北京：北京大学出版社，2003.

[13] 方世荣. 论行政相对人［M］. 北京：中国政法大学出版社，2000.

[14] 苗有水. 保安处分与中国刑法犯罪［M］. 北京：中国方正出版社，2001.

［15］曲新久. 刑法的精神与范畴［M］. 北京：中国政法大学出版社，2000.

［16］俞静尧. 刑事执行权机制研究［M］. 北京：群众出版社，2005.

［17］〔意〕加洛法罗. 犯罪学［M］. 北京：中国大百科全书出版社，1996：1.

［18］吴宗宪. 当代西方监狱学［M］. 北京：法律出版社，2005：690－671.

［19］〔法〕E·迪尔凯姆. 社会学方法的准则［M］. 北京：商务印书馆，1995.

［20］夏宗素. 监狱学基础理论［M］. 北京：法律出版社，1997.

［21］联合国囚犯待遇最低限度标准规则详解［M］. 于南，译. 北京：法律出版社，1998.

［22］侯国云. 刑罚执行问题研究［M］. 北京：中国人民公安大学出版社，2005.

［23］邱兴隆. 关于惩罚的哲学［M］. 北京：法律出版社，2000.

［24］邱兴隆. 比较刑法死刑专号［M］. 北京：中国检察出版社，2001.

［25］周光权. 刑法学的向度［M］. 北京：中国政法大学出版社，2004.

［26］夏宗素. 狱政法律问题研究［M］. 北京：法律出版社，1997.

［27］储槐植. 刑事一体化与关系刑法论［M］. 北京：北京大学出版社，1997.

［28］陈敏. 减刑制度比较研究［M］. 北京：中国方正出版社，2001.

［29］宋功德. 行政法的均衡之约［M］. 北京：北京大学出版社，2004.

［30］〔英〕边沁. 立法理论——刑法典原理［M］. 北京：中国公安大学出版社，1993：8.